MAXIMILIAN EDELBACHER
CHRISTIAN FELSENREICH
KARL KRIECHBAUM

DER KORRUPTE MENSCH

Ein psychologisch-kriminalistischer
Blick in menschliche Abgründe

ISBN Print: 978-3-902729-78-1
ISBN E-Book: 978-3-902729-79-8

© 2012 Goldegg Verlag GmbH
Friedrichstrasse 191 • D-10117 Berlin
Telefon: +49 (0)800 505 43 76-0

Goldegg Verlag GmbH, Österreich
Mommsengasse 4/2 • A-1040 Wien
Telefon: +43 (0)1 5054376-0

E-Mail: office@goldegg-verlag.com
www.goldegg-verlag.com

Layout, Satz und Herstellung: Goldegg Verlag GmbH, Wien
Druck und Bindung: Theiss GmbH

Inhaltsverzeichnis

Anhang

Vorwort

Die berufliche Tätigkeit als Polizist führte zur intensiven Auseinandersetzung mit den Bereichen organisierte Kriminalität, Wirtschaftskriminalität und Korruption. Als die neue Finanzkrise 2008 ausbrach, führte ein Sicherheitsseminar den Psychotherapiewissenschafter und Sicherheitsheitsexperten Christian Felsenreich und mich zusammen und wir beide wunderten uns, dass der Finanzsektor selbst unter der Prämisse, eine neue Sicherheitsphilosophie für Europa zu gestalten, keine Herausforderung darstellte. Wir fragten uns: Wie kann es sein, dass der Finanzsektor nicht als besonders schützenswert angesehen wird, obwohl all unser Geld durch die neue Wirtschaftskrise betroffen ist? Die Generation unserer Eltern und Großeltern hatte nach zwei Weltkriegen größtenteils ihr Geld verloren – warum wird keine Vorsorge getroffen, damit sich diese Situation nicht wiederholt? Was ist der Unterschied zwischen der Prävention einer Naturkatastrophe und der einer Finanzkrise? Betreffen nicht beide alle Menschen, und sollte man nicht alle davor schützen? Organisierte Kriminalität, Wirtschaftskriminalität und Korruption hängen eng miteinander zusammen. Ähnlich wie die Herausforderung, Frühwarnsysteme gegen Tsunami, Lawinen und Hochwasser zu schaffen, sollte der Schutz vor Finanzkrisen und Finanzkriminalität gesehen werden. Sehr oft ist Korruption das Schmiermittel dazu, dass Finanzkrisen entstehen. Die Frage, welches Maß an Anstand, Ehrlichkeit und Sauberkeit von jedem von uns erwartet wird, erweckt ebenso ein berechtigtes Interesse. Einerseits haben der Religionsunterricht und das Kennenlernen des Kant'schen Imperativs im Philosophieunterricht einen deutlichen Impuls bewirkt, andererseits beschäftigte mich dieses Thema, seit ich Polizist geworden bin. Wir diskutierten in unseren Kreisen oft, ob an Polizisten höhere ethische Erwartungen gestellt werden müssen als an den „normalen" Staatsbürger.

Österreich wird von Korruptionsskandalen derzeit nachhaltig erschüttert. Gibt es da überhaupt einen geeigneteren Zeitpunkt, über Korruption nachzudenken und zu schreiben als jetzt? Als ich Christian Felsenreich und Karl Kriechbaum kennenlernte, war diese Begegnung ein neuer intellektueller Anstoß. Denn gerade der tiefenpsychologische Ansatz, die Auseinandersetzung damit, was wir über den Menschen wissen und wie man dieses Wissen anwenden kann, um Problemstellungen der Korruption besser lösen zu können, stellt einen höchst innovativen Ansatz dar. Besonders das Buch von Karl Kriechbaum „Mensch mit Eigenschaften", aber auch die Diskussionen mit Christian Felsenreich über seine Arbeit zur Causa Elsner haben mich dazu bewogen, nicht nur aus der juristischen Perspektive der Verantwortung des Einzelnen das Thema Korruption neu zu betrachten, sondern vor allem die psychologische Seite auszuleuchten. Diese Rahmenbedingungen bilden den fruchtbaren Boden zu dieser Arbeit.

Auch wenn heute Persönlichkeiten aus der „Psychobranche" (wie ein bekannter österreichischer Jugendpsychiater und Buchautor) meinen, Korruption hätte es ja immer gegeben und uns fehle der „humoristische Abstand, wie ihn einst Helmut Qualtinger zum Ausdruck gebracht hatte", mag dies einen Aspekt darstellen. So haben in Zeiten der Lucona-Affäre die honorigen Club-45-Mitglieder doch tatsächlich die Geschicke dieser Republik vom Hinterzimmer eines Kaffeehauses aus gelenkt. Und selbst wenn dabei ihr Hauptaugenmerk darauf gelegt war, vor allem ihre eigenen Interessen zu bedienen, hat sich die Welt trotzdem weitergedreht. Auch hat es offensichtlich den weiteren wirtschaftlichen Aufschwung nicht nachhaltig behindert. Irgendwann ist dann eben so jemand wie Max Edelbacher aufgetaucht und hat ein paar dieser Burschen zur Strecke gebracht. Aber alles in allem: „Nix is g'schehn", wie man so schön bei uns in Wien sagt. Dasselbe kann auch von Deutschland behauptet werden. Auch unser Nachbar hat über die Jahre die vielfältigsten Korruptionsskandale überstanden und ist dennoch eine Konjunkturlokomotive geblieben. Heute aber zu meinen, die Problematik von Korruption hätte sich kaum geändert, und sich damit zu begnügen, zur Kenntnis zu nehmen, dass sie, so wie ehedem eben „menschen- und systemimmanent" ist und eh nicht ausgemerzt werden kann, wird zu wenig sein. Korruption stellt, wie es das Buch zeigt, eben immer weniger ein eindeutig identifizierbares oder gar isoliertes Problem dar. Die Hebel der Bedrohung der Gesellschaft und ihres Zusammenhalts, so wie wir sie kennen, sind leider (wieder einmal in der Geschichte) ganz andere geworden. Die Summen, die heute aufgebracht werden müssen, um die Schieflagen ganzer Bankensysteme auszugleichen, sind tatsächlich auch von den noch gesund scheinenden Volkswirtschaften wie Österreich und Deutschland nicht mehr zu stemmen. Auch die Täter sind, so wie in alten Zeiten, nicht mehr so eindeutig zuordenbar. Weder was ihr schuldhaftes Verhalten und dessen Nachweisbarkeit betrifft, noch wer sie überhaupt sind und wo genau sie sich aufhalten. In der gierigen Wirtschaft? Und wo da genau? In der Finanzwirtschaft allein? Oder nur in der Politik? Oder in der Kombination von beiden? Die Tatsache, dass selbst bei der Mafia das Aufmarschieren mit geöltem Haar vor Pizzerien nicht mehr zur Hauptexistenzsicherung zählt, sondern die Kinder dieser Bosse mittlerweile mit einem Diplom in der Tasche weltweit um „Aufträge" im ganz großen Stil rittern, zeigt, dass sich etwas grundsätzlich verändert hat. Die durch die Globalisierung existierenden Firmengeflechte und Teilhaberstrukturen mit ihren Finanz-, Steuer- und Rechtskonstrukten und den damit verbundenen täglichen weltweiten Geldtransaktionen sind dermaßen komplex und undurchschaubar geworden, dass es selbst für Spezialisten kaum mehr möglich scheint sie zu durchblicken. Die Geschwindigkeit, mit der das alles, gepusht von den neuen technischen Möglichkeiten, passiert, tut das Übrige. Auch wenn durch die Globalisierung bestimmte Bedrohungsszenarien kleiner geworden sind und sich durch die in vielerlei Hinsicht gemeinsameren Ziele neue Möglichkeiten der Problemlösungen ergeben. Sicherer ist, vor allem in unseren Breiten, die Welt nicht geworden. Der Kampf ums Geld und die damit einhergehenden Malversationen haben auch bei uns neue Dimensionen erreicht. Damit sind wir Teil eines weltweiten Kampfes geworden. Und zwar dem zwischen Arm und Reich. Jedenfalls, dass in hiesigen politischen Debatten die eigentliche Auseinandersetzung über Visionen (wie wollen wir leben, welche Inhalte wollen wir in Zukunft priorisieren, wie wollen wir der ökologischen Bedrohungen Herr werden etc.) ausschließlich monetären Inhalten gewichen ist (wer kann was, wem, wann überhaupt noch zahlen), zeigt doch, wo wir mittlerweile angelangt sind. So beschreibt dieses Buch auch die großen Dimensionen der Problematik Korruption bis hin zu den ungeklärten Fragen unseres kapitalistischen Wirtschaftssystems, das in dieser Form, mit seinem immerwährenden Wachstumsanspruch, für eine Konsolidierung, d.h. ein stabiles Erhalten eines allgemeinen Wohlstands, offensichtlich nicht geeignet ist. Wenn sich nun Psychologie mit Wirtschaft und Politik und dann gar noch mit ihren Abgründen wie Korruption beschäftigt, dann wirft sich auch immer folgende Frage auf: Wie weit soll oder darf hier der tätige Wissenschaftler überhaupt gehen? Und ab wann verliert er, aufgrund des in der Wissenschaft üblichen Common-Sense, dass nämlich Wissenschaftler den gebotenen Abstand zu den Ereignissen halten sollen, seinen Anspruch auf Wissenschaftlichkeit? Wir Autoren jedenfalls glauben, hier nicht nur sehr weit gehen zu dürfen – mehr als das: Wir sehen uns in diesem Zusammenhang verpflichtet, unser Wissen über den Menschen und seine psychosozialen Antriebe in die Welt zu bringen. Die auftauchenden Details von so manchen Korruptionsskandalen sind so haarsträubend und teilweise ungeheuerlich, dass es doch an der Zeit scheint, sich mit Themen wie Führung, Verantwortung, Vertrauen bis hin zum größeren Sinn von kolportierten wirtschaftlichen und gesellschaftlichen „Innovationen" vertiefter auseinanderzusetzen.

Zu wichtig ist also dieses Thema und zu drängend der Lauf der Dinge, als dass wir uns da nicht einmischen und Stellung nehmen sollten. Stellungnahmen, die die Beurteilung von psychologischen Antrieben von teilweise sehr bekannten Personen miteinschließen, werden aber wahrscheinlich auch kontroverse Reaktionen hervorrufen, das ist uns klar. Einerseits möchten wir gleich an dieser Stelle darauf hinweisen, dass wir das grundsätzlich gut finden. Dieses Buch soll zu Diskussionen anregen, denn dann sehen wir schon einen wichtigen Teil unseres Anliegens erfüllt. Andererseits beanspruchen wir auch nicht die alleinig richtigen Antworten darüber zu haben, was, wer, wann und wo gemacht hat oder gemacht haben könnte, „was nicht in Ordnung sei". Es sind somit, auch wenn dies im weiteren Verlauf an manchen Stellen so klingen mag, keine moralischen Kategorien, die wir uns anmaßen aufstellen zu können. Was uns allerdings wichtig erscheint ist beizutragen zu erkennen, wo und wie die psychischen Dispositionen von Menschen, und da vor allem von jenen in hohen Führungspositionen, unser aller Schicksal nachhaltig negativ beeinflussen. Und damit, was die (kollektiven) Muster der Masse sind, genau diese problematischen Führungsfiguren in die höchsten Ämter zu hieven. Aus all dem folgt, dass wir hoffen, mit diesem Buch zumindest ein kleines Stück beitragen zu können, um Antworten darauf zu finden, wie Menschen in Zukunft kooperativer und konstruktiver die Herausforderungen unserer Zeit in Angriff nehmen könnten. Ein fundiertes Allgemeinwissen über die inneren psychischen Zusammenhänge des Menschen erscheint uns dazu unumgänglich. Vor allem Karl Kriechbaum zeigt in seinen Ausführungen sehr eindrücklich, dass der Mensch ein Produkt seiner Umgebung ist und wie Traumatisierungen, d.h. die ursprüngliche Korruption der Gefühle und Beziehungen, von Menschen dazu führen, dass sie im gesellschaftlichen und wirtschaftlichen Sinne korrupt werden.

Korruption ist der Missbrauch einer Machtposition zur Erzielung von persönlichen Vorteilen – zum Schaden anderer. Häufig geht es dabei um Vermögenswerte. Seit eh und je hängen wir Menschen am Golde, drängen wir Menschen zum Golde. Heutzutage dreht sich fast alles um Euros und Dollars. Zumal unser Zahlungsmittel Geld (zumindest vordergründig) fast alle menschlichen Bedürfnisse zu befriedigen vermag. Ob das Bedürfnis nach Existenzsicherung und Sicherheit, nach Zuwendung und Anerkennung oder ob das Bedürfnis nach Bedeutung, Macht und Selbstverwirklichung. Für mich als Psychologen und Psychotherapeuten stellt sich die Frage, ob Korruption eine natürliche menschliche Eigenschaft (wie etwa Intelligenz und Kreativität) oder eine psychische Störung ist. Da, wie Erfahrungen zeigen, die Mehrheit der Menschen nicht (richtig) korrupt ist, dürfte es sich um eine psychische Störung handeln. Auch wenn Korruption keine ererbte menschliche Eigenschaft darstellt, ist sie dennoch (fast) so alt wie die Menschheit. Aber warum? Die Psychoneuronalogie erklärt, dass wir Menschen alles in allem das Ergebnis unserer Erbanlagen und Erfahrungen im bisherigen Leben sind. In aktuellen Situationen sind wir das Produkt unserer psychoneuronalen Programme, der gegebenen Umstände und unseres seelisch-körperlichen Zustands. Die Störung „Korruption" kann somit auf drei Ebenen entstehen: durch negative Erfahrungen vor allem in der Kindheit und Jugendzeit, durch negative gesellschaftliche, politische oder wirtschaftliche Umstände und durch negative seelische Zustände. Diese drei Faktoren stehen miteinander in einer starken Wechselwirkung und können einander hemmen oder verstärken. Zu beachten ist dabei, dass wir Menschen seit jeher Systeme entwickeln, die wir über kurz oder lang nicht mehr (wirklich) kontrollieren können. Seien es technische Errungenschaften wie Atomenergie, Computer- oder Waffensysteme, wirtschaftliche Instrumente wie die Börse, administrative Einrichtungen wie die Verwaltungsapparate oder politische Systeme wie die Parteien. Für die Menschheit an sich positive Dinge laufen mit der Zeit aus dem Ruder und wirken sich zunehmend destruktiv aus. Oft können nicht einmal die Systemverantwortlichen und -führer Kontrolle ausüben. Bei größeren Systemen spielen Interessens-Netzwerke in der Regel eine wesentliche Rolle. Netzwerke haben die Eigenschaft, den Mitgliedern aufgrund der Macht des Netzwerkes einen Vorteil zu verschaffen – zum Nachteil der Nichtmitglieder, die ausgeschlossen oder ausgenutzt werden. Daher: networking is corrupting. Die große Frage ist: Kann Korruption ausgerottet oder zumindest weitgehend eingedämmt werden? Wenn Korruption eine menschliche Störung ist, kann sie (theoretisch) durch Vorbeugung und Therapie ausgemerzt werden. Die große Politik hätte (theoretisch) die Möglichkeit, vieles zum Besseres zu wenden, so auch korrupte und kriminelle Ausschweifungen. Das Problem dabei: Die große Politik ist – fast per definitionem – selbst zutiefst korrupt. Jeder Parteipolitiker, der seine staatspolitische Macht als Abgeordneter oder als Regierungsmitglied missbraucht, um parteipolitische Nachteile zu verhindern oder parteipolitische Vorteile zu erzielen (zum Nachteil der Bürger, der Steuerzahler, des Staates), macht sich streng genommen der Korruption schuldig. Und das tun fast alle Parteipolitiker. Die Schlussfolgerung: Das politische System müsste sich grundlegend ändern, um Korruption weitgehend und nachhaltig in den Griff bekommen zu können. Denn der Fisch beginnt am Kopf zu stinken. So interessant wie symptomatisch ist in diesem Kontext: In die Vorbeugung und Bekämpfung von Korruption wird seitens der Politik relativ wenig investiert. Dabei sind die Kosten der Auswirkungen und Schäden der weltweiten Korruption unermesslich hoch. Ein Großteil von kriminellen Machenschaften, Finanzspekulationen, politischen Fehlentscheidungen, Wirtschaftskrisen, Konflikten oder gar Kriegen beruht letztlich auf Korruption.

Die Milliardenbeträge, die für Sicherheitseinrichtungen und Sicherheitspersonal oder für Waffen ausgegeben werden, gehen ins Unvorstellbare. Ganz abgesehen von den enormen Produktivitäts- und Lebensqualitätsverlusten aufgrund von korruptem Individual- und Kollektivverhalten. In der großen Politik müsste per Gesetz ein Imperativ des kategorischen Konstruktivismus gelten. Staatspolitische Entscheidungen dürften nur auf der Basis von konstruktiven (angemessenen, sinnvollen, notwendigen, günstigen, vorteilhaften, schadensbegrenzenden) Folgewirkungen getroffen werden. Das Gegenteil davon ist in der gegenwärtigen – und vergangenen – Politik eher die Regel als die Ausnahme. Dabei sind die Politiker keine bösen Menschen. Es gibt keine bösen Menschen, es gibt nur mehr oder weniger, so oder anders gestörte Menschen. So bemerkenswert wie fatal ist jedoch die Tatsache, dass wir Bürger nicht selten die menschlich und/oder fachlich ungeeignetsten Kandidaten (zumindest indirekt) in die höchsten staatspolitischen Funktionen wählen. Kein Wunder also, wenn sich – tatkräftig unterstützt durch das korrupte politische System – Fehler, Pannen, Geldvernichtung, Defizite, Konflikte, Krisen und Pleiten in erschreckender Weise aneinanderreihen. Der „Fall Griechenland" stellt ein beeindruckendes Lehrbeispiel für politische Korruption und Inkompetenz dar – sowohl in Bezug auf die Problementstehung als auch auf die Bewältigungsversuche. Und dann wundert sich die verantwortliche Politprominenz auch noch darüber, dass so manche leidgeprüfte Nettozahler infrage stellen, dass die korrupten, kriminellen, unfähigen, spekulierenden oder steuerhinterziehenden Täter mit Unsummen unterstützt werden, anstatt sie zur Rechenschaft zu ziehen. Da muss es jedem kleinen Hühnerdieb den Magen umdrehen, wenn er für sein vergleichsweise läppisches Vergehen ins Gefängnis gesteckt wird. Dabei wäre eine Lösung vieler dieser Probleme (zumindest theoretisch) relativ einfach. Wir Bürger wählen die geeignetsten Kandidaten und wählen sie, wenn sie als Politiker nicht entsprechen, wieder ab. Aber warum tun wir das nicht? Antworten auf die vielen Fragen werden in diesem Buch von den verschiedensten Gesichtspunkten her überlegt, formuliert und vorgeschlagen.

Auch wenn Ihnen, werte Leserin, geschätzter Leser, möglicherweise einige dieser und folgenden Einschätzungen und Analysen als zu negativ erscheinen mögen, so glauben wir doch, dass es höchst an der Zeit ist, sich genau darüber breitenwirkend auseinanderzusetzen. Es ist somit nicht als „Jammern auf hohem Niveau" gemeint, sondern als Aufruf, die Signale zu erkennen. Denn wenn, wie es jetzt der Fall ist, ganze Staaten rundum bedroht sind, ist das ein Alarmzeichen. Das war in der Geschichte immer so. Trotzdem oder gerade deswegen sind wir aber auch der Meinung, dass es, wie oben angedeutet, wichtig ist, nicht den Humor verlieren. Im Gegenteil. Humor ist immens wichtig und gibt die Kraft und auch den Abstand, um sich überhaupt mit dieser Thematik auseinanderzusetzen zu können. So möchten wir Ihnen versichern, dass wir als Autoren auch die eine oder andere lustige Stunde erlebten, als wir gemeinsam für dieses Buch recherchiert und geschrieben haben. Dementsprechend, und weil wir meinen, dass Korruption letztlich ein politisches Versagen ist, wollen wir Ihnen zu Beginn – augenzwinkernd – folgende Polit-Korruptions-Typen-Einteilung präsentieren:

Bei den Sozialisten ist ein Prototyp immer noch der des eher verschwitzten Familienvaters, der verstohlen eine Peepshow aufsucht und, wenn er erwischt wird, zerknirscht alles sofort zugibt. Sein Drang nach einem bisschen Macht, Abenteuer und schnellem Sex und dem dafür notwendigen Kleingeld steht leider im Kampf mit seinem grundsätzlichen Wunsch, dass die Welt doch eine gute sein sollte. Manche Freiheitliche sind, wie der Name schon verspricht, frei von all diesem Gutmenschen-Gewäsch. Das können jene Steher sein, die selbst davor nicht zurückschrecken, einer alten Dame die Handtasche zu klauen, und selbst wenn sie mit dem Corpus Delicti in der Hand erwischt werden, plump aber wortreich alles abstreiten. In der Manier von Schwerverbrechern wird nichts zugegeben – niemals, außer natürlich man könnte dadurch einen Vorteil erzielen. Zu klein ist die Wahrscheinlichkeit für die „dünne Personaldecke" und ihre in vielerlei Hinsicht Unterprivilegierten, an die ganz großen Tröge zu kommen, um wirklich dick zulangen zu können. Anders die Konservativen: Sie sind sich nach wie vor sicher, zur unumstößlichen Nomenklatur zu gehören. Natürlich erleichtert sich alles, wenn man an den Hebeln der Macht sitzt, um die von einem vertretenen zehn Prozent der alles Besitzenden direkt bedienen zu können, und so wird diese Macht auch mit allen Mitteln angestrebt. Allerdings geht's selbst dann noch gesitteter zu. Die langfristigen Seilschaften mit den wirklich Mächtigen sichern sowieso den großen Schnitt. Da muss man sich nicht wie ein kleiner Dieb verhalten, der gierig alles zusammenrafft. Na, und da wären dann noch die Grünen. Die sind doch tatsächlich auffällig immun. Ist ja nur mangels Macht, hört man allerorts die sogenannten Realisten in Österreich ätzen. Doch vielleicht kommen auch hier, wie bei unserem großen Nachbarn Deutschland, die „Realos" alsbald mal ans Ruder. Dann haben auch die österreichischen Grünen Chancen auf wirkliche Veränderung. Natürlich gibt's auch Verschiebungen, Überschneidungen, Grenzfälle und vor allem Fehlbesetzungen, die vorgenannte Auflistung zugegebenermaßen etwas verwässern. So sind mittlerweile auch bei den Sozialdemokraten die Mächtigen eher konservativ denkend und bereichern sich mit einer Selbstverständlichkeit, die eigentlich der Grundsatzphilosophie diametral entgegensteht. Für den Kampf für Gerechtigkeit das Leben zu geben, kennen sie vom Hörensagen – das ist doch Schnee von gestern. Längst hat hier eine Vermählung mit der Macht und ihren so einladend kunstsinnigen Protagonisten stattgefunden. So ist auch unser Ex-Kanzler Gusenbauer in die Welt der Oligarchen hineingerutscht. Zuerst hat er sich ja noch mit exzellentem Wein auf feinen Partys mit den inländischen Mächtigen zufriedengegeben, jetzt ist er mittlerweile in Kasachstan bei Aliyev und seinen Mannen gelandet. Sein Pendant Schröder in Deutschland weist dazu erstaunliche Parallelen auf. Allerdings gibt sich dieser Genosse der Bosse nicht nur mit einem Gazprom-Mandat zufrieden und schweigt dazu nobel. Nein, er muss den Kollegen Putin noch dazu als „lupenreinen Demokraten" bezeichnen. Also Gerhard, wirklich, wie man das noch irgendwie ideologisch unterbringen kann, ist uns nun allen wirklich ein Rätsel. Zurück nach Österreich. Grasser ist sozusagen der typische Grenzfall – eigentlich vom Typ her dünnhäutig und noblesk wirkend, dann aber doch eindeutig von der FP sozialisiert und mit der „Streetcleverness" und den Bekanntschaften aus der harten Szene ausgestattet, hat er die wirkliche Bourgeoisie erklommen und ihr den diesbezüglichen eiskalten Instinkt von sich und seinen engeren Freunden schmackhaft gemacht. Da geht's dann richtig zur Sache. Allerdings, auch wenn es die Kassen innerhalb kürzester Zeit prall füllt, es leidet ein bisschen die feine Klinge des bürgerlichen Abkassierens darunter. Man hat ja im Gegensatz zu anderen einen Ruf zu verlieren. Und christliche Werte. Das lässt die neuen Freunde, trotz netter Erfolge, dann doch wieder von KHG und seinen Kumpanen abrücken. Sehr zum Leidwesen des Ex-Finanzministers natürlich: Da hilft man den Konservativen bei der Gewinnmaximierung – etwas, das sie doch immer anstreben – und dann lassen sie einen hängen. Da soll noch einer die Welt verstehen. Die Welt verstehen auch der Herr zu Guttenberg und sein Seelengenosse Wulff nicht mehr. Da perfektionieren sie das zu ihrer Höchstform, was Politik doch immer war, einfach eine Show, um die Massen zu unter- und ruhigzuhalten, werfen dafür all ihr schauspielerisches Geschick in den Ring, und auf einmal sollte das *was Anrüchiges sein. Da wird ihnen vom Mob alles Mögliche aberkannt und am Schluss gar noch der Ehrensold strittig gemacht. Ebenso verwundert wie verärgert zeigt sich diesbezüglich auch unser Wende-Kanzler und Amigo-Freund Wolfgang Schüssel. Auch wenn großes Lamentieren nicht das Seine ist – Schweigen und Lächeln schon viel eher – hat man das Gefühl, dass ihm möglicherweise Letzteres vergangen sein könnte. Wie hier mit seinem politischen Erbe vom Feind, innen wie außen, umgegangen wird, ist doch ein starkes Stück. Da setzt man sich mit aller Kraft ein, um dem angeschlagenen Staat (der ohnehin nicht wirtschaften kann) zu helfen, seine Finanzen aufzubessern, und dann versuchen einem diese „Gfrieser" auch noch diese dringend notwendigen Privatisierungen madig zu machen. Von den wichtigen Anschaffungen für unser aller Sicherheit gar nicht zu reden. Gott sei Dank gibt's Entspannung in Deutschland. So ein Aufsichtsratsmandat bei einem großen Energieriesen kann einem zumindest ein bisschen über die schwarze – leider nicht im richtigen Sinnet – österreichische Seele hinwegtrösten. Wenn nun schon von der schwarzen Seele die Rede ist – last but not least unser aller Ernst Strasser. Unser aller deswegen, weil er in Brüssel ja nicht nur für die Geschicke Österreichs so günstig zu lobbyieren wusste, sondern als richtiger Europäer auch für die Anliegen von Deutschen, Franzosen und vor allem Engländern immer ein offenes Ohr hatte. Geld mussten sie halt mitbringen. Er ist ein Beispiel einer klassischen Fehlbesetzung. Der hätte doch von vornherein einen waschechten Freiheitlichen abgegeben. Dass das niemand bemerkt hat! Vielleicht liegt es daran, dass er keinen guten „Schmäh" hat, wie man bei uns so schön sagt, was ihn dann doch wieder als Konservativen prädestiniert.*

In diesem Sinne wünschen wir Ihnen (trotz allem) viel Spaß beim Lesen,

Max Edelbacher, Christian Felsenreich, Karl Kriechbaum

Prolog

Am 2. Februar 2010 telefonierte ein ehemaliger Politiker mit einem Immobilien-Tycoon. In der Folge finden Sie einen Auszug aus den abgehörten Telefongesprächen. (Zugunsten der besseren Lesbarkeit wurden die Texte in Hochdeutsch verfasst.)
Politiker: Ahhhja. Du, ahm, noch schnell zu den anderen Geschichten. Wir haben gemeinsam die ..., wie vor die Nordbergstraße, wie war das, des war ... ah ... vom Rechnungsablauf, hast du das noch im Kopf?"

Immobilien-Tycoon: „Ja, das ist gelaufen über die, bei der Nordbergstraße habe ich eigentlich nichts, also wie gesagt, ich hab mitkassiert oder habe ich, da tauche ich nicht auf, nicht?"

Politiker: „Jaaaa, ok ..."

Immobilien-Tycoon: „Verstehe."

Politiker: „Aber, aber dann, na, dass du mir sagst, wie es gelaufen ist. Ich habe eine Rechnung gestellt."

Immobilien-Tycoon: „Ja, du hast, du hast zusammengebracht, du hast es mir zugeschrieben im Unterrichtsministerium, das stimmt aber nicht, aber du hast ..."

Politiker: „Genau, genau, aber ich will nur, was war das Projekt selbst, das war auch Telekom, ein Telekomgebäude?"

Immobilien-Tycoon: „Ein Telekomgebäude, das verkauft wurde an die Porr. Die Porr hat es ausgebaut, entwickelt und ..."

Politiker: „Ja, und wer ist dort einzogen?"

Immobilien-Tycoon: „Da ist eingezogen die Wirtschaftsuniversität ... Ja, du hast zusammengebracht, dass die Porr das Haus kaufen hat können, nicht über die Telekom ..."

Politiker: „Da bin ich jetzt supernackt ... wo war meine Leistung?"

Immobilien-Tycoon: „Deine Leistung war, ah, deine Leistung war, ahhh dass du, ich bin jetzt völlig durcheinander wegen der anderen Geschichte da, vollkommen, weil ich hab das ... ahhh ..."

Aus diesen Telefonat-Abhörprotokollen geht hervor, dass ein Politiker einfach nicht mehr wusste, wofür er 600.000 Euro kassiert hatte.

Selbstbedienungsladen Politik und Wirtschaft oder: Hat Korruption ein System?

Politischer Stillstand hat wahrscheinlich viele Ursachen. Themen wie die Zukunft der Jugend, Förderung von Bildung und Wissenschaft, Sensibilisierung unseres Handelns auf Grundlage ethischer Prinzipien scheinen für die Politik weniger von Bedeutung zu sein. Die Tendenzen sich zu bereichern, die unermessliche Gier, das Streben nach Geltung und Macht genießen Priorität. In den letzten Jahrzehnten erlebt man diese Veränderungen zum Negativen als besonders tragisch. Korruptionsfälle in Deutschland und Österreich erschüttern die Demokratien. Die Staatsbürger und Staatsbürgerinnen in Deutschland, England, Frankreich, Griechenland, Italien und auch in Österreich erleben Korruption intensiver als je zuvor. Der Siemens-Skandal, der seit November 2006 Diskussionsstoff liefert, war ein bezeichnendes Beispiel. Eine Aussendung des Bundeskriminalamts Wiesbaden von 2008 bestätigte die Tatsache, dass es in Deutschland mehr Korruption als früher gibt: „Berlin treibt die Korruptionsstatistik nach oben – die Zahl der Fälle von Bestechung ist um mehr als ein Drittel angestiegen."

Einen ehemaligen Polizisten, der für „Recht und Ordnung" gekämpft hat, schmerzt das. Bei meinen Vorträgen an verschiedenen Universitäten zum Thema „Ist die Prävention von Korruption eine Führungsaufgabe?" merkt man, dass die Erosion des versumpften Systems wahrscheinlich eher mit jungen Menschen zu überwinden sein wird.

Das Thema Korruptionsbekämpfung begleitete mich seit

meiner Tätigkeit bei der Polizei, zunächst als Referent, zuständig für Amtsdelikte, später dann bei der Bekämpfung der Wiener Unterwelt und der organisierten Kriminalität, danach immer wieder bei verschiedenen Gelegenheiten aufgrund des Zusammenhanges von Korruption, Wirtschaftskriminalität und organisierter Kriminalität. Eine dieser „Gelegenheiten" verschaffte mir der frühere Innenminister Strasser, den ich wegen seiner Vorgehensweise bei der Polizeireform kritisiert hatte und der mich zur „Belohnung" für drei Monate in den Aufbaustab des Bundeskriminalamtes versetzte, wo ich unter anderem eine Arbeit zum Thema „Prävention von Korruption" ausarbeiten durfte.

Aber es gab auch würdigere Gelegenheiten: Als Mitglied bei IPES, dem International Police Executive Symposium, nahm ich 2004 an einer Tagung zum Thema „Korruption" in Polen teil. Der Council of Europe, die UNO und OSCE luden mich zwischen 1995 und 2007 als internationalen Experten zu Seminaren in die Balkanstaaten und nach Zentralasien ein, wo ich zu dem Thema „Korruptionsbekämpfung, organisierte Kriminalität und Wirtschaftskriminalität" vortragen durfte. Ich erhielt auch Einladungen, für mehrere Bücher Beiträge zu verfassen, und im Rahmen der „Initiative Weltethos" wählte ich als Vortragsthema: „Ist Korruptionsprävention eine Aufgabe der Führungskräfte?" Seit 2008 wirke ich bei ACUNS, „The Academic Council on the United Nations System", Vienna Liaison Office, als Internationaler Expert & Security Advisor mit, und auch hier ergab es sich, dass es zur Beschäftigung mit diesem Thema kam. Es wurden in den Jahren 2010, 2011 und 2012 drei Mal runde Tische organisiert, die das Thema Korruption betrafen.

Maßnahmen zur Prävention bzw. Reduktion von Korruption sind wichtige Themen, und eigentlich sollten gerade Deutschland und Österreich besonderes Interesse daran zeigen. Grundsätzlich stellt sich die Frage: Gibt es einen „Rettungsschirm", ähnlich jenem, der in der Eurokrise den Euro retten soll, der die Korruptionsanfälligkeit reduzieren könnte?

Ist es möglich und sinnvoll, die Zivilgesellschaft verstärkt einzubinden? Seit dem Inkrafttreten der UN-Konvention gegen

Korruption gibt es intensive Bemühungen, die Zivilgesellschaft stärker in die Bekämpfung und Prävention von Korruption einzubinden. Die Artikel 13 und 39 der UN-Konvention gegen Korruption bieten dafür die Grundlage. Dabei spielt die IACA – „International Academy against Corruption" – eine führende Rolle. Einerseits sollen Mitglieder der verschiedenen Gesellschaften, die besonders von Korruption betroffen sind, so geschult werden, dass sie in der Lage sind, geeignete Bestandsaufnahmen und Berichte über die Situation in ihren Ländern zu erstellen, andererseits sollen sie zu geeigneten Verhandlungspartnern ausgebildet werden, die ihren Regierungen bei der Neugestaltung der Maßnahmen gegen Korruption fundiert gegenübertreten können. Die Aktivitäten der internationalen und nationalen Organisationen geben Hoffnung, dass neuer Schwung und Selbstbewusstsein geschaffen wird. Dieses Buch soll diesen Ansatz unterstützen.

Neue Korruptionsspezialisten am Werk

Fiel einem früher zum Stichwort „Korruption" vielleicht als Erstes Italien ein oder dachte man eher an dubiose Machenschaften in fernen Ländern, ändert sich die Wahrnehmung diesbezüglich wohl gerade.

Betrachten wir Deutschland und Österreich genauer. Österreich wird derzeit von einem Korruptionsfall nach dem anderen erschüttert und der Korruptionsausschuss dominiert die Medien. Man könnte auch fragen: „Wie krank ist Österreich?" Ist Österreich nur ein Land unter vielen oder täuscht der Eindruck nicht und Österreich führt die Liste der Korruption an? Deutschland stellt sich, laut Index von Transparency International, mit seinem kleinen Nachbarland verglichen, derzeit vergleichsweise wenig korrupt dar, auch wenn der deutschen Wirtschaft durch Korruption immerhin ein Schaden von 250 Milliarden Euro erwächst, wie die Tageszeitung „Die Welt" erst 2012 unter Berufung auf eine Studie des Wirtschaftswissenschafters Friedrich Schneider von der Johannes-Kepler-Universität schrieb. Das Problem der Einschätzung des Ausmaßes der Korruption stellt immer das Dunkelfeld dar, sowohl in Deutschland als auch in Österreich. Daher sind auch gegenteilige Einschätzungen, wie anfangs erwähnt, berechtigt. Bei einer Veranstaltung von Transparency International Österreich, die am 15. Juni 2012 im Haus der Europäischen Gemeinschaft stattfand, meinten Vertreter der Europäischen Gemeinschaft, dass Deutschland wie Österreich mit steigender Korruption zu kämpfen habe.

Als Mensch mit einiger Lebenserfahrung hat man den Eindruck, dass es in Österreich jedenfalls schon lange nicht mehr so schlimm war. In kritischen Kommentaren wurde festgestellt, dass sich nach den Wahlen 1999 die Österreichische Volkspartei, die als nur drittstärkste Kraft aus den Wahlen herausgegangen war, die Macht durch die Zustimmung der Freiheitlichen Partei „erkaufte", indem sie dieser viel an Geld und Einfluss überließ. Heute leidet Österreich noch immer an den Machinationen, die im Jahr 2000 initiiert wurden.

Schon aus geschichtlicher Erfahrung kennt man den Spruch: „In Wien beginnt der Balkan." Diese Feststellung geht noch auf die Zeiten der Donaumonarchie zurück, wo der etwas eigentümliche Zugang zu Leistung und deren Begleichung anders als in den übrigen Ländern Zentraleuropas geregelt wurde. In Wien gilt auch nach wie vor der Spruch: „Wer schmiert, der fährt." Diese „Weisheit" galt und gilt wohl weltweit für den wirtschaftlichen Bereich, wie der Vergabe von Bewilligungen, aber auch für die Politik, wo die Einflussnahme auf Entscheidungen noch sensibler abläuft. Politische Entscheidungen sind sehr stark von Lobbyismus abhängig. Wenn man Entscheidungsprozesse besonders auf regionaler Ebene analysiert, kommt man bald dahinter, dass Netzwerke eine wichtige Rolle spielen. Ob das die Vergabe von Bauaufträgen, Umwidmungen von Land, Förderungen jeglicher Art betrifft, hängt immer stark von den Werbern und ihren Beziehungen zu der politischen Entscheidungselite ab.

Obwohl wir Österreicher also immer einen sehr leichtfertigen Umgang mit dem Thema Korruption übten, sind die Erfahrungen der letzten zehn Jahre doch auch für unser Empfinden solche, dass vieles völlig aus dem Ruder gelaufen ist. Das geht so weit, dass aus vielen Ecken dieses Landes der Ruf nach einer Neuorientierung erschallt. Viele kleinere und größere Initiativen beschäftigen sich mittlerweile damit, diese Zustände in unserem Land zu verändern.

Deutschland hingegen scheint derzeit eher mit Plagiatsaffären zu kämpfen, wenngleich die GRECO (Staatengruppe gegen Korruption des Europarates) in einem Umsetzungsbericht den Deutschen bezüglich ihrer Umsetzungsmaßnahmen im Kampf gegen Korruption auch kein besonders gutes Zeugnis ausstellt. Drago Kos, der von 2002 bis 2011 Vorsitzender der GRECO war und 2012 bei der Transparency-International-Tagung „Europäische Korruptionsbekämpfung am Beispiel Österreich" das Eröffnungsreferat hielt, meinte im persönlichen Gespräch, dass Deutschland massive Probleme mit Korruption habe. Das führte auch zur Kritik an den Umsetzungsmaßnahmen seitens der GRECO.

Frank Stronach, populärer Auslandsösterreicher mit Wohnsitz in Kanada und Österreich, der sich nun auch anschickt, ab der nächsten Wahl mit einer eigenen politischen Partei in die Geschicke Österreichs einzugreifen, meinte in mehreren Vorträgen an Universitäten in Österreich und in einer Beilage zur Kronenzeitung am 1. Mai 2012: „Liebe Österreicherinnen und Österreicher: Ich mache mir große Sorgen um Österreichs Zukunft. Es ist vieles gut in unserem Land, aber wir haben einige gewaltige Strukturfehler. Wir brauchen ein Umdenken, eine geistige Revolution für Österreich." Meint Frank Stronach mit „Strukturfehler" und der Forderung nach einem Ehrenkodex für Politiker, dass wir hier in Österreich ein strukturelles Problem mit dem Thema Korruption haben? Diese Frage bleibt beim Lesen seiner Unterlagen unbeantwortet. Offensichtlich geht sein Ansatz mehr in die wirtschaftliche Richtung, er spricht von gewissen Grundprinzipien und davon, dass keine Schulden gemacht werden dürfen. Weiter geht er auf das Thema Ehrenkodex für Politiker nicht ein.

„Das gab es schon immer" – oder versagen unsere Werte?

Korruption als Missbrauch einer Vertrauensstellung gibt es wohl schon seit jeher und überall dort, wo die Menschen sich Vorteile verschaffen wollten. Liegt Korruption also unüberwindlich der menschlichen Natur zugrunde? Ist der Mensch grundsätzlich „böse" und deshalb auch korrupt?

Geht man von einer philosophischen Betrachtung des Themas „Korruption" aus, dann dürfte das chinesische Sprichwort des Philosophen Hsün-Tzu, der etwa 325–238 v. Chr. lebte, eine gewisse Berechtigung haben. Er meinte: „Die menschliche Natur ist böse, und was am Menschen gut ist, ist das Ergebnis seiner Anstrengungen." Der Mensch scheint anfällig für das Nehmen zu sein. Wo die Grenzen sind, sollte man schlichtweg in der Familie schon von seinen Eltern lernen, aber offensichtlich versagt diese Methode mehr und mehr.

Sind die Gründe für Korruption also in der mangelnden Ethikauffassung unserer Zeit zu suchen? „Ethos" im weiteren Sinn bedeutet Gewohnheit, Sitte, Brauch. Im engeren Sinn beschreibt Ethik eine tugendhafte Grundhaltung, bei der charakterliche Eigenschaften im Mittelpunkt stehen. Die „Goldene Regel" des Weltethos besagt: „Was du nicht willst, das man dir tu, das füg auch keinem anderen zu." Es ist dies also die Aufforderung: „Handle stets so, wie du selbst behandelt werden willst."

Die Geschichte lehrt uns, dass wir im Umgang mit Ethik unterschiedliche Sichtweisen wählten: Aristoteles verstand Ethik als den „richtigen Geist" – Eudaimonia. Die Stoiker begriffen Ethik als Pflicht, die Vernunft determiniert die Gefühle. Kant ging vom ethischen Formalismus aus, dem kategorischen Imperativ.

Die Persönlichkeitsstruktur eines jeden Menschen wird von verschiedenen Faktoren bestimmt: den Werthaltungen, den Gefühlen und der Rationalität. Der Mensch hat aufgrund seiner Großhirnleistung die Gabe, aktuelle Realitätseinordnungen zu vollziehen. Das zählt zu den höchsten menschlichen Denkfunktionen. Die Realitätseinordnung wiederum erfolgt aufgrund der Umwelteinflüsse, des Verhaltens, der Vorurteile und der Einbildung.

Grundsätzlich kann man von drei ethischen Handlungskategorien ausgehen, die sich in der Praxis auswirken.

Die Handlungsalternativen des Individuums unterscheiden nach der ersten Ebene Menschen, die ihr Agieren als unbedingtes moralisches Handeln betrachten, welches unabhängig von anderen Individuen ausfällt. Solche Menschen werden immer nach ethisch hohen Werten handeln, unabhängig davon, ob sie beobachtet werden oder nicht.

Die Menschen, die der zweiten Ebene der Handlungsalternativen zuzurechnen sind, sehen ihr Handeln als bedingtes moralisches Handeln, das bedeutet, solange sie sich beobachtet fühlen, also sozusagen „face to face" agieren, handeln sie ethisch korrekt, fühlen sie sich nicht beobachtet, besteht keine Kontrolle, dann verlassen sie die hohe ethische Ebene. Man bezeichnet dieses Verhalten als Isolationsparadoxon.

Die dritte Ebene agiert noch realistischer: Diese Handlungsalternative agiert nach der Einsicht, dass alle nach allgemein bekannten Regeln handeln, um ein Fast-Optimum zu erzielen. Nach ihrer Sichtweise ist aber ein Regelbruch gestattet, wenn dadurch eine subjektive, kurzfristige Nutzenoptimierung erzielt werden kann. Nach dem Verständnis und der Einschätzung des Handelns unserer Zeit verhalten sich wahrscheinlich die meisten Menschen nach dem Grundsatz der Ebene drei. Wenn es ihnen nützt, dann gibt es keinen Halt, Regeln zu brechen. Unter diesem Blickwinkel muss man die wesentlichen Fragen nach der positivistischen Verantwortung von Politik, Technologie, Biologie, Medizin und Wirtschaft betrachten.

Ethisches Handeln wurde als selbstverständlich angesehen. Heute werden Forderungen nach Verhaltenskodizes immer lauter und wichtiger. Man hofft damit auf eine Umkehr zu einer Selbstkontrolle und Kontrolle durch die Gesellschaft.

Das ist alles recht deprimierend …

Laut Korruptionsindex (2011) von Transparency International führt das Ranking der korruptesten Länder Somalia an. Gefolgt von Nordkorea, Myanmar, Afghanistan, Usbekistan, Turkmenistan, Sudan, Irak, Haiti, Venezuela, Äquatorialguinea, Burundi und Libyen. Am anderen Ende der Rangreihe stehen die relativ korruptionsfreien Länder Neuseeland, Dänemark, Finnland, Schweden, Singapur, Norwegen, Niederlande, Australien und die Schweiz. Deutschland und Österreich liegen, etwas abgeschlagen, auf den Plätzen 14 und 16.

Die aktuellen Proteste zeigen auf beklemmende Weise die Wut der Menschen über korrupte Strukturen und Prozesse in der Politik und im öffentlichen Bereich. Die weltweiten Proteste, die auch durch Empörung über Korruption und wirtschaftlich instabile Verhältnisse verstärkt wurden, sind für Transparency International ein klares Zeichen dafür, dass viele Menschen das Gefühl haben, dass ihre Regierungen und öffentlichen Institutionen weder transparent sind, noch hinreichend zur Rechenschaft gezogen werden können.

„Wir konnten dieses Jahr beobachten, dass für viele Demonstranten, egal ob arm oder reich, das Thema Korruption von zentraler Bedeutung war. Die politischen Führungen müssen den Forderungen nach einer besseren Regierungsführung Folge leisten – ob in der Schuldenkrise in Europa oder beim Beginn einer neuen politischen Ära in der arabischen Welt", sagte Huguette Labelle, Vorsitzende von Transparency International.

Die meisten Länder des Arabischen Frühlings rangieren in der unteren Hälfte des Index, mit Punktwerten unter 4,0. Noch vor den Ereignissen des Arabischen Frühlings warnte ein Bericht von Transparency International, dass Nepotismus und Bestechung in dieser Region so tief im täglichen Leben der Menschen verankert seien, dass selbst bestehende Antikorruptionsgesetze wenig änderten.

Die unter der Schuldenkrise leidenden Länder der Eurozone befinden sich unter den am schlechtesten abschneidenden EU-Ländern; das Versagen der öffentlichen Verwaltung, gegen

Bestechung und Steuerflucht vorzugehen, spielt dabei teilweise eine wichtige Rolle.

Es scheint so, als wären die Methoden der Korruption weltweit, aber auch in Deutschland und Österreich, tatsächlich gesellschaftsfähig. Die Teilnehmer des Marktes zeigen sich hier durchaus erfinderisch, was die Wahl der unlauteren Mittel anbelangt. Es wundert auch nicht, dass Bestechungsgelder zu kassieren so sehr im Bewusstsein der Bevölkerung als „in Ordnung" empfunden wird, bedenkt man, dass diese Schmiergelder bis vor gar nicht langer Zeit sogar noch unter dem Deckmäntelchen der „nützlichen Aufwendungen" steuerlich als Betriebsausgabe absetzbar waren. Es war also durchaus erlaubt, sich Vorteile gegen Geld zu verschaffen – solange es nicht ausdrücklich verboten war. Es scheint fast ein friedliches „give and take" zu herrschen, und alle Beteiligten bewahren wohlweislich Schweigen über die „handelsüblichen" Vorgehensweisen.

Am 8. April 2010 war Kriminalhauptkommissar Uwe Dolata, Sprecher vom Bund deutscher Kriminalbeamten, Gast in der Sendung „Pelzig unterhält sich" des Bayerischen Rundfunks. Er unterhielt sich mit Frank-Markus Barwasser alias Erwin Pelzig außergewöhnlich offen über die Korruption in Deutschland.

Im Folgenden zeigen wir Ihnen Auszüge aus diesem Interview, das ausgesprochen anschaulich ist:

(...)

Pelzig: Aber Sie sind ja sehr hart im Urteil und sagen, wir sind ja auch total korrupt ... jetzt ermitteln Sie im Wirtschaftsmilieu. Kommt da politischer Druck von oben, dass man Sie nicht lässt?

Dolata: Das ist eine schwierige Frage.

Pelzig: Also ja ... Werden Sie auch bedroht?

Dolata: Ja, ich werde auch bedroht ...

Pelzig: Gesundheitsbranche, sagen Sie ja, seien mafiöse Strukturen. Da wird überall geschmiert. Es geht insgesamt um über 260 Milliarden Euro, die verteilt werden, (...) ist das mafiös?

Dolata: Ja, das allein ist nicht mafiös, die Strukturen an sich, die sind schon einer organisierten Kriminalität zuzurechnen. Man fragt sich wirklich, warum in diesem Bereich so wenig vorgegangen wird dagegen ... ja, weil die Lobby zu stark ist. Die Gesundheitslobby, die Pharmabranche ist zu stark, die hat also ... auch die Politiker im Griff. Die sind praktisch nur noch Marionetten ... das sage ich eigentlich als Polizist, weil ich eine Ahnung habe, und als Mensch, weil ich es tagtäglich selbst auch erlebe, wenn man mit vielen Antennen durch die Gegend geht, merkt man's auch.

Pelzig: Das heißt, im Bereich Pharma ist die Lobby so stark, dass die Politik nichts mehr ... ausrichten kann?

Dolata: Ja, wir merken's ja, es bewegt sich nichts selbst. Der vorhin angesprochen Herr Seehofer, als er noch Gesundheitsminister war, wollte ja angreifen mit seiner roten Listen ... hat's auch nicht gepackt ... Rössler probiert's jetzt ja auch wieder.

Pelzig: ... wird wahrscheinlich ein paar Zementschuhe demnächst bekommen ...

Dolata: Der wird auch als Bettvorleger landen.

Pelzig: Ja, aber das ist ja total deprimierend, dass Sie das als Polizeibeamter ... sagen Sie knallhart, es ist mafiös in Deutschland.

Dolata: Ja ... Wir wurden ja von der OECD ... schon Mitte der Neunzigerjahre als das korrupteste Land der Erde bezeichnet. Die Statistik, die vorhin angesprochen wurde, wo man bei Uganda ist, ist eine Wahrnehmungsstatistik, die macht Transparency International nach Umfragen. Wir wären eigentlich viel schlechter. Das hat aber damit zu tun, dass wir natürlich anders unterwegs sind als andere Länder. Wir haben eine Wirtschaftsmacht. Wir waren bis vor Kurzem Exportweltmeister lange Jahre. Und wir merken ja jetzt so allmählich bei den Taxen zu über einer Milliarde Schmiergeld, wo wir uns ungefähr bewegen. Also in einen ganz anderen Sektor wie uns ... vermittelt wird.

Pelzig: Ja, es wird ja in Deutschland die Statistik gefälscht, indem man nicht so genau hinschaut?

Dolata: Ja, die Statistik ist eigentlich nur eine Arbeitsbelastung, die wird immer falsch interpretiert. Es freut sich jeder Minister, wenn er so darstellen darf, immer falsch, weil gerade die Korruption bewegt sich ja im Dunkeln, und die im Dunkeln sieht man nicht ...

Pelzig: Es ist bekannt, Baubranche wird viel geschmiert. ... Aber Sie sagen, im Grunde wird überall geschmiert. Und wo man meint, dass nicht, da wurde nicht richtig hingeschaut ... bei der Polizei auch?

Dolata: Auch, ja ... Wir haben die Studie „Korruption in der Polizei", wir haben die Studie „Korruption in der Justiz". Also es ist ja die gesamte Branche natürlich nicht ... oder die gesamt gesellschaftliche Richtung natürlich mehr oder weniger ... die Polizei ist jetzt in Deutschland nicht prinzipiell korrupt. Sondern es gibt eben mehr die situative Korruption, zum Beispiel bei der Polizei. Also, dass man mal einen Betrunkenen anhält und dann liegt auf einmal ein Schein im Führerschein und dann sagt man, ach, das könnte ja meiner sein.

Pelzig: Aber das würde ich mich ja nie trauen, einen deutschen Polizeibeamten bestechen zu wollen. Würde ich mich nie trauen, weil ich mir immer denken würde, das nimmt der nicht und ich hätte Ärger ... Aber Sie würde sagen, es funktioniert.

Dolata: Man könnt's ja einmal probieren ...

Pelzig: Jetzt ist ja die Frage ... es gibt ja immer und überall Leute, die die Hand aufhalten. Aber die Frage, wie organisiert ist das? Und der italienische Oberstaatsanwalt Roberto Scarpinato sagt, dass ... die Mafia in Deutschland präsent ist, die waschen hier ihr Geld. Deutschland sei ideal zum Geldwaschen. Er, wenn er Mafioso wäre, würde er nach Deutschland gehen. Und dass große Teile inzwischen komplett ... dass die ganzen demokratischen Länder komplett ihre Wirtschaft nicht mehr steuern können, also die Demokratien vor die Hunde gehen, weil diese organisierte Kriminalität, Korruption, Mafia bereits viel stärker ist. Sehen Sie das auch so?

Dolata: Ja ... ja.

Pelzig: Ja, gibt's vielleicht doch irgendwo ein wenig Hoffnung?

Dolata: Ja gut, natürlich habe ich Hoffnung. Aber mehr

pragmatisch wie Martin Luther: Hier steh' ich und kann nicht anders. Wir werden natürlich weiterhin darauf schauen. Ich hoffe auch, dass man sich nicht alles kaufen kann, auch die Demokratie, aber es ist viel schlimmer als man vermittelt oder meint.

Pelzig: ... und sind die Medien auch in dem Kartell des Schweigens?

Dolata: Ja, natürlich.

Pelzig: Werden die bezahlt dafür, dass sie das nicht anprangern oder wie?

Dolata: Ja ... es gibt verschiedene Formen. ... Aber die Medien haben schon immer eine große Rolle als fünfte Gewalt im Staat gespielt und es waren verschiedene Situationen ... wir haben ja von Schleichwerbung, die man jetzt wieder versucht zu legalisieren etc. bis hin zu direktem In-die-Talkshow-Kommen zahlen und alle diese Geschichten. Wir haben alle Bereiche ...

Pelzig: Ich habe gelesen, Würzburg ist die heimliche Hauptstadt in Deutschland des Kapitalanlagebetrugs ... unsere Heimatstadt ... wie kommt das denn? Können wir nichts anderes oder was?

Dolata: Ja, gut, da lassen sich halt viele nieder und die werden nicht vielleicht so sehr verfolgt, dass sie meinen, auch weggehen zu müssen, sondern schonend behandelt und deswegen ist halt im Ranking hier eine große Anzahl der Anlügeberater ... praktisch sehr hoch ...

Pelzig: ... Also würden Sie so weit gehen, dass wir sagen, ... das Land ist sehr wesentlich im Griff der Mafia, zum Beispiel Bayern LB? Der österreichische Notenbankchef sagt ja, dass da bei dem Hypo-Alpe-Adria-Deal, diese knappen vier Milliarden, dass da die Balkanmafia die Hand schwer offen gehabt hat ... vermischt sich das alles inzwischen?

Dolata: Und natürlich auch die Politik etc. ... ja, das vermischt sich natürlich und das ist ja das große Problem, dass es mittlerweile registriert wird aber nicht wahrgenommen wird, kein Aufschrei oder Revolution ... durch das Land geht, sondern man gewöhnt sich an immer mehr Milliarden, an immer größere Zahlen, an immer höhere Korruption, aber es ändert sich im Großen und Ganzen wenig. Eben weil ... das ist schon fast eine Lobbykratie in Deutschland. Oligarchie möchte ich noch nicht sagen, aber der Lobbyismus ist wahnsinnig stark ...

Pelzig: Und wo sehen Sie den politischen Weg?

Dolata: ... da gebe ich denen, die Parteikritiker sind, an und für sich recht. Die Parteien haben sich überholt ... dass man im Hinterzimmer schon festlegt, wer dann später eh an die Macht kommt. Ich finde, damit sollte man aufhören.

Pelzig: Das ist alles recht deprimierend ...

(Quelle: Teil 1, http://youtu.be/DjrgH3qIJoQ,
Teil 2, http://youtu.be/1QWvQt_iH3U)

Das ist wahrlich recht deprimierend. Der Sumpf der Korruption scheint weit tiefer zu sein, als allgemein angenommen wird. Der Mensch ist so und die politischen Gegebenheiten fördern korruptes Denken und Tun zum Teil massiv. Bei der Vielzahl an verlockenden Möglichkeiten und menschlichen Korruptions-Typen (siehe dazu auch das Kapitel „Korruptions-Typen) ist es eigentlich gar nicht so verwunderlich, dass laut Schätzungen der Weltbank jeder Mensch durchschnittlich rund 7% seiner Arbeitsleistung für Korruptionsschäden aufbringen muss.

Zwischen schiefer Optik und handfesten Skandalen

Für einen Zeitzeugen, der die Entwicklung des Verhaltens beobachtet, stellt sich die Frage: Wurde die Korruptionsanfälligkeit in Deutschland, in Österreich, in Europa oder sogar weltweit in den letzten Jahrzehnten ärger? Wurden wir Menschen korrupter? Man wird das subjektive Gefühl nicht los, dass es zum Beispiel in Österreich noch nie so viele Skandale gegeben hat, wie sie insbesondere nach der Ära der Regierungen Schüssel 1 und Schüssel 2, also nach 2000, bekannt wurden. In einem Artikel der „Salzburger Nachrichten" vom 3. September 2011 unter dem Titel „Schatten der Vergangenheit" werden Namen des blau-orangen Personals genannt, die zuletzt in der Telekom-Affäre aufgetaucht sind. Sie alle wurden als „treue Diener" Jörg Haiders identifiziert, der wiederum maßgeblich zu der Koalitionsbildung Schwarz-Blau bzw. Schwarz-Orange beigetragen hatte. Ein Journalist stellte die provokante Frage: *„Alles Gauner, oder was? – Es ist, als würde jemand Regie führen, der es auf die Abschaffung des bestehenden Parteisystems abgesehen hat. Was in der Skandalaufarbeitung fehlt, sind Differenzierungskunst und Augenmaß."*

Auffällige Verhaltensweisen – Sind Sie korrupt?

Um genauer zu bestimmen, was „nur" schiefe Optik ist und was die „super-saubere" Weste doch nachhaltiger zu beschmutzen geeignet ist, beschäftigen wir uns kurz mit dem Begriff der „Korruption": Die kriminologische Forschungsgruppe des Bundeskriminalamtes Wiesbaden geht von folgender Begriffsdefinition aus: *„Korruption ist der Missbrauch eines öffentlichen Amtes, eines politischen Mandates oder einer Funktion in der Wirtschaft zugunsten eines anderen, begangen auf dessen Veranlassung oder aus Eigeninitiative zur Erlangung eines Vorteiles für sich oder einen Dritten, mit Eintritt oder in Erwartung des Eintritts eines Schadens oder Nachteils für die Allgemeinheit (in öffentlicher oder politischer Funktion) oder für ein Unternehmen (in wirtschaftlicher Funktion)."*

Bei den Erscheinungsformen der Korruption werden der internationalen Literatur folgend grundsätzlich drei Bereiche unterschieden:
1. Politische Korruption
2. Korruption von Amtsträgern
3. Korruption im Privatwirtschaftsbereich

Korruption ist kein wirklich neues Phänomen, weder in Deutschland noch in Österreich, Europa oder weltweit. Latent ist Korruption immer vorhanden, das zeigen bekannt gewordene Fälle. Korruption ist ein System, Korruption hat ein

System, daher kann den Erscheinungsformen der Korruption auch nur mit System begegnet werden. Empirische Forschungsergebnisse des Bundeskriminalamtes Wiesbaden ergeben zwei Fragestellungen:

Wie lässt sich Korruption feststellen?

Wie lässt sich das Phänomen insbesondere präventiv in den Griff bekommen?

Feststellung der Korruption bedeutet, nach passenden Indikatoren zu suchen. Es geht dabei um die Wahrnehmung von Gegebenheiten und Verhaltensweisen, die die Existenz von Korruption anzeigen können. Zwei Arten von Indikatoren können dabei unterschieden werden: korruptionsneutrale und korruptionsspezifische Indikatoren. Neutrale Indikatoren weisen auf mögliche Unregelmäßigkeiten hin, allerdings ohne spezifische oder gar zwingende Bezüge zur Korruption darzustellen, während bei korruptionsspezifischen Indikatoren bereits deren Auftreten eng mit korruptem Verhalten verbunden sein können. Wir müssen allerdings festhalten: Indikatoren sind keine Beweise. Sie haben – für sich allein stehend – deshalb meist auch keine oder nur eine geringe Aussagekraft. Erst wenn sie wiederholt, gehäuft oder in gewissen Konstellationen auftreten, sind sie geeignet, zur Verdachtsverdichtung beizutragen. Darüber hinaus setzt der Umgang mit Korruptions-Indikatoren-Rastern eine besondere Sensibilisierung des Anwenders voraus. Exzessiv oder unbedacht eingesetzt, können sie eher zu ungerechtfertigten Verdächtigungen und unzulässigen Schlussfolgerungen führen, als dass sie einen positiven Beitrag zur Korruptionsbekämpfung leisten könnten.

Zu sozial-neutralen Indikatoren zählen nach dem BKA-Raster zum Beispiel ein aufwendiger Lebensstil, der im Missverhältnis zum Einkommen steht, verschiedene Nebentätigkeiten in einem bestimmten Umfeld („Beraterverträge"), eine Verweigerungshaltung bei Umsetzungen, Aussonderung aus der Gemeinschaft, Verschlossenheit, Mitnahme von Akten (Vorgängen) nach Hause, Ausbleiben von Beschwerden dort, wo sie üblich sind, aufwendige „Werbegeschenke", Unabkömmlichkeit, Anwesenheit selbst bei Krankheit, Ver-

Selbstbedienungsladen Politik und Wirtschaft

zicht auf Freizeit oder der private Umgang mit Bietern und Antragstellern.

Die Alarmglocken sollten jedenfalls bei diesen Indikatoren nach dem BKA-Raster (02) anschlagen: Wenn es wiederholt zur Bevorzugung bestimmter Unternehmer kommt, wenn ein „Hoflieferant" ein und aus geht und auf fehlende Angebotsvielfalt schließen lässt, wenn Verträge offensichtlich ungünstige Bedingungen (wie z.b. langfristige Bindungen einer Behörde) aufweisen, wenn es Aufträge von Vorgesetzten gibt, einen Vorgang „zustimmend" zu bearbeiten, wenn öffentliche Ausschreibungen umgangen werden, wenn es ein unerklärliches Eintreten für einen ansonsten umstrittenen öffentlichen Auftrag gibt, wenn gehäuft Fälle von Nachbesserungen und sogenannte „Rechenfehler" in den Angebotsunterlagen auftreten, wenn eine ungewöhnliche Verfahrensbeschleunigung auffällt oder wenn Beschaffung unnötiger oder technisch überholter Logistik festzustellen ist.

Wenn man auf Vorkommnisse der beschriebenen Art trifft, muss das nicht bedeuten, dass man tatsächlich auf Korruption gestoßen ist, aber es ist zumindest einen zweiten Blick wert.

Die Korruptionsanfälligkeit österreichischer Beamter, insbesondere im Bundesministerium für Inneres und in der Exekutive, stellt aus der Sicht eines Insiders, aber auch aus der Sicht der externen Beurteilung nicht das Nummer-Eins-Problem dar. Trotzdem ist aus dem leichten Ansteigen bekannt gewordener Fälle erkennbar, dass Korruption merkbarer wird, als sie vor dreißig Jahren etwa war.

Woran liegt das?

Wahrscheinlich ist einerseits die höhere Sensibilität der Bürger ein Grund dafür. Beamte und deren Handeln werden von der Öffentlichkeit kritischer verfolgt und beurteilt. Andererseits hat die persönliche Integrität einzelner Kollegen und Kolleginnen sich geändert. In einer Zeit des Wertewandels und des steigenden Materialismus ist auch die Anfälligkeit für Korruption höher. In einer Diskussion zum Thema „Der Papa wird's schon richten – Korruption in Österreich" waren sich die Diskutanten jedenfalls uneinig darüber, ob die Korruption tatsächlich ansteigt oder nur transparenter erlebt wird. Wie auch immer, weniger sind die Fälle sicher nicht geworden. Die Anzahl und die spektakulären Fälle, die derzeit bei den verschiedenen Polizeidienststellen und Gerichten aufzuarbeiten sind, haben es in sich.

Transparency International erstellt jährlich den bereits angesprochenen Korruptions-Index. Die Organisation, kurz TI, ist eine weltweit agierende nichtstaatliche Organisation mit Sitz in Berlin, die sich in der nationalen und internationalen volks- und betriebswirtschaftlichen Korruptionsbekämpfung engagiert.

Der ehemalige Direktor der Weltbank für Ostafrika, Peter Eigen, gründete sie 1993 in Berlin. Mittlerweile existieren mehr als 90 nationale Ableger, zu denen auch die TI Deutschland und die TI Österreich zählen. Dass Österreich 2012 in der Einschätzung vom 11. Platz (2010) auf den 16. Platz gefallen ist, bedeutet aus der Sicht eines Praktikers einen handfesten Beweis dafür, dass eine Zunahme der Korruption stattfindet. Insofern würde also die Wahrnehmung, dass Korruption ansteigt, der Richtigkeit entsprechen.

Starke Verbündete: organisierte Kriminalität, Wirtschaftskriminalität und Korruption

Beschäftigt man sich mit dem Phänomen Korruption, fällt sofort der Zusammenhang zwischen organisierter Kriminalität, Wirtschaftskriminalität und Korruption auf. Die Situation in Österreich spiegelt derzeit sehr gut beobachtbar das wider, was internationaler „Standard" ist. Dieser Zusammenhang ist natürlich nicht allein auf Österreich beschränkt.

Tatsache ist, dass organisierte Kriminalität und Wirtschaftskriminalität gar nicht in dem Ausmaß möglich wären, wenn es nicht das „Schmiermittel" Korruption gäbe. Korruption ist heute nicht mehr so leicht nachweisbar. Früher gab es noch tatsächlich den „Mann im dunklen Anzug", der mit dem Geldkoffer in der Hand ins Parlament spazierte. Heute spielen Lobbyismus und Konsulententum eine zukunftsreiche dunkle Rolle. Österreich wurde zu einem Land mit hoher Dichte an „Konsulenten". Dieses Phänomen gibt es weltweit, natürlich auch in Deutschland. In Österreich ist es nach der politischen Wende im Jahr 2000 sehr stark in Mode gekommen. Verschiedenste Parteien decken sich mit diesen Ratgebern ein. Man kann mit Sicherheit annehmen, dass ein großer Teil der Schmiergeldzahlungen auf diese Art und Weise abgedeckt wird.

Wie wären all diese Fälle wie Konsum-Markt-Skandal, BAWAG-Skandal, Libro-Pleite, Meinl-Bank-Skandal, BUWOG-Skandal, Hypo-Alpe-Adria-Skandal, Skylink-Skandal, Telekom-Skandal, Lobby-Gate, Eurofighter-Skandal möglich, wenn nicht eine enge Verquickung von Politik, Lobbyismus und Wirtschaft bestünde?

Namen von Personen, die in Politik und Wirtschaft eine tragende Rolle spielten wie Karl-Heinz Grasser, Ernst Strasser, Alfons Mensdorff-Pouilly, Martin Huber, André Rettberg, Helmut Elsner, Wolfgang Kulterer, Julius Meinl V., stehen bei den aktuellen Skandalen immer wieder im Mittelpunkt. Dagegen wirkt ja Werner R., den Brasilien auslieferte und der Österreich auch nicht unbeträchtlich übervorteilte, der wegen Steuerbetruges angeklagt wurde, fast harmlos. Zu diesem Schluss kommt man, vergleicht man sein Agieren mit dem unserer Potentaten in Politik und Wirtschaft.

Man gewinnt den Eindruck, der Alltag läuft wie „geschmiert".

In Deutschland haben beispielsweise die Vorgänge um Siemens Schlagzeilen gemacht. Aber auch dem ehemaligen Bundeskanzler Kohl wurden Korruptionsvorwürfe gemacht. Dass sich der ehemalige Bundeskanzler Schröder von Gasprom engagieren ließ, trug auch nicht gerade zur ethischen Blüte Deutschlands bei. Die Berliner Morgenpost titelte am 12. 11. 2008: „Berlin treibt Korruptionsstatistik nach oben." Auch in Deutschland zieht sich das Problem Korruption wie ein roter Faden durch die Zeit. Die Zeitungen überschlagen sich mit Meldungen über verschiedenste Skandale: Flick-Skandal, Kölner Müllskandal, der Herzklappenskandal, VW-Skandal, Siemens-Skandal, Hypo Real Estate, Causa Gutenberg, Causa Wulff – kein Jahr vergeht, in dem nicht ein aufsehenerregender Fall ans Tageslicht dringt.

Ein wichtiges Indiz für Vorgänge mit korruptem Hintergrund bildet die Tatsache, mit welchen Themen sich parlamentarische Untersuchungsausschüsse jeweils in einem Land beschäftigt haben. Verschiedensten Untersuchungsausschüsse befassen sich mit Sachverhalten, deren Aufklärung im öffentlichen Interesse liegt. Danach werden Beispiele auf deutscher Bundesebene aufgezählt:

1950–51	UA zur Hauptstadtfrage
1962	UA zur Fibag-Affäre
1967–69	UA zur Steiner-Wienand-Affäre
1974	UA zur Guillaume-Affäre
1981	UA zur Finanzierungslücke beim Kampfflugzeug Tornado
1983–86	UA zur Flick-Parteispendenaffäre
1984	UA zur Kießling-Affäre
1986–87	UA zum Fall Neue Heimat
1986–90	UA zu U-Booten der Howaldtswerke-Deutsche Werft für Südafrika
1988	UA zum Uranskandal der Firma Transnuklear/ Nukem
1991–94	UA zu Schalck-Golodkowski und KoKo
1999–2002	UA zur CDU-Spendenaffäre
2002–2003	UA zur Falschinformation durch die Bundesregierung (Lügenausschuss)
2005	UA zur Visa-Affäre
2006–2009	UA zu BND-Aktivitäten im Irak und CIA-Flügen im Inland, auch Kurnaz-UA
2009	UA zur Hypo-Real-Estate-Rettung
2009–?	UA zur Kunduz-Affäre
2010–?	UA zum Atommülllager Gorleben

Auf Landesebene fanden bisher in Deutschland folgende Untersuchungsausschüsse statt:

1994–97	UA „Hamburger Polizei"
2001–06	UA zum Berliner Bankenskandal

Selbstbedienungsladen Politik und Wirtschaft

| 2009–11 | UA zur HSH Nordbank (Schleswig-Holstein und Hamburg) |
| 2010–? | UA „Elbphilharmonie" (Hamburg) |

Amigos Austria – Österreich, eine Insel der Seligen für Korruption oder symptomatisch für die moderne Welt?

Besonders in Österreich geht es derzeit aber rund, und es ist sowohl für Österreicher als auch für externe Beobachter kaum fassbar, welch stattliche Anzahl an Skandalen in dem kleinen Land derzeit im Gespräch sind, wobei natürlich für alle Genannten die Unschuldsvermutung gilt. Ob es nur ein frommer Wunsch ist, dass alle Vorwürfe sich in Luft auflösen, wird die Zeit zeigen, doch alleine die Tatsache, dass überprüfungswürdige Zustände in dieser gehäuften Anzahl auftreten, gibt den Staatsbürgern zu denken und ist nicht dazu geeignet, das Vertrauen der Wählerinnen und Wähler zu steigern.

In der Folge wird ein Artikel der Tageszeitung „Der Standard" zitiert, der eine Bestandsaufnahme der im Jahr 2012 bekanntgewordenen Vorwürfe gegen Politiker und Mächtige dieses Landes auflistet. Für alle genannten Personen gilt natürlich die Unschuldsvermutung, und zum Zeitpunkt der Veröffentlichung dieses Buches kann nicht objektiviert werden, welche Vorwürfe zu einem Strafverfahren führen.

Die Tageszeitung „Der Standard" veröffentlichte am 21. 3. 2012 und am 4. zum 5. 8. 2012 je eine Übersicht über Vorfälle unter dem Titel „Aus dem Album der Unschuldsvermutung".

Amon Werner, ÖVP: Die Staatsanwaltschaft ermittelt gegen den früheren ÖAAB-Generalsekretär und jetzigen ÖVP-Fraktionsleiter im U-Ausschuss zu diversen Korruptionsaffären wegen des Verdachts auf Geldwäsche. Anlass: Eine fragwürdige Zahlung von 10.000 Euro für die ÖAAB-Zeitung „Freiheit" von der Firma „Valora" des Telekom-Lobbyisten Peter Hochegger, für die keine Gegenleistung vorliegt.

Die Aufhebung von Amons Immunität als Abgeordneter ist beantragt, er selbst spricht von „Politjustiz".

Faymann Werner, SPÖ: In der Inseraten-Affäre hat die Staatsanwaltschaft den Kanzler höchstpersönlich schon zum Vorsprechen geladen. Im Februar musste Faymann als ehemaliger Verkehrsminister den Korruptionsermittlern zu Inseratenvergaben der ÖBB während seiner Amtszeit Rede und Antwort stehen. Ein entsprechender Vorhabensbericht ist an die Oberstaatsanwaltschaft Wien übermittelt, die nun ihrerseits eine Stellungnahme abgibt, bevor der Akt letztlich im entscheidenden Justizministerium landet. Ein Gutachten und die Aussage des ehemaligen Chefs der ÖBB, Huber, entlasten den Bundeskanzler von den Vorwürfen. Zeugenaussagen sollen belastend sein. Die staatsanwaltschaftlichen Prüfungen sind zum Zeitpunkt der Drucklegung des Buchs noch nicht abgeschlossen.

Gartlehner Kurt, SPÖ: Gegen den früheren Telekom-Sprecher und nunmehrigen einfachen Abgeordneten ermittelt die Staatsanwaltschaft wegen Zahlungen der Firma „Valora" des Telekom-Lobbyisten Peter Hochegger an eine Gartlehner zuzurechnende Firma. Gegen Gartlehner liegt ein Auslieferungsbegehren vor. Er gibt zu, von Hochegger ab Mitte 2007 eineinhalb Jahre lang 3000 Euro monatlich erhalten zu haben. Der SPÖ-Mann will den Lobbyisten aber nur zu Windparks in Osteuropa, nicht in Telekom-Fragen beraten haben.

Gorbach Hubert, BZÖ: Was dem früheren Infrastrukturminister Hubert Gorbach im U-Ausschuss vorgehalten wird, wurde 2009 de facto straffrei gestellt. Gorbach soll 2006 eine für die Telekom günstige Universaldienstverordnung erlassen und dafür später Geld erhalten haben – was früher einer Geschenkannahme gleichgekommen wäre. Der Ex-Minister bestreitet die Vorwürfe der Telekom-Lobby. Peter Hochegger behauptet, Gorbach habe nach seinem Abtreten 240.000 Euro erhalten. Seine Leistung: Kunden ausloten.

Grasser Karl-Heinz, erst FPÖ, dann ÖVP-nahe: Der Ex-Finanzminister kommt nicht aus den Schlagzeilen. Wegen eines Finanzstrafverfahrens, seiner Einvernahme in der Causa BUWOG und der darauf folgenden Hausdurchsuchungen, verschwundener Akten in Lichtenstein und der Gerüchte, dass Grasser Millionen in Stiftungen in dem Fürstentum geparkt haben soll. Für Entscheidungen über Anklage oder Einstellung des Verfahrens sind aber die Ermittlungsergebnisse in Liechtenstein sowie der Schweiz wichtig.

Meischberger Walter, FPÖ: Der ehemalige Geschäftsführer der Freiheitlichen war wichtiger Geschäftspartner des Telekom-Lobbyisten Peter Hochegger. Beide sollen für ihre Beratung beim Verkauf von 62.000 BUWOG-Wohnungen 9,6 Millionen Euro kassiert haben. Die Justiz ermittelt seit Herbst 2010. Traut man Zeitungsberichten, soll Meischberger in Einvernahmen auch offengelegt haben, dass 2005 bis 2008 450.000 Euro vom Glücksspielkonzern Novomatic zu seiner Firma geflossen sind – unter anderem für Lobbying zur Aufweichung des Glücksspielmonopols.

Molterer Wilhelm, ÖVP: Dem ehemaligen Generalsekretär, Minister, Klubobmann und Vizekanzler wird angelastet, er habe sich von zwei Glücksspielkonzernen begünstigen lassen. Sein Wahlkampf 2008 wurde indirekt – über das Personenkomitee – durch die Casinos Austria unterstützt. Er wird zudem aufgrund einer Anzeige verfolgt, die im Zusammenhang mit der Hoffnung auf eine Vergabe einer Lizenz für eine Glücksspielfirma steht. Molterer nennt die Vorwürfe falsch. Ob tatsächlich ein Verfahren bei der Staatsanwaltschaft anhängig ist, konnte nicht eruiert werden.

Ostermayer Josef, SPÖ: Der derzeitige Staatssekretär ist engster Vertrauter des heutigen Bundeskanzlers und dessen Experte für Medienpolitik. Ihm wird zur Last gelegt, während Faymanns Zeit als Verkehrsminister in dessen Namen bei der ÖBB gewisse Inseratenaufträge veranlasst zu haben. Kanzler und Staatssekretär hatten stets betont, korrekt gehandelt zu haben. Die Staatsanwaltschaft hat dazu einen Vorhabensbericht; ob sie eine Einstellung oder Weiterführung des Verfahrens fordert, ist nicht bekannt.

Rumpold Gernot, FPÖ: Der ehemalige FPÖ-Generalsekretär und Bundesrat ist wegen der PR für EADS und Eurofighter sowohl vom seinerzeitigen Untersuchungsausschuss als auch von der Staatsanwaltschaft befragt worden. Ein Strafverfahren wurde eingestellt. Nun aber könnte es wieder aufgenommen werden, weil die SPÖ neue Fakten aus der Aussage einer ehemaligen Sekretärin im parlamentarischen Untersuchungsausschuss für verwertbar hält und sie dem Staatsanwalt zur Kenntnis brachte.

Scheibner Herbert, BZÖ: Der ehemalige Verteidigungsminister hat im vergangenen Jahrzehnt gute Kontakte in den Nahen Osten aufgebaut. Und diese guten Kontakte ließ er sich über einen Beratervertrag von der Eurofighter Jagdflugzeuge GmbH versilbern. Verdächtig daran: Auch wenn kein direkter zeitlicher oder gar inhaltlicher Zusammenhang mit der Eurofighter-Beschaffung gegeben ist, könnte der Beratervertrag ein spätes Kickback für den Zuschlag im Jahr 2002 gewesen sein. Scheibner dementiert alles.

Scheuch Uwe, FPK: Der (seit Neuestem) ehemalige Landeshauptmannstellvertreter von Kärnten wurde in erster Instanz nicht rechtskräftig verurteilt, weil er eine Parteispende als Gegenleistung für die Erteilung einer Staatsbürgerschaft eingemahnt haben soll – dies sei „no na net part of the game". Die ungewöhnlich hoch bemessene Strafe (18 Monate Haft, sechs Monate davon unbedingt) wurde nach neuerlicher Verhandlung, da das Verfahren wegen Verfahrensmängel an die erste Instanz zurückgewiesen worden war, auf sieben Monate bedingt auf drei Jahre sowie 150.000 Euro gemildert. Auch führte die Annahme der Verwirklichung eines milderen Tatbildes zu der Änderung der Strafe. Scheuch kündigte Berufung an.

Strasser Ernst, ÖVP: Der damalige EU-Parlamentarier musste seine Karriere vor einem Jahr beenden, als ein Video der „Sunday Times" Vermutungen aufwarf, dass er bestechlich wäre. Bisher konnte ihm aber nichts strafrechtlich Relevantes nachgewiesen werden. Dafür droht ihm ein Finanzstrafverfahren – zwischen seiner Tätigkeit als Minister und jener als Europaabgeordneter hatte Strasser als Lobbyist gearbeitet und dabei hohe Honorarzahlungen offenbar über eine steuerschonende Firmenkonstruktion abgerechnet. Im August 2012 wurde im Bundesministerium für Justiz entschieden, dass gegen Strasser Anklage erhoben wird. In einem Kommentar von Univ.-Prof. Fuchs wird aber darauf hingewiesen, dass der Begriff „Amtsgeschäft" die rechtliche Prüfung schwierig werden lässt – „Presse" vom 10. 8. 2012.

Deutschland hat ähnliche Probleme seit der Wiedervereinigung der beiden Staaten. Die sogenannte Vereinigungskriminalität trug auch zu einem Ansteigen der Korruptionsvorwürfe bei. Dass Korruptionsvorwürfe auch in Deutschland nicht vor höchsten Würdenträgern Halt machten, zeigten einige Beispiele, die einen Präsidenten, zwei Kanzler und einen Minister betrafen.

Da die Vorgänge im Fluss sind, erfasst diese Darstellung nur Teile der Korruptionsfälle, die sich ereignen.

Diese Bestandsaufnahmen vom März und August 2012 bieten bei aller Vorsicht im Umgang mit den Sachverhalten eine gute Übersicht über die erhobenen Vorwürfe. Sie vermitteln aber auch ein entsprechendes Gefühl für die sich massiv verändernde Potenz der derzeitigen Ermittlungsaktivitäten der Staatsanwaltschaft in Österreich. Justizinsider erklären das damit, dass viele erfahrene Mitarbeiter und Mitarbeiterinnen der Staatsanwaltschaften und der Richterschaft mit der Änderung der Strafprozessordnung eine Umstellung dadurch vermieden haben, dass sie in Pension gingen. Diese erfahrenen Mitarbeiter und Mitarbeiterinnen fehlen heute gerade bei der Aufarbeitung der sehr komplexen Materien. In einigen Verfahren haben sich Veränderungen ergeben. Grundsätzlich wird von den verfolgten Politikern behauptet, dass sie sich keiner Schuld bewusst sind. Sie fühlen sich im Gegenteil von der Staatsanwaltschaft zu Unrecht verfolgt. Dazu gehören Lobbyisten, sonstige Beteiligten der verschiedenen Netzwerke wie Freimaurer, BSA-ler, CV-ler; Mitglieder von Jägervereinigungen und Golfclubs etc. werden gar nicht erwähnt. Allein dass so viele prominente Namen zu Recht oder Unrecht mit derartigen Vorwürfen konfrontiert werden, wirft ein bezeichnendes Licht auf die Gesamtlage in unserer Republik. Das wäre in Zeiten von Renner, Körner, Figl, Raab einfach unvorstellbar gewesen. Hat also die politische Sauberkeit in Österreich derart gelitten?

Bisher wurden im Untersuchungsausschuss 62 Auskunftspersonen zu je 15 Befragungssitzungen zum Thema Telekom geladen. Die von den Ministerien gelieferten Akten zu den sieben Beweisthemen umfassen bereits über eine halbe Million Seiten (!) und es werden beinahe täglich mehr.

Es geht in diesen Fällen keineswegs nur um Peanuts, und nur, damit Sie eine Vorstellung darüber bekommen, um welche Summen es geht, möchte ich Ihnen im Folgenden einige Fälle näher schildern. Diese gewaltigen Summen scheinen systematisch für die Vorgänge rund um Korruptionsverdachtsfälle in aller Welt. Selbstverständlich gilt auch für alle im Folgenden angeführten Fälle die Unschuldsvermutung für alle Beteiligten.

Durch die Akten und die Befragungen von Auskunftspersonen unter Wahrheitspflicht konnten bisher (der Untersuchungsausschuss im Parlament wurde im Sommer unterbrochen) angeblich Zahlungsströme aus der Telekom in einem kaum vorstellbaren Ausmaß nachgewiesen werden:

Telekom und Mobilkom zahlten an Peter Hochegger beziehungsweise ihm zurechenbaren Firmen insgesamt 38 Millionen Euro. 7,5 Millionen Euro gingen zwischen 2004 und 2008 von der Telekom an Hochegger Valora. Für die insgesamt sechzehn Aufträge gibt es in den Akten der Staatsanwaltschaft Wien und dem Deloitte-Bericht zufolge keine erkennbaren Gegenleistungen, die Verträge werden als nicht marktüblich eingestuft.

30,89 Millionen Euro gingen zwischen 2000 bis 2010 von der Telekom an HocheggerCom, davon werden zwölf Aufträge im Umfang von 2,2 Millionen als auffällig eingestuft.

Alfons Mensdorff-Pouilly verrechnete 21.800 Euro für die Flugkosten eines Telekom-Jagdausfluges auf sein Jagdschloss nach Schottland im Jahr 2008. Im Zuge der Tetron-Affäre zahlte die Telekom zusätzlich 1,1 Millionen Euro an Mensdorff-Pouilly.

Über Peter Hochegger floss vermutlich 1 Million Euro illegale Provision an Johann Wanovits für die Aktienkursmanipulation im Jahr 2004.

9,2 Millionen Euro wurden aufgrund des manipulierten Aktienkurses an Telekom-Manager ausbezahlt.

Nicht nur Privatpersonen, auch die politische Partei BZÖ gerät unter schiefes Licht: Insgesamt sollen zwischen 2006 und 2008 1,2 Millionen von der Telekom an das BZÖ, nämlich 960.000 Euro für den BZÖ-Wahlkampf 2006 plus 268.800 Euro an Hubert Gorbachs Sekretärin ab Anfang 2007, geflossen sein. Im September 2006 überwies die Telekom 720.000 Euro (600.000 Euro netto) an die Werbeagentur Schmied GmbH und finanzierte damit den NR-Wahlkampf des BZÖ. Kurt Schmied sagte im U-Ausschuss aus, nie Leistungen für die Telekom erbracht, sondern BZÖ-Wahlkampfleistungen über Vermittlung des damaligen BZÖ-Abgeordneten Wittauer mit der Telekom abgerechnet zu haben.

Im Juli 2006 erteilte der Pressesprecher der ehemaligen Bundesministerin Karin Gastinger, Christoph Pöchinger, der Agentur inbestform von Tina Haslinger den Auftrag, ihre Wahlkampfleistungen für den Vorzugsstimmenwahlkampf von Gastinger über die Telekom abzurechnen und Rechnungen im Umfang von 240.000 Euro zu legen. Nach Gastingers Ausscheiden aus der Politik im September 2006 blieben Haslinger 200.049 Euro über. Pöchinger teilte Haslinger mit, diesen Betrag an die Agentur Schmied für den Wahlkampf in Tirol zu überweisen.

Die Telekom bezahlte zwischen Jänner 2007 und November 2008 268.800 Euro in acht Quartalsraten über Valora an Gorbachs Sekretarin Gabriele Kröll-Maier, die mit diesem Geld die „privatwirtschaftliche" Tätigkeit des früheren Vizekanzlers finanzierte.

Der ehemalige BZÖ-Abgeordnete Klaus Wittauer erhielt, kurz nachdem RTR und Wettbewerbsbehörden im April 2007 den eTel-Deal abgesegnet hatten, ab 1. Mai 2007 einen Beratervertrag von der eTel Austria AG (zu diesem Zeitpunkt durch die Übernahme bereits eine Tochterfirma der Telekom). Zwei Jahre lang bekam er monatlich 18.000 Euro für Consultingtätigkeit bei der „Integration der eTel Austria AG in die Telekom Austria AG". Dazu kamen noch drei zusätzliche Honorarzahlungen. Insgesamt erhielt Wittauer 626.945 Euro zwischen Mai 2007 und Dezember 2008. Über seine Leistungen wollte Wittauer im Ausschuss keine Auskunft geben.

Auch aufklärungswürdige Zahlungen an die FPÖ und ihr

Umfeld erfolgten: 1.642.600 Euro flossen zwischen März 2004 und Oktober 2008 von Hochegger an Meischbergers Agentur zehnvierzig (Meischberger). 365.240 Euro gingen im Dezember 2003 direkt an Meischberger (in Summe über 2 Millionen Euro).

Im Rechnungstext an zehnvierzig stehen unter anderem: Lobbyingmaßnahmen, volkswirtschaftliche Auswirkungen der Regulierungspolitik im Telekom-Bereich, Beratungsdienstleistungen/Aquisition eTel, Lobbying Kunde Raiffeisen Centro Bank – weder ein schriftlicher Vertrag, noch Leistungsnachweise sind vorhanden, Meischberger konnte auch im U-Ausschuss keine Leistung plausibel machen.

600.000 Euro gingen von der Telekom an die mediaConnection von Gernot Rumpold für vier „Studien", von denen nur die Deckblätter existieren. Drei Tage nachdem die Zahlung der Telekom zur Gänze bei Rumpold eingelangt war, verzichtete die mediaConnection auf Forderungen in Höhe von 764.000 Euro gegenüber der FPÖ. Strache war 2004 stellvertretender FPÖ-Bundesparteiobmann und damit die Nummer zwei hinter Jörg Haider.

Mehr noch: Strache und Rumpold verbanden damals noch enge geschäftliche Kontakte. Laut Firmenbuch des Handelsgerichts Wien waren Strache und Rumpold bis 2004 Gesellschafter der Care Partners Gesundheitsfinanzierung GmbH. Strache war also zu der Zeit Rumpolds Geschäftspartner, als dieser von der Telekom 600.000 Euro erhielt.

Die „Neue Freie Zeitung" (GF waren damals Arno Eccher und Michael Richter) legte am 1. und 28. Dezember 2004 zwei Rechnungen über 89.400 bzw. 102.600 bzw. insgesamt 192.000 Euro an Meischbergers Firma zehnvierzig (lt. Meischberger-Aussage für Berichterstattung im Sinne der Telekom Austria).

Im Archiv der Zeitung finden sich weder wohlwollende Berichte noch Inserate der Telekom.

36.000 Euro gingen an Ex-FPÖ-NR Reinhard Gaugg im März 2005 über Hochegger für Lobbying-Aktivitäten für die Telekom im Hauptverband.

72.000 Euro gingen am 30. Dezember 2005 an FPÖ-Kurzzeitobmann Mathias Reichhold für Beratertätigkeiten im Zusammenhang mit der EU-Präsidentschaft Österreichs im November und Dezember 2005. Dafür gibt es weder einen schriftlichen Vertrag noch Leistungsnachweise.

Auch Zahlungen an das ÖVP-Umfeld bieten Anlass zu Nachforschungen: Es existieren Millionenverträge für Firmen des Ex-Innenministers Ernst Strasser. Im Februar 2006 wurde zwischen der Telekom und dem Investmenthaus Vienna Capital Partners ein Vertrag unter dem Titel „Projekt Belvedere" abgeschlossen, der ein monatliches Beratungshonorar in der Höhe von 10.000 Euro bei einer Vertragsdauer von 48 Monaten festlegt. Im Februar 2007 wurde eine weitere Vereinbarung unter dem Titel „Projekt Belvedere" getroffen, die 25.000 Euro für 18 Monate vorsah.

Im März 2007 überwies Hocheggers Valora AG außerdem 204.000 Euro an das Sicherheitsunternehmen G4S mit dem Rechnungszweck „Telekom Analyse". Strasser saß im Aufsichtsrat des Unternehmens und hatte mit diesem einen Beratervertrag.

138.000 Euro gingen zwischen Oktober 2007 und November 2008 von der Valora an den FCG-Telekombetriebsrat Franz Kusin. Kusin will nach eigenen Angaben nicht gewusst haben, dass Hochegger für die Telekom tätig war.

Für Hochegger wiederum war die wertvollste Leistung Kusins die Information über die Vorgänge und Meinungen in der Gewerkschaft.

73.600 Euro flossen zwischen Mai 2006 und Juni 2008 von der Valora an die FCG Wien als „Marketingzuschuss".

Im Oktober 2008 überwies Hochegger 96.000 Euro an die Veranstaltungsagentur The White House Event Marketing. Die Miteigentümerin der Agentur Gabriela Ullmann bestätigte gegenüber dem U-Ausschuss, ihre Leistungen für den ÖVP-Jugendwahlkampf 2008 über Hochegger verrechnet zu haben.

24.000 Euro gingen im Oktober 2008 an die Headquarter Werbeagentur, die den NR-Wahlkampf der Tiroler ÖVP-Abgeordneten Karin Hakl organisierte.

Martin Malaun (Chef von Headquarter und heute ÖVP-LGF in Tirol) bestätigte in den Medien, Rechnungen über 20.000 Euro im Auftrag Hakls an die Valora gelegt zu haben. 190.800 Euro flossen zwischen März 2006 und März 2007 an die ÖVP-nahe Mediaselect. Seit April ist Michael Fischer dort Mitglied der Geschäftsführung. (Mediaselect schaltete im September 2006 Inserate für den Gastinger-Wahlkampf.)

10.000 Euro gingen im Jänner 2007 an den Wiener Pressverein (Medieninhaber der ÖAAB-Zeitung „Freiheit") unter dem Titel „Telekom Druckkosten". In der „Freiheit" sind weder Werbeschaltungen noch redaktionelle Beiträge auffindbar; Werner Amon war damals ÖAAB-Generalsekretär. Im November 2007 überwies die Valora 15.000 Euro an den ÖAAB als „Marketingunterstützung".

65.000 Euro über Valora an SV Sierning (die Heimatgemeinde von Wilhelm Molterer). Im Oktober 2006 wurden 20.000 Euro unter dem Titel „Telekom Sponsor" überwiesen, im August 2007 folgten 22.500 Euro, im Mai 2008 weitere 22.500 Euro.

20.000 Euro flossen über Valora an Forum Land (bauernbundnahe Organisation), Bauernbund-Chef Fritz Grillitsch sollte laut Hochegger den Breitband-Ausbau auf dem Land unterstützen.

Ob all diese Zahlungsströme tatsächlich nachweisbar sind und inwieweit sie bedenklich und objektivierbar sind, kann derzeit nicht als erwiesen angesehen werden. Aber auffällig sind die Verflechtungen zwischen Telekom und der Politik sehr wohl. Die Befragungen im parlamentarischen Untersuchungsausschuss in Österreich sind noch nicht abgeschlossen, ebenso sind etliche Verfahren bei verschiedenen österreichischen Gerichten offen. Eine derartige Kumulierung an Überprüfungen von bedenklichen Vorgängen und Korruptionsvorwürfen hat es aber meinem Wissen nach noch nie in Österreich gegeben.

Wenn man die in internationalen Printmedien erschienenen Artikel über Korruptionsfälle liest, erkennt man, dass fast keine Persönlichkeit des öffentlichen Interesses von Korruptionsvorwürfen verschont bleibt. Ob dies gerechtfertigt oder ungerechtfertigt ist, auch große Namen wie Bill Clinton, George Bush, Wladimir Putin, Silvio Berlusconi scheinen in den Gazetten auf.

Bill Clinton wurde der Geldwäsche und Intervention bei der Vergabe der Fußballweltmeisterschaften verdächtigt, George Bush der Mitwirkung bei Ölgeschäften und Spekulationen mit Öl, Wladimir Putin der Manipulation beim Lebensmittelhandel in St. Petersburg und Silvio Berlusconi der Kooperation mit der Mafia in vielen Bereichen. Silvio Berlusconi wurde zuletzt am 15. Februar 2012 in „Zeit-Online" angesprochen: „Korruptionsvorwürfe. Staatsanwalt fordert fünf Jahre Haft für Berlusconi – der Mailänder Staatsanwalt zweifelt nicht mehr daran, dass Silvio Berlusconi sich der Korruption schuldig gemacht hat."

Was hat dazu geführt, dass das bis dato eigentlich unauffällige Österreich in diesem Maße ins Zentrum der Aufmerksamkeit gerückt ist? War die politische Wende des Jahres 2000 Auslöser für das Ansteigen der Korruption?

Man hat den Eindruck, dass die Kurzlebigkeit eines Systems, einer Regierung, besonders dazu verführt, sich den Verlockungen des Machtmissbrauchs und der Bereicherung hinzugeben.

Die Ergebnisse des Untersuchungsausschusses lassen vermuten, dass mit der Machtübernahme der konservativen Mehrheit die Kontrolle zusehends versagte. Die neuen Machthaber besetzten viele Schlüsselpositionen ausschließlich mit ihren Günstlingen. Die Tugenden des historisch gewachsenen Beamtentums wurden systematisch reduziert. Die Minister holten sich Beraterstäbe in ihre Kabinette, denen sie vertrauten, und entmachteten damit die eingesessene Ministerialbürokratie. Mit diesen Parallelstrukturen wurden die politischen Machtverhältnisse radikal umgebaut, junge, „coole", „ministerhörige" Mitarbeiter und Mitarbeiterinnen lösten die bis dahin bewährten Sektionschefs und Ministerialräte ab. Teure Beraterverträge ergänzten diesen Zukauf des Wissens von außen mit den für die jeweiligen Minister genehmen Ratschlägen. Die Neubesetzungen innerhalb der Ministerialbürokratie erfolgten primär nach der Parteizugehörigkeit. Innerhalb kürzester Zeit wurden Hunderterschaften bewährter Beamter in die „Hacklerpension" getrieben und willfährige neue Kräfte eingestellt. Die neuen Führungskräfte wurden mit Fünfjahresverträgen an ihre Treuepflicht erinnert. Wer nicht spurte, konnte sich sein berufliches Ende ausrechnen.

Will die Welt betrogen werden?

Werden wir von selbst immer korrupter, oder bedarf es ganz bestimmter Voraussetzungen, um Korruption zu begünstigen? Da man das nicht mit Sicherheit beantworten kann, sollte man von einer anderen Frage ausgehen. Aufgrund des massiven Zusammenhangs von Vorgängen der organisierten Kriminalität und der Wirtschaftskriminalität muss Korruption, die ja der Nährboden für beides ist, auch von dieser Seite her hinterfragt und analysiert werden. Die aktuellen Ereignisse lassen Wirtschaftkriminalität, Finanzdelikte und Korruption in einem besonderen Licht erscheinen.

Arije Antinori, Soziologe aus Rom, stellt in einer seiner Schriften den Wandel der Mafiagruppierungen von der Organisation zum Wirtschaftsimperium dar, er schildert darin, dass Gegner primär nicht mehr getötet, sondern einfach gekauft werden. Korruption und Betrug gehen Hand in Hand. Dieses Phänomen erlebt man weltweit auch in anderen Ländern, sicher auch, vielleicht in etwas milderer Form, in Österreich oder Deutschland. Man kann somit die Frage stellen: „Will die Welt betrogen werden?"

Betrachtet man die Ereignisse rund um die Finanzkrise des Jahres 2008 muss man leider feststellen, dass die Umstände, die zur Krise führten, alles in allem nicht neu waren. In bestimmter Weise haben sich die Ereignisse von 1929 wiederholt. Auch damals lösten wilde Spekulationen eine gefährliche Weltwirtschaftskrise aus. Die Finanzindustrie, besonders die Banken, hatten sich auf riskante Spekulationsgeschäfte eingelassen, die dann scheiterten. Die damalige Weltwirtschaftskrise hatte dazu geführt, dass der seinerzeitige Präsident der Vereinigten Staaten, Theodore Roosevelt, den Banken das Spekulieren verbieten konnte. Was passierte dann 1993? Da schaffte man dieses Verbot ab, Spekulieren wurde den Banken, dem Finanzsektor erlaubt, „der Esel ging wieder auf das Eis tanzen", so könnte man die Situation beurteilen. Heute stehen wir wieder dort, wo wir bereits 1929 standen.

Haben wir aus der Weltwirtschaftskrise etwas gelernt? Man kann mit gutem Gewissen behaupten: *nein!* Die Gier ist so unendlich, dass man wieder in die alten Fehler verfallen ist. Dem Nobelpreisträger Einstein wird die folgende Aussage zugeschrieben: „Über zwei Dinge bin ich mir fast sicher: Das Weltall ist unendlich, das nehme ich zumindest an, aber auf jeden Fall ist die Dummheit der Menschen unendlich." Das trifft auf die Ereignisse im Zusammenhang mit der Finanzkrise zu. Alles war bekannt, mit etwas mehr politischem Engagement hätte man dafür sorgen können, dass sich die Ereignisse von 1929 nicht wiederholen, aber die Bankenlobby hat das Spekulationsgeschäft wieder an sich gerissen. Die „Ackermänner" unter uns haben sich durchgesetzt.

Begünstigt werden solche Bestrebungen immer dadurch, dass es gelingt, die Masse in das Boot der gierigen Spekulationsgeschäfte zu holen. Wie beim Pyramidenspiel bleiben aber immer nur wenige Beteiligte tatsächlich auf der Gewinnerstraße. Die „Letzten" beißen die Hunde – das waren bei der Finanzkrise nicht wenige. Man gaukelt seitens der Spekulationsbanken durch die Kreierung toller, sogenannter „sicherer" Finanzprodukte der Allgemeinheit immer wieder vor, dass man innerhalb kurzer Zeit unglaubliche Gewinne machen kann und diese fällt auf das alte Spiel herein. Banker wissen natürlich aufzutreten: Beobachtet man sie, so erkennt man schon häufig auf Grund der Kleidung, des Gehabens, der Körpersprache, dass es sich um Hochstapler handeln könnte. Diejenigen, die mit der Betrugsaufklärung „auf Du und Du" sind, erkennen sehr bald, dass es sich bei manch dubiosen Bankern und ihren Angeboten um ähnliche Phänomene wie bei Betrügern handelt. Sicher kommt aber auch die Gier der Kunden bei den verlockenden Angeboten zum Tragen.

Grundsätzlich erkennt man als Fachmann, dass es einen engen Zusammenhang zwischen organisierter Kriminalität, Wirtschaftskriminalität und Korruption gibt. Immer wieder stößt man darauf, dass die Grenzen fließend sind, dass Korruption als „Schmiermittel" für organisierte Kriminalität und Wirtschaftskriminalität fungiert, ohne das diese Formen der Kriminalität gar nicht so leicht möglich wären.

Die kleinen und die großen Fische

In unserem Kulturkreis gibt es ein gängiges Sprichwort: „Die kleinen Fische fängt man leichter als die großen Fische."

Große internationale Betrugs- und Korruptionsskandale sorgen immer wieder für Schlagzeilen. Der jährliche Gesamtumfang der Korruption wird von der Weltbank mit etwa 80 Milliarden US-Dollar beziffert. Beispielsweise haben sich der ehemalige Präsident Haitis François Duvalier, auch Papa Doc genannt, und sein Sohn Jean-Claude in einer Höhe von 2 Milliarden US-Dollar bereichert. Vladimiro Montesino, der Geheimdienstchef Fujimoris transferierte 227 Millionen US-Dollar ins Ausland. WikiLeaks-Veröffentlichungen zufolge haben der räuberische Familienclan der Karzais (Präsident Hamid, die Brüder Ahmed, Mahmoud und Qayum) über 600 Millionen US-Dollar Bestechungsgelder kassiert. Laut WikiLeaks-Veröffentlichung habe Präsident Putin von 2000 bis 2008 mindestens 40 Millionen Dollar heimlich auf die Seite geschafft. Solche Beispiele gibt es viele, die Aufdeckung korrupter, betrügerischer Vermögensverschiebungen von wirklich großen Fischen ist selten.

Betrachtet man Gegenwart und Geschichte der Korruption anhand von Beispielen aus Österreich, kann man feststellen, dass sich diese „Binsenweisheit" leider auch in unserem Land immer wieder bestätigt. Die Vorgänge rund um den österreichischen parlamentarischen Untersuchungsausschuss im

Jahr 2012 und der Fortschritt der anhängigen strafrechtlichen Ermittlungen der Justiz und Polizei gegen bedeutende Österreicher lassen keine Überzeugung aufkommen, dass sich dieser Spruch nicht bewahrheiten würde.

Als Mitarbeiter der Kriminalpolizei wundert man sich oft, warum Menschen so viel Risiko in Kauf nehmen, um sich kleine Vorteile, Gewinne, zu verschaffen. Wie oft mussten wir Polizisten Kollegen verhaften, die wegen relativ geringer Fälle von Bereicherung ihren Beruf, ihre Karriere, ihren Unterhalt und ihre Familie auf Spiel setzten. Hat bei solchen kriminellen Handlungen das „Hirn ausgesetzt", damit sich jemand seine Existenz so mutwillig ruiniert? Natürlich, zum Zeitpunkt der Tat sind Täter meist davon überzeugt, dass gerade sie nicht erwischt werden, weil sie so klug vorgegangen sind. Sehr oft ein tragischer Irrtum, wie sich dann herausstellt. Wir machten die traurige Erfahrung, dass manche Kollegen besonders dieser Fehleinschätzung unterlagen.

Es wurde zu meiner Amtszeit oft diskutiert, ob man von einem Polizisten eine höhere ethische Grundhaltung erwarten sollte. In der historischen Beamtentradition, die noch aus Zeiten der Monarchie in die beiden Republiken Österreichs überliefert wurde, ging man von einem hohen ethischen Anforderungsprofil aus. Noch die Generation meiner Eltern hat bei den Beamten Unbestechlichkeit, Verlässlichkeit und hohe Integrität vorausgesetzt. Mit dieser Einstellung habe ich, wie viele meiner Zeitgenossen, den Dienst im Staat angetreten und geleistet. Die Reduzierung dieses Selbstverständnisses erfolgte unter anderem auch dadurch, dass der Öffentliche Dienst im Sinne des „New Public Management" reformiert, das Beamtentum ausgedünnt und nach dem Grundsatz „wenig Staat, viel privat" umgebaut wurde.

Aus meiner Sicht wurden die Beamten in zweierlei Hinsicht verunsichert: Die Toppositionen wurden durch junge, linientreue Führungskräfte besetzt, die dem politischen System total unterworfen sind. Agieren sie anders als gewünscht, gibt es keine Chance auf die Verlängerung ihres Vertrags, der in der Regel auf fünf Jahre ausgelegt ist. Das Beispiel Haidinger, ehemaliger Direktor des Bundeskriminalamtes, zeigt, dass Widerspruch nur einmal geduldet wird. Die zweite Ursache ist die, dass rund um den Minister ein starkes Kabinett gebildet wird, dass die wesentlichen Entscheidungen trifft und die gestandene Ministerialbürokratie einfach links liegen lässt. Die wenigen Aufrechten, die es noch gibt, werden auf das „tote Gleis" manövriert.

„Petty" and „Big" Corruption

In der englischsprachigen Literatur zum Thema Korruption unterscheidet man „Petty Corruption" (Fälle kleiner Korruption) von der „Big Corruption" oder auch „Elite Corruption" (großer Korruption). Die großen Fische haben meist bessere Anwälte, mehr Ressourcen zur Verteidigung, gut funktionierende Netzwerke, politische Einflussmöglichkeiten, die es ihnen oft ermöglichen, ungeschoren davonzukommen. Manche von ihnen sind auch als schlauer als ihre Verfolger einzuschätzen.

Als Polizist, Referent im Sicherheitsbüro, war ich es gewohnt, primär die „kleinen Fische", die Polizisten, die in Ausübung ihres Amtes Missbrauch begangen hatten, ihrer bösen Tat zu überführen. Es war also Tagesgeschäft, Ermittlungen gegen die eigenen Kollegen wegen Verdachts der Ausübung von Polizeigewalt im Zuge einer Amtshandlung, wegen Verdacht des Diebstahls, der Ausnützung der Amtsstellung oder der Annahme von Bestechungsgeld durchzuführen. So gab es immer wieder Fälle, bei denen Polizisten Dienstleistungen von Prostituierten, ohne dafür zu bezahlen, forderten, Fälle, in denen Bedienstete der Polizei für die rasche Anmeldung von Neufahrzeugen von Angestellten der Versicherung Geldleistungen entgegennahmen, Fälle bei denen Führerscheinabnahmen wegen Alkoholkonsums bei angehaltenen Lenkern unterblieben, da Geld offeriert wurde. Es ereigneten sich Diebstähle durch Polizisten bei Tatbestandsaufnahmen oder Diebstähle aus der Depositenkammer.

Selbstbedienungsladen Politik und Wirtschaft

Die Erfahrungen als Ermittler zeigen, dass es nichts gibt, was es nicht geben könnte. Die menschliche Gier kann enorm sein, mit allem ist zu rechnen. Es passierte wiederholt, dass man von jemandem, von dem man eine hohe Meinung hatte, im Laufe der Zeit massiv enttäuscht wurde, weil sich herausstellte, dass hinter der sauberen Fassade dieser Person eine dunkle Schattenseite existierte. In der polizeilichen Praxis trifft man immer wieder auf Menschen, die einen durch ihre menschlichen Abirrungen stets aufs Neue überraschen.

Die Analyse von Kriminalfällen, die Machtmissbrauch zum Gegenstand haben, zeigen, dass sowohl Führungskräfte als auch Mitarbeiter und Mitarbeiterinnen offensichtlich zwischen ihrer relativen Unabhängigkeit und ihren Bedürfnissen pendeln. Diese Bedürfnisse sind Wünsche nach Geld, Sex, Macht, Anerkennung oder Befriedigung einer Sucht.

Maßnahmen der Prävention müssen diese Bedürfnisse berücksichtigen, wobei die Verführungssituationen reduziert und die Befriedigung wesentlicher menschlicher Bedürfnisse erfüllt werden sollte. Es handelt sich eben um die Wünsche nach Geld, Einfluss, Freundschaft, Anerkennung, Gesundheit, Selbstverwirklichung.

Erreichbar wäre dieses Ziel durch Qualitätssicherung in Form der Definition und Vermittlung der Regeln, Transparenz der Prozesse, Erhebung und Analyse der relevanten Daten, Definition der Ziele, Bestimmung und Durchführung der notwendigen Maßnahmen und Evaluierung bzw. Durchführung der erforderlichen Korrekturen, wenn notwendig. Systeme sollten verstärkt auf den menschlichen Faktor eingehen. Das wird zwar in allen Führungsseminaren gelehrt, aber in der Realität nie eingehalten. Auch hier spielen oft die Schwäche des Einzelnen, seine Verführbarkeit, seine Gier und die Selbstüberschätzung, selbst klüger als die anderen zu sein, entscheidende Rollen. Im privatwirtschaftlichen Bereich kann die Überlegung, einen aufgedeckten Korruptionsvorwurf durch eine Einigung zwischen Arbeitgeber und Arbeitnehmer aus der Welt zu schaffen (um dem Ansehen der Firma nicht zu schaden), eine Rolle für die Entscheidung der Vorgangsweise spielen.

Schon seit Beginn der Zweiten Republik war es bei der Bundespolizeidirektion Wien so geregelt, dass alle Amtsdelikte, die von Polizisten verübt wurden, die in der Stadt Wien tätig waren, vom Sicherheitsbüro verfolgt wurden. Delikte, die Angehörige des Sicherheitsbüros begingen, mussten vom sogenannten Kriminalbeamten-Inspektorat überprüft und verfolgt werden. Die grundsätzliche Problematik bestand immer darin, dass der Vorwurf „Die Polizei kontrolliert sich selbst" nie entkräftet werden konnte. Die Polizeidirektion Wien war zu dieser Zeit jährlich mit etwa 1.000 bis 1.200 Beschwerden konfrontiert. Die meisten Fälle betrafen die Anwendung von Polizeigewalt, ein geringerer Anteil richtete sich gegen korruptes Verhalten von Polizisten. Solche Vorwürfe gab es immer wieder, aber über die Jahrzehnte hindurch lagen die Fallzahlen im Verhältnis nicht über 20 bis 30 jährlich, meist fielen sie sogar geringer aus. Die Ursache dafür konnte man darin suchen, dass Betroffene dem Erfolg solcher Anzeigen höchst skeptisch gegenüberstanden und daher eher nicht anzeigten, oder dass in Relation zu den Amtshandlungen – allein in Wien fallen jährlich weit über eine Million Polizeieinsätze an – einfach weniger passierte als in anderen Staaten. Die letzten Vergleiche zwischen Deutschland und Österreich zeigen aber, dass die Entwicklung in beiden Ländern eine deutliche Annäherung zeigt. Die regelmäßigen Treffen von Polizeiführungskräften aus Deutschland und Österreich scheinen diese Tendenz zu bestätigen.

Internationaler Vergleich zur Korruptionsanfälligkeit

In den Jahren 1999/2000 führten wir gemeinsam mit der Daleware-Universität, den Professoren Klockhardt und Kutnjak, eine vergleichende Studie über die Anfälligkeit österreichischer Polizisten im Vergleich zu den Staaten USA, Kanada, Schweden, Niederlande, Slowenien, Kroatien und Ungarn durch. Es wurden über 2200 Polizistinnen und Polizisten in ganz Österreich über ihre Anfälligkeit gegenüber korrupten Verführungen befragt. Es ist zu vermuten, dass die Situation in Deutschland und Österreich vergleichbar ist.

Als Ergebnis dieser Studie kam zutage, dass die österreichischen Polizisten im internationalen Vergleich als relativ stabil und kaum anfällig gegenüber Korruption beurteilt wurden. Ob das heute auch noch so der Fall wäre, ist schwer zu sagen. Wahrscheinlich ja, da die Reform des Jahres 2005 bei der Polizei eher die „kleine Korruption" reduzierte. Man schaffte ein strenges hierarchisches, militärisches System, das leichter kontrollierbar ist. Die Studie wurde in einem wissenschaftlichen Buch veröffentlicht. Damals zeigte sich, dass österreichische Polizisten bei „Kleinigkeiten", also etwa beim Besuch eines Gasthauses oder eines Cafés oft gern ein Glas Wein oder einen Kaffee kostenlos entgegenzunehmen, Schwächen zeigten, aber bei „wichtigen" Angelegenheiten wie Amtshandlungen nach einem Einbruch in ein Geschäftslokal verlässlich und unbestechlich agierten. Damals schnitten die Polizisten aus Österreich im Vergleich zu den anderen Staaten überdurchschnittlich gut an vorderster Stelle ab.

Durch die Polizeireform des Jahres 2005 stieg die Frustration innerhalb der Polizei deutlich an. Das muss noch kein Parameter dafür sein, dass die Anfälligkeit für Korruption ebenfalls ansteigt, aber die Rahmenbedingungen für Beamte verschlechtern sich andauernd. Mehr Dienstverpflichtungen, ständiger Druck durch Einsparungen, Gefahr der Lohnkürzungen, da Überstunden gestrichen werden, all das kann zu einer Verschlechterung der Gesamtsituation führen. Die Polizeireform brachte unter anderem auch die Gründung eines Amtes zur Bekämpfung der Korruption. Das ursprünglich eingerichtete Büro für interne Angelegenheiten, BIA, wurde in ein Bundesamt zur Korruptionsbekämpfung umgewandelt, BAK. Zunächst erreichte man dadurch, dass die „kleine Korruption", also die Korruption des „kleinen Polizisten", reduziert wurde. Die Hierarchie, die Militarisierung der Polizei, die strenge Verfolgung abweichenden Verhaltens innerhalb der eigenen Reihen hatte einen positiven Effekt zu verzeichnen. Es wird aber abzuwarten sein, ob dieser Effekt anhält. Gerade die Fälle der

„Elitekorruption", die derzeit in Österreich ständig bekannt werden, lassen in Zukunft eine schlechte Entwicklung bei der sogenannten kleinen Korruption befürchten.

Ich habe den Verdacht, dass die Polizeireform unter anderem deshalb durchgeführt wurde, um die Polizei zu schwächen. Man steuerte das System Polizei durch Verschärfung von Hierarchie, Zentralisierung und Gehorsam in die Richtung, dass nur die „kleinen Fische" gefangen werden sollen. Durch die Unterbindung von Gestaltungsfreiheit bei Ermittlungen und Innovation, durch massive Einsparungen beim Sach- und Personalaufwand bleiben daher die „großen Fische" praktisch ungeschoren. Die Angst der Politiker und Mächtigen in unserem Land, es könne sich wieder eine Aufklärung wie in der Causa „Lucona" ergeben, scheint derart mächtig zu sein, dass die Gefahr einer Wiederholung möglichst eliminiert werden soll. (Im Jahr 1977 wurde von Udo Proksch der Untergang des Schiffes Lucona mit Ladung der Bundesländer-Versicherung angezeigt, der sich als Versicherungsbetrug und Mord an sechs Matrosen verifizierte. Zwei prominente Politiker mussten daraufhin ihren Hut nehmen, da sie den Haupttäter bei der Besorgung von falschen Frachtpapieren und mit massiven Unterstützungen deckten und ihm halfen. Einer der Politiker war damals Außenminister, der andere Innenminister.) Ich sehe trotz aller sogenannten offiziellen Bemühungen bei Polizei und Justiz derzeit keine Erfolgschancen im Kampf gegen organisierte Kriminalität, Wirtschaftskriminalität und Korruption. Das Rechtssystem stößt an seine Grenzen, die Justiz und die Polizei sind komplett überlastet und überfordert. Wolfgang Hetzer, Berater des OLAF-Direktors (höchste Antibetrugs- und Antikorruptionsbehörde Europas), stellt die berechtigte Frage, ob wir überhaupt noch auf das Strafrecht als Problemlöser setzen können.

„Law & Order"-Politik und ihre Auswirkungen

Anhand des österreichischen Beispiels lässt sich gut verfolgen, wie ein Land sich ändert, wenn sich die politischen Gegebenheiten ändern. Eine Demokratie mit ihren Verflechtungen ist ein feines Gewebe. Jede Änderung kann Auswirkung auf das System zeigen, und all diese Veränderungen wirken natürlich auch auf die Menschen des Landes und auf seine Bediensteten. Motivation, Berufsethos und Arbeitsmoral, all diese Dinge hängen von unterschiedlichsten Faktoren ab – und die Politik hat großen Einfluss darauf. Wichtig ist vor allem Transparenz, sodass die Bürger und Bürgerinnen eines Staates Vertrauen in ihre Institutionen haben können.

Die politische Landkarte Europas zeigt, dass die Mehrheit der Staaten konservativ regiert wird. Erst durch die Präsidentschaftswahlen in Frankreich 2012 zeichnet sich ein leichter Gegentrend ab. Dieser konservative Trend drückt sich im Bereich Sicherheit durch eine „Law & Order"-Politik aus. Vorbild dafür ist die „No-Tolerance-Philosophie" oder auch „Brocken-Windows-Philosophie" – also schon beim kleinsten Delikt massiv einzuschreiten –, die in New York erfolgreich angewendet wurde. Mehr Law & Order bedeutet jedoch nicht automatisch mehr Sicherheit. Das bestätigen die Ergebnisse der polizeilichen und gerichtlichen Kriminal- und Verurteilungsstatistiken in Deutschland und Österreich.

Mit der politischen Wende im Jahr 2000 kam in Österreich eine konservative Mehrheit an die Regierungsmacht. Damit trat der „punitive Turn" auch in Österreich ein: Man versuchte, durch strengere Gesetze Sicherheit zu produzieren. Dieser Trend setzte sich auch seit dem Jahr 2008, der großen Koalition von Sozialdemokraten und Konservativen fort, da sich das Justizministerium und das Innenministerium nach wie vor in den Händen der Volkspartei befinden. Die Sozialdemokraten nehmen diesen „punitiven Turn" hin.

Manche meinen, dass man die Auswirkungen zum Beispiel im Strafrecht, Strafprozessrecht und Sicherheitspolizeigesetz feststellen kann. Hier wurden z.B. die Gesetze gegen den Terrorismus und die organisierte Kriminalität verschärft, ebenso die Gesetze zur Korruption (mit Aufweichung für Politiker und „Anfütterungsverbot"), die Rollenverteilung für Richter, Staatsanwälte und Polizei wurde neu geregelt und es gibt Neuerungen im Bereich Datenspeicherung und -austausch.

Schon seit dem Jahr 2000 setzten konservative Kräfte in den USA und Europa verstärkt Law-&-Order-Maßnahmen zur Bekämpfung von Kriminalität ein. An der „No Tolerance"-Philosophie in New York, die eine massive Reduktion der dort hohen Kriminalität brachte, fanden viele Länder Europas Gefallen. Dass strengere Regeln nicht automatisch eine sicherere Gesellschaft schaffen, zeigt jedoch auch die Angst vor Terrorismus, die nach den Ereignissen von 2001 zu Recht entstand. Durch Überwachungsmaßnahmen allein kann diese Angst nicht verringert werden.

Daher war die norwegische Reaktion auf den Massenmörder Anders Behring Breivik sehr beeindruckend. Der Premierminister verkündete: „Wir lassen uns durch Terror nicht einschüchtern, sondern bleiben eine demokratische, freie Gesellschaft." Diese Antwort erscheint mir wesentlich demokratischer als jeder Ruf nach verschärften rechtlichen Instrumentarien und totaler Überwachung.

Die oft unmenschlichen und fallweise als verfassungswidrig qualifizierten Auswirkungen des „punitiven Turns" kann man vor allem im Fremdenrecht, Strafrecht, Strafprozessrecht, Sicherheitspolizeigesetz als teilweise Folgen erkennen.

Warum die großen Fische munter im Wasser bleiben …

Durch die Schaffung von Spezialeinheiten bei Finanz und Polizei wurde die Korruption der „Kleinen" offensichtlich reduziert. Dieser Erfolg der Korruptionsbekämpfung, eine gewisse Reduzierung der „Petty Corruption" erzielt zu haben, kann aber bei der „Elitekorruption" nicht erkannt werden. Im Gegenteil: „Elitekorruption" hält sich stabil auf hohem Niveau. Trotz vollmundiger Lippenbekenntnisse der Politiker, sogenannte „Transparenz"-Pakete zu schaffen, bleibt die Befürchtung, dass für Politiker, Lobbyisten und deren Netzwerke andere Maßstäbe zählen als für den sogenannten „kleinen Mann". Die großen Fische schwimmen also munter weiter durchs Wasser, während nur die kleinen ins sorgfältig geworfene Netz gehen.

So berichtete die österreichische Parlamentskorrespondenz Ende Juni 2012 voller Stolz, dass der Nationalrat das „Transparenzpaket" beschlossen hat. Die Regierungsparteien loben dieses Paket als „umfassendes Gesamtgesetzeswerk", da das Korruptionsstrafrecht verschärft wurde, ein Lobbying-Gesetz, ein Medientransparenzpaket und Parteientransparenz (Offenlegung von Parteispenden und Inseraten) im Parlament beschlossen wurden. Die Eckpunkte der Parteientransparenz seien:

- Parteispenden (Sach- und Personalspenden) müssen ab 3.500 Euro veröffentlicht werden.
- Inserate und Sponsoring sind offenzulegen, Inserate ab 3.500 Euro, Sponsoring ab Euro 12.000.
- Kontrolle erfolgt durch zwei Wirtschaftsprüfer.
- Strafen gibt es bei Verstößen für die Parteien und die verantwortlichen Funktionäre (bis 20.000 Euro).
- Wahlkampfkosten werden mit sieben Millionen Euro begrenzt, die Wahlkampfkostenrückerstattung nach Nationalratswahlen wird gestrichen.
- Staatliche Parteienfinanzierung wurde auf Bundesebene mit 4,6 Euro pro Wahlberechtigten festgelegt. Auf Landes- und Gemeindeebene wird es künftig Transparenz und Einsparungen geben.
- Nebeneinkünfte von Abgeordneten sollen gestaffelt nach Kategorien angegeben werden.

Die Opposition kritisierte, dass die Parteienfinanzierung wesentlich erhöht wurde, dass das Lobbyisten-Gesetz das Papier nicht wert sei, auf dem es geschrieben wurde, da Interessenvertretungen und Kammern nicht inkludiert wurden.

Grundsätzlich kann festgestellt werden, dass die Empfehlungen von GRECO nur sehr zögerlich und nur eingeschränkt umgesetzt wurden. Weder wird eine Studie über die Verbreitung von Korruption in Österreich umgesetzt, noch werden Polizei und Antikorruptionsstaatsanwaltschaft personell aufgestockt bzw. weisungsfrei gestellt. Minister können nach wie vor nur eingeschränkt verfolgt werden; das Bankgeheimnis, die Abschöpfung der Bereicherung, die Kontrolle durch den Rechnungshof, die Verantwortlichkeit und Registrierung verurteilter juristischer Personen sind nach wie vor unzureichend geregelt.

Gut beobachten kann man dies bei den Verfolgungshandlungen, wo Akte „liegenbleiben", „vergessen" werden (Causa Strasser), wo höchst zögerlich und geradezu unbeholfen ermittelt wird, wo einfach nichts und nichts herauskommen will, weil offensichtlich „die Suppe zu dünn ist" (der Vergleich mit der Causa Lucona fällt einem ein) oder ausländische Ermittlungsergebnisse ausstehen. Man hat den massiven Verdacht, dass die geknüpften Netzwerke als Schutzschild noch immer funktionieren.

Persönlich hege ich die Vermutung, dass die Konzentration von Justiz und Polizei in einer Hand, also im Fall Österreichs derzeit bei der ÖVP, eine schlechte Lösung für ein ausgewogenes Verhältnis in unserer Republik darstellt.

Die Geschichte der Demokratie lehrt, dass eine ausgewogene Balance der Kräfte mehr Sicherheit vor Missbrauch der Macht und Garantie der Rechtsstaatlichkeit gewährt. Die derzeitige Struktur der Macht in Österreich erlaubt den Machthabern massive Steuerungsmöglichkeiten. Aber nicht nur diese Gefahr bevorzugt die Reichen und Mächtigen, sondern auch die Tatsache, dass sich die Verfolgungsbehörden mit sehr limitierten Ressourcen und schlechten Kapazitäten zur Bekämpfung von Korruption, Wirtschaftskriminalität und organisierter Kriminalität begnügen müssen. Die Personalstellen sind zu gering, die zentralen Stellen wie Antikorruptionsstaatsanwaltschaft und die Abteilung für Wirtschaftsdelikte im Bundeskriminalamt sind mit massiven Einsparungen konfrontiert, während die potenziellen Gegner über ausreichend rechtliche, professionelle Beratung verfügen. Die Vorgänge im parlamentarischen Untersuchungsausschuss lassen sogar vermuten, dass die Versorgung mit Informationen auf der Seite der Verdächtigen besser funktioniert als bei den Institutionen, die diese verfolgen sollen (siehe Protokolle zur Causa Ulmer und Strasser).

Anders ist es nicht zu erklären, was jeder Bürger, jede Bürgerin mit gesundem Hausverstand längst begriffen hat, bei den „Oberen" aber offensichtlich noch immer nicht verstanden wird.

Die Bürger sind wütend! Mehrere Plattformen wie zum Beispiel die „Mutbürger", initiiert von Anneliese Rohrer, bildeten sich. Es gibt derzeit in Österreich etwa achtzig solcher Bewegungen. Ob es diesen gelingen wird, das derzeitige politische Blockadesystem wirklich zu überwinden, ist ungewiss.

In Deutschland hat die Piratenpartei auf Anhieb tolle Wahlerfolge eingefahren, was einen deutlichen Ausdruck der Wähler für ihre Kritik am herrschenden System darstellt. Obwohl die Piratenpartei weder in Österreich noch in Deutschland gut durchdachte Programme für ihre Länder vorweisen kann, erringt sie einen Sieg nach dem anderen, da die Frustration in der Bevölkerung über die herrschende Politik dementsprechend motiviert.

Die Tageszeitung „Kurier" titelt im Mai: „Korruption: Experten zerzausen die neuen Sauberkeitsregeln der Regierung. Vieles bleibt erlaubt – und die Kontrolle des Rechnungshofes zahnlos." Kritisiert wird, dass verdeckte Parteispenden legal bleiben. Laut Gesetzesentwurf sind mit Parteispenden nur konkrete „Zahlungen" gemeint.

„Sachleistungen" wie Druckkostenbeiträge gelten ebenso wenig als Spenden wie Haftungen oder Kredite, bei denen von Anfang an klar ist, dass sie die Partei nicht zurückzahlen muss (Franz Fiedler: „Es bleiben ausgerechnet Praktiken der versteckten Parteienfinanzierung ungeregelt."). Von der Meldepflicht erfasst sind Parteien, Vorfeldorganisationen und wahlwerbende Personen. Keine Meldepflicht besteht für Zahlungen an einzelne Parteifunktionäre. Die Kontrolle des Rechnungshofs passiert nur vom „grünen Tisch" aus. Gegenseitig will man sich eben doch nicht weh tun!

Korruption ist überall – Schwarze Schafe unter den Polizisten
Zu meinen Aufgaben als Polizeijurist zählte unter anderem auch die Bearbeitung von Delikten des Amtsmissbrauchs. Die Erfahrungen, die ich dabei machte, waren der erste Zugang zum Thema Korruption.

Auch wenn sich manche der Geschichten fast lustig anhören oder einfach von unerhörter Dummheit zeugen – es ist eine Tatsache, dass hier im Kleinen bereits Amtsmissbrauch beginnt, der sich in anderen Fällen dann in großem Stil fortsetzt. Über die inneren Beweggründe und was dabei alles eine Rolle spielt, lesen Sie mehr auch im Teil „Der korrupte Mensch".

Die Auseinandersetzung mit dieser spezifischen Form der Kriminalität zeigt, dass man bei der Korruptionsbekämpfung anders vorgehen muss als etwa bei Gewalt, Diebstahl oder Betrug. Bei Korruptionsdelikten hat man ja nicht das klassische Schema von Täter und Opfer vor sich. Bei Korruption fällt diese Unterscheidung weg, da beide profitieren wollen, der Geber und der Nehmer. Korruptionsdelikte bieten ein viel weiteres Spektrum als die Beispiele polizeilichen Fehlverhaltens zeigen. Aber die Strategien, die man zur Aufklärung polizeilicher Korruption anwendet, können auch in anderen Bereichen der Korruptionsbekämpfung genutzt werden. Da Polizei unmittelbar die staatliche Macht repräsentiert, sind diese Beispiele grundsätzlich für die Anwendung von Analysetechniken lehrreich.

Diebstahl zu Weihnachten: In trauriger Erinnerung ist mir die Geschichte einer Funkstreifenbesatzung, die zum Todesfall einer alten Dame gerufen wurde, die in ihrer Wohnung verstorben war.

Der Vorfall ereignete sich kurz vor Weihnachten. Die Frau hatte für ihre Enkelkinder bereits die Geschenke, Golddukaten, schön verpackt in kleinen Schachteln, in ihrem Wohnzimmer vorbereitet. Durch die Angehörigen trat später zutage, dass die Golddukaten offensichtlich entweder von den intervenierenden Feuerwehrleuten, dem Rettungsdienst oder den Polizisten rechtswidrig entfernt worden waren. Bei den anschließenden Ermittlungen stellte sich heraus, dass die Polizisten die Täter waren.

Hat hier einfach die Gelegenheit die Ordnungshüter verführt? Gingen sie davon aus, dass sie „schon keiner erwischen würde"?

Die herrschende Lehre und Ansicht über das Wesen von Polizeieinrichtungen in Demokratien geht davon aus, dass die Polizei immer die Gesellschaft widerspiegelt. Sinkt der Standard von Ethik und Moral in der Gesellschaft, kann man annehmen, dass das bei der Polizei ebenfalls der Fall ist.

„Kieberer" stiehlt Hose des Einbrechers: Einfach unvorstellbar ist die Unverfrorenheit, die folgende Geschichte beweist.

Ein Kriminalbeamter war so frech und dumm, die Hose eines Einbrechers, den er verhörte, an sich zu nehmen und später damit bekleidet bei der Gerichtsverhandlung als Zeuge zu erscheinen. Der Einbrecher, gegen den die Verhandlung wegen seiner verübten Einbrüche stattfand, machte den Richter darauf aufmerksam, dass der Kriminalbeamte die Hose trug, die er bei einem der Einbrüche erbeutet hatte – der Polizist wurde im Gerichtssaal verhaftet.

Hier kann man nur spekulieren, welche unfassbare Dummheit und Überheblichkeit den Kriminalbeamten geritten hatte, diesen Amtsmissbrauch zu begehen und dann die die Hose auch noch vor Gericht zu tragen – ganz abgesehen davon, dass er es wohl kaum nötig hatte, dem Einbrecher die Hose zu klauen.

Benzindiebstahl in der Kaserne: Es gab noch nicht einmal eine sogenannte „Benzinkrise", als sich folgender Fall ereignete: Man konnte einen Kollegen des Kriminaldienstes dabei beobachten, wie er im Hof der Polizeikaserne in der Nacht mit einem Strohhalm Benzin aus den Dienstfahrzeugen saugte und dann in eine Flasche füllte. Das gestohlene Benzin verwendete er für Privatfahrten in seinem Fahrzeug.

Waffendiebstahl aus der Waffensammlung des Erkennungsdienstes: Eine der für mich unfassbarsten Ereignisse waren die Ermittlungen bezüglich des Diebstahls von Waffen aus der Waffensammlung des Erkennungsamtes und Kriminaltechnik der Kriminalpolizeilichen Abteilung in Wien. Ein erfahrener, scheinbar verlässlicher Kriminalbeamter des Erkennungsdienstes musste verhaftet werden, da er über einen längeren Zeitraum hinweg Faustfeuerwaffen aus der Polizeisammlung entwendet hatte. Mit dem Erlös des Waffenverkaufes beglich er seine Besuche bei den Damen des „leichten Gewerbes". Als man aufgrund einer Information aus dem „Milieu" auf diese Vorgänge aufmerksam wurde, stellte man fest, dass innerhalb eines Zeitraumes von etwa eineinhalb Jahren 54 Faustfeuerwaffen aus der Sammlung verschwunden waren. In der Polizeidienststelle konnte man die Diebstähle nicht aufdecken, da der Kriminalbeamte allein verantwortlich für die Sammlung war und als Waffenexperte galt. Der Beamte war der Taten geständig, gab auch das Motiv zu. Interessant an diesem Fall war die Tatsache, dass ein Aufruf an die Zuhälter, die entfremdeten Waffen zurückzuerstatten, dazu führte, dass aus allen möglichen Quellen Waffen anonym oder über Mitwirkung von Rechtsanwälten in das Sicherheitsbüro gesandt oder gebracht wurden, sodass letztendlich statt der 54 gestohlenen Waffen sogar 72 Waffen verzeichnet werden konnten. Offensichtlich nutzten verschiedene illegale Waffenbesitzer diese Gelegenheit, ihre Waffen loszuwerden. Die polizeiliche Sammlung konnte somit aufgestockt werden.

Welche Lehre zogen wir aus diesem Fall: Als Probleme zeigten sich die Dienstaufsicht und die Festlegung der Verantwortlichkeiten. Eine strengere Kontrolle und die Ausübung der Dienstaufsicht hätten ein früheres Einschreiten ermöglicht bzw. den Verdächtigen von seinem Handeln abgehalten. In der Literatur über Korruption wird bestätigt, dass das Wissen um strenge Kontrollen viele labile Charaktere davon abhält, strafbare Handlungen vorzunehmen.

Suchtgiftexport unter dem Deckmantel eines Kriminalbeamten: Anfang der Neunzigerjahre wurde ein Kriminalbeamter des Einbruchsreferates des Sicherheitsbüros verhaftet, da ein Informant illegal große Suchtgiftmengen unter dem „Schutz" des Kriminalbeamten nach Dänemark exportiert hatte. Der Kriminalbeamte wurde rechtskräftig zu drei Jahren Haft verurteilt.

Die Lehre aus dem Fall: Das Führen von Informanten gehört generell geregelt, da für den Betreuer des Informanten enorme

Risiken entstehen. Jeder Polizist, der sich mit dem kriminellen „Milieu" abgibt, gerät in der Regel in einen Gewissenskonflikt. Als erste Frage stellt sich dabei, ob er sich überhaupt als Polizist deklarieren soll. Die zweite Frage ergibt sich daraus, was er tun soll, wenn er von strafbaren Handlungen erfährt. Soll er „zuschauen", schweigen, abwarten, da er auf noch bessere Informationen aus ist, oder soll er handeln? Was macht er, wenn er sich in eine Prostituierte verliebt, was macht er, wenn er ein Geschenk von einem Kriminellen bekommt? (Es kommt immer wieder vor, dass Kriminelle ihrem Freund eine Rolex schenken oder sie auf Partys einladen, wo Suchtgift konsumiert wird.)

Die Lehre aus diesem Fall: Eine Zentrale und ein Führungsoffizier sollten immer über die Wertigkeit von Informationen und Informanten Bescheid wissen, um das Risiko für den einzelnen Beamten abwägen zu können. Einzelgänge sollten grundsätzlich vermieden werden. Im Rahmen des Bundeskriminalamtes wurde das Führen der Informanten, der Umgang mit Vertrauenspersonen und der verdeckten Fahnder neu geregelt. Die Schwierigkeit liegt dabei darin, ein System zu entwickeln, welches auch von den Kriminalbeamten oder den Beamten, die mit Informanten arbeiten, akzeptiert wird. Lösungen stehen immer im Spannungsfeld zwischen Vertrauen und Vorteil.

Causa „N." – Involviertsein in Machenschaften organisierter krimineller Gruppen: Nach einem spektakulären Einbruch in das Jüdische Museum in Budapest wurde einem verdeckten Fahnder des Bundeskriminalamtes, der als Aufkäufer agierte, Diebesgut aus dem Einbruch angeboten. Bei einem Treffen in einem Lokal bediente sich der Chef der Bande der Dienste eines Kriminalbeamten als Aufpasser. Dieser Einsatz war der Polizeiführung nicht bekannt, da der Kriminalbeamte auf eigene Faust handelte. Ein korrekt handelnder Kriminalbeamter hätte die Tatsache des Treffens und der Schutzausübung sofort seinem Vorgesetzten und seiner Dienststelle melden müssen.

Die Lehre aus diesem Fall: Die Trennung von Dienst- und Fachaufsicht erwies sich als strukturelle organisatorische Schwäche im System. Damals gab es keine festen Regelungen zur Führung von Informanten. Der sensible Bereich spielte sich in einer sogenannten „grauen Zone" ab. Solange Erfolge aufgrund der persönlichen Kontakte von Kriminalbeamten zur Szene verzeichnet wurden, machte man sich zum System keine Gedanken. Dieser Fall zeigte neuerlich deutlich, dass die Führung und der Umgang mit Informanten neu geregelt werden mussten.

Drogenskandal im Sicherheitsbüro: Nachdem ich Vorstand des Sicherheitsbüros geworden war, wurde ich bald mit verschiedensten unangenehmen Herausforderungen konfrontiert. Einige davon hatten mit Polizeigewalt, andere mit den sogenannten Amtsdelikten zu tun, die man heute unter dem Sammelbegriff „Korruption" subsumieren würde.

Ein Skandal deckte die Problemstellung bei der Kontrolle des Verhaltens von Kriminalbeamten auf. Wie konnte es passieren, dass vier Kriminalbeamte nach Beendigung einer Streife im Drogenmilieu auf die Idee kamen, sich eine Animierdame der türkischen „Mafia" ins Büro zu bestellen, um sich dort mit ihr zu vergnügen und zur Animation eine gehörige Portion eines Heroin-Kokaingemischs konsumierten? Das passierte noch dazu in einer zentralen Abteilung zur Drogenbekämpfung, die als Elite in der polizeilichen Hierarchie galt. Dieser Vorfall war für alle Führungskräfte, aber natürlich auch für alle Kollegen und Kolleginnen des Sicherheitsbüros, das als die Speerspitze im Kampf gegen das Schwerverbrechen galt, äußerst deprimierend. Zu Recht forderte der damalige Innenminister massive Konsequenzen. Tragisch war, dass die verantwortlichen Führungskräfte verantwortungsbewusste und gewissenhafte Menschen waren, die sich durch eine hohe Fürsorgekomponente für ihre Mitarbeiter auszeichneten. Trotzdem kam es zu diesem Skandal. Erschreckend war auch, dass der „Rädelsführer" in dieser Angelegenheit ein Kollege mit ausgezeichneten Qualifikationen war, der sich für einen Aufstiegskurs gemeldet, die Aufnahmetests dafür bestanden hatte, und dass nichts darauf hindeutete, dass er Probleme hatte. Oft stehen nämlich in Leistungsabteilungen die Mitarbeiter unter besonderem Druck, sind starkem Stress ausgesetzt, und als Folge der ständigen Belastungen kommt es zu einem „Ausrasten". Der Vorfall bedeutete für alle einen enormen Rückschlag, was Führung, Aufsicht, Auswahl von Mitarbeitern und Kontrolle betraf. Diejenigen, die den Skandal verursacht hatten, konnten keine vernünftige Erklärung für ihre Handlungen abgeben. Es war „einfach passiert".

Im Auftrag der ukrainischen Mafia? Ein zweiter Skandal sei hier auch angeführt, weil er ebenfalls als abschreckendes Beispiel und Beweis der Verderbtheit eines Systems angesehen werden muss, das total aus den Fugen geraten war. Sind Ethik, Moral und Wertehaltungen in diesen Fällen komplett verloren gegangen?

Spätere Erläuterungen werden zeigen, dass man leider in keiner Phase davor gefeit ist, dass sich die Anfälligkeit für Korruption nicht wiederholt. Die Verlässlichkeit von Menschen mit besonderer Verantwortung muss ständig neu geprüft und kontrolliert werden, denn die Entwicklungen unserer Zeit zeigen eine deutliche Steigerung der Anfälligkeit.

Im Frühjahr 2001 meldete sich der deutsche Schriftsteller Jürgen Roth im Sicherheitsbüro, da ihm von einem engen Mitarbeiter des Innenministeriums, der Gruppe zur Bekämpfung der russischen organisierten Kriminalität, der Vorschlag unterbreitet worden war, auf die Veröffentlichung seines Buches „Der Oligarch" zu verzichten und stattdessen Geld, einen beachtlichen Betrag, als „Abschlagszahlung" anzunehmen. Der Schriftsteller stieg zum Schein auf dieses Angebot ein, nannte die Summe von 600.000 Deutschen Mark als Ablösezahlung. In der Folge kam es zu einem Treffen zwischen dem Kriminalbeamten der Sondereinheit und dem Schriftsteller, welches überwacht wurde. Es stellte sich heraus, dass der Kriminalbeamte tatsächlich im Auftrag des beschriebenen Oligarchen gehandelt hatte. Die Hintermänner wollte der Beamte nicht nennen, da er um sein Leben fürchtete.

Dieser Fall war einer von drei Fällen, in denen jeweils Kriminalbeamte der Sondereinheit EDOK, Einsatzgruppe zur Bekämpfung der organisierten Kriminalität, der „Russenabteilung", offensichtlich von kriminellen Elementen „unterwandert" worden waren, um sie „umzudrehen". Die Folge war, dass man diese Sondereinheit auflösen musste und in der weiteren Phase das Innenministerium komplett neu umstrukturierte. Man gründete das Bundeskriminalamt Österreich und zog insofern Konsequenzen aus diesen Vorfällen, als kaum mehr operativ gearbeitet wird. In Wien ging man so weit, dass man die Einheit zur Bekämpfung der organisierten Kriminalität überhaupt auflöste, obwohl es keine solchen Vorfälle gab. Viele fragten sich, ob die russischen Gruppierungen das nicht in Wirklichkeit beabsichtigt hatten.

Immer wieder kam man im Zuge von Ermittlungen dahinter, dass Führungskräfte der russischen Mafia-Gruppierungen beste Kontakte zu Regierungsstellen pflegten. Spätere Vorfälle zeigten, dass reihenweise Visa verkauft wurden, es korrupte Beziehungen zu Stellen im Außenministerium gab und dubiose wirtschaftliche Verbindungen über Banken und Wirtschaftsbetriebe zu russischen und ukrainischen Oligarchen bestanden und wahrscheinlich auch heute noch bestehen. Es ist weithin bekannt, dass höchste ehemalige potenzielle Regierungsmitglieder (beispielsweise Schröder und Gusenbauer) mit diktatorischen Potentaten aus dem Osten, die sogar fallweise als „lupenreine Demokraten" bezeichnet wurden, beraten. In diesen Ländern ist Demokratie ein Fremdwort, aber keiner der Berater hat diesbezüglich ein schlechtes Gewissen. Da bewahrheitet sich wieder der Grundsatz: „Geld stinkt nicht". Es ist erschütternd, wie sich ehemalige Würdenträger verkaufen.

Causa Aliyev – kasachischer Botschafter: Aliyev, der ehemalige kasachische Botschafter in Österreich, war mit der Tochter des kasachischen Präsidenten verheiratet, stand zunächst hoch im Kurs, wurde aber nach Differenzen mit seinem Schwiegervater zunächst als Botschafter nach Österreich versetzt. In Österreich gelang es Aliyev bald, beste Kontakte zu höchsten Stellen herzustellen und unter dem Vorwand, dass er sich besonders für Fußball interessiere, wurden verschiedenste dubiose Geschäfte, Investitionen und Firmengründungen getätigt, für die sich sogenannte honorige österreichische Führungskräfte und Politiker einsetzten. Heute nimmt man an, dass diese Aktivitäten vorwiegend zur Geldwäsche genutzt wurden. Nachdem Aliyev bei seinem Schwiegervater in Ungnade gefallen war, wegen zweier Morde an kasachischen Bankdirektoren beschuldigt worden war, das Heimatland verlassen musste, von seiner Frau geschieden worden war, seinen Status als Botschafter verloren hatte, verlegte er seinen Wohnsitz von Österreich nach Malta.

Dieser Fall ist auch ein Sittenbild Österreichs. Viele bekannte Namen aus Österreich tauchen in dieser Geschichte als Verbindungsleute von Aliyev auf. Aliyev hat offensichtlich die politischen Verhältnisse rasch und gut durchschaut. Der „rote" Gusenbauer (Exkanzler) wurde Berater des Präsidenten von Kasachstan. Aliyev selbst kümmerte sich mehr um den „schwarzen" konservativen Machtblock.

Affären im Brennpunkt

Die Institution des Rechnungshofes ist durch die Österreichische Bundesverfassung als die höchste Rechnungs- und Gebarungskontrolleinrichtung verankert. Der Rechnungshof stand jahrzehntelang außerhalb jeder Kritik. Die Präsidenten des Rechnungshofes genossen höchstes Ansehen.

Im Zuge der Befragungen im parlamentarischen Untersuchungsausschuss kann man den Eindruck bekommen, dass sich auch hier ein Wandel vollzogen hat. Rechnungshofberichte können den Eindruck vermitteln, geschönt zu sein, und ehemalige Prüfer des Rechnungshofes haben besonders den BUWOG-Bericht kritisiert, bei dem offensichtlich wesentliche Prüfergebnisse ausgespart wurden.

Mit internationalen Berichten will man das gute Image des Rechnungshofes aufrechterhalten. So hat etwa die Überprüfung des Österreichischen Rechnungshofes durch Vertreter der Rechnungshöfe aus Dänemark, Deutschland und der Schweiz ergeben, dass wir in der Top-Liga etabliert seien. Gegenseitige Überprüfungen erinnern an den Song Contest, bei dem man sich wechselseitig „beweihräuchert". Es liegt auf der Hand, dass nur die positive Seite, die „Schokoladeseite", bei den gegenseitigen Überprüfungen vorgezeigt wird. Kritische Statements von meist ehemaligen Mitarbeitern werden nicht wahrgenommen oder gerne überhört – siehe VwGH-Entscheidung 2009/12/0194 vom 15. Dezember 2010.

Im Folgenden schildere ich einige Beispiele im Zusammenhang mit der Auseinandersetzung zum Thema Korruption, die auf dem Studium und der Auswertung von Veröffentlichungen in Printmedien, Informationen, Diskussionen im parlamentarischen Untersuchungsausschuss, im Fernsehen beruhen, und die zeigen sollen, wie es um die Korruptionsbekämpfung bestellt ist, wenn die höchste Aufdeckungsinstanz selbst nicht mehr verlässlich genug ist. Zuletzt hat sogar die Ex-Nationalbank-Präsidentin Schaumayer den Rechnungshof kritisiert: „‚Auch Instanzen wie der Rechnungshof, der im Nachhinein immer so gescheit ist, waren lebensfern und haben sich um Petitessen gekümmert.' (…) An anderer Stelle: ‚Man hat den Kontrollmechanismen oder dem Misstrauen, wenn Sie so wollen, nicht genügend Raum gegeben.'" (Siehe „profil" Nr. 33 vom 13. 8. 2012.)

Die weiteren geschilderten Fälle stellen einen Zusammenhang von Mobbing, Bossing und Korruption dar. Diese Beispiele ereigneten sich in Deutschland und der Schweiz, aber sie könnten sich auch in Österreich abspielen. Auch im Bereich des öffentlichen Dienstes, wie beispielsweise im Innenministerium, wurden unliebsame Beamte von ihren Dienstposten entfernt (Strohmaier, Schnabl, Edelbacher, Haidinger), und es fällt auf, dass der Rechnungshof derartige Personalmaßnahmen nicht kritisiert. Dass es zwischen dem Rechnungshof und dem Innenministerium starke Verbindungen gibt, zeigt die Tatsache, dass leitende Führungskräfte des Innenministeriums, die heute dort tätig sind, aus dem Rechnungshof kamen (der heutige Generaldirektor für die öffentliche Sicherheit und der Leiter des Bundesamtes für Korruptionsprävention und Korruptionsbekämpfung stammen aus dem Rechnungshof und gehören derselben Partei an).

Causa BUWOG: Gerade die Causa BUWOG stellt ein Sittenbild Österreichs dar. Die nachfolgenden Schilderungen, die aus

Selbstbedienungsladen Politik und Wirtschaft

dem parlamentarischen Untersuchungsausschuss zitiert werden, zeigen, dass man erwarten könnte, dass jeder durchschnittliche Österreicher aufgrund solcher Vorfälle und Verdachtsmomente schon längst eingesperrt und verurteilt worden wäre. Aber offensichtlich werden diejenigen, denen politische Netzwerke zur Verfügung stehen, schonend behandelt. Die Darstellungen des Dr. Gottfried Efler allein würden ausreichen, um entscheidende strafrechtliche Verfolgungshandlungen zu begründen.

Die BUWOG-Affäre richtete massiven finanziellen Schaden zum Nachteil der Republik Österreich an (laut Aussage der Grün-Abgeordneten Moser bis zu einer Milliarde Euro). Sie erschütterte aber vor allem das Vertrauen der Beamten in ihren Dienstgeber. Die BUWOG-Affäre umfasst den Verdacht der Untreue, illegaler Absprachen und Provisionszahlungen, die bei der Privatisierung von rund 60.000 Bundeswohnungen der Bauen- und Wohnen GmbH erfolgt sein sollen.

Laut allgemein bekannter Chronologie löste der FPÖ-nahe Immobilienmakler Ernst Karl Plech im Jahr 2000 den sozialdemokratischen Budget-Sektionschef Gerhard Steger als Aufsichtsratspräsident der BUWOG ab. Im Juli 2003 genehmigte der Österreichische Nationalrat den Verkauf der Wohnungen.

Der damalige österreichische Finanzminister Karl-Heinz Grasser veranlasste diese Privatisierung im Jahre 2003. Von ursprünglich zwanzig Interessenten reduzierte sich diese Zahl auf drei: das Austro-Konsortium mit Immofinanz, die CA Immo und Blackstone/conwert, die alle nach der sogenannten Due-Diligence-Prüfung ein verbindliches Angebot gelegt hatten. In der ersten Angebotsrunde lag das Angebot der CA Immo mit 747 Millionen Euro vorne. Diese Situation war offensichtlich nicht willkommen. Es wurde auch argumentiert, Grasser wollte durch die Anordnung einer zweiten Bieterrunde einen Mehrerlös für die Republik erzielen. Man ließ eine „Nachdenkpause" einlegen und nunmehr lag ein besseres Angebot des Konkurrenten Austro-Konsortium vor. In der zweiten Angebotsrunde bot die CA Immo nur 747 Millionen Euro, das Austro-Konsortium (RLB OÖ, Wiener Städtische und Immofinanz) bot nunmehr 961,2 Millionen Euro.

Das passierte offensichtlich unter bedenklichen Umständen: Anscheinend wurde durch Weitergabe von Insiderinformationen an Immofinanz-Chef Karl Petrikovich das Angebot der CA Immo um den geringfügigen Differenzbetrag von 1,19 Millionen überboten und erhielt den Zuschlag. Interessant dazu sind die Angaben Meischbergers, der im Untersuchungsausschuss einräumte, dass er dem Lobbyisten Peter Hochegger gesagt habe, er solle Immofinanz-Chef Karl Petrikovics empfehlen, mehr als 960 Millionen Euro für die Bundeswohnungen zu bieten. Im Originalton: „Auf Grund der Gerüchte, die da gelaufen sind und der Gespräche, die sich verdichtet haben, sagte ich ihm, sie sollen über eine Milliarde gehen, jedenfalls über 960 Millionen."

Dabei sind seitens der Immofinanz Provisionszahlungen in der Höhe von 9,6 Millionen (ein Prozent des Kaufpreises) an Hochegger geflossen. Die im Naheverhältnis zu Grasser stehenden Personen Hochegger, Plech und Meischberger spielten dabei eine wichtige Rolle. Wer welche Informationen verraten hat und wer welche Beträge dabei kassiert hat, versucht der parlamentarische Untersuchungsausschuss zu klären. Es fällt auf, dass die Provisionszahlung gut durch drei teilbar ist. Grasser bestreitet jede Mitwirkung und Schuld an illegalen Handlungen.

Die BUWOG-Affäre ist auch deshalb interessant, da sie zu den Mosaiksteinen zählt, bei denen Macht gegen Geld „verkauft" wurde. Die Regierungsbildung Kabinett „Schüssel 1" von ÖVP und FPÖ war nur unter Mitwirkung des damaligen Chefs der Freiheitlichen Jörg Haider möglich. Grasser zählte damals zu seinen engsten Mitarbeitern. Die Aussage des ehemaligen Prüfers des Rechnungshofes Gottfried Efler im parlamentarischen Untersuchungsausschuss warf ein bezeichnendes Licht auf diese Affäre, da es den Schluss der unberechtigten Weitergabe von Insiderinformationen und der Verzögerung des Verkaufs zulässt. Dazu kommen noch andere Details, die den Verdacht der Manipulation in bestimmter Richtung wahrscheinlich erscheinen lassen.

Im Kommuniqué des Untersuchungsausschusses vom

25. April 2012 findet sich beispielsweise auf Seite 116 die Kritik von Dr. Efler, dass schlussendlich nur zwanzig Prozent des Berichts des Rechnungshofes in einem Wahrnehmungsbericht aufgenommen wurden. Folgende Fragen blieben bis heute ungeklärt:

- Warum wurden überhaupt die Lehmann Brothers vom Bundesministerium für Finanzen beauftragt, wenn 1300 Akademiker zur Verfügung standen, die den Verkauf von BUWOG ebenso zustandegebracht hätten?
- Warum wurden die sechs bestehenden Gesellschaften in einem verkauft, wenn bei einem geteilten Verkauf mehr an Gewinn zu erzielen gewesen wäre?
- Warum wurde das Austria-Konsortium offensichtlich bevorzugt behandelt?

Die Tageszeitung „Der Standard" bemüht sich um das Thema Korruption sehr. Die Chefredakteurin Alexandra Föderl-Schmid stellt in ihrem Leitartikel „Lügen, betrügen und schweigen" am 4. zum 5. August 2012 fest, dass Korruption und das System Haider nicht nur auf Kärnten beschränkt waren. In derselben Ausgabe erfolgt eine neuerliche Übersicht über alle aktuellen Skandale in Österreich: Eurofighter, Bundeswohnungen, KHG (Karl-Heinz Grasser), Blaulichtfunk, Telekom, Grippemasken, Hypo-Kärnten, Hypo-Niederösterreich, Glückspiel, „Part of the game", Skylink, Inseratenvergabe, Werbung in Kärnten, Lobbyist Strasser – all diese Verfahren sind derzeit anhängig und noch nicht abgeschlossen. Staatsanwaltschaft, Gerichte und parlamentarischer Untersuchungsausschuss sind voll ausgelastet.

Aber es sind nicht nur die großen Fälle, die in Österreich in jedermanns Mund und Bewusstsein sind. Auch andere Fälle bieten Schlagzeilen: Im Februar 2008 machten Vorwürfe gegen eine engagierte und erfolgreiche Richterin Schlagzeilen. Der Nationalratsabgeordnete Peter Pilz meinte dazu: „Das ist kein Einzelfall – Richter, die versuchen, strafrechtlich relevanten Vorgängen, Absprachen in der Bauwirtschaft und im militärischen Beschaffungswesen nachzugehen, machen immer wieder dieselbe Erfahrung: Sie werden von ÖVP-nahen Anwälten und von VP-Politikern verfolgt und in ihrem beruflichen Fortkommen schwer geschädigt. Die ÖVP hat sich bis heute dafür eingesetzt, dass Kartelle ungestört bleiben können."

Was war vorgefallen?

Der Richterin wurde vorgeworfen, sie hätte als Beisitzerin bei einem Schöffenprozess gegen einen mutmaßlichen Zigarettenschmuggler „bewirkt", dass das Schöffengericht nicht ordnungsgemäß besetzt war. Sie habe nämlich einen Laienrichter herangezogen (jeder Schöffensenat besteht aus zwei Berufs- und zwei Laienrichtern), der gar nicht auf der Schöffenliste stand. Außerdem sei der Mann auch noch nicht 25 Jahre alt gewesen, was aber gesetzlich vorgeschrieben ist. Die Richterin wurde wegen Missbrauch der Amtsgewalt angeklagt, da sie sich mit der „Schädigung des Staates in seinem Recht auf die gesetzmäßige Besetzung eines Schöffensenates ..." abgefunden habe.

Der Vizepräsident des Oberlandesgerichtes Wien, Anton Sumerauer, stellte sich demonstrativ vor seine Richterkollegin. Sumeraurer erklärte gegenüber der Austria Presse Agentur, dass die Anklage auf eine „Anwaltskampagne" zurückzuführen sei. Der Präsident des Oberlandesgerichts betrachtete die Angelegenheit als ernst. Diese Schilderung beruht auf Informationen, die zu Mobbingvorwürfen allgemein dargestellt wurden. Insider der Justiz wissen davon zu berichten, dass auch aufseiten der betroffenen Richterin persönliche Schwächen und eingeengte Sichtweisen eine Rolle gespielt haben mögen.

Tatsache ist, dass man sich sehr rasch bei bestimmten Gruppierungen unbeliebt machen kann. Die Lobbyisten haben in Österreich mächtigen Einfluss.

In dem im Frühjahr 2012 veröffentlichten Film „The Brussels Business" (vom österreichischen Regisseur Friedrich Moser, den Literaten Friedrich Moser, Matthieu Lietaert) wird auf ausgezeichnete Weise die Arbeitsweise der Lobbyisten geschildert. Der Film zeigt als Doku-Thriller die Grauzone der europäischen Demokratie. Etwa fünfzehntausend Lobbyisten arbeiten in Brüssel, davon wiederum etwa 80% auch am Capitol Hill in Washington, um die Gesetzgebung nach den Wünschen ihrer Auftraggeber bei den politischen Mandataren der Europäischen Gemeinschaft und des Kongresses und Senats in Washington zu beeinflussen. Der Film zeigt die Thinktanks und ihre allumfassenden Netzwerke der Macht sowie deren enge Verflechtung mit den politischen Eliten.

Ein Zitat aus dem Film: „Die Leute verstehen nicht, was die Europäische Union ist, sie wissen nicht, wie sie verwaltet wird, sie wissen nicht, wer die Menschen sind, die sie steuern, aber sie wissen, dass diese nicht vom Volk gewählt wurden. Wenn sie nun Ergebnisse sehen, die weniger als perfekt sind, fragen sie: ‚Wer ist daran schuld?!‘ Sie wissen nicht, wer die Schuldigen sind, weil sie die Leute überhaupt nicht kennen!" – Dies sagt Keith Richardson, der frühere Generalsekretär des ERT (European Round Table of Industrialist). Von ihm und seiner Bedeutung wird in den folgenden 88 Minuten noch oft die Rede sein.

„Als ich als junger Umweltaktivist anfing, hatte ich keine Ahnung, dass ich einmal als Watchdog in der Brüsseler Maschinerie enden würde", übernimmt ein anderer, der Aktivist Olivier Hoedeman. „Ich war verblüfft, als ich herausfand, wie fragil der politische Entscheidungsfindungsprozess ist, und feststellte, wie leicht dieser manipuliert werden kann. Hinter dieser Maschinerie herrscht eine dunkle Macht. Eine richtige Industrie, die im Schatten operiert, oft im Geheimen und sehr vertraulich. Diese Industrie ist die Lobby-Industrie."

Auch das „System Mensdorff-Pouilly", eines bekannten Lobbyisten, dessen Geschäfte jüngst immer wieder ins Zentrum des Interesses rückten, funktioniert so, dass man sich als Lobbyist für eine bestimmte Firma oder Gruppe einsetzt und über seine Netzwerke versucht, ins „Geschäft" zu kommen. Gerade die Beispiele „Eurofighter" und „Blaulichtfunk" zeigen, dass Anbieter, die an sich in der Bewertung gegenüber Konkurrenten schlechter lagen, durch Maßnahmen der Lobbyisten begünstigt worden sein dürften und daher den Zuschlag erhielten. Bei dem Fliegerkauf lag der Eurofighter zunächst schlechter, andere Produkte hätten das Rennen gemacht. Es ist anzunehmen, dass das Lobbying von Mensdorff-Pouilly ausschlaggebend gewesen sein könnte. Lobbyismus macht „Unmögliches" möglich. Daher sind die Begleitumstände, warum eine Entscheidung geändert wird, genauestens zu untersuchen. Meist steckt Korruption dahinter.

Eiskalt abserviert in Deutschland?

Als Steuerfahnder „zu effizient" zu ermitteln kann gefährlich werden. Im Jahr 2008 berichtete die Journalistin Regina Weitz in der Zeitschrift „Stern" über einen dubiosen Fall in Frankfurt: „Als Ermittler holten sie für den Staat Millionen, auch von den großen Banken. Doch plötzlich war Schluss. Plötzlich störten sie die Geschäfte und wurden als Querulanten aus dem Dienst gemobbt. Es ist die Geschichte der Steuerfahnder [...], die die Hoffnung auf Gerechtigkeit nicht aufgegeben haben."

Der Artikel ist deshalb interessant, da er genau zeigt, wie mittels politischer Einflussnahme über die Führungs- und Vorgesetztenebene auf die Basis einzuwirken versucht wird, um unangenehme Ermittlungen, von wem und gegen wen auch immer, zu unterbinden. Dass das auch in hoch entwickelten Demokratien möglich ist und vor allem wie leicht es geht, wird hier deutlich demonstriert. Die Geschichte begann im Sommer 2001.

Die Steuerfahnder des Finanzamtes Frankfurt V, damals siebzig Personen an der Zahl, bildeten ein höchst motiviertes und effizient arbeitendes Team, eine Mischung aus erfahrenen und jungen Mitarbeiterinnen und Mitarbeitern, die auch Großbanken wie die Commerzbank oder die Deutsche Bank in die Knie zwangen. Die Steuerfahnder konnten mehrere Kisten Beweismaterial sicherstellen, womit nachgewiesen wurde, dass Gelder reicher Kunden über Transferkonten anonym ins Ausland transferiert wurden. Durch die Arbeit der Steuerfahnder erzielte das Land Hessen rund 250 Millionen, der Bund rund eine Milliarde D-Mark an zusätzlichen Steuereinnahmen.

Im Sommer 2001 geschah etwas Seltsames: Ein Leiter des Finanzamtes verlangte von seinen Steuerfahndern eine Änderung ihrer Ermittlungsaktivitäten. Ab sofort sollte nur mehr bei einem strafrechtlichen Anfangsverdacht bei einem durch Belege nachweisbaren Transfervolumen von 500.000 damals noch Deutschen Mark oder einem Einzeltransfer von 300.000 Deutschen Mark zu ermitteln begonnen werden. Die Fahnder lehnten diese Vorgangsweise ab, da die Ermittlungspraxis ja zeigte, dass oft ein Anfangsverdacht bei viel kleineren Beträgen entstand. Aber die realitätsfremde Weisung an die Beamten wurde schonungslos und konsequent seitens der Finanzführung durchgesetzt. Jeder sachlich gerechtfertigte Widerstand der Steuerfahnder wurde abgeschmettert. Die Mitglieder des Fahndungsteams, die nicht einsichtig waren, wurden nunmehr gemobbt und gebosst. Es begann mit Kontrollen, dann mit Herabqualifikationen und Versetzungen. Die Maßnahmen der Finanzbehörde zeigten Wirkung. Das Steuerfahndungsteam wurde zerschmettert, die erfolgreichen Steuerfahndungen wurden beendet. Warum geschah das?

Sind die Steuerfahnder mächtigen Personen wie dem ehemaligen Vorstandsvorsitzenden der Deutschen Post auf die Zehen getreten? Die wahre Begründung dürfte darin liegen, dass man es sich nicht leisten wollte und konnte, auf dem internationalen Finanzplatz Frankfurt die Banken und Geldinstitute zu verärgern.

Höhepunkt der Disziplinierungsmaßnahmen war, dass einer der Steuerfahnder Mitte 2006 eine Aufforderung der Oberfinanzdirektion erhielt, sich medizinisch begutachten zu lassen. Er litt an einem Nierenleiden, wurde aber zu einem Psychiater zur Untersuchung geschickt, der bei ihm eine paranoid-querulatorische Entwicklung feststellte und dadurch beitrug, dass der Steuerfahnder in den Ruhestand versetzte wurde. Das passierte auch einem weiteren Steuerfahnder, der mit damals 37 Jahren aufgrund einer fast gleichlautenden Diagnose zwangspensioniert wurde.

Heute arbeitet einer der Steuerfahnder als Steuerberater. Für die Zulassung zum Steuerberater musste er sich psychiatrisch begutachten lassen. Das Ergebnis: Der Mann ist ein freundlicher, kommunikativer, zugewandter Mensch und psychisch kerngesund. Dieser Fall ist ein Prototyp für Mobbing und Bossing. Letzten Endes steht er auch dafür, wie Mobbing und Bossing im Sinne korrupter Interventionen eingesetzt werden. Diese Vorgangsweise ist auf kein Land beschränkt, es passiert wahrscheinlich überall in ähnlicher Art und Weise, wie auch der nächste Fall zeigt.

Mit welchen Methoden gegen Aufdecker vorgegangen wird

Es ist in vielen Fällen gar nicht so leicht, seinen Job aufrecht und engagiert durchzuführen, denn die Methoden, mit denen gegen jene vorgegangen wird, die Missstände aufdecken wollen, können sehr belastend sein.

„Die vermutlich bekannteste Jägerin von Steuersündern gibt auf" – das berichtete „stern.de" im Jahr 2008 über einen aufsehenerregenden Fall.

Die Staatsanwältin Margrit Lichtinghagen ermittelte in Steuerstrafsachen. Als sie in einer spektakulären Aktion den Chef der Deutschen Post AG im Zusammenhang mit der Liechtensteiner Steueraffäre festnahm, geriet sie in das Visier der Öffentlichkeit. Wenige Wochen vor dem Prozess gegen den Chef der Deutschen Post AG entzogen ihre Vorgesetzten bei der Bochumer Staatsanwaltschaft ihr jedoch das Vertrauen und versetzten sie in die Jugendabteilung. Dies verursachte große öffentliche Empörung und beschäftigte daraufhin sogar den Landtag. Zunächst hatte sich die Staatsanwältin gegen ihre Versetzung gewehrt, doch sie wurde mit Vorwürfen wegen Illoyalität, Hinterhältigkeit und Unaufrichtigkeit zermürbt, bis sie schließlich aufgab und auf eigenen Wunsch versetzt wurde. All die gegen sie erhobenen Vorwürfe hielten weder strafrechtlich noch disziplinarrechtlich stand. Eine engagierte und aufrechte Staatsanwältin hielt dem Druck, der über sie hereinbrach, nicht stand. Wie muss sie wohl empfunden haben, als sie sich, obwohl sie nur ihren Job nach bestem Wissen und Gewissen ausüben wollte, plötzlich als Ziel massiver Angriffe wiederfand?

Ich weiß aus eigener Erfahrung, wie verlassen und betroffen man sich fühlt, wenn man plötzlich fallen gelassen wird. Auch wenn man sich anfänglich unantastbar fühlt, weil man sich nichts zuschulden kommen hat lassen, leidet man unter der Diskriminierung, dem Mobbing und wird verunsichert. Man zweifelt an sich, verliert seine Sicherheit und fragt sich, ob man nicht doch Fehler gemacht hat. Die Tatsache, dass einem jene Anerkennung verweigert wird, die man vorher genossen hat, dass die Kollegen einen vielleicht sogar bewusst „schneiden", beeinträchtigt auf jeden Fall.

Je nach dienstrechtlichen Möglichkeiten kann die Behördenspitze unliebsame Beamte versetzen, ein Disziplinarverfahren eröffnen, was eine eventuell anstehende Beförderung hemmt, die dienstliche Beurteilung herabstufen oder, was in Österreich im Zuge der Polizeireform beliebt war, einfach die Organisation ändern. Gibt es eine Organisationseinheit nicht mehr wie z.B. das ehemalige Sicherheitsbüro, dann gibt es natürlich auch keinen Chef mehr. Damit wurde man unliebsame Führungskräfte am elegantesten los.

Mit Kritikerinnen geht man auch in der Schweiz nicht gerade zimperlich um, wie der nächste Fall zeigt.

Unter dem Titel „Ein Freispruch erster Klasse" berichtet die „Weltwoche online" über einen spannenden Fall.

Die Geschichte und die Grundlage dazu boten offensichtlich krasse Missstände beim Züricher Sozialamt, die zwei Mitarbeiterinnen des Sozialamtes aufklären wollten und diesbezüglich auch ihre Vorgesetzte informierten. Zu diesem Zweck gaben sie Interviews und belastende Unterlagen an die „Weltwoche" weiter. Das führte zu Hausdurchsuchungen und fristlosen Entlassungen der beiden Aufdeckerinnen. Die Amtsleiterin erklärte, dass die Vorwürfe teilweise erfunden, konstruiert und übertrieben waren. Ein Gutachten eines Experten stützte die Angaben der Sozialvorsteherin. Zwischenzeitlich wurde aber eine Studie der Universität St. Gallen erstellt, die diese Expertise widerlegte und bestätigte, dass gravierende Mängel beim Controlling zutage gefördert wurden. Die beiden Aufdeckerinnen wurden in der Folge gerichtlich von Schuld und Strafe freigesprochen.

Gemäß Richterspruch wurde zwar objektiv das Amtsgeheimnis verletzt, doch war dies gerechtfertigt, um ungleich gewichtigeres Unrecht zu überwinden: das systematische Leugnen, Verdrängen und Vertuschen von Missbrauch und Misswirtschaft im Sozialamt in Zürich. Die Verantwortlichen mussten mittlerweile ihre Schreibtische räumen. In der „Weltwoche" wird festgestellt, dass die Züricher Stadtregierung sich offiziell hartnäckig weigerte, Lehren aus dem Fiasko zu ziehen. Die Missstände im Fürsorgewesen waren zum Teil systemimmanent und gingen weit über die Stadt Zürich hinaus. Das Urteil ermöglichte den beiden Controllerinnen, erhobenen Hauptes aus der Sache herauszugehen.

Zu ergänzen ist, dass gegen den Freispruch berufen wurde und die beiden Aufdeckerinnen in der nächsten Instanz wegen Verletzung des Amtsgeheimnisses verurteilt wurden.

Erwähnenswert scheint, dass die beiden Whistleblowerinnen im Jahr 2010 den Publikumspreis des Prix Courage gewonnen haben. Sie gründeten den Verein proCourage. Aus den Angaben auf der Internetseite www.procourage.ch/index2. html ist zu folgern, dass sie gegen die Verurteilung das Bundesgericht angerufen haben, aber bis zu dessen Entscheidung keine Kommentare mehr abgeben wollen. Interessant ist auch das Ergebnis einer Umfrage auf der Internetseite. Der „Tages Anzeiger online" fragte: „Sind Sie mit dem Urteil im Züricher Whistleblower-Prozess einverstanden?" Das Ergebnis lautete: JA-Stimmen: 21,5 %, NEIN-Stimmen 78,5 %.

Die teilweise Rehabilitierung der beiden Frauen stellt ein Signal an die Staatsdiener dar, Unrecht nicht einfach hinnehmen zu müssen, obwohl es im Einzelfall immer wieder schwierig ist, Unrecht und Missstände tatsächlich erfolgreich aufzudecken. Meist sind die Methoden des Mobbings und Bossings gegen die Aufdecker sehr effizient und wirkungsvoll.

In diesem Zusammenhang ist die Entscheidung des Österreichischen Verwaltungsgerichtshofes 97/09/0106-8 vom 28. 7. 2000 bemerkenswert. Der VwGH hat einem Rechnungshofbeamten Recht darin gegeben, dass Kritik an der eigenen Behörde durch einen Beamten nicht nur als durch das Grundrecht auf Meinungsfreiheit geschützt anzusehen ist, sondern auch als notwendiges Mittel zur Optimierung der Verwaltung zulässig ist. Das stellt auch ein Argument dafür dar, dass pflichtbewusste Beamte, in welchem Land auch immer, ermutigt werden sollten, sich gegen ungerechtfertigte Angriffe zu wehren. Ein anderer Rechnungshofbeamter ist im Artikel „Wirksamer Schutz gegen Mobbing und Diskriminierung?" auf diese Problemstellung ausführlich eingegangen und hat insbesondere die Sonderregelungen für Beamte dargestellt (Soziale Sicherheit 2010, 558 ff).

Eigentlich sollten überall gerade jene Bediensteten, die den Mut haben, sich gegen Ungerechtigkeiten, Vertuschungen und Korruption aufzulehnen, die nicht nur wegschauen, sondern aufstehen und sich wehren, besonders geschützt und unterstützt werden. In der österreichisch-ungarischen Monarchie gab es eine weltweit einmalige Einrichtung: den Maria-Theresia-Orden für denjenigen Beamten oder Offizier, der sich einem Befehl widersetzte und durch ein Husarenstück aber einen Erfolg, eine sensationelle Wende brachte. Meist erwarben sich Offiziere diesen Orden, die in einer Schlacht eine solche außerordentliche Leistung erbracht hatten.

In der Regel wehrt sich jedes System gegen Veränderungen, besonders wenn Kritik dahinter steht und Missstände aufgedeckt werden sollen. Dann wird der Aufdecker oder die Aufdeckerin von Vorgesetzten aber auch von Kollegen als Verräter, Besserwisser herabqualifiziert.

Bevor man sich auf dieses ungesicherte Terrain begibt, sollte man jedenfalls die Lage sondieren. Hat man vielleicht Verbündete unter den Kollegen und Kolleginnen? Gibt es Vorgesetzte, die Willens sind, Veränderungen herbeizuführen, Kritik ernst zu nehmen?

Wenn all das nicht möglich ist, bleibt die Möglichkeit des anonymen Hinweises. Dafür gibt es ja heute schon die Einrichtung des geschützten Whistleblowers in bestimmten Bereichen. Einen letzten Schritt stellt die Einschaltung der Medien dar. Auch hier sollte man vorsorglich wissen, an wen man sich wenden und wem man vertrauen kann.

Der Fall Elsner – Paradebeispiel
für Systemfehler

„Es wurde nicht spekuliert, das Risiko war sehr klein, nicht nennenswert", war ein Statement des geladenen BAWAG-Managers Helmut Elsner in der ORF-Sendung Club 2. Thema des damaligen Clubs: „Darf eine Arbeiterbank spekulieren?" Zwei Journalisten hatten kurz zuvor Berichte über dubiose „Karibik-Geschäfte" der BAWAG an die Öffentlichkeit gebracht. Hauptaktionär der BAWAG war zu dieser Zeit der sozialdemokratische österreichische Gewerkschaftsbund, die restlichen 30% gehörten der ebenfalls „roten" Konsum-Genossenschaft. Als schon damals brisantes Detail galt, dass diese Spekulationen über Wolfgang Flöttl, den Sohn des damaligen Generaldirektors Walter Flöttl, gelaufen sind. Das war 1994.

Der BAWAG-Skandal

Helmut Elsner wird im Mai 1995 als Nachfolger Walter Flöttls bestätigt. Im selben Jahr geht die Konsum-Genossenschaft pleite, die Bayerische Landesbank übernimmt ihren Anteil und erhöht ihn auf 46%. Als neuer Generaldirektor der BAWAG setzt Elsner die Veranlagungs- und Spekulationsgeschäfte mit Wolfgang Flöttl in der Karibik fort. Dadurch entstehen relativ rasch Verluste von rund 400 Millionen Euro. 1998 gehen dann noch einmal weitere 500 Millionen Euro durch Währungsspekulationen in der Karibik „baden". Eine Journalistin bringt diesbezüglich eine Sachverhaltsdarstellung bei der Wirtschaftspolizei ein. Per einstweiliger Verfügung wird ihr allerdings gerichtlich untersagt, betreffend BAWAG weitere Fragen zu stellen. Sie tätige dadurch rufschädigende Aussagen.

So steht die BAWAG bereits im Jahre 2000 am Rande des Abgrunds. Die Verluste in der Karibik haben die Eine-Milliarde-Euro-Grenze erreicht. Um die Bank vor dem Kollaps zu bewahren, gibt der Österreichische Gewerkschaftsbund (ÖGB), der zu dieser Zeit Mehrheitseigentümer der BAWAG ist, eine

Ausfallshaftung ab. Wäre diese damals schlagend geworden, hätte das den ÖGB in den finanziellen Ruin geführt. Was dabei allerdings am schwersten wiegt: Auch der Streikfonds wurde verpfändet. Öffentlich bekannt wurden diese Verlustgeschäfte natürlich nicht. Elsner hat offensichtlich zu diesem Zeitpunkt, als ihm klar wurde, dass die BAWAG am Rande des Ruins steht, begonnen, strafrechtlich relevante Handlungen zu setzen wie z.b. im Nachhinein Protokolle zu fälschen.

In diesem Desaster-Jahr landet die BAWAG aber dann auch einen großen und wichtigen Coup. Für damals 17,6 Milliarden Schilling (knapp 1,3 Mrd. Euro) kauft die Gewerkschaftsbank der ÖIAG (Österreichische Industriellenvereinigung) die POSTSPARKASSE ab. Ein sichtlich stolzer BAWAG-Generaldirektor Helmut Elsner unterschreibt vor laufender Kamera den Kaufvertrag, während angeblich zu diesem Zeitpunkt keiner der beteiligten Granden der österreichischen Wirtschaft und Politik davon weiß, dass die Gewerkschaftsbank bereits hunderte Millionen Euro in der Karibik verspekuliert hat. Die „Presse" schreibt darüber 2007: „Die BAWAG brauchte die POSTSPARKASSE, die üppig mit Eigenkapital ausgestattet war, wie den sprichwörtlichen Bissen Brot." Jedenfalls bekommt Helmut Elsner, der Chef des neuen Institutes BAWAG-P.S.K., für den geglückten Kauf eine saftige Sonderprämie: rund acht Millionen Schilling.

Im Jahr darauf wird dem damaligen Finanzminister Karl-Heinz Grasser von der Österreichischen Nationalbank ein erster alarmierender Prüfbericht bezüglich der BAWAG übermittelt. Darin werden Verstöße gegen das Bankwesengesetz aufgezeigt. Konsequenzen zieht das aber offensichtlich keine nach sich. Kurz darauf hält der Abgeordnete und Betriebsrats-Vorsitzende der BAWAG-Tochter P.S.K., Volkmar Harwanegg, in einem Interview fest, dass der Konzern „am Rande des Zusammenbruchs" stehe. Er wird daraufhin vom Privatankläger Helmut Elsner wegen der Weitergabe von Interna verklagt. Ein Ersuchen des zuständigen Landesgerichts um Zustimmung zur Verfolgung von Harwanegg findet zwar bei den Mitgliedern des Immunitätskollegiums keine Zustimmung, allerdings bestätigt

Harwanegg der „Presse" in einem Interview 2007, dass es laufend Klagsdrohungen gegen den Betriebsrat gegeben habe. Er erinnert dabei auch an die Zustände in der BAWAG: Die Innenrevision sei „zum Krenreiben" gewesen. Von den Aufsichtsratssitzungen habe man nicht einmal die Protokolle erhalten. Die P.S.K., die der BAWAG „organisatorisch um zehn Jahre voraus gewesen sei, wurde ‚abgeräumt wie ein Christbaum'". Vor allem hebt der Arbeitnehmervertreter die Rolle Helmut Elsners hervor: „So einen Tyrannen habe ich in meiner ganzen Karriere sonst nicht erlebt."

Helmut Elsner scheidet 2003 als BAWAG-P.S.K.-Chef mit rund 6,8 Millionen Euro an Abfertigung, die er bereits seit Ende 2000 steuerschonend auf einem Konto hat „parken" lassen, aus dem Konzern aus und übergibt die Nachfolge an seinen Vize – Johann Zwettler. 2003 bezeichnet die „Süddeutsche Zeitung" Elsner wegen seiner Millionen-Abfertigung und eines 300.000 Euro-Gehalts bei den Österreichischen Lotterien (Elsners „Nebenjob") als einen „Abzocker" und „Raffzahn". Elsner, der auch hier sofort klagt, verliert den Prozess allerdings in der letzten Instanz. Kurz nach Elsners Abgang aus der Bank warnt Volkmar Harwanegg vor einem der Geschäftspartner der BAWAG – dem Investmentbroker und Derivatehändler REFCO. Zu Recht, wie man im Nachhinein weiß: So erklärt Harwanegg im Banken-Untersuchungsausschuss 2007, der zur Aufklärung des BAWAG-Desasters eingesetzt wird, dass die Verluste rund um REFCO hätten verhindert werden können: Er hätte von einem BAWAG-Mitarbeiter die Mitteilung bekommen, „mit REFCO stimme etwas nicht". Doch als Harwanegg dies 2003 im Aufsichtsrat der BAWAG zur Sprache bringen wollte, sei der Sache nicht nachgegangen worden. Im Gegenteil: Er sei wieder mit Klage bedroht worden. Diesmal vom Elsner-Nachfolger Johann Zwettler.

2004 steigt die Bayerische Landesbank, deren Einfluss und Kontrolle dem Boss Elsner während seiner gesamten Amtszeit ein Dorn im Auge war und deren Macht er bei jedem sich ergebenden Anlass herunterzuspielen bzw. er ihre Erwähnung tunlichst zu vermeiden versuchte, aus ihrem Engagement in der BAWAG wieder aus. Der österreichische Gewerkschaftsbund ist von nun an (bis zum bitteren Ende) Alleineigentümer der BAWAG.

Im Oktober 2005 gewährt nun die BAWAG Phillip Bennett, dem damaligen Chef des Derivatehändlers REFCO, zu bereits ausständigen 75 Millionen Euro einen „Blitzkredit" über 350 Millionen Euro, was insgesamt rund 10% des Kapitals der BAWAG beträgt. Als Sicherheit akzeptiert die BAWAG von Bennett ein 34-Prozent-Aktienpaket an REFCO. Es ist naheliegend, dass sie das nicht einfach nur so tat. Offensichtlich hat Bennett der BAWAG, die Jahre zuvor an REFCO beteiligt gewesen war, beim Verschleiern ihrer Karibik-Verluste geholfen. Und als der alte Kompagnon nun selbst dringend Geld braucht, weil er von den REFCO-Gremien mit dem Vorwurf konfrontiert wird, 430 Millionen Dollar an faulen Krediten vor dem Unternehmen verschleiert zu haben, übt er Druck auf die BAWAG-Bankführung aus. Und das mit Erfolg. Bennet wird allerdings wenige Stunden nach der Überweisung der BAWAG-Millionen von REFCO gefeuert und anschließend wegen diverser Betrügereien verhaftet. Das gesamte Unternehmen REFCO ist Tage später pleite, die Besicherung wertlos und das Geld auf Nimmerwiedersehen verschwunden. Was folgt, ist Panik in der Vorstandsetage und die erste Sondersitzung des BAWAG-Aufsichtsrates, der, wie er sagt, nicht über die Kreditvergabe an REFCO informiert war. Die BAWAG-P.S.K. gibt nach dieser Sitzung öffentlich bekannt, durch einen Kreditrahmen von 425 Millionen Euro vom REFCO-Konkurs betroffen zu sein und bestätigt, dass der Kredit voll ausgeschöpft wurde.

Die Finanzmarktaufsicht zieht daraufhin ihre ohnehin geplante Sonderprüfung vor. Alle Großkreditvergaben, insbesondere die an REFCO, werden behördlich durchleuchtet. Nach Vorlage des Prüfberichts leitet die Finanzmarktaufsicht ein behördliches Ermittlungsverfahren ein. Die BAWAG-P.S.K. wiederum reicht eine Klage gegen die Firma REFCO und deren Chef Bennett ein. Die Vorwürfe lauten auf Betrug, Bereicherung und Irreführung. Die Rückzahlung einer Kreditsumme von 350 Millionen Euro wird verlangt. Auch die Staatsanwaltschaft ist eingeschaltet. Kurz darauf erklärt BAWAG-Chef

Zwettler überraschend seinen Rücktritt mit Jahresende. Im Jänner 2006 folgt ein hektischer Führungswechsel. Ewald Nowotny tritt die Nachfolge von Johann Zwettler an und wird neuer BAWAG-P.S.K.-Chef.

Im März 2006 fliegt dann der BAWAG-Skandal endgültig auf. Das ganze Desaster wird sichtbar, auch dass sämtliche Aufsichtsorgane und Kontrollinstanzen versagt haben. Daraufhin tritt der Boss des Österreichischen Gewerkschaftsbundes zurück. Eine Schadenssumme von über zwei Milliarden Euro steht im Raum. Die Spekulationsverluste von Wolfgang Flöttl sollen 1,8 Milliarden Euro betragen, dazu kommen hunderte Millionen aus dem REFCO-Kredit. Ersteres sei in den letzten acht Bilanzjahren verschleiert worden. Als Quelle wird von den Medien die Finanzmarktaufsicht angegeben. Die BAWAG-P.S.K. dementiert die Schadenshöhe und nennt 999 Millionen Euro (!) als Schaden. Ebenfalls streitet die BAWAG Beihilfe zum Betrug an den Gläubigern des zusammengebrochenen US-Brokers REFCO ab. Von dieser Seite droht nun zusätzlich eine Milliardenklage.

Eine Welle der Empörung erfasst das Land. Die zu diesem Zeitpunkt in den Umfragewerten für die kommende Nationalratswahl im Herbst in Führung liegende Sozialdemokratische Partei Österreichs (SPÖ) befürchtet eine Wahlniederlage. Dementsprechend gespannt gestaltet sich der beginnende Wahlkampf. Der neu installierte ÖGB-Chef meint in seiner Ansprache zum 1. Mai am Wiener Rathausplatz: „Ja, die BAWAG-Geschichte ist ein Skandal. Aber wir haben aufgeräumt." Wiens „roter" Bürgermeister beschwört Sympathisanten und Kritiker: „Die neue Führung in der BAWAG mit den Mitarbeiterinnen und Mitarbeitern, die neue Führung im Österreichischen Gewerkschaftsbund als Eigentümer sind darangegangen, mit einer fast herkulischen Anstrengung, diesen Sauhaufen, der hier passiert ist, zu beseitigen." Und der damalige Chef der SPÖ und spätere Bundeskanzler, Alfred Gusenbauer, versucht, alte Werte hochleben zu lassen: „Man muss nicht in einem Penthouse wohnen, das einem nicht zusteht, vor allem dann, wenn man Milliarden Euro verspekuliert hat. Die Stadt

Selbstbedienungsladen Politik und Wirtschaft

ist auch ohne Penthäuser schön, liebe Genossinnen und Genossen! [...] Die geistig-moralische und politische Erneuerung unseres Landes heißt aufzuräumen mit Nehmern und Abzockern, ganz gleich welcher Couleur."

Danach geht alles ziemlich rasch. Ein Rettungspaket für die BAWAG-P.S.K. wird geschnürt. Der Bund übernimmt eine 900-Millionen-Euro-Garantie und die Mitbewerber (Banken und Versicherungen) zahlen als Kapital 450 Millionen Euro bei der BAWAG ein, damit diese wieder Liquidität bekommt. Politiker und andere Granden lassen sich demonstrativ und medienwirksam beim Eröffnen eines BAWAG-Kontos ablichten. Zudem veröffentlichen die Prüfer der Österreichischen Nationalbank und der Finanzmarktaufsicht als Aufsichtsbehörde ein vernichtendes Ergebnis für die BAWAG und ihre Führung. Kurz darauf stellt die BAWAG Helmut Elsner eine Räumungsklage zu. Inhalt dieser Klage ist Elsners Penthouse, dass sich pikanterweise am Dach der BAWAG-Zentrale in der Wiener Innenstadt befindet. Als Klagsbegründung wird unter anderem angeführt, dass der Verkauf ohne Genehmigung durch den Aufsichtsrat und weit unter dem wahren Wert stattgefunden habe.

Nach wochenlangen Verhandlungen kommt dann im Juni 2006 ein Vergleich zwischen der BAWAG und den Gläubigern und Aktionaren von REFCO zustande. Es wird offiziell bestätigt, dass die Bank 683 Millionen US-Dollar zahlen muss. Darüber hinaus muss die BAWAG auf alle Forderungen als Gläubiger aus dem knapp vor der REFCO-Insolvenz gewährten Kredit verzichten. Macht zuzüglich eines variablen Teilbetrages, der vom erzielten Verkaufserlös der BAWAG abhängig ist, plus der Anwaltskosten mehr als eine Milliarde Euro. Damit hat sich die Bank von der angedrohten Milliardenklage freigekauft, die Bilanz 2005 kann erstellt werden und der dringend notwendige Verkauf der Bank wird möglich.

Einen halben Monat später erhält die BAWAG eine Steuernachforderung von rund 3,5 Millionen Euro. Nicht der Rede wert, könnte man meinen, angesichts der sonstigen Ausgaben. Was allerdings interessant ist, ist der Grund dafür. Das Finanzamt hat, wie einem Artikel aus „NEWS" zu entnehmen ist, einen „geldwerten Vorteil von 7,1 Millionen" errechnet, den die Elsners (Käuferin war Ehefrau Ruth) aus dem Kauf des rund 325 Quadratmeter großen Penthouses erzielt haben. Es wurde ihnen 2005 von der BAWAG für „schlanke" 470.000 Euro überlassen. Die BAWAG wiederum kolportiert, sich darin in ihrer Klage gegen Helmut Elsner bestätigt zu fühlen, und kündigt alle möglichen rechtlichen Schritte an, um sich in dieser Causa an ihrem ehemaligen Dienstnehmer schadlos zu halten.

Kurz darauf nimmt der österreichische Bundespräsident Heinz Fischer zum BAWAG-Skandal Stellung. In einem „KURIER"-Interview sagt er, es schmerzt ihn, bereitet ihm Kopfzerbrechen und macht ihn betroffen. Er sei genauso erschüttert wie die Bevölkerung. Zur selben Zeit äußert sich auch der damalige Finanzminister Karl-Heinz Grasser in einer Bilanzpressekonferenz: „Die Vorstände haben offenbar mit Vorsatz und krimineller Energie agiert. Auch habe der BAWAG-Wirtschaftsprüfer einen ‚wunderbaren' Prüfbericht verfasst".

Am 7. Juli 2006 folgen dann Einvernahmen im Parlament: Die ehemaligen BAWAG-Generaldirektoren Elsner und Zwettler und Ex-ÖGB-Präsident sowie der ebenfalls zurückgetretene ÖGB-Finanzreferent sollen den Nationalratsabgeordneten für Auskünfte zur Verfügung stehen. Außer dem Ex-ÖGB-Boss, der ausschließlich Bekanntes wiederholt, schweigen die anderen Betroffenen beharrlich. Als weitere Folge werden alle österreichischen Bankkonten und die Konten von Helmut Elsners Stiftungen „Birdie" und „Gambit" gesperrt.

Im August 2006 wird Helmut Elsner schließlich gepfändet. Das Finanzamt in Wien greift per Sicherstellungsauftrag auf sein gesamtes Privatvermögen in Österreich zu. Einige Tage später bricht Elsner in seiner Villa in Südfrankreich, in der er sich zu dieser Zeit aufhält, zusammen. Er habe eine schwere Herzattacke erlitten und sei mit dem Notarzt ins Spital eingeliefert worden, lässt sein Anwalt verlauten. Er sei damit auch nicht vernehmungsfähig, weshalb die Einvernahme durch die Kriminalpolizei in Wien platzt.

Der September bringt weitere interessante Stimmen aus dem Wahlkampf und ebensolche Wendungen: Wiens Bürgermeister bezeichnet die Aussagen von Wolfgang Flöttl, dass dieser Geld an die SPÖ überwiesen haben soll, nach derzeitigem Stand als „Wahlkampflüge". Der damalige SPÖ-Bundesgeschäftsführer schwört öffentlich, „beim Augenlicht meiner Kinder", dass die finanzielle Sanierung der SPÖ ohne die behauptete Finanzhilfe von Wolfgang Flöttl geschafft wurde. Am 14. September 2006 stattet dann der konservative Ex-ÖVP-Parteiobmann Josef Taus dem „roten" Ex-BAWAG-Chef Elsner in Südfrankreich einen Besuch ab. Just am gleichen Tag wird aber Helmut Elsner nach einer Hausdurchsuchung von der französischen Polizei verhaftet. Es bestehe Fluchtgefahr und es gäbe neue Verdachtsmomente, so der österreichische Staatsanwalt, der zuvor einen europäischen Haftbefehl erließ. Es solle geprüft werden, wie krank Elsner wirklich sei. Die Auslieferung an Österreich ist für die darauffolgenden zwei Wochen geplant. Ebenfalls im September wird dem suspendierten Vorstand der Landespolizeidirektion Wien, dem kurz zuvor das Einlösen von Reisegutscheinen zum Verhängnis wurde, die der Bank-Boss Elsner laut eigenen Angaben für eine Polizei-Tombola zur Verfügung gestellt hatte, ein weiterer schwerer Vorwurf gemacht. Der hohe Beamte und ehemalige Chef der Wirtschaftspolizei wird nun von der Staatsanwaltschaft beschuldigt, der Familie Elsner Polizeistrafen „erspart" und für Helmut Elsner private Polizeiabfragen gemacht zu haben.

Auch der Oktober 2006 hat es in sich. Die französische Staatsanwaltschaft meldet, dass die geforderte Kaution von einer Million Euro beim Gericht eingelangt ist. Gezahlt hat ein (Geschäfts-)Freund. Ein Mann, den „Die Presse" mit dem zweifelhaften Titel „einziger Oligarch Österreichs" bedacht hat und gegen den laut „profil" die österreichische Korruptionsstaatsanwaltschaft jetzt, 2012, auch wegen Verdachts auf Betrug, Untreue und Bestechung ermittelt. Der Milliardär Martin Schlaff. Jedenfalls ist Elsner drei Tage nach der österreichischen Nationalratswahl frei und kann die Krankenhaft des Gefängnisses in Marseille verlassen. Er muss allerdings seinen Pass abgeben und darf Frankreich nicht verlassen. Am 19. Oktober bestätigt Frankreich dann die Auslieferung Elsners, einige Tage später bringt die Staatsanwaltschaft Wien die Anklage ein. Sie lautet auf Untreue, Bilanzfälschung und Betrug.

Kurz darauf will Elsner wieder einmal klagen: Diesmal sind es Journalisten, die von einem Kredit aus dem Jahr 2003 über 600.000 Euro an den früheren KONSUM-Chef berichten. Das Geld soll persönlich von Elsner in einem „Plastiksackerl" ausgehändigt und dann als uneinbringlich ausgebucht worden sein. Elsners Anwalt dementiert den Medienbericht und kündigt umgehend Klage an. Am Ende des Jahres 2006 erfolgt dann einer der unrühmlichen Höhepunkte in der Causa: Der Verkauf der BAWAG. Die von Karl Renner gegründete Arbeiterbank wird „angesichts der Lage" an einen amerikanischen Finanzfonds abgetreten. Damit ist der Österreichische Gewerkschaftsbund vor dem Konkurs gerettet. Für die 4500 Bankmitarbeiter der BAWAG-P.S.K. gibt es allerdings keine Arbeitsplatzgarantie.

Mit Beginn des Jahres 2007 rollt der einberufene BAWAG-Untersuchungsausschuss auch die Atomic-Pleite von 1994 neu auf. Der Hintergrund: Der Unternehmer und Gründer der bekannten Skiererzeugungsfirma, Alois Rohrmoser, hatte sich bis zu seinem Tod 2005 von der BAWAG um sein Unternehmen betrogen gefühlt und den Konkurs angefochten – allerdings ohne Erfolg. Danach tauchten aber ständig neue Hinweise auf, die dem Pongauer Skipionier recht zu geben scheinen. Ein Politiker der ÖVP vermutete sogar, „es habe ein mafioses Netzwerk gegen Rohrmoser gegeben". So könnte die BAWAG, die quasi Alleingeldgeber von Atomic war, die Gelder zur Abdeckung von Karibik-Verlusten gebraucht und deswegen ohne wirkliche wirtschaftliche Notwendigkeit auf einen Konkurs gedrängt haben. Außer Diskussion stehen jedenfalls die Eintreibung der ungewöhnlich hohen Quote von 93 Prozent und dass Zahlungen an eine irische BAWAG-Tochter flossen, die in die Karibik-Geschäfte verstrickt war.

Helmut Elsner soll auch massiv gegen Ermittlungen der Salzburger Wirtschaftspolizei interveniert haben. Laut „profil" bombardierte Elsner den damaligen Innenminister Karl Schlögl – einen „SPÖ-Parteifreund" – mit Briefen, um die Einstellung der Untersuchungen zu erreichen. Schlögl bestätigt dem Magazin gegenüber den Erhalt der Briefe und erinnert sich an ein persönliches Gespräch. Dabei habe ihm Elsner gedroht, wenn er seinem Wunsch nach Einstellung der Atomic-Ermittlungen nicht nachkomme, dann würde er, Schlögl, „in der SPÖ nichts mehr werden". Daraufhin habe er Elsner „vor Zeugen hinausgeschmissen". Die Ermittlungen der Polizei wurden trotz der Drohung weitergeführt, das Verfahren dann aber doch drei Jahre später eingestellt. Der Untersuchungsausschuss beschäftigt sich nun mit diesen und anderen Interventionen auf höchster Ebene und den fragwürdigen Geldflüssen, die es zwischen Atomic und BAWAG-Gesellschaften in Irland gab.

Im Februar 2007 wird Helmut Elsner von Frankreich ausgeliefert. Nach längeren Debatten um den „wirklichen" Gesundheitszustand Elsners bescheinigen Mediziner seine Transportfähigkeit und am Tag nachdem er nach Österreich geflogen wird, verhängt die zuständige Richterin die Untersuchungshaft. Anfang März 2007 veröffentlicht „profil" dann ein geheimes Dossier aus dem Finanzministerium, das belegt, dass Karl-Heinz Grasser, Finanzminister Österreichs, im Frühjahr 2006 Nationalbank und Finanzmarktaufsicht angewiesen hat, belastendes BAWAG-Material gegen die SPÖ zu sammeln und so die Untersuchungen zu manipulieren. In dem Dokument ist unter dem Schlagwort „Ziele" vermerkt, dass die Untersuchungen zu folgendem Ergebnis kommen sollen: „Keine Verfehlungen der Behörden; Netzwerk der SPÖ verantwortlich für den Schaden in der BAWAG und im ÖGB – keine Wirtschaftskompetenz; ÖVP/BZÖ-Regierung rettet die BAWAG und 1,3 Mio. Menschen vor der Pleite." Auch damals schon stellte sich die Frage eines Grasser'schen Amtsmissbrauches, Unschuldsvermutung inklusive.

Nach seiner Herzoperation im April 2007 wird Helmut Elsner in ein Rehabilitationszentrum in Kärnten überstellt. Während ihn andere Kurgäste mit Buh-Rufen empfangen, spricht sich Jörg Haider, noch gänzlich von seinem eigenen Hypo-Alpe-Adria-Skandal unbehelligt, für die Ausweisung Elsners aus Kärnten aus. Der Kärntner Landeshauptmann richtet sogar, ganz in seiner populistischen Tradition aufgehend, ein diesbezügliches Schreiben an die damalige Justizministerin Maria Berger.

Im Juni 2007 gibt es wieder prominenten Besuch vor dem Banken-U-Ausschuss. Der geladene Alt-Bundeskanzler Franz Vranitzky sagt aus, dass er Wolfgang Flöttl im ersten Halbjahr 1999 über die Euro-Einführung beraten habe. Darüber gab es laut Vranitzky einen mündlichen Vertrag. Die Beratungsleistung sei von ihm ebenfalls mündlich erbracht worden. Er habe dafür eine Million Schilling bekommen. Das Honorar habe er Ende Jänner 1999 von Flöttl erhalten, versteuert und behalten (also nicht an die SPÖ weitergegeben). Wolfgang Flöttl dementiert die Darstellungen Vranitzkys entschieden.

Am 16. Juli 2007 beginnt schließlich der BAWAG-Strafprozess: Die Causa BAWAG ist der größte Wirtschaftsprozess der Zweiten Republik Österreichs. Angeklagt sind neun Personen, davon neben Helmut Elsner und Johann Zwettler fünf ehemalige Vorstände bzw. Spitzenmanager der BAWAG, sowie Wolfgang Flöttl und der Ex-Wirtschaftsprüfer der BAWAG. Elsner wird dabei Untreue, Bilanzfälschung und schwerer Betrug zur Last gelegt. Insgesamt verhandelte Schadenssumme: 1,44 Milliarden Euro. Geld, das trotz einjähriger intensiver juristischer Beschäftigung und dem Aufgebot namhafter Sachverständiger weitestgehend unnachvollziehbar verschwunden scheint.

Schuld sind immer die anderen

Um die Vorgänge rund um den BAWAG-Skandal zu verstehen, müssen die psychischen und sozialen Realitäten innerhalb der BAWAG, aber auch die inneren Antriebe ihrer Vertreter beleuchtet werden. Zuvorderst dabei natürlich das psychische System ihrer Führungsfigur, Helmut Elsner. Erhellend ist diesbezüglich eine Sequenz aus Elsners letztem öffentlichen Auftritt in einem TV-Interview im ORF kurz nach Auffliegen des Skandals. Angesprochen auf die Karibikgeschäfte meint er in alter Manier: „Der Vorstand der Bank hat in keiner Weise spekuliert." Elsner grenzt sich gegenüber sämtlichen Vorwürfen ab, um weiters seiner Verwunderung Ausdruck zu verleihen, dass er jetzt zur Verantwortung gezogen werden soll.

Ebenfalls leugnet Elsner, dass die Causa REFCO etwas mit den Karibik-Verlusten zu tun hätte („Das hat mit der Karibik überhaupt nichts zu tun") und dass die Bank im Jahre 2000 quasi insolvent war und nur mit ÖGB-Garantien weiterbestehen konnte: „Die Bank hat's damals aus eigener Kraft verdaut und, und hat nicht, nicht den ÖGB zur Hilfe genommen." Man merkt zwar aufgrund der Wortwiederholungen eine emotionale Aufgewühltheit Elsners, allerdings, angesichts der damals schon belegten Umstände ist es doch beeindruckend, mit welch Selbstverständlichkeit er sämtliche Verantwortlichkeit von sich weist und relativ sachlich und erklärend bleibt: „Das ist bitte ganz klar festzuhalten." Seine Verantwortungsstrategie ist von Anfang an einfach: Wolfgang Flöttl ist an allem schuld. Eine Behauptung, die sich auch im Prozess fortsetzt, aber auch umgekehrt stattfindet. Die Schuld wird auf den jeweils anderen geschoben. Somit wird im Prozess auch die ursprüngliche Abmachung der beiden, nämlich dass Wolfgang Flöttl die Schuld pro forma übernehmen sollte, zum Streitthema.

Im Prozess kommt deshalb ein Schreiben zur Sprache, dass Elsner von Flöttl verlangt hatte, um vor allem den damaligen BAWAG-Aufsichtsratspräsidenten und ÖGB-Finanzchef zu beruhigen. Ein Schreiben, das allerdings nur für interne Zwecke verwendet werden sollte. Bevor Flöttl im Dezember 2000 nach Wien flog, um das Geständnis zu unterschreiben, gab es ein Telefonat mit Elsner, dessen Abschrift Flöttl der Richterin nun vorlegt. Elsner wirft daraufhin gleich ein, dass es sich dabei nur um eine Fälschung handeln könne. Wenige Minuten später wird dann aber ein Mitschnitt des Gespräches im Gerichtssaal abgespielt. Elsner: „Ich hab was konzipiert in der Sache." Flöttl darauf in Sorge, dass die anderen BAWAG-Vorstände das Geständnis gegen ihn verwenden könnten: „Die haben keinen Zugriff darauf?" „Das will niemand verwenden", beruhigt Elsner. „Dafür ist ja niemand verantwortlich von euch", meint darauf Flöttl. „Ja eben, und das muss herauskommen, dass wir eine Vereinbarung hatten, die dann anders gelaufen ist." Daraufhin entsteht im Gerichtssaal ein erbitterter Streit zwischen Elsner und Flöttl über den Zeitpunkt des Telefonats.

Wenn man nur diese Sequenz betrachtet, wird schon eine der unglaublichsten Fragen in der ganzen Causa aufgeworfen: Wie war bzw. ist es möglich, dass Menschen, die jetzt eine derart auffällige psychische Struktur zeigen, die offensichtlich gefangen sind in infantilen Verhaltensmustern, in solch hohe, verantwortungsvolle und lukrative Positionen gelangen und darin jahrelang (erfolgreich!?) operieren konnten? So war Elsner nicht nur Bank-Boss und Herr über österreichische Traditions-Firmen wie Bösendorfer, sondern auch Teil von verschiedensten Aufsichtsräten, Flöttl, der mit Anne Eisenhower, der Enkelin des gleichnamigen ehemaligen US-Präsidenten verheiratet ist und in den höchsten Kreisen verkehrt, „erfolgreicher" Wall-Street-Investmentbanker mit eigenem Privatjet. Letzterer fiel im ersten BAWAG-Prozess auch dadurch auf, weil er vor Gericht angab, mittellos zu sein und dass „leider" alle Unterlagen zu seinen BAWAG-Zockereien durch einen Computerabsturz vernichtet wurden.

Wie ist es außerdem möglich, dass beiden Herren so lange unbehelligt so windige Geld-Karussell-Geschäfte mit Betrügern wie dem REFCO-Chef David Bennett machen konnten? Ist da nie irgendjemandem (außer dem zuvor genannten Herrn Hawranegg) etwas komisch vorgekommen? Bennet wurde 2008 gemeinsam mit zwei weiteren Vorstandskollegen von REFCO von einem Gericht in Manhattan in 20 Punkten – darunter Bilanzmanipulation, Bank- und Börsebetrug, Verschwörung und Geldwäsche – schuldig gesprochen und sitzt zurzeit seine 16-jährige Gefängnisstrafe ab. Warum hat nicht schon früher jemand Widerstand geleistet?

Einen Einblick darüber, wie dieses System funktionierte, gibt der vierte Tag im BAWAG-Prozess. „Ex-Vorstand Christian Büttner weiß nicht, warum er eigentlich auf der Anklagebank sitzt. Schließlich sei er der Einzige, der einst wagte, dem dominanten BAWAG-Chef Elsner zu widersprechen", schrieb „Die Presse" in ihrer Printausgabe am 20. Juli 2007. Büttner wurde 1997 von der Bayerischen Landesbank, als sie Anteile

Selbstbedienungsladen Politik und Wirtschaft

an der BAWAG hält, in den BAWAG-Vorstand reklamiert. Als er kurz nach seiner Bestellung erstmals von diesen sogenannten Sondergeschäften mit Wolfgang Flöttl erfuhr, informierte er noch am selben Tag die Bayern. Elsner bekam allerdings Wind davon und stellte den weltgewandten Manager, der neun Jahre zuvor in London als Investmentbanker zugebracht hatte und von Anfang an ein Fremdkörper an der Spitze der Gewerkschaftsbank war, zur Rede. „Elsner warf mir einen Bruch des Aktienrechts vor. Ich wurde aufs Schärfste verwarnt. Ich dachte, ich werde rausgeschmissen", erinnert sich Büttner.

Offensichtlich beruhigte sich die Situation (aus welchem Grund auch immer) danach wieder, um ein gutes Jahr später endgültig zu eskalieren. Im Oktober 1998 befand ironischerweise ein Bericht der Innenrevision der BAWAG die Spekulationsgeschäfte des Herrn Flöttl als korrekt. Zwei Wochen später war allerdings das gesamte eingesetzte Geld weg. 639 Millionen Euro in der Karibik versunken. „Das war für mich ein Riesenschock", erzählt Büttner, „die schwierigste Situation in meinem Berufsleben." Jedenfalls wagt er damals, gegen Elsner, dessen despotische Art er im Gerichtssaal mehrmals erwähnt, aufzubegehren und sprach sich dagegen aus, zu versuchen, das verlorene Geld mit einem weiteren wahnwitzigen karibischen Optionsgeschäft so schnell wie möglich wieder zurückzugewinnen.

Für die Anklage ist das allerdings zu wenig. Nur weil er einmal Courage gezeigt hatte, sei er nicht frei von Schuld. Sie wirft Büttner das Verbrechen der Untreue vor und rechnet ihm einen Schaden von 332 Millionen Euro zu. Auch deswegen, weil Büttner ja an dieser Stelle die Möglichkeit gehabt hätte, aus der BAWAG auszuscheiden, wie ihm die Richterin vorhält. Es sei nicht zwingend notwendig gewesen, dem Stillschweigeabkommen aus der Krisensitzung des BAWAG-Vorstandes vom 27. Oktober 1998 nachzukommen, in dem beschlossen wurde, den Aufsichtsrat nicht von dem Desaster zu informieren. Er hätte sich mehrfach juristisch abgesichert, beteuert Büttner, habe sogar einen Rechtsgelehrten zurate gezogen. Auch dieser habe ihm versichert, dass es besser wäre zu schweigen, als eine Hysterie bei den Bankkunden auszulösen. Die „Harmonisierungen", also Fälschungen der Protokolle zwei Jahre später angesichts einer anstehenden Prüfung durch die Nationalbank, seien zwar ein Fehler gewesen, gibt Büttner zu: „Dazu kann ich heute nicht mehr stehen." Unterm Strich bleibt allerdings, dass er keine andere Möglichkeit hatte, als mitzuspielen.

„Die Presse" hält für diesen Umstand eine kluge Analyse bereit und lädt unter der Überschrift „Der Kampf um den Chefsessel" zu einem Gedankenspiel ein: „Ein Karrierist wie Büttner lässt sich nicht so einfach aufs Abstellgleis schieben. Darüber gibt zwar kein Protokoll Aufschluss, aber [...] Büttner ist der Mann der Bayern. [...] Es ist klar, dass die Bayern darauf gewartet haben, mit einer Finanzspritze einzuspringen und die Mehrheit an der BAWAG an sich zu reißen. Vielleicht hätten sie dann ihren Mann auf den Sessel des Generaldirektors gehievt ..."

Nun sitzt Büttner allerdings auf der Anklagebank und sagt: „Ich hätte mir niemals träumen lassen, dass ich hier sitzen werde." Aber kann man jemand wie Christian Büttner wirklich einen Vorwurf machen? Daraus, dass er Karriere machen wollte? So wie alle anderen auch? Wo wir uns doch in der Gesellschaft fast flächendeckend einig darüber sind, dass Karriere als zumindest sehr hohes Lebensziel zu werten ist. Der bekannte Vorarlberger Psychiater und Gerichtssachverständige Reinhard Haller stellt diesbezüglich in einem „Standard"-Interview im Zuge des BAWAG-Skandals fest, dass, „wenn man besonders verbissen, gefühllos, egozentrisch [...] ist", das „vorzügliche Charaktereigenschaften zum Karrieremachen sind". Bezeichnenderweise meinte die Journalistin daraufhin, dass ihr scheint, dass Manager so sein müssen: „In einem Stelleninserat hieße es: selbstbewusst, tüchtig, dynamisch und flexibel." Man könnte es pointierterweise so ausdrücken, dass egozentrische Menschen deswegen so gut für Top-Positionen geeignet sind, weil sie nicht dem „Handikap" von Mit- und Verantwortungsgefühl unterliegen. Diese Diskrepanz, dass Persönlichkeitsmerkmale, die in der psychologischen und psychotherapeutischen Sichtweise als Defizit und Störung erkannt werden, sich in der täglichen Geschäftspraxis als karrierefördernd erweisen, müsste somit eigentlich einer der Kernpunkte in der Auseinandersetzung mit Fällen wie jenem der BAWAG sein. Davon sind wir als Gesellschaft allerdings sehr weit entfernt.

Diesbezüglich ebenso interessant ist eine Stellungnahme des damaligen BAWAG-Aufsichtsratsmitgliedes und jetzigen ÖGB-Chefs Erich Foglar in einem Exklusivinterview in dem Buch „Der Bankkrach – der große Absturz der BAWAG" aus dem Jahr 2007. Darin meint er, dass die BAWAG unter der Führung Elsners Jahr für Jahr eine Rekordbilanz gelegt hätte und dies keine Story sei, „die Misserfolg signalisiert oder Verdacht weckt, sondern die alle froh macht". Kritische Fragen wurden somit seitens der Genossen keine gestellt. Die Autoren des Buches kommen auch zu dem Schluss, dass bei dieser Causa ein grundsätzliches Dilemma sichtbar wird: nämlich das der sozialdemokratischen Parteien, die „ihre politischen Ideale mit urkapitalistischen Verhaltensweisen erreichen wollen". Das wird in diesem Fall auf besonders tragische Weise deutlich. Aus historischen Gründen war ein breites, für alle sichtbares Engagement in die Ostmärkte – als sich ringsum unter den „kapitalistischen" Mitbewerbern Goldgräberstimmung breitmachte – nicht möglich. Dafür wäre eine Zustimmung unter dem Eigentümer ÖGB nicht zustande kommen. So musste ein unsichtbares, undurchsichtiges, hochrisikobehaftetes und paradoxerweise noch turbokapitalistischeres „Produkt" für die allgemein gewünschte Gewinnmaximierung, das heißt für das Lukrieren von Traumrenditen, gefunden und installiert werden.

So betrachtet war Helmut Elsner der richtige Mann. Er versprach implizit wie explizit das Unmögliche (die Traumrendite) doch möglich zu machen. Machte es sogar möglich, dass die BAWAG dem ÖGB noch 2003 sechs Monate gebundene Guthaben mit sieben (7!) Prozent verzinste. Der allgemein übliche Zinssatz lag zu dieser Zeit bereits bei rund zwei Prozent. Umgekehrt bekam der ÖGB bei einer Reihe von Kreditfinanzierungen Zinsen von nicht einmal einem Prozent verrechnet. Der Sohn aus kleinen Verhältnissen – Mutter Angestellte, Vater im Krieg gefallen – kämpfte sich ein ganzes Erwerbsleben lang als Mitarbeiter der BAWAG von ganz unten unaufhaltsam an die

Spitze der Organisation. Seine Persönlichkeit war dabei nicht nur nicht hinderlich – im Gegenteil – seine Treue dem autoritären Führungsstil seines Vorgängers Walter Flöttl gegenüber und damit sein Glaube an eine strenge (steile) Hierarchie, die er, oben angelangt, unbarmherzig gegenüber seinen Untergebenen (und Unterlegenen) ausspielte, waren die Garanten für seinen Erfolg. So ist auch Elsners Klagefreudigkeit, die bekannt wie berüchtigt war, zu verstehen. Seine Feuerprobe hatte Elsner wahrscheinlich durch das In-die-Knie-Zwingen von Alois Rohrmoser und der Zerschlagung von Atomic bestanden.

Mit Elsners Inthronisierung war allerdings ein weiteres wesentliches Kapitel des BAWAG-Dramas eröffnet worden. Der bereits bestehenden Allianz zwischen Investor-Sohn Wolfgang zu Bank-Chef-Vater Walter Flöttl wurde offensichtlich ein „passendes" – hoch loyales – Mitglied hinzugefügt. Solch problematische Kombinationen, einerseits wegen der familiären Bindungen, andererseits wegen der Persönlichkeitsmuster der handelnden Personen, ziehen automatisch schwere Loyalitätskonflikte nach sich. Konflikte allerdings, die in einer solch strengen Hierarchie nicht offen ausgetragen werden können. So entstehen Teufelskreise, weil anstehende Probleme nicht nur nicht „im Team" bewältigt, sondern den jeweiligen despotisch regierenden Machthabern implizit allumfassende (Lösungs-) Kompetenzen, diese zu bewältigen, zugeschrieben werden. Allgemein ist dann meist von dem „außergewöhnlichen Charisma" dieser Persönlichkeiten die Rede. Basis von diesen, in solch „totalitären Umgebungen" zustandegekommenen, Zuschreibungen ist allerdings weniger die Anerkennung von tatsächlich hervorragenden Leistungen, sondern vielmehr (unbewusste) Angst. Angst der Untergebenen, beim Chef durch Widerspruch in Ungnade fallen zu können und seiner Wut ausgesetzt zu sein. Diese latente Angst lähmt dann nicht nur Einzelne, sondern kann ein Versagen des gesamten internen Kontrollsystems (bis hin zum Aufsichtsrat) nach sich ziehen. So ist es zu verstehen, wie auch bei der BAWAG grundsätzlich diese Form von „Hochrisikospekulationen" ermöglicht und das kollektive Verschleiern der Verluste begünstigt wurde.

Dieser Teufelskreis besitzt auch noch eine weitere verschärfende Komponente. Die Psychologie beschreibt, dass sämtliche „Despoten" eine ausgeprägte Angstabwehr besitzen. Das heißt, sie spüren Angst nicht. Daraus entsteht dann bei allen Beteiligten von Malversationen, (die das gesunde Gefühl „Angst" in sich tragen), eine Art Abhängigkeit von der „Coolness", die angstfreie Führer haben, mit solchen Situationen umzugehen. Als anschauliches Beispiel kann hier Elsners Coup der P.S.K-Fusion genannt werden, den er „cool" über die Bühne brachte, obwohl die BAWAG damals bereits mit dem Rücken zur Wand stand. Daraus ergibt sich eine paradoxe Situation. Dramatische Fehlentscheidungen, gefolgt von kriminellen Handlungen schwächen die Position des Chefs eines solchen Systems nicht nur nicht, sie wird weiter gestärkt. Bezeichnend auch die Aussage des (Übergangs-)Chefs der BAWAG Ewald Nowotny in einem „profil"-Interview: Er erlebe die Strukturen der „autoritätsgestörten BAWAG wie nach dem Sturz einer Diktatur" und halte es für „unverzeihlich, dass im vollen Wissen darüber, was unter Helmut Elsner in der Bank vor sich ging, dieser beim Abschied so großzügig behandelt wurde". Außerdem meint Nowotny zum „Standard": „Es war ein großer Fehler, Elsner diese große Bank anzuvertrauen. Man hat seinen Führungs- und Lebensstil als neurische Skurrilität abgetan. Meine Lehre daraus ist, dass man Leute, die gerade an der Macht sind, sehr viel kritischer hinterfragen muss."

Und über Johann Zwettler, der ja Elsner als BAWAG-P.S.K.-Chef nachgefolgt war und ebenfalls wegen Untreue und Bilanzfälschung angeklagt wurde: „Ich sehe ihn als tragische Figur. Ich glaube, er wurde primär ein Opfer. Ohne die Führung durch Elsner, in einer normalen Bank, hätte er eine seriöse Bankkarriere gemacht." Ein interessantes Detail ist, dass sich der Elsner-Nachfolger während des Prozesses zu einem Geständnis entschloss. In einem Interview mit dem „FORMAT" Ende April 2012, anlässlich des Beginnes des zweiten BAWAG-Prozesses, der vor allem wegen Verfahrensfehler im ersten notwendig geworden ist, meint er selbstkritisch: „Es gab einen Moment, wo ich den roten Knopf hätte drücken müssen." Er, der ebenfalls zu fünf Jahren unbedingter Haftstrafe verurteilt wurde und dem der Vollzug aus gesundheitlichen Gründen bisher erspart geblieben ist, leide seit dieser Zeit auch an psychischen Problemen. Er sei depressiv und hätte „auch an Selbstmord gedacht". Im Gegensatz zu seinem Vorgänger, dem solche Einsichten wohl nie über die Lippen kommen würden, hat er mit seinem Schuldeingeständnis eine für seine Psyche erleichternde Wahl getroffen. Etwas, dass man durchaus als „gesundes" Reaktionsmuster bezeichnen kann.

Nichtsdestotrotz kann es bei der Betrachtung des BAWAG-Skandals niemals nur um ein isoliertes Problem und die Person Helmut Elsner alleine gehen. Wie kürzeste Zeit später sichtbar wurde, war und ist in der gesamten Finanzbranche der Wahnsinn des Hochrisikos und der damit einhergehenden Malversationen „normal". Somit ist auch klar, dass Helmut Elsner einfach das Pech hatte, zu früh aufzufliegen. Nur um es gleich an dieser Stelle festzuhalten: Es geht nicht darum, Entschuldigungen für Elsners Machenschaften in die Welt zu setzen. Seinen „Freunden" großzügig Plastiksackerln mit Geld in die Hand zu drücken, das nicht das eigene ist, ist in der Tat nicht etwas, worüber man nonchalant hinwegsehen sollte. Allerdings, Elsner zuerst als „Geld-Onkel" für den Gewerkschaftsbund zu gebrauchen und ihn als Dank dafür, wie es scheint, innerhalb der BAWAG uneingeschränkt den Despoten spielen zu lassen und dann, wenn alles auffliegt, nichts von irgendwelchen Machenschaften gewusst zu haben – verlogener und zerstörerischer kann ein Gesamtsystem wohl kaum sein.

Es gilt also, sich mit dem gesamten „Biotop BAWAG" auseinanderzusetzen – von den politischen Rahmenbedingungen über die medialen Zuschreibungen bis hin zu tiefen inneren Problematiken wie der historisch festgefahrenen steilen Hierarchie und dem Konformismus der Untergebenen. Denn das wesentliche Drama für Organisationen mit solch steilen hierarchischen Strukturen besteht darin, dass sie Menschen (Mitarbeiter und Mitarbeiterinnen), die unangenehme Fragen stellen, ausscheidet. Die Jasager bleiben. Dadurch findet keine interne Selbstregulation mehr statt. Die Chance auf eine wie auch immer geartete Schieflage wächst. Es dauert sehr lange und kann großen Schaden mit sich bringen, bis eine Regulation von außen stattfindet. Dies ist meist nur mehr als „Crash" möglich: das heißt, als vollkommener Niedergang der alten Struktur und dem Ersetzen durch eine neue. Genauso wie es letztlich bei der BAWAG passiert ist.

Dass Politik eine Rolle spielt, beweist abschließend eine Sequenz aus einer Zeit in der „alles noch in Ordnung war". So streute der damalige Bundespräsident Thomas Klestil Helmut Elsner bei dessen Verabschiedung aus seiner Funktion als BAWAG-P.S.K.-General Rosen: „… ein so erfolgreicher Bankier – erfolgreich im Sinne Österreichs [zeigt auf Elsner, betont] – muss gewürdigt werden, wenn er sein Erbe übergibt, und durch meine Anwesenheit und durch meinen Ausdruck der Dankbarkeit möchte ich das wirklich unterstreichen …" Elsner steht dabei neben ihm und lächelt während der gesamten Szene zufrieden.

Ohne besonders sarkastisch zu sein, könnte man „das Erbe im Sinne Österreichs" jetzt doch etwas anders deuten. In einer Zeit, in der die Präsenz von Skandalen und Korruption so ausladend geworden ist, dass U-Ausschüsse mit ihren Tagungen und Nachrichtenmagazine mit der Berichterstattung kaum mehr nachkommen.

Das große System dahinter

Niemand hätte beim Ersturteil im BAWAG-Prozess im Juli 2008 für möglich gehalten, welch Geschehen gerade einmal zwei Monate später mit dem Zusammenbruch der Investmentbank Lehman Brothers in Gang gesetzt werden sollte. Peer Steinbrück resümiert darüber in einem Interview mit dem „Standard": „Es hat Momente gegeben, als ich dachte: Man kann so viel machen wie man will, wir werden da in einen Schlund gezogen und stürzen ab." Und Peer Steinbrück sollte wissen, wovon er

spricht, war er doch zu dieser Zeit Finanzminister der Bundes-
republik Deutschland und somit Verhandler in den Krisensit-
zungen der G8 anlässlich der Lehman-Insolvenz.

Oder sollte man besser sagen: Wenige, zu wenige haben es
für möglich gehalten, dass einzelne Mahner, davon einige hoch
angesehene Wirtschaftswissenschafter, recht mit ihrer Warnung behalten sollten, dass diese Form des Wirtschaftens einen
veritablen Crash nach sich ziehen würde. Damit sind wir dem
Thema schon ein Stück näher: Wenn man die Lehman-Pleite
näher betrachtet, erkennt man, dass auch sie nicht die Ursache
des Problems sondern „nur" das erste wirklich große Symptom
von viel tiefer liegenden Schieflagen ist.

„Viel zu viel war noch zu wenig" wird einst am Grabstein
des Kapitalismus stehen, scherzt sinngemäß Volker Pispers. Wer
den Film „Margin Call" gesehen hat, der, ohne den Namen
Lehman zu nennen, die letzten Tage des Investmentriesen mi-
nutiös nachzeichnet, der weiß, dass der deutsche Kabarettist
mit dieser klugen Analyse recht hat. Die Weise, wie ein smarter
Anfangvierziger, Singlemann und Manager, Kaugummi kauend
über seine Jahresgage von 2,5 Millionen Dollar philosophiert,
lässt selbst den liberalen Menschen, vorausgesetzt er oder sie besitzt ein Quäntchen soziales Gefühl, Beklemmung erleben. Und
sein oberster Boss verdient ja noch einmal das 30-Fache davon.
Wofür eigentlich? Noch dazu gibt's von diesen Bossen weltweit
unzählige. Das kann doch einfach nicht gut gehen! So sei halt
das Leben, lässt der Film unseren Protagonisten sagen – und es
kotze ihn die Heuchelei all derer an, die ihn kritisieren. Die profitieren doch ebenfalls von diesem System.

Man sieht auch, dass Sigmund Freud recht hatte mit seiner
Feststellung, dass der Mensch nicht die Geschwindigkeit, mit
der er oder sie durchs Leben geht, wahrnimmt, sondern immer
nur die Verzögerung als negativ und die Beschleunigung als positiv. Mit anderen Worten: Sind wir erst im System, gewöh-
nen wir uns daran. Wir messen uns in und an ihm und wollen
darin gut abschneiden und Karriere machen. Was die Psychologie weiter beschreibt, ist, dass wir dann „unser" System, so
widersprüchlich oder umstritten es auch sein mag, rechtferti-

gen und verteidigen müssen. Dies nennt man „kognitive Disso-
nanz". Dass das alles noch nichts über das gefühlte individuelle
Glück aussagt, könnte als ausgleichende Gerechtigkeit gedeutet
werden. Allerdings, Schieflagen und Missstände in diesem Ausmaß sind letztlich für uns alle existenzbedrohend. Das spüren
wir. Der Film zeigt anschaulich, wie pervertiert das System ist,
in dem wir leben.

Wir leben in einer Welt, die eingenommen ist vom Mach-
barkeitspathos: Alles sei jederzeit möglich, wenn man nur
(wirklich) wolle. Die Ausrichtung nach der Superlative und
der Glaube, alles kommerzialisieren zu können, ja zu müssen, durchdringt das gesellschaftliche Gefüge bis dorthin, woraus es gespeist wird – den Schulen unserer Kinder. Auch dort
haben sich der Wettbewerbsgedanke und das Streben nach
einem Wettbewerbsvorteil zu den wichtigsten Kategorien entwickelt. Dementsprechend sind Banken, die ja hoch kompetitiv
sind, gleichzeitig Antreiber als auch ein Spiegel dieser allgemeinen gesellschaftlichen Entwicklungen. Vor allem Investmentbanken und Hedgefonds verfolgen als Mutanten ursprünglich
sinnvoller Institutionen ein einziges Ziel: die Anhäufung des
Fetischs „Geld". Dies passiert tatsächlich annähernd mehr-
wert- und leistungslos als Umverteilungs- und Nullsummen-
spiel. Das heißt, auf Kosten der anderen. Entkoppelt von der
Realwirtschaft geben diese nicht nur nicht die notwendigen positiven Impulse. Im Gegenteil. Die Realwirtschaft wird durch
ihre Ansprüche massiv unter Druck gesetzt und geschädigt.

Teufelskreise entstehen. „Leider" muss kollektiv den Sach-
zwängen wie täglich steigendem Konkurrenzdruck gefolgt werden, die Spekulanten und ihre Handlanger in die Welt gesetzt
haben. Gegnerschaft wird normativ. Es gilt, andere abzuzo-
cken, bevor die es umgekehrt tun. Jeder gegen jeden ist die De-
vise. Der daraus folgende Vertrauensverlust – der ja zum Beispiel auch die Ursache von jeglichen Kreditklemmen und damit
Finanzkrisen ist – und die allgemeine Vernichtung von Hoffnung und Sinn und damit der Demokratie und Zivilgesellschaft
sind die logische Konsequenz. Eindeutig korruptes Verhalten
ist dabei „nur" die sichtbare Spitze des berühmten Eisberges.

Man muss allerdings eines festhalten: All das sind keine Naturgesetze. Somit gibt es auch keine Finanz-Tsunamis, wie uns so gerne glauben gemacht wird. Denn hinter all den Entwicklungen steht der Mensch selbst – und seine problematischen und leider oft auch krankhaften Antriebe. Einerseits in den Führern dieser Welt, andererseits in ihrer Gefolgschaft, die ihnen diese Spiele ermöglichen. Menschen mit Allmachtsfantasien und vollkommen übersteigerten Anspruchshaltungen werden nicht nur nicht als Problemträger gesehen, nein, sie werden als höchst nachahmenswert anerkannt, in die höchsten Positionen gehievt und bestimmen so die allgemeine Wirtschafts- und Lebensrealität.

Dies wird auch in einer der Schlüsselszenen des Films „Margin Call" eindrücklich dargestellt, in der der oberste Boss dinierend und kreuzworträtselnd seinen Mann fürs Grobe nach getaner „Arbeit" zu seiner „Leistung" gratuliert. Der Unterschied zwischen den beiden Charakteren wird sichtbar. Während Zweiterer doch einen inneren Konflikt damit zu haben scheint, die weltweite Verteilung der wertlosen, giftigen Papiere „gemanagt" zu haben, kann Ersterer diesen Konflikt nicht nur nicht nachvollziehen, sondern fordert ihn, ganz Boss und Lehrmeister, auf, doch nicht so selbstmitleidig zu sein. Dies ist insoweit bezeichnend, weil der emotional Gestörte unfähig ist, Mitgefühl mit anderen (den Betrogenen, Entlassenen, Armen ...) zu empfinden. Durch sein antisoziales Lebens-Script ist es ihm nicht möglich, Libido (positive Gefühle) auf andere Menschen zu übertragen. Er geht also davon aus, dass Gefühle nur das Selbst (Selbstmitleid) betreffen können. Und da sollte der Untergebene doch noch einiges zu lernen haben (auf dem Weg ganz nach oben): sich endgültig abzukoppeln von den Gefühlen, Wünschen und Bedürfnissen anderer. Diese sind nämlich nur insoweit interessant, sofern sie den eigenen Interessen dienen. Und der Erfolg gibt dem Boss doch recht in seiner „Strategie". Er sagt dies auch explizit an anderer Stelle des Films: „Wegen meiner Fähigkeiten sitze ICH hier in diesem Sessel."

Auf diese oder ähnliche Weise werden sämtliche (erfolgreiche!?) Groß-Organisationen streng hierarchisch geführt.

Allen voran die Finanzindustrie. Auch wenn ihre Führer oft, weil das als modern und schick gilt, nach außen hin den Anschein von einem allgemeinem Laisser-faire-Stil vertreten. Vom Ex-Deutsche-Bank-Chef Ackermann, Lehmans Richard Fuld über den Langzeit-Chef von Goldman & Sachs, Henry Paulson, der 2008 zur Zeit des Lehmans-Crashs US-Finanz-Minister war, und seinen alten Rivalen Fuld über die Klinge springen ließ; von Goldmans jetzigem Boss Lloyd Blankfein mit seinem Spruch, dass „Banken das Werk Gottes verrichten", bis zum irischen Anglo-Irish-Bank-Chef Sean Fitzpatrick, der aus „seiner" Bank einen Selbstbedienungsladen für den damals reichsten Mann Irlands, Sean Quinn, machte und so nachhaltig „half", das ganze Land in den Abgrund zu führen – all diese Männer, um einige Namen zu nennen, sind oder waren mehr oder weniger Vertreter von One-Man-Shows.

Die daraus entstehende Gruppendynamik erzeugt Konformismus. „Wistleblower", das heißt Querdenker und Menschen, die unangenehme Fragen stellen, werden systematisch eliminiert und durch Jasager ersetzt. Organisationen verlieren so ihre Fähigkeit, sich selbst zu reflektieren. Ab einem gewissen Punkt ist es ihnen dann nicht mehr möglich, Bedrohungen, von innen wie von außen, wahrzunehmen. Der Crash wird unausweichlich. Die Wirtschaftsgeschichte ist voll von Beispielen. Und das nicht nur nach der sogenannten Finanzkrise. Und auch nicht nur im klassischen Finanzgeschäft.

Alles normale Geschäfte

Der Zusammenbruch des amerikanischen Energieriesen ENRON ähnelt in vielen internen Details dem BAWAG-Skandal, wenngleich in dieser Pleite vor allem die abertausenden Anleger, also die sogenannten „kleinen Leute", direkt geschädigt wurden. Darüber schreibt „Der Spiegel" in einem Artikel: „Es lässt sich das Bild einer kriminellen Clique zeichnen, getrieben von einer Melange aus Gier und Arroganz."

Die Protagonisten an der Spitze des per Eigenwerbung „führende Unternehmens der Welt": Kenneth Lay, Vorstandsvorsitzender von ENRON, und der als „Finanzmagier" bezeichnete frühere Geschäftsführer und ideologische Kopf ENRONs, Jeffrey Skilling. Letzterer wurde wegen seiner berechnenden, mitleidslosen Art gleichzeitig gehasst und bewundert. Ersterer hatte in einer Pressemitteilung zum dritten Quartal des Jahres 2001 noch die „exzellenten Aussichten" sowie die „starke Gewinnprognose" seines Unternehmens gelobt. Was kurz danach folgte, war allerdings der Zusammenbruch des siebtgrößten Unternehmens der USA und ein Aufgebot einer Armada von Anwälten, Untersuchungsausschüssen und Journalisten, die zu rekonstruieren versuchten, wie ein im Schlaglicht der Öffentlichkeit stehendes Unternehmen einer Mafia-Firma gleich geführt werden konnte – und warum diese Tatsache jahrelang niemandem auffiel.

Beide sahen sich gerne als Oberbefehlshaber einer eiskalten, effizienten Elite, die von ihrer futuristisch anmutenden Konzernzentrale aus, die intern „Todesstern" genannt wurde, eine Armada von Sturmtruppen, allesamt Top-Betriebswirtschaftsabsolventen, befehligte. Sie verstanden sich als das mächtige Hightech-Imperium, das sich die Wall Street gefügig machte – Widerstand schien zwecklos. ENRONs „Kaiser" Ken Lay pflegte einen imperialen Habitus und hatte „blendende" politische Kontakte, zuvorderst zu Präsident George W. Bush, dem es nach dem Untergang ENRONs hochnotpeinlich war, dass er einst öffentlich den ENRON-Gründer schmeichelnd „Kenny-Boy" genannt hatte.

Kurz nach der Pleite wurde bekannt, dass die ENRON-Manager noch einige Monate zuvor kräftige Bonuszahlungen erhalten hatten. So ließ sich Kenneth Lay eine Abfindung in Höhe von 300 Millionen US-Dollar auszahlen. Und das alles auf Basis einer Unzahl von Betrügereien: „Roundtrip Deals", mit denen der Umsatz aufgeblasen, aber nie etwas geliefert wurde. Beliebt waren das Auslagern von Vermögenswerten und Schulden in angeblich unabhängige Firmen, deren Eigentümer allerdings ENRON-Manager, befreundete Banker und Geschäftspartner waren. Subventionsbetrug ist da nur selbstverständlich. Als „Highlight" kann aber das Mitwirken am Zusammenbruch des kalifornischen Energiemarktes mittels Scheingeschäften betrachtet werden. Der kalifornische Staat wurde dabei zur Kasse gebeten, um die zuvor verursachte Notlage wieder zu beheben.

Das systemische Problem wird auch hier durch das Versagen der Aufsichtsgremien sichtbar: Lay soll dafür gesorgt haben, dass ein Wirtschaftsprüfer, der Unregelmäßigkeiten und Unvereinbarkeiten monierte, umgehend gefeuert wurde; die US-Börsenaufsicht SEC unterzog ENRONs Jahresabschlüsse jahrelang keiner eingehenden Prüfung; auch die Ratingagenturen ließen vollkommen aus. So haben Standard & Poor's und Moody's ENRON jahrelang als Schuldner erster Güte taxiert. Noch vier Tage, bevor der Konzern seine Insolvenz erklärte, bescheinigten ihm beide Agenturen eine „vorzügliche Bonität".

Ebenso bezeichnend sind auch das Verhalten und der Konformismus der Wirtschaftspresse. So sind vor Mitte 2001 so gut wie keine kritischen Geschichten zu ENRON zu finden. Das renommierte Wirtschaftsmagazin „Fortune" wählte ENRON gar sechsmal in Folge zum innovativsten Unternehmen der USA. Dies hat sich nach dem Bekanntwerden des Desasters gründlich geändert. Kolumnisten aller Couleurs überboten sich mit kritischen Kommentaren.

Das Ende der Geschichte: der bis dahin größte und in seiner Schadenssumme „teuerste" Wirtschaftsskandal der USA. Ein früherer Vizechef ENRONs wurde tot in seinem Mercedes gefunden. Der 43-Jährige galt als Kritiker der fragwürdigen Praktiken. Die Polizei geht von Selbstmord aus. Und es kam zu einem Gerichtsverfahren mit der Verurteilung der beiden Hauptfiguren. Dabei folgte die Verteidigungsstrategie von Kenneth Lay und Jeffrey Skilling genau demselben Prinzip wie ihre Arbeitspraktiken. Sie hätten, behaupteten beide, von den Betrügereien ihrer Untergebenen nichts gewusst, schon gar nicht von den schmutzigen Details. „Finanzmagier" Skillings sitzt zurzeit seine 25-jährige Haftstrafe ab, „Kenny Boy" ist unter mysteriösen Umständen verstorben.

Die 2008 einsetzende Banken- und Weltwirtschaftskrise

spülte dann eine Unzahl von großen und ganz großen Skandalen an das Licht der Öffentlichkeit. Einer der „Spitzenreiter" dabei ist Bernie Madoff, einstiger Vorsitzender der Technologiebörse NASDAQ, der es mithilfe eines schlichten Schneeballsystems zum Verursacher des größten Finanzskandals der amerikanischen Geschichte und von der Zuschreibung des Finanzgenies und Philanthropen zum „Satan of the Wall Street" geschafft hat. Doch auch das System Madoff funktionierte nicht in einem Vakuum. Während all jene (Madoff eingeschlossen), die in das Fiasko involviert sind, den Mythos aufrechtzuerhalten versuchen, dass nur Madoff über sein Fake-Imperium Bescheid gewusst hatte, darf man die Tatsache nicht vergessen, dass über viele Jahre weltweit „tägliches Geschäft" gemacht wurde.

Zum Beispiel brachte der Madoff-Masseverwalter Irving Picard die Verbindungen zu Österreich ans Licht der Öffentlichkeit. Inhalt seiner Vorwürfe: Über 20! Jahre wurden sogenannte „Feeder-Fonds" (die größten in Europa) etabliert, die die illegalen Machenschaften Madoffs mit frischem Geld fütterten. Der dabei produzierte Schaden: mehr als neun Milliarden Dollar. Direkt involviert waren der Herald-Fonds der Wiener Privatbank Medici, aber auch der Primeo-Fonds der größten österreichischen Bank – der Bank Austria – und mit ihr eine der größten Banken in Europa – die Konzernmutter Uni-Credit. Neben der Tatsache, dass (natürlich) Steueroasen wie zum Beispiel die Kaimaninseln Teil des Spiels waren, ergeben sich noch andere interessante Details: Nach Picards Sicht soll sich der langjährige Bank-Austria-Chef Gerhard Randa (einer der mächtigsten und einflussreichsten österreichischen Banker seiner Zeit) persönlich dafür eingesetzt haben, der Privatbank Medici im Jahr 2003 eine Banklizenz zu verschaffen. Mehr noch: Picard versucht sichtbar zu machen, dass die Privatbank Medici (der es an entsprechender eigener Infrastruktur fehlte) durch all die Jahre eine „De-facto-Tochter" der Bank Austria war. Nicht wirklich überraschend bestreiten alle beteiligten Parteien jegliches unseriöse oder gar gesetzeswidrige Verhalten: „Mit aller Vehemenz (und juristischen Mitteln) werden wir gegen diese haltlosen Vorwürfe vorgehen; wir tätigten nur ‚normale' Bankgeschäfte und wurden Opfer von Madoffs strafbaren Handlungen."

Die Liste der Skandale ist schier endlos: international angeführt von Jerome Kerviel, der der Bank Société Générale einen Verlust von fast fünf Milliarden Euro eingehandelt hat, bis hin zur österreichischen Hypo-Alpe-Adria, die wegen diverser Malversationen und sonstiger Fehlentwicklungen und -entscheidungen notverstaatlicht werden musste. Bei Ersterem behauptete interessanterweise die Bank im Gerichtsprozess, keine Ahnung von den Machenschaften ihres „Delta-One"-Spitzen-Traders gehabt zu haben, während dieser seinen Arbeitgeber als Zuhälter bezeichnet, der seine Angestellten zum „Anschaffen auf den Strich schickt". Zweiterer ist dadurch gekennzeichnet, dass nebst anderem die Bank durch ihre Leasing-Töchter in Südosteuropa hunderte Autos, Jachten und sogar Privatjets verlor, die einfach „verschwunden" sind, weil Leasingverträge ohne jedwede Besicherung vergeben und/oder überhaupt direkt Geschäfte mit der lokalen Mafia gemacht wurden.

Dass diese Umstände in einem Bundesland wie Kärnten mit seiner jahrelangen „monotheistischen" Tradition passiert sind, scheint doch mehr als zufällig. In einem Land, einem Operettenstaat gleich, wo über viele Jahre der 2008 in den Tod geraste und bis dahin allmächtige Landesfürst Jörg Haider seinem Größenwahn folgend mit allen Mitteln eine große potente internationale Bank schaffen wollte und wo jede kritische Vernunft inklusive jene der Finanzmarktaufsicht (aus Wien) als „kärntenfeindlich" angesehen und bekämpft wurde. Ein persönlicher Größenwahn allerdings, unterstützt von blutstreuen Anhängern, der Verbindlichkeiten und Haftungsgarantien (2006 betrugen diese fast 25 Milliarden Euro) für das beschauliche Stück Heimaterde anhäufte, der den (gesamt-) österreichischen Steuerzahler nun einen zweistelligen Milliardenbetrag kosten könnte. Der neue Chef der Hypo Alpe-Adria, der angetreten ist, um im Sinne des österreichischen Staates dieses ganze Desaster aufzuarbeiten, sagt dazu: „Da gab es Leute, die zwischen Beruflichem und Privatem nicht unterschieden haben."

Eine blanke Verniedlichung möchte man meinen, wenn man das Mitschneiden des österreichischen Geldadels beim Verkauf des 25-Prozent-Hypo-Anteils an die Bayerische Landesbank, eingefädelt durch den umtriebigen deutschen Vermögensverwalter und späteren Hypo-Chef Tilo Berlin und das Geständnis des Kärntner Steuerberaters Dietrich Birnbacher im Sommer 2012 miteinbezieht. Letzterer hat ja vor dem Gericht zugegeben, dass das für seine „Leistungen" anlässlich des Kärntner Bank-Verkaufes veranschlagte Honorar von 12 Millionen Euro vorwiegend dazu dienen sollte, die involvierten Parteien BZÖ, FPK und ÖVP zu finanzieren. Wenn nun die vom Magazin „FORMAT" formulierten Vermutungen, dass über den Berlin-Deal ebenfalls Haiders BZÖ mit 27 Millionen Euro und die ÖVP mit 13 Millionen beglückt worden sind, nur im Ansatz stimmen, gibt dies einen Einblick in die wahre Dimension der korrupten Machenschaften des Bundeslandes Kärnten als Ganzes und der Gebarung des Freistaates Bayern mit seiner Landesbank im Speziellen.

Aber der Reihe nach: Der im Jahre 2007 geglückte Deal von Berlin und Freunden hätte wahrscheinlich weiters niemanden interessiert, wäre nicht schon relativ bald darauf, 2009, die Bank zusammengebrochen und alle Haftungen schlagend geworden. Die Hypo, nun quasi wertlos, musste von den Deutschen in einer Nacht-und-Nebel-Notverstaatlichungs-Aktion an Österreich zurückgegeben werden. Ein unglaubliches Desaster für den ganzen Freistaat und seine CSU-Ikonen. Dementsprechend wurde nun die Übernahme doch näher unter die Lupe genommen. Es stellte sich heraus, dass die Bayerische Landesbank, die zwei Jahre zuvor 50% plus eine Aktie erworben hatte, nicht nur viel zu viel bezahlt hatte (von bis zum Doppelten des wahren Wertes ist da die Rede), sondern dass zudem alle Leichen im Keller der Hypo, und das waren nun wirklich nicht wenige, blind, das heißt ohne eingehende Prüfungen, mit übernommen wurden. Dies stellt bei einem Bankkauf, wie ein grüner Abgeordneter im Bayerischen Landtag formulierte „ein geradezu kriminelles Handeln seitens des Käufers" dar. Jetzt warf sich natürlich die Frage auf, wie den so etwas passieren konnte.

Eine Antwort darauf versucht das Magazin „FORMAT" zu zeichnen: 2006 wollte die Grazer Wechselseitige Versicherung, die mit knapp über vierzig Prozent der zweitgrößte Hypo-Aktionär hinter dem Land Kärnten war, ihr Hypo-Engagement reduzieren. Grund dafür war das Auffliegen von Spekulationsverlusten der Bank, die innerhalb kürzester Zeit in die Hunderte Millionen gegangen sein soll. So übernahm Tilo Berlins Gruppe einen rund 15%-igen Anteil von den Grazern und weitere rund 10% über zwei Kapitalerhöhungen, die in dieser Zeit vollzogen wurden. Die insgesamt rund 650 Millionen Euro, die Berlin & Co dafür bezahlten, wurden einerseits durch Kredite und andererseits durch das Einsammeln von Geld einer Vielzahl von sehr namhaften Investoren finanziert. Letztere waren offensichtlich über die Aussicht einer sehr hohen Rendite zu überzeugen. Und tatsächlich gelang es Berlin, diesen nun 25-Prozent-Anteil kurze Zeit später an die Bayerische Landesbank zu verkaufen. Um 800 Millionen. 150 Millionen Euro „Gewinn" in wenigen Monaten. Die Rechnung war also aufgegangen, zuvorderst für Berlin selbst, der rund 20 Millionen auf sein Konto verbuchen konnte. Dazu wurde er noch für 650.000 Euro im Jahr in den Vorstandsvorsitzenden-Sessel der Hypo gehievt. Auch schloss die Bank mit seiner Berlin & Co. AG ein Kooperationsabkommen. Wie es scheint, mussten auch die Bayern hochzufrieden gewesen sein.

Die Brisanz liegt aber, wie immer, in den Details. So soll sich Berlin just von den Bayern rund 300 Millionen Euro geborgt haben, um das Geschäft finanzieren zu können. Wer, fragt man sich nun, borgt jemandem Geld, um etwas zu erstehen, das man selber gern hätte, und kauft es ihm dann um einen weit höheren Preis ab? Es sprach ja nichts dagegen, es gleich selber zu kaufen. Oder doch? Gesichert ist jedenfalls, dass Berlin zur Zeit des Verkaufes auf beiden Seiten einen Fuß in der Tür hatte. Einerseits konnte er, der sich gerne kokett als „einfacher Landwirt" bezeichnet, weil seine Leidenschaft dem Bio-Landbau gilt, mit Jörg Haider gut, andererseits war er mit der Bayerischen Bank und seinen Managern auf „Du". Dazu kommt, dass er mit der Kärntner Gräfin Goëss verheiratet und dadurch in Adelskreisen bestens vernetzt ist, was ihm sicher bei der Investorensuche zugute kam. Perfekte Voraussetzungen also. Nur gibt es Anzeichen dafür, dass die allseitigen Sympathien allein dann doch nicht ganz gereicht haben könnten. So zum Beispiel bringt ein Beratervertrag den smarten Banker ein wenig in Erklärungsnot. Diesen hatte Berlin dem BayernLB-Chef Werner Schmidt nach dessen Ausscheiden aus der Bank zugeschanzt. Vereinbartes Honorar: 100.000 Euro pro Jahr, für 20 Beratertage, plus Nebenkosten natürlich.

Gesichert ist auch, dass wieder einmal Karl-Heinz Grasser mit von der Partie war. Und zwar nicht nur als zuständiger Minister, der mit Haider und Berlin über den Verkauf verhandelte, um die ordnungsgemäße Abwicklung dieser großen internationalen Fusion zu gewährleisten. Grasser war mutmaßlich auch Investor für Berlin. Das anfängliche Leugnen seines Anwalts „Mein Mandant hat weder direkt noch indirekt vom Hypo-Deal profitiert. Das gilt nicht nur für ihn persönlich, sondern auch für Verwandte und Familienmitglieder" wich schon tags darauf der Erklärung, dass Grasser doch Genussscheine gezeichnet hatte, allerdings nicht für sich selbst, sondern für seine Schwiegermutter, Marina Giori-Lhota. Die Swarowski-Erbin hätte seine „Anlegerfähigkeiten" testen wollen und ihm dafür eine halbe Million Euro in die Hand gedrückt. In bar! Blöd nur, dass diese, durch die schiefe Optik auf einmal in die Schlagzeilen geraten, die Version ihres Schwiegersohns nicht unterstützte.

Im Gegenteil: Kurze Zeit später gab sie auf Anfragen der Finanzbehörden bekannt, nie wirtschaftlich Berechtigte des Investment-Depots bei der Meinl Bank gewesen zu sein. Dieser Treuhandvertrag wurde „ohne mein Zutun und ohne mein Wissen abgeschlossen". Erhärtet wurde der Verdacht, dass es sich bei der Schwiegermama-Version nur um eine Notlüge handelte, durch eine E-Mail von der Berlin & Co AG an Walter Meischberger, seines Zeichens Freund, Trauzeuge und Mitbeschuldigter in der Causa BUWOG, in der Grasser ebenfalls verdächtigt wird, bei der Privatisierung mitgeschnitten zu haben, und wo ebenfalls dubiose Geldflüsse über Meinl-Konten geflossen sind. In der Mail heißt es wörtlich: „Sehr geehrter Herr Minister!, im Auftrag von Herrn Dr. Berlin übermittle ich Ihnen den Zeichnungsschein samt Genuss-Schein-Bedingungen der 1. Tranche." Grasser hält aber trotz der neuen Faktenlage an der „alten" Version fest. Auf Anfrage des Magazins „profil" Ende Februar 2012 meinte Grassers Anwalt: „Die Schwiegermutter hat ihm das Geld gegeben. Dieses wurde mit sämtlichen Erträgnissen an Frau Giori-Lhota zurückgeführt."

Wie auch immer, der Profit ist jedenfalls gemacht – exakt 274.588 Euro sind aus dem Investment gutgeschrieben worden. 55% Rendite in eineinhalb Jahren. Nicht schlecht! Für die Privatinvestoren ist an dem Hypo-Investment prinzipiell auch nichts strafrechtlich Relevantes zu erkennen. Auch wenn klar war, dass die BayernLB die Kärntner Hypo kaufen wird, hätte dieser wertvolle Informationsvorsprung nur eine moralische Dimension. Außerdem, in Zeiten wie diesen, wo es ohnehin immer schwieriger scheint „richtig gute Investments" zu machen – da muss doch so ein kleiner Vorsprung genützt werden. Na eben. Dementsprechend fällt auch die Reaktion der Investoren aus. So meint ein Ex-Papierindustrieller, stellvertretend für viele andere, erbost: „Geldverdienen wird doch wohl noch erlaubt sein." Weniger erlaubt war jedenfalls, dass Investoren wie zum Beispiel der Milliardärswitwe Ingrid Flick von der Hypo jahrelang zu hohe Zinsen für deren Einlagen bezahlt wurden. Und auf keinen Fall erlaubt wäre, sofern sie stattgefunden hat, die oben erwähnte Parteienfinanzierung gewesen, wenngleich diese wahrscheinlich schwer nachzuweisen sein würde. Da müsste schon jemand richtig auspacken, so wie es jetzt 2012 der bereits ebenfalls angesprochene Kärntner Steuerberater Dietrich Birnbacher getan hat.

Bereits 2008 sorgte das sagenhafte Birnbacher-Honorar weit über die Kärntner Landesgrenzen hinweg für Entrüstung. Auch wenn es durch den sogenannten „Patriotenrabatt" auf 6 Millionen Euro reduziert wurde, stand fest: Es war weit und breit keine Gegenleistung zu erkennen, die dieses Salär auch nur annähernd gerechtfertigt hätte. Trotzdem gelang es den Menschen, die sich um Aufklärung dieses, wie sich nun bestätigte, unerhörten Skandals bemühten, nicht, die Justiz dafür zu interessieren. Sämtliche Sachverhaltsdarstellungen verliefen jahrelang im Sand, das Verfahren wurde gar zweimal eingestellt. So zeichnet das Nachrichtenmagazin „profil" ein minutiöses Bild darüber, wie die Staatsanwaltschaft Klagenfurt die Akte Birnbacher über viele Jahre im Kreis schickte: Birnbacher wurde nicht einmal einvernommen, drei übermittelte Privatgutachten der Kärntner Landesholding, also des Auftraggebers dieses dubiosen Deals, die allesamt zu dem Entschluss kamen, dass schon alles in bester Ordnung sei, genügten dem Gericht als Entscheidungsgrundlage. Das überschaubare Büro Birnbacher in Villach hätte wie eine „Investmentbank" agiert – und dass solcherart Leistungen nun mal ordentlich kosten, wisse man doch.

Was man allerdings auch wissen sollte, ist, dass es sich bei dem von Birnbacher erstellten Gutachten zur Bank-Übernahme um ein schlichtes 6-seitiges Papier handelte. Die restlichen Leistungen wurden von dem Mann, der nachweislich keine Erfahrung mit internationalen Bankfusionen hatte, mündlich erbracht. Als dann die Causa doch gerichtsanhängig wurde, stellte ein von der Staatsanwaltschaft Klagenfurt beauftragtes „neutrales" Gutachten eines deutschen Sachverständigen fest, dass die Leistung Birnbachers allerhöchstens 200.000 Euro wert gewesen sei. Das Urteil des Düsseldorfers bringt nun auch die renommierten Finanzexperten und Wirtschaftsprüfer der bekannten Kanzlei Deloitte wegen deren Beurteilungen von Birnbachers Leistungen in die Bredouille. Diese bestreiten natürlich vehement, dass es sich um Gefälligkeitsgutachten für die Kärntner Landesholding handelte. Jedenfalls müssen die involvierten Finanzspezialisten nun ebenfalls vor dem Gericht Rede und Antwort stehen. Zusätzlich legte die Staatsanwaltschaft im Prozess ein Schreiben vor, laut dem die Landesholding dem Finanzinvestor Tilo Berlin den Auftrag erteilte, die Hypo-Anteile an die BayernLB zu verkaufen. Also genau jene Tätigkeit, für die das angebliche „Master Mind" Birnbacher die Millionen offiziell bekommen hatte.

Sinn macht die ganze Sache erst, wenn man die wahre Absicht hinter dem Ganzen sieht. Es ging darum, dass einerseits Tilo Berlin und seine Mannen ungestört die Fäden für den ganzen Deal ziehen konnten, und anderseits schlicht um Parteienfinanzierung. Und Birnbacher war die auserkorene Marionette, mit der man glaubte, dieses Ding drehen zu können. Allerdings hatte Birnbacher letztlich doch nicht „die Nerven" und erleichterte vor Gericht sein Gewissen. Der Mann, der laut seiner Homepage das Kanzleimotto „Weil Vertrauen kostbar ist" führt, gestand im Sommer 2012, dass bereits im Herbst 2007 für die ursprünglichen 12 Millionen Euro eine „Drittellösung" ausgemacht war. Aufgeteilt auf die Freiheitlichen, die ÖVP und ihn selbst. Er wolle nun mit seinem Geständnis „einen Beitrag zur angeklagten Tat, eine Wiedergutmachung und nun vielleicht wirklich einen Dienst am Land leisten". Dem durch Birnbachers „Umfallen" schwer belasteten Kärntner ÖVP-Chef Josef Martinz, der, wie es der Zufall will, zu der Zeit des Deals auch Aufsichtsrats-Chef der Kärntner Landesholding war und der zuvor brüsk sämtliche Vorwürfe von sich gewiesen hatte, blieb daraufhin auch nichts anderes übrig, als ebenfalls zu gestehen: Ja, Haider und er haben „die Idee entwickelt, dass etwas an die Parteien gehen soll".

Aufgrund dieser Wendungen wurden nun viele schmutzige Details dieses Komplotts sichtbar und noch mehr involvierte Personen. So zum Beispiel bei der Frage, was denn ausgemacht war, um das Geld von Birnbacher zur ÖVP zu schaffen. Birnbacher dazu: „Martinz meinte, dass ich Personalkosten übernehmen und Rechnungen für die Partei bezahlen könne." Dafür hätte sich Martinz in Wien kundig gemacht, konkret beim Ex- ÖVP-Innenminister Ernst Strasser, „denn der habe das entsprechende ‚Know-how' (für die Scheinrechnungen, Anm.) gehabt". Der Ausgang der gerichtlichen Auseinandersetzung liegt zur Zeit der Drucklegung des Buches noch nicht vor. Man darf jedenfalls gespannt sein. Der Justiz ist die Causa laut „profil" vor allem eines: peinlich. „Wir sind nach damaliger Aktenlage davon ausgegangen, dass den Beschuldigten kein strafbares Verhalten nachgewiesen werden kann; rückblickend gesehen war das eine Fehleinschätzung, der wir, die Kollegen in Klagenfurt und das Justizministerium, beigetreten sind. Da gibt es nichts zu beschönigen."

Jedenfalls hat der Entschluss Birnbachers „auszupacken" ein politisches Erdbeben ausgelöst. Martinz musste unverzüglich seinen Rücktritt als Kärntner ÖVP-Obmann und seinen Parteiaustritt bekanntgeben. Überhaupt sah sich die ÖVP gezwungen, die Flucht nach vorne anzutreten. Etwas, dass ja in der politischen Realität nur mehr dann vorzukommen scheint, wenn weitere Vertuschungen nun wirklich nicht mehr möglich sind. Neben den bei solchen Anlässen üblichen Lamentos der Parteigranden, bei denen man sich entsetzt von den Vorgängen und enttäuscht über die „ehemaligen" Parteifreunde zeigt, setzen sich die Konservativen nun tatsächlich für eine Erneuerung ein. Sie präsentieren vom Kärntner System (bis jetzt) unverbrauchte Gesichter und stimmen für alsbaldige Neuwahlen.

Nicht so die Freiheitlichen. Sie folgen beinhart ihrem bekannt frechen wie demokratiefeindlichem Stil nach dem Motto: Den Uwe (FPK-Chef Uwe Scheuch, Anm.) haben uns die „Verräter" abgeschossen; Doch wir lassen uns von „denen" nicht „unser" Kärnten streitig machen; Wir setzen einfach seinen Bruder (Kurt Scheuch, Anm.) an seine Stelle. Sofortige Neuwahlen? Nicht mit uns! Wäre doch gelacht, wenn wir das nicht aussitzen könnten; Hat doch noch immer bestens funktioniert; Wir blockieren einfach mit unserer „Stärke"; Wir können jederzeit bei einem Neuwahlabstimmungsantrag den Saal verlassen. Eben, ist doch unser „Recht"; Und von dem machen wir Gebrauch; Das ist unser Verständnis von Demokratie; Das „Volk" ist jedenfalls auf unserer Seite.

Und tatsächlich haben sie mit Letzterem nicht ganz unrecht. Obwohl nach Umfragen (Stand August 2012) die blaue Fraktion nicht unbeschadet aus dem Auffliegen von Skandalen in Kärnten (es geht ja nicht nur um die Hypo-Geschichte) hervorgehen wird und nun weit von der absoluten Mehrheit entfernt ist, kann sie immer noch mit einer Zustimmung von 30% des Wahlvolkes rechnen. Ein kaum zu verstehender Umstand, könnte man angesichts all der Ungeheuerlichkeiten meinen. Auch, dass viele Kärntner „ihren" verstorbenen „Landesvater" immer noch vehement verteidigen. Wo doch das, was immer schon Thema war, jetzt nachhaltig mit Fakten belegt werden kann. Jörg Haider scheint wohl einer der korruptesten Politiker gewesen zu sein, die dieses Land je gesehen hat. Und mit ihm seine Gefolgschaft und die politisch Handelnden, die unter seiner Herrschaft sozialisiert wurden. Aber letztlich sind all diese Phänomene irrational, sie haben wesentlich mehr mit Emotionen als mit Verstand zu tun.

Nicht überraschend ist deswegen auch die allgemeine Reaktion der engsten Haider-Vertrauten angesichts der Hypo-Affäre. Sie verhalten sich wie Kinder, die reflexhaft und unabhängig von den Fakten, ihren Vater, den sie „bedingungslos" lieben, mit allen ihnen zu Verfügung stehenden Mitteln verteidigen müssen. Dazu kommen dann noch die homoerotischen Bindungen, die in vielen von diesen Männerbünden (Stichwort „Buberlpartie") eine ganz spezielle Art des Zusammenhalts (und der Sicherheit) bieten. So ist es wahrscheinlich die Kombination von beiden, die, selbst über den Tod hinaus, diese starke emotionale Abhängigkeit wirken lässt. So kündigte zum Beispiel Stefan Petzner, kurz nach dem Birnbacher-Geständnis, groß medial an, eine Bombe platzen zu lassen. Dabei wurden allerdings die schlimmsten Befürchtungen wahr. Sein „Verpetzen" war nur darauf aufgebaut, dass sein Mentor und „Lebensmensch" (Originalzitat Petzner) Jörg Haider von all dem nichts gewusst haben soll und es einzig und allein die Idee von Martinz war. Beweise dafür blieb der Haider-Getreue selbstverständlich schuldig.

Irgendwie arm, wenn einer so in Abhängigkeit verfallen ist, könnte man sagen, würde dieser Mann nicht gleichzeitig im Nationalrat sitzen und Tage vor diesem „lustigen" Auftritt noch als gutbezahlter Mandatar im zu dieser Zeit tagenden Korruptionsuntersuchungsausschuss Fragen an alle möglichen Delinquenten gestellt und interviewgerecht Betroffenheit ob der üblen Machenschaften der anderen gemimt haben. Ein Mann, der sich auch brüstet, Spin-Doctor und Vermarktungsprofi zu sein und für den 6-Seiter von Birnbacher und dessen Verzicht auf die Hälfte seines 12-Millionen-Euro-„Honorars" den originellen Einfall hatte, dies „Patriotenrabatt" zu nennen. Ein Mann, der ein führendes Mitglied der Partei ist, die durch Jörg Haiders Abspaltung von der FPÖ entstanden ist und deren Mitglieder pausenlos in irgendwelchen Skandalen verwickelt sind. Dem BZÖ.

So zum Beispiel die BZÖ-hausinterne Werbeagentur, die für ein offensichtliches Pseudogutachten, das schon in der Überschrift Rechtschreibfehler aufweist und wo auch beim besten Willen keine Relevanz zu erkennen ist, von der Casino Austria AG 300.000 Euro übermittelt bekam. Der Grund dafür ist relativ schnell ausgemacht. So wollte die ÖVP-BZÖ-Koalition eine Gesetzesänderung zum Glücksspielgesetz einbringen. Zum Nachteil des Casino-Austria-Monopols allerdings. Die kleine Aufmerksamkeit sollte offensichtlich die Handelnden noch einmal zum Darüber-Nachdenken anregen. Lobbying kann man es natürlich auch nennen. Jedenfalls ist die Gesetzesänderung vom BZÖ, trotz vorheriger Ankündigung, dann doch nicht unterstützt worden. Auch die Gesetzesänderung selbst ist nicht in Kraft getreten.

Andererseits wieder kann so ein BZÖ-Gutachten, im Gegensatz zum Birnbacher-Papier, als richtige Okkasion bezeichnet werden. Außerdem hatte es, obwohl Glücksspiel immer nur platzsparend mit einem „s" geschrieben wurde, wie das Gerichtsgutachten (Kosten dafür laut „profil" schlanke 1.125 Euro) monierte, immerhin 9 Seiten aufzuweisen. Der Grund für das verhältnismäßige Schnäppchen ist aber wahrscheinlich ein ernüchternder. Während (Schmier-)Geld von der Casino AG erst mühevoll eingesammelt werden muss (es wird aber gottlob leichter, weil die Spielsüchtigen immer mehr werden), hatte die Kärntner Landesholding direkten Zugriff auf Steuergeld. Da tut man sich natürlich schon wesentlich leichter.

Allerdings werden auch die Fragen des Volkes immer drängender. Nicht nur bei uns, auch in Deutschland hat der sogenannte Steuerzahler zunehmend das Gefühl, dass er sich solcherart Kosten, selbst wenn er den berühmten Gürtel immer enger schnallt, bald nicht mehr wird leisten können. So kostete der Ausflug der BayernLB ins sonnige österreichische Kärnten bis jetzt doch sage und schreibe 3,7 Milliarden Euro. Und es könnte bald noch wesentlich mehr werden. Der Grund dafür ist, dass sich mittlerweile Gutachter (zu welchem Preis?) darüber streiten, ob denn die vor der Landtagswahl 2008 von der BayernLB vergebenen Großkredite an ihre angeschlagene Tochter Hypo Alpe-Adria überhaupt jemals wieder zurückgezahlt werden müssen. Wesentlich dabei ist die Frage, ob das Geld „zur Verlustabdeckung im weitesten Sinn" gedient habe, denn dann würde es sich um einen „verdeckten Eigenkapitalzuschuss" handeln. „Sollte sich dieser Verdacht erhärten, dann müsse die Hypo Alpe-Adria das viele Geld nicht zurückerstatten", schreibt dazu die „Süddeutsche Zeitung" in einem Artikel.

Auffällig ist jedenfalls, dass nirgends Angaben über den Zweck dieser Kreditvergaben aufzufinden sind und vor allem der Zeitpunkt der Zuwendungen. Diese begannen am 20. Februar 2008. Eine Woche zuvor hatte die Landesbank für Milliardenrisiken bei Immobilienanleihen aus den USA einstehen müssen. Dies war für den damaligen CSU-Chef und Finanzminister Erwin Huber bereits politisch verheerend. Es ist anzunehmen, dass er sich weiteren Ärger angesichts der bevorstehenden Wahl nicht leisten wollte. „Das riecht sehr stark nach Wahlbetrug, weil es im Grunde eine Konkursverschleppung war", meinte dazu ein grüner Finanzexperte im eigens eingerichteten Untersuchungsausschuss zur Causa BayernLB in München. Unterstützt wird diese Annahme auch noch dadurch, dass mit dem Schlagen der Wahl auch schlagartig die Überweisungen der Bayern ins südliche Österreich stoppten.

Verantworten für das Desaster müssen sich nun in einem Schadenersatzprozess acht ehemalige Top-Manager der BayernLB. Vorgeworfen wird ihnen grobe Pflichtverletzungen. Sie hätten nie und nimmer die in Österreich als Skandalbank bezeichnete Hypo ungeprüft übernehmen dürfen. Zum Auftakt des Prozesses Mitte Juni 2012 war allerdings nur einer davon, eine Randfigur des ganzen Geschehens, vor Gericht erschienen. Alle anderen ließen sich entschuldigen. So zum Beispiel Michael Kemmer, ehemaliger Vorstandschef der bayerischen Staatsbank und Nachfolger des ebenfalls angeklagten (und nicht erschienenen) Werner Schmidt. Die „Süddeutsche Zeitung" meinte dazu etwas sarkastisch: „Er muss sich um die Schuldenkrise in Europa kümmern und dort gute Ratschläge geben. Er führt die Geschäfte des Deutschen Bankenverbandes. Der Karren stecke ,ziemlich tief im Dreck', nun seien ,große Anstrengungen von allen Seiten erforderlich', sagt dazu Kemmer."

Groß zu befürchten haben eigentlich alle miteinander nichts. Die BayernLB, die 200 Millionen Euro Schadensersatz einklagt, gab sich zwar nicht mit den vom Gericht vorgeschlagenen 25 Millionen Euro zufrieden und somit kam kein Vergleich zustande, allerdings kam das Gericht auch zu dem Entschluss, dass letztlich sechs der acht Angeklagten nicht haftbar zu machen seien. Diese sind nun sowieso aus dem Schneider. Bleiben nur zwei übrig. Der zum Zeitpunkt des Verkaufes tätige Chef Werner Schmidt und der für das Risiko-Management zuständige Vorstand Gerhard Gribkowsky. Letzterer hat, wenn man etwas zynisch sein will, der Bezeichnung „Risiko-Manager" schon in einer anderen Causa eine neue Bedeutung gegeben. So war er im Jahr 2007, als die BayernLB die Hypo Alpe-Adria übernahm, in Österreich auch privat zugange. Er gründete dort die Stiftung „Sonnenschein", in die über Mauritius und die Kaimaninseln 44 Millionen Dollar flossen. Das Geld hatte Gribkowsky heimlich von Formel-1-Boss Bernie Ecclestone kassiert. Die Bayern waren nämlich zuvor Hauptaktionäre der Formel 1 gewesen, sind dann aber ausgestiegen. Das hat dem alten Fuchs Ecclestone offensichtlich so gut gefallen, dass er sich bei Kumpel Gerhard erkenntlich zeigen wollte. Leider flogen die Dollar-Millionen für den Manager später auf. Ende Juni 2012 ist nun Gerhard Gribkowsky zu achteinhalb Jahren Haft verurteilt worden – unter anderem wegen Bestechlichkeit. Der frühere BayernLB-Vorstand will allerdings, um das Gericht vielleicht doch noch etwa milder zu stimmen, die aus den Schmiergeldgeschäften erhaltenen Millionen wieder zurückzahlen.

Jetzt könnte man natürlich so dreist sein und jemanden wie Gribkowsky anempfehlen, dass er die Bestechungsmillionen doch besser für den möglichen Hypo-Schadenersatz einbehalten sollte. Die Pointe ist aber, dass selbst bei einer Verurteilung dies gar nicht notwendig sein wird, denn die Herren sind allesamt gegen Irritationen dieser Art versichert (die Prämie dafür hat wahrscheinlich auch die Bank einbezahlt). Üblicherweise haften die Versicherer auch für den Hauptteil der eingeforderten Summen, und so werden allerhöchstens 1 bis 2 Millionen zur Zahlung für die Delinquenten schlagend. Die „Süddeutsche Zeitung" rechnet dazu vor: Werner Schmidt, der ein Vermögen von mehreren Millionen Euro besitzt, könnte dieses Vermögen zur Gänze behalten und seine Schuld über seine Pension abstottern. Die Landesbank behält zwar seit Oktober 2010 sein Ruhegeld von jährlich 330.000 Euro (vor Steuern) ein, damit sie sie gegebenenfalls als Schadensersatz verrechnen kann, Schmidt bekommt aber auch von seinem vorherigen Arbeitgeber, der Landesbank Baden-Württemberg, rund 320.000 Euro im Jahr. Das heißt, selbst im schlimmsten Fall wird Schmidt in ein paar Jahren wieder seine beiden Pensionen genießen können. Der Artikel meint dazu: „kein schlechter Deal für den Pensionär vom Ammersee". Trotzdem klagt Schmidt zurzeit die BayernLB auf Auszahlung seiner Münchner Pension.

Und was ist mit Tilo Berlin, der 2009, ein paar Monate vor dem ultimativen Crash, mit einem Golden Handshake von mehr als einer Million Euro die Hypo (also das sinkende Schiff) freiwillig verlassen hat? Zur Drucklegung dieses Buches ermittelt die Staatsanwaltschaft München gegen ihn, wegen möglichen Betrugs zu Lasten der Landesbank. Seit mehr als eineinhalb Jahren. Der smarte Banker sieht das allerdings locker, obwohl ihn gerade ein von der Klagenfurter Staatsanwaltschaft in Auftrag gegebenes Gutachten schwer belastet. Er glaube nicht, dass es zu einer Anklage kommen werde, er rechne mit einer baldigen Verfahrenseinstellung, und wenn doch, werde er sich, auch zum Schutze seiner Kunden, „mit allen zur Verfügung stehenden Mitteln zur Wehr setzen". Dies hat Berlin schon vor Längerem der bayerischen Regierung schriftlich mitgeteilt. Und weiter: Sollte er doch zahlen müssen, wolle er sich und seine Klienten an der Hypo Alpe-Adria mit vielen hundert Millionen Euro schadlos halten.

Jedenfalls hat er, weil das ein wesentlicher Vorwurf in der 124-Seiten-Expertise ist, der Klagenfurter Staatsanwaltschaft bereits erzählt, wie man das mit den weit überhöhten Zinssätzen für Ingrid Flick (sie soll 1,8 Millionen Euro zu viel an Zinsen ausbezahlt bekommen haben) und anderen österreichischen Industriellen sehen müsse. Die Hypo Alpe-Adria hätte nämlich daran sogar einen Vorteil gehabt. Wenn es darum gehe, Kunden dieser Qualität für eine angeschlagene Bank zu gewinnen, seien noch wesentlich höhere „Prämien" erlaubt, meint Berlin. Man könne diesen Bonus mit Werbeausgaben vergleichen, etwa für Fernsehspots. Deren Wirkung sei aber viel schwerer einzuschätzen als der PR-Effekt, der am Finanzmarkt durch Geschäfte mit Leuten vom „Format" der damaligen Hypo-Aktionäre erzielt werde. Die BayernLB scheint jedenfalls zurzeit genug vom Glamour der Reichen und Schönen zu haben und ist bestrebt, zumindest einen Bruchteil von den verlorenen Milliarden zurückzuholen. Ihre Hoffnungen beruhen auf Gutachten, wie das eben von Klagenfurt beauftragte. Aber die Bayern wissen auch: Solche Verfahren können Jahre dauern. Und das hier überhaupt etwas zurückgeholt werden kann, ist sehr fraglich.

Wie man an dem Beispiel der Aufarbeitung des BayernLB-Hypo-Alpe-Adria-Skandals eindrucksvoll sieht, hat die auf den ersten Blick völlig unverständliche Milde der Gerichte nicht nur damit zu tun, dass quasi willkürlich die „Reichen und Mächtigen" immer bevorteilt werden, sondern auch damit, dass das Strafrecht bei dieser Art von großen und komplexen Verwerfungen schlicht gar keine wirkliche Strafe für Einzelne vorgesehen hat. So weist auch das Münchner Gericht im gegenständlichen Verfahren darauf hin, dass es ja vor allem politische Gründe hatte, warum sich die Bayerische Landesbank so unbedingt und in dieser Schnelle die Kärntner Hypo einverleiben wollte. Es sagt damit, dass das Problem ein weit größeres ist als das „Versagen" von Einzelnen und dass es sich letztlich um ein wirkliches systemisches Versagen handelt. Auch wenn dies unpopulär klingt. Damit hat es wahrscheinlich recht. Und auch dieses Buch, obwohl dem Ansprechen von Ungeheuerlichkeiten verpflichtet, schließt sich im weiteren Verlauf in seiner Kernaussage genau daran an. Es handelt sich letztlich um ein Problem der Kultur und damit um ein politisches Problem, weil Politik ja die Spielregeln von Unternehmens-, Umgangs-, Werte-, Gerechtigkeits- bis hin zur Lebenskultur durch seinen demokratischen Prozess bestimmen sollte.

Am besten kann dies mit den Worten eines bayerischen Grünen-Abgeordneten anschaulich gemacht werden: „Es handelte sich (bei dieser Übernahme, Anm.) um ein System der organisierten Verantwortungslosigkeit." Somit ist es zwar legitim, dass Schadenersatzansprüche gegen Einzelne erhoben werden, allerdings wird dies solcherart Problematiken für die Zukunft nicht lösen, weil es nur die Auswirkungen, aber nicht die tieferen Ursachen beleuchtet. Dies wird noch dadurch erhärtet, dass sich, wie es scheint, auch gegen die politisch Verantwortlichen kaum juristische Verfahren durchsetzen lassen. So sind die erhobenen Vorwürfe gegen Ex-Mitglieder des Verwaltungsrats wie den ehemaligen bayerischen Ministerpräsidenten Günther Beckstein oder den einstigen Wirtschaftsminister Erwin Huber (beide CSU) schon im Sand verlaufen. Die von der BayernLB beauftragten Juristen kamen zur Einschätzung, dass diese nur „leicht fahrlässig" gehandelt haben sollen. So muss die Bank bei den meisten Involvierten auf rechtliche Schritte verzichten. Nur von Ex-Finanzminister Kurt Faltlhauser (CSU) und einem Ex-Sparkassenpräsidenten verlangt sie ebenfalls Schadenersatz. Beide sollen sich der groben Fahrlässigkeit schuldig gemacht haben. Hier stehen aber zurzeit noch keine Prozesstermine fest.

Wenn man sich näher mit der Causa beschäftigt, stellt man auch fest, dass die Ähnlichkeiten zwischen den beiden Ländern Kärnten und Bayern mit ihren politischen Kulturen und strengen Hierarchien frappant sind. So waren die Politiker des Freistaates, genau wie in Kärnten, von einem sehr gesteigerten Bedürfnis getrieben, aus „ihrer" Bank einen großen internationalen Player machen zu wollen. Der Größenwettstreit mit anderen deutschen Landesbanken tat noch dazu das Seine. Expansionsschritte waren zur damaligen Zeit also dringend gefragt. Ihr „rechtzeitiger" Ausstieg aus der BAWAG 2004 und der anschließende Untergang der Gewerkschaftsbank (siehe dazu oben) war der BayernLB offensichtlich nicht Warnschuss genug, im Gegenteil, die Bayern sahen Ende 2006 ihre Chance gekommen, sich nun endgültig die österreichische Bank einzuverleiben. Was im Nachhinein gesehen sicher die wesentlich bessere Variante gewesen wäre. Daraus wurde dann allerdings nichts, und so kam ihnen die Möglichkeit, ihre Begehrlichkeiten von Wien nach Klagenfurt zu verlagern, offensichtlich sehr gelegen. Wie es scheint, um jeden Preis.

Wie sehr hier grundsätzliche menschliche Faktoren wie der Wunsch nach Einfluss, Macht, Glanz und Größe, aber auch ihr Gegenteil, nämlich die Abwendung der Zuschreibung von Unvermögen und Versagen, ein Rolle gespielt haben, versucht die „Frankfurter Allgemeiner Zeitung" sichtbar zu machen. So schreibt sie, dass das Motiv der BayernLB-Vorstände für den überteuerten Hypo-Kauf nicht Eigenbereicherung, sondern der Versuch der Manager, eine erlittene Demütigung „aufzufangen", gewesen sein dürfte. Der damalige bayerische Finanzminister Kurt Faltlhauser soll ihnen nämlich nach dem gescheiterten BAWAG-Übernahmeversuch vorgeworfen haben, „zu blöd zu sein," eine Bank zu kaufen. Es ist aber anzunehmen, dass es nicht nur der jetzt angeklagte Faltlhauser war, der im Namen des Haupteigentümers Bayern Druck auf die BayernLB-Vorstände machte. Der damals regierende CSU-Ministerpräsident Edmund Stoiber war, gleich wie Haider, bekannt für seine dominante wie nach Größe strebende Art. Er allerdings bestreitet, sich in die Geschäfte der Bank eingemischt zu haben.

Dazu meinte ein SP-Mandatar im U-Ausschuss: Stoiber habe ja noch die Farbe jedes Aktendeckels seiner Minister bestimmt. Und der soll sich aus dem internationalen Gebaren seiner Landesbank komplett herausgehalten haben? Der Ex-Ministerpräsident jedenfalls verfiel nach dem Sichtbarwerden des Desasters in ein wochenlanges eisernes Schweigen – etwas, das die Konservativen besonders gut zu können scheinen, wie auch unser Ex-Kanzler Wolfgang Schüssel immer wieder eindrücklich unter Beweis stellte. Erst nach lauter werdender Kritik aus den eigenen Reihen äußerte er sich in einem Interview zur Landesbank. Die Verluste seien „mehr als schmerzlich", aber dass er Verantwortung dafür trage? „Absoluter Unsinn." Bayerns jetziger Ministerpräsident Horst Seehofer (CSU) steht somit vor der Aufgabe, einen historisch noch nie notwendig gewesenen Spagat versuchen zu müssen. Einerseits, weil es immer noch absolut tabu zu sein scheint, ein Vorgehen zu wählen, das bayerische CSU-Granden vom Sockel stoßen könnte, andererseits, weil der Schaden so exorbitant ist, dass, um sich ein Minimum an Glaubwürdigkeit zu erhalten, eigentlich nur eine schonungslose Aufarbeitung infrage käme. Und das umso mehr, falls sein Land weitere finanzielle Belastungen zu stemmen hätte.

Mit dem Ausfall der Gelder aus Österreich kämen nämlich Seehofer und sein Team auch deshalb in erhebliche Turbulenzen, weil sie, nachdem bereits mehr als 10 Milliarden Euro in die marode Landesbank gepumpt werden mussten, den Geldrückfluss aus dem Nachbarland in ihren ehrgeizigen Entschuldungsplan für den Freistaat mit eingerechnet haben. „Aus unserer Sicht bestehen diese Risiken nicht", sagt jedenfalls ein BayernLB-Sprecher zur „Süddeutschen Zeitung"; Ex-Finanzminister Georg Fahrenschon (CSU) habe seinerzeit darauf verwiesen, im Zweifelsfall garantiere die Republik Österreich für die Rückzahlung der Summen. Ach ja, weil es noch nicht gesagt worden ist: Es sind weitere rund 3 Milliarden Euro, um die es sich hier handelt. Gezahlt müssen sie jedenfalls werden. Die Frage ist jetzt halt nur mehr: von wem?

Zum Abschluss dazu noch Folgendes aus Sicht von uns österreichischen Autoren: Sollten wir (also die Österreicher) gegen euch (die Deutschen) hier das Nachsehen haben, können wir uns noch damit trösten, dass „unser" Jörg Haider euch, den Bayern, damals weitere 5 Millionen Euro „Sponsorgeld" für „seinen" Klagenfurter Fußballklub abgeknöpft hat. Das sind zwar Peanuts und wir alle haben jetzt auch nicht wirklich was davon, aber es geht doch noch um etwas anderes. Das Leben ist doch ein Spiel. Da darf man nicht zu wehleidig sein. Da muss man auch mal verlieren können. Letztlich wird man genau mit dieser Einstellung den Sieg davontragen. Wie im Fußball. Wie richtige Profis eben. Und dass wir das sind, haben

„wir" doch damals eindrucksvoll bewiesen. 1978 in Corduba, gegen „euch".

Dass sie wirkliche Profis sind, können auch die nächsten Herren von sich behaupten. Wie schon oben kurz angedeutet, steht der Milliardär Martin Schlaff, der Helmut Elsner mit einer Kautionshinterlegung beigesprungen ist, im Verdacht, sich strafbar gemacht zu haben. Grund dafür sind die Vorgänge rund um die Privatisierung und den Kauf der serbischen Mobtel 2006. Wissen sollte man dazu, dass er diese Geschäfte mit Partner Josef Taus tätigte. Ja, mit diesem Josef Taus, ehemaliger ÖVP-Chef und Vizekanzler der Republik, der Elsner am Tag seiner Verhaftung in Frankreich besuchte. Wissen sollte man dazu vielleicht auch noch, dass obengenanntem Serbien-Deal der MobilTel-Deal in Bulgarien voranging, wo ebenfalls beide als Partner auftraten und der, wie es der Zufall will, von der BAWAG finanziert wurde. Kolportierter Gewinn für Schlaff, Taus & Co bei beiden Geschäften: rund eine Milliarde Euro. Na ja, da kann man schon mal eine Million für Freund Elsner hinterlegen. Wo man sie doch kurze Zeit später verzinst – wenn auch nicht, wie man es sonst gewohnt ist, weit über dem Normalzins – wieder zurückbekommt.

Alles normale Bankgeschäfte, die Vorwürfe der Korruptionsstaatanwaltschaft wegen Mobtel seien „völlig substanzlos", lässt Schlaff über einen Sprecher ausrichten. Jedenfalls – laut einem Bericht im „profil" fungierte der Mann gemeinsam mit Josef Taus und anderen für die Telekom Austria am Balkan als Türöffner. Der österreichischen Mobilfunkfirma war offensichtlich der direkte Kontakt mit den Verhandlungspartnern doch etwas zu heiß. Einer der „Partner" – Mikhail Chernoy – soll ja ein per internationalem Haftbefehl gesuchter Mann aus dem Kreis des organisierten Verbrechens sein. In seinem ursprünglichen Besitz war jene bulgarische Mobiltel, die von Schlaff & Co für 800 Millionen Euro übernommen wurde, um sie quasi am nächsten Tag um 1,6 Milliarden Euro an die Telekom weiterzugeben. Ein spektakulärer Deal, könnte man sagen. Außerdem – waren nicht alle, die dazu Stellung nehmen konnten (also nicht das bulgarische Volk), mit dem Geschäft höchst zufrieden? Wo ist das Problem, hört man die Nutznießer fragen.

Ein Problem liegt mit Sicherheit darin, dass, selbst wenn Geschäfte wie diese legal sein sollten und es kein Gesetz gibt, das sie verbietet, eine Verquickung mit den Geschäftsgebarungen von Ländern zustande kommt, die, um es einmal milde auszudrücken, eine etwas andere Auffassung von einem funktionierenden Rechtsstaat haben. Und so ist es dann auch nicht weiter verwunderlich, wenn sich die gesamte Telekom, wie ja jetzt (Stand 2012) die Ermittlungen in sämtlichen anhängigen Causae zeigen, immer mehr in Korruption verfangen hat. Das ist ja wie eine höchst infektiöse Krankheit, die sich in einer Organisation, gleich wie in einem Organismus, ausbreitet. Korruption erodiert die Firmenkultur, und es ist klar, dass diese von ganz oben, also von der Konzernleitung getragen wird. Wer da nicht mitmacht, hat wahrscheinlich keinen Platz mehr im Konzern, von einem weiteren Karriereschritt ganz zu schweigen. Die Frage ist leider aber auch: Kann sich ein international interessierter Konzern in einer immer mehr globalisierten Welt dem überhaupt entziehen? Und letztlich – können sich Länder wie Österreich oder überhaupt ein Land leisten, hier nicht mitzumachen? Es scheint jedenfalls nicht so. Wie „profil" weiter berichtet, rückte sogar der damalige Infrastrukturminister und Vizekanzler Hubert Gorbach „mit Blaulicht" aus, als die Übernahme des serbischen Mobilfunkbetreibers Mobtel zu scheitern drohte und über 100 Millionen Euro auf dem Spiel standen. Allerdings aus Schlaffs Privatvermögen, wohlbemerkt.

All das fällt heute unter den unseligen Begriff „Lobbying". Die Frage ist nur, für wen eigentlich? Was hat der sogenannte kleine Mann davon, wenn sein mehr oder weniger gewählter Vertreter in seiner Dienstzeit die Interessen und Gewinnmaximierungswünsche einer Privatperson vertritt? Ob es nun weitere Klärungen in dieser Causa gibt, wird sich weisen. Jedenfalls habe sich laut dem „profil"-Artikel im Sommer 2011 ein früheres Mitglied einer parlamentarischen Untersuchungskommission, welche die Eigentumsverhältnisse bei der Mobtel klären sollte, an den österreichischen Botschafter in Belgrad gewandt. Er sähe die Republik Serbien durch Schlaff geschädigt. Die österreichischen Investoren, so der Vorhalt, hätten zu keinem Zeitpunkt rechtlichen Anspruch auf die Anteile an der Mobtel gehabt. Josef Taus meint dazu: „Ich weiß nicht, was hier ermittelt wird." Und außerdem: „Ich war nur am Rande involviert." Irgendwie interessant die Vorstellung: nur am Rande involviert zu sein und dafür Millionenbeträge zu kassieren.

Der menschliche Faktor

Alle obenstehenden Beispiele sind zwar nur einer kleiner, dafür aber repräsentativer Ausschnitt aus der jüngeren und ganz jungen Geschichte von eindeutigen und vermutenden Malversationen. Wenn man sie betrachtet, dann lassen sich schon die einen oder anderen Überlegungen anstellen, was den der Grund für Einzelne gewesen sein könnte, sich auf diesen oder jenen „Deal" einzulassen. Jedenfalls sieht man, dass selbst höchste Entscheidungsträger völlig irrationale Entscheidungen treffen und sich vollkommen von ihren Emotionen lenken lassen. Das gilt umso mehr, desto mehr Stress oder Druck sie ausgesetzt sind. Das sogenannte professionelle, rationale Handeln ist oft nicht mehr als ein Mythos. So ist es aus der Perspektive dieses Buches wichtig, sich genau mit diesem Phänomen zu beschäftigen. Wir sprechen damit und im Weiteren über den sogenannten „menschlichen Faktor", der die tieferen Antriebe der Menschen sichtbar und erklärbar machen soll.

So hat man das Gefühl, dass es für einige oben Genannte ein Lebensziel darzustellen scheint, sich mit allen zur Verfügung stehenden Mitteln zu bereichern, vollkommen unabhängig der sich daraus ergebenden Konsequenzen. Als ob sie getrieben wären von einer unsichtbaren Kraft, und als ob sie, gleich wie im (Spitzen!-)Sport, die Grenzen immer weiter ausloten müssten. Ihr Motto scheint zu lauten: Mir steht alles zu. Nehmen, was nur irgendwie geht, es schlau angehen, besser schneller und klüger sein als der „Feind". Selbstkritik, Selbstreflexion, Scham-, bzw. Schuldempfinden, Abscheu, in und von der Lüge zu leben. Absolute Fehlanzeige! Die abstrusesten Behauptungen bezüglich des „Nicht-dabei-gewesen-Seins", „Sich-nicht-erinnern-Könnens, die Aufzeichnungen darüber verloren zu haben etc. selbstsicher auch vor den höchsten Gremien vortragen. Kein Problem! Die Schuld auf andere schieben – auf politische oder sonstige Gegner. Sehr gern! – auf Untergebene und Kollegen. Warum nicht! – auf „Freunde". Wenn es denn die Lage erfordert! Sie erweisen sich auch unter höchstem Druck als richtige „Steher". Aufgeben ist ihnen vollkommen fremd. Es scheint, als würden sie dann lieber den eigenen Tod in Kauf nehmen.

Oft ist die aggressive Art sich durchzusetzen aber gar nicht so eindeutig. Im Gegenteil. Die feine Klinge des Charmes, die oft den größten Ausbeutern anhängt, lässt sie auf den ersten Blick als umgängliche, oft sogar liebenswert aber vor allem interessante Persönlichkeiten erscheinen. Bezeichnend ist so zum Beispiel Tilo Berlins kokette Aussage, er sei ein „einfacher Landwirt". Ein Statement übrigens, das auch ein anderer „Adeliger" und Gutsbesitzer, der in vielfältigste dubiose Machenschaften verwickelte Waffen-Lobbyist „Graf" Alfons Mensdorff-Pouilly gerne augenzwinkernd von sich gibt. Im Falle der Hypo Alpe-Adria, wo die Milliardenaußenstände über die Notverstaatlichung direkt an die Steuerzahler „übergeben" wurden, stellt diese Pseudoidentifizierung aber nachgerade eine klassische Verhöhnung der einfachen Menschen dar. So sind sie es ja nun, die die Ansprüche eines Tilo Berlin und „seiner Klienten" direkt zu bezahlen haben.

Es ist ein anschauliches Beispiel darüber, mit welch beinharter und abgebrühter Selbstverständlichkeit hier horrende Gewinne individualisiert und ebensolche Verluste sozialisiert werden. Die Feststellung, gar nicht daran zu denken, etwas zur Aufklärung oder gar Wiedergutmachung beitragen zu wollen, im Gegenteil, die Vorteile für „seine Klienten" auch noch als vorteilhaft für die im freien Fall befindliche Bank zu bezeichnen und obendrein Drohungen im Falle einer Strittigmachung auszusprechen – das kann doch nur so gedeutet werden, dass

Berlin sich und die „Seinen" nicht mit den Maßstäben von Normalsterblichen misst. Diese Form der Selbstverständlichkeit verbindet ihn sicher mit „Kollegen" Grasser, wenngleich dieser dadurch auffällt, dass er die Öffentlichkeit ganz unverblümt darauf hinweist, mit welch Ausnahmetalent sie es denn da zu tun hat.

Vielleicht hat es aber auch nur den Grund, weil er wesentlich mehr im Rampenlicht der Verfolgung steht und er sich dadurch genötigt fühlt, zu weit „härteren" Maßnahmen zu greifen, um dem kleinen Mann ein für allemal einen Spiegel vorzuhalten. Darüber, in welch Niederungen dieser angelangt sei, die jahrelange angemessene Vergötterung seiner Person in solche der Untugend des Neides verwandelt zu haben. Jedenfalls, was bleibt, ist der Eindruck, dass der laut Eigendefinition beste Finanzminister der Welt die Bühne liebt. So oder so. Die Botschaft für die Welt, verfasst von einem noch nicht verdorbenen Verehrer oder wahrscheinlicher von einer Verehrerin lautet demgemäß:

„Sie sind für diese abscheuliche Neidgesellschaft zu jung als Finanzminister gewesen, zu intelligent, zu gut ausgebildet, aus zu gutem wohlhabenden Haus, zu schön, und was für alles der Punkt auf dem i ist: auch noch mit einer schönen und reichen Frau verheiratet. So viel Glück darf ein einzelner Mensch einfach nicht haben, da muss man etwas dagegen tun. Es ist wirklich traurig!", verliest Karl Heinz mit Inbrunst und nicht ohne Pathos im Fernsehen einen Brief zu seiner Person, den er angeblich kurz zuvor erhalten hatte. Andererseits kann man aber Herrn Grasser auch nicht absprechen, dass er nicht im richtigen Moment die richtigen Worten zu suchen trachtet, um sich dann doch mit den von Neid Zerfressenen auszusöhnen. Zu seinen vielfältigen Veranlagungsgeschichten meinte er, er wolle ja nur für seine Familie vorsorgen, wie jeder andere (kleine) Familienvater auch.

Die Psychologie hat einige Erklärungsmodelle. Ein wesentliches ist das des Narzissmus. Einer der berühmtesten Narzissmus-Forscher, der Psychiater und langjährige Leiter der New Yorker Presbyterian Klinik, Otto Kernberg, meint in seinem

Buch „Narzissmus, Aggression und Selbstzerstörung": „Narzisstische Persönlichkeiten fallen auf durch ein ungewöhnlich hohes Maß an Selbstbezogenheit, durch ihr starkes Bedürfnis bewundert zu werden und durch den Widerspruch zwischen aufgeblähtem Selbstkonzept und maßlosem Bedürfnis nach Bestätigung." Dieses Bedürfnis ganz oben, bei den wirklich Reichen und Schönen dabei zu sein und anerkannt zu werden, spielt wahrscheinlich bei Personen, die nicht durch Schicksals Hand mit dem berühmten goldenen Löffel im Mund geboren worden sind und es dann doch geschafft haben, sich in diesen Kreisen zu bewegen, eine ganz besondere Rolle. So ist auch mit wenig Fantasie leicht vorstellbar, dass der Makel der niedrigen Herkunft eine immerwährende Herausforderung darstellt, die nach außergewöhnlichen Taten verlangt, sich zu bewähren. Was gäbe es da Besseres, als eine hohe Position in der Geldwirtschaft innezuhaben und den neuen betuchten Freunden dazu zu verhelfen ihr Gut weiter zu vermehren. Jedenfalls fällt auf: Beide, Berlin und Grasser, haben in den (Geld-)Adel eingeheiratet.

Und es heißt weiter, „dass sich narzisstische Persönlichkeiten das Recht herausnehmen, über andere ohne jegliche Schuldgefühle zu verfügen, sie zu beherrschen und auszunutzen. Unter der oft gewinnenden Fassade spürt man etwas Kaltes, Unerbittliches". In eigentlich allen oben beschriebenen Fällen wird die beinharte Gegnerschaft sichtbar. Kooperation ist nur insoweit von Belang, als es die Erfüllung der eigenen Interessen vorantreibt. So ist es auch bei den anhängigen Gerichtsprozessen. Ehemalige Kollegen- oder gar Freundschaft spielt dabei keine Rolle. Wüsteste gegenseitige Beschuldigungen und Unterstellungen prägen das Bild. Es scheint ganz selbstverständlich, dass sich langjährige Weggefährten nun, ohne mit der Wimper zu zucken, gegenseitig in die Hölle schicken. Das wäre natürlich nicht möglich, würde hier auch nur ein Funken Einfühlungsvermögen und Mitgefühl die Szenerien beherrschen. So zu agieren ist nur möglich für Menschen, die keinen Zugang zu solchen Gefühlen besitzen. Und dementsprechend beschreibt die Psychologie auch die Narzissten: „Sie empfinden wenig Empathie für andere, ihr Gefühlsleben ist seicht, auffällig ist die Unfähigkeit für Depression."

Letzteres ist insoweit interessant, als es den charakterlichen Unterschied zwischen denen, die trotz massiver Verdachtslage weiterhin alles abstreiten, und denen, die gestehen, aufzeigt. Mit Charakter ist an dieser Stelle primär nicht die weitläufig gebräuchliche moralische Dimension gemeint, als vielmehr die unterschiedliche psychische Disposition. Die Verknüpfung Charakter und moralisch „korrektes" Handeln hat aber insoweit Bedeutung, als Charakterlosigkeit als das Fehlen von ganz bestimmten und wichtigen emotionalen Merkmalen beschrieben werden kann. In diesem Fall ist es die Absenz von Schuld-, Schmerz- aber auch Schamempfinden, was „automatisch" einen psychischen Zusammenbruch und ein Reuebekenntnis verunmöglicht – die Unfähigkeit zu Depression eben. Somit haben Dietrich Birnbacher, aber auch Johann Zwettler mit ihren Geständnissen bewiesen, dass sie psychologisch gesehen in ihrer Tiefe letztlich sehr wohl zu einer der Situation angemessenen und damit „gesunden" Reaktion fähig sind. Im Umkehrschluss bedeutet dies aber auch, dass die Fähigkeit „stehen zu bleiben", es „auszusitzen" aus einer psychopathologischen Perspektive eine tiefe Unfähigkeit darstellt. Zu denken sollte uns jedenfalls geben, dass aber gerade diese Charaktere, wie in den oben dargestellten Fällen eindrücklich zu sehen ist, meist die höchsten Positionen einnehmen.

Bezeichnend ist diesbezüglich auch der Auftritt von Heinrich Traumüller, dem ehemaligen Kabinettschef von Ex-Finanzminister Grasser, beim im Frühjahr 2012 einberufenen Korruptions-Untersuchungsausschuss. So hat er laut Medienberichten dem Druck des Gremiums nicht „standgehalten" und Grasser in der Causa BUWOG schwer belastet. Er hat zugegeben, dass „Grasser eine zweite Bieterrunde angeordnet hatte, nachdem in der ersten die CA-Immo vor einem Konsortium aus Raiffeisenlandesbank Oberösterreich und Immofinanz lag" und dass „er (Traumüller, Anm.) Grasser mitgeteilt habe, die CA Immo könne maximal 960 Millionen Euro bieten". Dieses Geständnis ist insoweit von hoher Relevanz, als Grasser vehement abstreitet, direkt in das Bieterverfahren eingegriffen zu haben, geschweige denn von der Höhe des Gebots der CA gewusst oder dieses weitergegeben zu haben. (Zur Erinnerung: Das Immo-Konsortium bekam schließlich mit 961! Millionen den Zuschlag, und Grasser-Freunde kassierten 10 Millionen Provision.)

Während Grasser und seine Freunde weiterhin locker vor allen erdenklichen Befragungen, Ausschüssen und Interviewmikrofonen ihre Unschuld beteuern bzw. sich wortreich der Beantwortung von Fragen entschlagen, ist Heinrich Traumüller im Zuge dieser U-Ausschussbefragung, laut einem Bericht in der „Wiener Zeitung", verwirrt in der Wiener Innenstadt herumgeirrt. Nachdem ihn besorgte Angehörige sogar als abgängig gemeldet hatten, griff ihn die Polizei nach einer Handypeilung am Heldenplatz (sic!) auf. Laut Exekutive war er so schwer verstört, dass er stationärer psychologischer Behandlung bedurfte und eine Nacht in einem Wiener Spital verbringen musste. Ohne die näheren Umstände und das Verhältnis zwischen Traumüller und seinem Ex-Chef Grasser zu kennen, ist doch auffällig, dass sich jemand, der sich nur als Zeuge, also als Auskunftsperson, vor einem U-Ausschuss befindet, den Umstand, dort wahrheitsgemäß aussagen zu sollen, dermaßen zu Herzen nimmt, dass er offensichtlich „die Nerven" verliert. Auch wenn es Vermutung bleibt. Die Wahrscheinlichkeit, dass Heinrich Traumüller hier mit einem schweren Loyalitätskonflikt zu kämpfen hatte, ist sehr hoch. Dies schließt mit ein, dass es wahrscheinlich ursprünglich eine positive Beziehung zwischen Traumüller und seinem Chef Grasser gegeben hat, die jetzt durch all die Vorkommnisse eine massive Beeinträchtigung erfuhr.

Kernberg spricht beim Narzissmus weiter von Anti-Sozialität: „Die antisozialen Züge der narzisstischen Persönlichkeitsstörung reichen von leichten Fällen von Unehrlichkeit bis hin zu einer ‚ausgewachsenen' antisozialen Persönlichkeitsstörung. Die antisoziale Persönlichkeitsstörung bringt eine noch gravierendere [...] Pathologie mit sich, die solche Verhaltensweisen wie Lügen, Stehlen, Betrug [...] mit einschließt." Dies ist insoweit von großer Bedeutung, als der gesunde Mensch, auch wenn er sich der Lüge oder dem Betrug hingibt, sich meist doch mit dem berühmten schlechten Gewissen herumzuschlagen hat. Nicht so der wirkliche Narzisst. Die psychotherapeutische Schule der Transaktionsanalyse erklärt die Unterschiede damit, dass die meisten (gesunden) Menschen mit einem existenziellen Grundgefühl von „Ich bin nicht OK – Du bist OK" mit anderen in Kontakt treten. Das heißt, sie fühlen sich tendenziell schlechter, kleiner, weniger wert als ihr Gegenüber; sie haben ein Selbstwertproblem, das sie auch als solches wahrnehmen. Basierend auf seinem überzogenen Größenselbst tritt der narzisstische Mensch mit einem genau umgekehrten existenziellen Grundgefühl der Welt gegenüber: „Ich bin OK – Du bist nicht OK". Gerade weil der eigene Selbstwert in Wirklichkeit vernichtend klein ist, versucht sozusagen die Psyche des Betroffenen (ohne dass dies dem Betroffenen selbst bewusst ist) durch eine permanente Abwertung des Gegenübers und einer Aufwertung der eigenen Person dies zu kompensieren.

Kommen dann bei einem Narzissten, wie der Psychoanalytiker und Sozialphilosoph Erich Fromm sagt, noch gewisse (praktische, technische, organisatorische, kommunikative ...) Talente und Gaben hinzu, ist die Kombination der beiden oben genannten Grundgefühlsmuster fatal, weil die Masse der Menschen mit ihrem grundsätzlichen „Ich bin nicht OK – Du bist OK"-Muster glauben, in einem narzisstischen Gegenüber ihren „Meister" gefunden zu haben. Sie sind fasziniert von der Kraft und Selbstverständlichkeit (die ihnen ja abgeht) und hoffen (fatalerweise) durch die Nähe und (Pseudo-)Beziehung aufgewertet zu werden. Doch das „OK" des Narzissten lebt von der Abwertung des Gegenübers – er bezieht seine Kraft aus der Gegnerschaft. Es ist ihm nicht möglich, andere Menschen mit Libido (d.h. positiven Gefühlen) zu besetzen, außer es ist zu seinen Gunsten. Er würde, wenn er sich auf eine wirkliche Beziehung einließe, sofort seine Vormachtstellung gefährdet sehen.

Das System Narzissmus kann somit so beschrieben werden, dass die „Unterdrückten" versuchen, durch besondere Anpassung (braves Kind) eine „OK"-Zuschreibung von je-

Selbstbedienungsladen Politik und Wirtschaft

mand (vermeintlich) Starkem (strenger Vater) zu bekommen. Da dies nicht eintritt werden sie noch angepasster, woraus ein Teufelskreis entsteht, in dem der narzisstische Mensch zu unumschränkter Macht über eine immer größer werdende Menge von konformistischen Menschen aufsteigt. Ist die Machtposition einmal auf diese Weise gefestigt, steht dem Wahrmachen wie auch immer gearteter Größenfantasien nichts mehr im Wege. „Rebellische" Menschen, die sich diesem System nicht unterordnen können oder wollen, bekommen es dann nicht nur mit dem Machthaber, sondern vor allem auch mit seinen (treuen) Gefolgsleuten zu tun.

Der Schlüssel zum Verständnis liegt somit in der Selbstverständlichkeit der Führungsfigur, sich seine Untergebenen untertan zu machen. Dies führt entweder zu einem Bruch mit dem Führer (Rebellion gegen ihn) oder (wesentlich öfter) zu einem selbstverständlichen Konformismus. Erich Fromm beschreibt diese Selbstverständlichkeit sehr eindrücklich: „Es gibt in der Geschichte Beispiele von größenwahnsinnigen Führern, die ihren Narzissmus damit ‚kurierten', dass sie die Welt so umformten, das sie zu ihnen passte; solche Menschen müssen auch alle Kritiker zu vernichten suchen, da die Stimme der Vernunft eine unerträgliche Bedrohung für sie darstellt [...]. Paradoxerweise trägt das Element des Wahnsinns bei solchen Führern auch zu ihrem Erfolg bei. Es verleiht ihnen jenes Maß an Sicherheit und Skrupellosigkeit, das dem Durchschnittsmenschen so imponiert."

Dass es eine Affinität der Gesellschaft, also der Massen, an dem Größenselbst Einzelner gibt, dafür gibt es viele Beweise. Allgemein ist dies in den vielfältigsten Fan-Phänomenen zu beobachten, wo die unwichtigsten und oft fragwürdigsten Handlungen von Stars aller Richtungen ausführlich und nachgerade staatstragend berichtet und kommentiert werden. Der Wunsch der Massen, als Zuschauer ein wenig fremden Glanz zu erleben, ist offensichtlich ein großer. Im Kontext von Kriminalität stellt dies allerdings eine perverse Umkehr dar, weil es Täter zu Stars macht, und ist nur so zu erklären, dass es neben der Neugierde, sich mit solchen Taten und deren Einzelheiten auseinanderzusetzen, wohl in den meisten Menschen auch verdrängte kriminelle Anteile geben muss. Mit anderen Worten: Es gibt in vielen von uns offensichtlich Wünsche, auch einmal ein richtiger Gangster sein zu dürfen. Die Affinität zu „Crime" wird auch durch den Umstand untermauert, dass Autoren, die imstande sind, „beliebte" Krimis zu schreiben, zu den bestbezahlten Schreibenden gehören. Auch die Erkenntnis, dass sich viele Charaktere des Rotlichts und des Blaulichts gar nicht so unähnlich seien, untermauert die Theorie der Affinitäten.

Diese Affinität wird auch von den Medien als Vermarktungsstrategie aufgegriffen. So berichten sie bei Korruptionsskandalen unisono von sogenannten „spektakulären Fällen" – so als ob es sich um ein Unterhaltungsprogramm handeln würde, das dem Medienkonsumenten angeboten wird, um ihm ein bisschen Abwechslung in seinem sonst langweiligen Alltag zu bieten. Fast könnte man dabei meinen, dass es auch hier um ein superlatives Wettrennen geht – nämlich dem der höchsten Schadenssummen. Dieses Phänomen bewirkt umgekehrt, dass zum Beispiel Madoffs Geschichte nun Inhalt eines groß angelegten Filmprojektes mit sogenannter Starbesetzung ist. Den Produzenten reizte dabei laut Medienberichten die „schillernde Persönlichkeit" Madoffs. All diese Phänomene haben somit auch sehr problematische Komponenten. So rücken sie durch diese Abstraktion die realen Auswirkungen, d.h. die reale Schädigung von realen Menschen, in den Hintergrund, und es können auf einmal Menschen zu „Stars" werden, die eigentlich, was die negative Auswirkung auf die Gesellschaft betrifft, wesentlich kritischerer Beurteilung bedürften.

Somit können an dieser Stelle zwei wesentliche Elemente aus der Tiefenpsychologie festgemacht werden: Übertragung und Projektion. Beide sind eng miteinander verbunden. Mit Ersterem ist gemeint, dass Menschen Gefühle, die eigentlich ursprünglich wichtigen Personen aus der Kindheit (zum Beispiel Eltern) gegolten haben, nun auf Menschen übertragen werden, die im jetzigen (erwachsenen) Leben eine persönlich oder kollektiv wichtige Rolle einnehmen. Auch spricht man von Übertragung, wenn gegen jetzt wichtige Menschen (z.B. den

Kindern oder dem Partner) negative Gefühle ausgelebt werden, die eigentlich anderen (mächtigeren) Personen (Chefs z.B.) zu gelten hätten. Neben allen möglichen negativen Übertragungsformen (wie z.b. auch Wut, Hass auf Ausländer, Flüchtlinge oder andere gesellschaftliche Randgruppen wie Homosexuelle, „Zigeuner" usw.) können dies aber auch sehr positive Gefühle sein, die zum Beispiel Hoffnungen und Wünsche miteinschließen, um Dinge zu verwirklichen, von denen die betroffenen Menschen annehmen, diese nicht für sich selbst allein verwirklichen zu können. Zum Beispiel könnte dies der Wunsch sein, dass einem eine (stärkere, mächtigere) Person (positive Vater- bzw. Mutterfigur) zu einem guten Job verhelfen soll. In der Tiefenpsychologie spricht man dann davon, dass Menschen sich selbst als (abhängige, bedürftige und/oder vertrauensvolle) Kinder wahrnehmen, die positive Gefühle auf (gute, helfende) Elternfiguren übertragen.

Projektion ist das schon oben beschriebene Phänomen, bei dem Wünsche und Gefühle, die Menschen selber in sich tragen, die aber unerwünscht oder gesellschaftlich verpönt sind oder die sich jemand selber nicht zugesteht, in anderen gesehen werden – sie werden also in jemand anderen (hinein-)projiziert. Im Umkehrschluss heißt dass aber auch, dass diese Menschen Stellvertreter (also Projektionsflächen) dafür sind, für das, was man selber gern wäre (Star-Fan-Phänomene). Beide, Übertragungen wie Projektionen, laufen meist unbewusst ab, das heißt, ohne dass der oder die betroffenen Menschen selbst darüber eine Wahrnehmung haben. Beides spielt auch, ob wir wollen oder nicht, in unser aller Beziehungen (private wie berufliche) quasi andauernd eine mehr oder weniger große Rolle. Zusätzlich ist wichtig zu wissen, dass, desto größer die Stresssituation ist, d.h. umso mehr es tatsächlich oder angenommenerweise um etwas für uns (persönlich) Wichtiges geht, umso größer auch Übertragen wie Projektionen werden. Beide Phänomene spielen somit im nächsten Beispiel, wo eine mögliche Malversation eines Menschen ruchbar wird, der einen sehr hohen Status genießt, eine wesentliche Rolle.

Im sogenannten Libor-Skandal haben die Händler der

wichtigsten internationalen Großbanken die Messlatten für internationale Geldgeschäfte – eben den Libor und den für Europa maßgeblichen Euribor – jahrelang zu ihrem Vorteil manipuliert. Eine Tatsache, die laut internationalen Kommentaren sämtliche jemals aufgeflogenen Banken-Malversationen, was Umfang und Größe betrifft, in den Schatten stellt. Österreich spielt darin, ob seiner Größe, keine tragende Rolle, ermittelt wird gegen sämtliche internationale Bankriesen, in Deutschland steht, wie so oft, die Deutsche Bank im Zentrum der Fahnder. Und mit ihr der seit Mai 2012 im Amt weilende Co-Chef der Bank – der Inder Anshu Jain. Dieser, ein laut Medienberichten, wie sein Vorgänger Ackermann, ausgewiesener „Geldmacher", behauptet nun, von all dem nichts gewusst zu haben. So sind es aber gerade zwei seiner ehemaligen Mitarbeiter, die als aktive Manipulierer verdächtigt werden. Sie unterstanden Jain, dem früheren Leiter des Investmentbankings am Finanzplatz London, zu der Zeit der Manipulationen.

Die wesentlichen Eckpunkte des Skandals sind damit umrissen. Weitere Details sollen uns hier an dieser Stelle nicht beschäftigen. Was uns jedoch beschäftigt, ist, was die deutsche „Wirtschaftswoche" darüber schreibt. Interessant ist das deswegen, weil das Blatt vor dem Auffliegen des Libor-Skandals einen äußerst kritischen Artikel über die Banken und ihre Machenschaften abgedruckt hatte. In diesem geht es allerdings um die unteren Etagen. Jetzt, wo es um die obersten Bosse geht, werden, noch dazu von derselben Journalistin, diametral andere Töne angeschlagen. Sie und ihre Kollegen laufen geradezu zur Höchstform auf, um sich „für Jain" zu überlegen, wie er denn nun aus diesem Schlamassel wieder herauskommen könnte. So ist unter dem abgedruckten Konterfei des smarten Bankers zu lesen: „Deutsche-Bank-Co-Chef Anshu Jain muss fürchten, dass Gegner ihm politische Verantwortung für die Zins-Manipulationen am Libor zuschieben."

Einer Kriegslogik verhaftet und im weiteren Artikel aufrechterhalten, wird hier immer vom „Gegner" gesprochen. Ganz selbstverständlich (und leider in diesem Umfeld wahrscheinlich auch zu recht) wird angenommen, dass ringsum die

Gegner schon in den Startlöchern scharen, um den Chef zu beerben oder alte Rechnungen zu begleichen. Nur trifft dies dann doch leider nicht den Kern der Sache. Ein Betrug dieses Ausmaßes ist primär keine interne Problematik. Hier gibt es tatsächlich „politische Verantwortung" zu tragen. Und nun berichtet das Blatt, fast vorwurfsvoll an die Adresse „der Gegner" gerichtet, dass man die doch nicht so einfach Jain „zuschieben" könnte. Da sollte man sich allerdings einmal überlegen, wer denn letztlich diese „Gegner" wirklich sind. Es sind wir alle, die als Verbraucher im ganz großen Stil durch diese Machenschaften betrogen worden sind.

Weiter unter der Überschrift „Was droht Anshu Jain?" heißt es: „Die Ermittler der britischen Finanzaufsicht haben aber laut Insidern bislang keine Hinweise gefunden, dass Jain die Machenschaften geduldet oder gar gefördert hätte; auch die langsame interne Aufklärung des Falls können die Bank und ihre Kunden dem Investmentbanker Jain nicht anlasten, denn für interne Untersuchungen wäre das Risikomanagement und deren Vorstand verantwortlich gewesen, der aber mit der Machtübernahme Jains ausschied." Die Selbstverständlichkeit, mit der hier von sonst kritischen Journalisten im Terminus technicus von aalglatten Winkeladvokaten – was können sie nachweisen, was nicht; wo wäre es jetzt vielleicht wichtig etwas abzustreiten und wo nicht; könnte man sich da am besten durch Schweigen, Verweigern der Aussage oder Aussitzen aus der Affäre ziehen usw. – geschrieben wird, ist beeindruckend und beängstigend zugleich.

Vor allem, wenn man sich die Faktenlage zu dem Fall ansieht. Es wurde hier jahrelang eine täglich fällige Information der Bank, nicht nur von dieser, sondern auch von allen anderen sogenannten Mitbewerbern manipuliert, um sich auf betrügerische Weise systematisch einen Vorteil zu verschaffen – und das soll nur von ein paar mittleren Managern ohne jeglichem Wissen der Bosse „erfunden" und durchgeführt worden sein? Warum sollten mittlere Angestellte das tun? Ein Kommentar unter dem Artikel fast es ganz passend zusammen: „Die zwei Händler, die entlassen wurden, sind in meinen Augen nur Opferlämmer. Für Herrn Jain ist es praktischer zuzugeben, nicht zu wissen, was in seiner Abteilung passiert, als zuzugeben, dass er davon gewusst hat. Er hat einfach das kleinere Übel gewählt. Schließlich muss man ihm ja erstmal nachweisen, dass er etwas wusste. Mittlerweile dürften diese Daten schon vernichtet sein. Zumindest der größte Teil. Schließlich war das ja nicht der einzige Skandal in seiner Abteilung. Laut Pressemitteilungen soll seine Abteilung auch an einer Manipulation des Yen beteiligt gewesen sein. Wahrscheinlich will er davon aber auch nichts gewusst haben. Herr Jain fährt die Salami-Taktik. Nur zugeben, was belegt werden kann, und ansonsten von nichts was zu wissen. Wie seinerzeit Herr Wulff."

Auch wenn es polemisch erscheinen mag und es Hrn. Jain so sicher nie und schon gar nicht öffentlich über die Lippen kommen würde – seine Message hier, zu sagen, er hätte von nichts gewusst, ist wie aus dem Schwerverbrecher-Milieu, wo nur zugegeben wird, was überhaupt nicht mehr abgestritten werden kann. Sie lautet also übersetzt: Gelogen muss natürlich werden, das ist klar, man ist doch ein Profi. Außerdem, was wollen die eigentlich? Es haben doch alle gemacht. So ist die Welt. Die „Warmduscher" werden es halt nie begreifen. Wir machen nur unseren (beinharten) Job. Die, die immer voller Neid auf uns blicken, sollten lieber schauen, dass sie selbst einmal etwas auf die Reihe kriegen. So what? Ich bin zwar ein millionenbezahlter sogenannter Verantwortungs- und Leistungsträger: Was in meiner Abteilung an grundsätzlichen Dingen passiert ist, weiß ich allerdings nicht. Was meine nächsten Untergebenen so treiben? Keine Ahnung! Wenn sie krumme Dinge gemacht haben, auch wenn im Sinne der ganzen Bank waren – das müssen sie ganz alleine verantworten. Ich mime Enttäuschung ob ihrer Korruptheit, das wird wohl reichen. Na und, bin trotzdem Chef geworden, oder gerade deswegen. Beweist mir das Gegenteil. Ich bleibe hier stehen, so lange es nur irgendwie geht, und kassiere weiterhin meine Boni. Nach mir die Sintflut!

Der Höhepunkt der Perfidie ist ja, dass dem kleinen Mann jahrzehntelang erklärt wurde, dass die Rechtfertigung für die exorbitanten und andauernd steigenden Gehälter und Boni der

„Spitzenkräfte" darin läge, dass im Gegensatz zu den „kleinen Angestellten" ein Höchstmaß an Verantwortung getragen werde. Wie jetzt sichtbar wird, ist genau das Gegenteil der Fall. Das Verhältnis von hemmungslosem und zerstörerischem Tun, dem Verschieben und Umverteilen von Geld von unten nach oben mit den korruptesten und ausbeuterischsten Praktiken, verhält sich zu den daraus erzielten Remunerationen zum Großteil proportional. Das Fatale daran ist auch, dass noch dazu diese Machenschaften dem kleinen Mann als Profitum verkauft werden. So müssten halt „richtige" Geschäftsmänner sein. Im Grunde ist es allerdings, wie dieses Buch ja ausführlich beschreibt, eine Fähigkeit, die auf nichts anderem fußt als auf einer tiefen emotionalen Unfähigkeit.

Zur absoluten Farce wird dadurch auch die allseits bemühte Phrase, dass Bankgeschäfte doch Vertrauensgeschäfte wären. Während des Komplotts, das von 2005 bis 2008 angedauert hat, haben weltweit Millionen Kunden, große wie kleine, Kredite aufgenommen. Menschen, die sich mit solch einem Kredit zum Beispiel den Traum vom eigenen Haus verwirklichen wollen und die nun ein Leben lang dafür arbeiten werden, um diesen abzuzahlen. Sie sind allesamt von der Deutschen Bank und Co getrogen worden, einfach so, quasi freihändig, weil es halt gerade gepasst hat. Wenn allerdings ein solch kleiner „Häuselbauer" seine Kreditraten nicht mehr bedienen kann, kommen sofort Zinseszins, Mahn-, Bearbeitungs-, und Eintreibegebühren auf ihn zu. Und möglicherweise noch ein kleiner moralischer Hinweis darauf, dass man halt auch die Verantwortung dafür tragen müsse, zurückzuzahlen, was man sich ausgeborgt hätte. Und dass das Haus nun möglicherweise bald weg sein könnte. Restschulden bleiben natürlich trotzdem – so seien nun halt mal die Spielregeln.

Diametral anders sieht es natürlich aus, wenn Banken Geld aus den sogenannten Bankenrettungs-Paketen, -Fonds oder Ähnlichem vom Steuerzahler, also der Summe all der kleinen betrogenen Kreditnehmer, bekommen. Das muss diesen fast nachgetragen werden. Das Zeigen von Widerwilligkeit in der Annahme, ist eher die Regel als die Ausnahme. Dankbarkeit –

wofür denn? Demut? Als sogenannte Systembanken stellt sich dafür wohl keine Notwendigkeit ein. Bei Nichteinhaltung von geplanten Rückzahlungsterminen wird dann auf Pressekonferenzen von den Chefs kurz und lapidar auf veränderte Rahmenbedingungen, also höhere Gewalt, verwiesen. Nächstes Jahr vielleicht. Mal schauen. Wir werden berichten. So geschehen dieses Jahr (2012) von Österreichs bestbezahltem Angestellten, dem Erste-Boss Andreas Treichl. Versuchen Sie einmal als Normalbürger, dieses Argument „es hätten sich halt Ihre persönlichen Rahmenbedingungen geändert und sie könnten Ihren Kredit nun doch nicht wie vereinbart bedienen" zu gebrauchen. Da ist Ihnen viel Erfolg zu wünschen.

Auch wenn man die Höhen der benötigten sogenannten Rettungsgelder im Verhältnis zu anderen wirklich teuren Ausgaben betrachtet, kann man es mit der Angst zu tun bekommen. So kostet zum Beispiel die jetzt im Sommer 2012 durchgeführte Marslandung der NASA – ein wirklich spektakuläres und teures Prestigeprojekt – rund 1,9 Milliarden Euro. Ein Summe allerdings, die die hiesige Volksbanken AG so im Vorbeigehen benötigt. Von der Hypo Alpe-Adria gar nicht zu reden. Wie ist es nun möglich, dass sich oben genanntes Blatt geradezu zu solidarisieren scheint mit Bossen wie Jain? Und wie ist es möglich, dass dieselben Autoren in derselben Schriftenreihe die Praktiken kleinerer Angestellter scharf kritisieren? Letztere sind doch Vertreter von denselben Banken, die ja noch dazu nicht frei agieren können, sondern wiederum abhängig sind von den Vorgaben, und hier vor allem den Ertragsvorgaben der großen Bosse?

Antworten auf solche Paradoxien sind nur über die Psychologie des Menschen zu finden. Genau diese Phänomene zeigen, wie irrational und meist auch vollkommen unbewusst der Mensch funktioniert, wenn es um tiefere und stark emotional besetzte Inhalte geht. Wie oben angedeutet, sind hier einige Übertragungen und Projektionen zu erkennen. Die Basis dabei ist das klassische Projektionsmuster, dass der sogenannte kleine Mann seine eigenen Wünsche danach, mit einem Mausklick ein paar Millionen zu machen, in Stars wie Jain hineinprojiziert. So wie er von dem berühmten Lottosechser träumt, der ihm auf einen Schlag vermeintlich all das geben würde, was ihm das Leben bis jetzt vorenthalten hat, träumt er auch davon, einmal das zu sein, was zum Beispiel Anlegergurus wie Warren Buffett oder George Soros oder eben Bank-Bosse sind. Große Sieger nämlich. Das impliziert aber, dass er möchte, dass diese Stars auch in Zukunft (als Projektionsfläche) existieren, denn mit ihrem Verschwinden würden sonst ja auch seine Träume vom „Star-Sein" verschwinden. Damit ergibt sich paradoxerweise auf der psychologischen Ebene ein (nicht bewusstes) vitales Interesse derer, auf deren Kosten all diese Reichtümer zustande kommen, das alles so bleibt, wie es ist. (Die dauernd in allen möglichen Gazetten zu lesenden „Rankings" über die reichsten Menschen dieser Welt unterstützt diese Theorie ja nachhaltig.)

All das kann als trauriges Zeichen für den mangelnden Selbstwert der Menschen bezeichnet werden, ist aber so lange nicht wirklich problematisch, d.h. systembedrohend, so lange das ganze (Geld-)System halbwegs im Lot ist. Leider kann das aber auch deswegen auf Dauer nicht bleiben, weil das Spiel vom Geldmachen so wie Leistungen im Sport einer gewissen Erosion unterliegen und deswegen die „Dosis" immer erhöht werden muss. Irgendwann ist es, aufgrund der permanenten Umverteilung, an einem Punkt angelangt, wo die Menschen die sogenannte Finanz- und Schuldenkrise fest im Griff hat. Und genau das ist jetzt der Fall. Eine Ausnahmesituation ist entstanden, die es eigentlich notwendig machen würde, uns mit den tieferen Ursachen dieses Dilemmas auseinanderzusetzen. Leider beherrscht aber an einem solchen Punkt nicht kühle Analyse das Geschehen, sondern heillose Panik. Wie oben beschrieben, kommen damit (kollektive) Übertragungsmuster zum Zug. So wird in dem Artikel der „Wirtschaftswoche" implizit eine kollektives Einschärfung, d.h. Mahnung, weitergesponnen, die wir durch immerwährende Wiederholung der letzten Jahre (nach dem „Crash") bereits verinnerlicht haben. Nämlich, dass es sich bei den großen Banken um Systembanken handelt, ohne deren Weiterbestehen in der Form, wie sie sind, es automatisch zu einer Situation wie in den 1930er-Jahren kommen würde, mit all den zerstörerischen Konsequenzen.

Dies hat aber nun automatisch zur Folge, dass die Menschen nicht mehr nur ihre Wünsche nach Glanz und Glorie in die höchsten Vertreter der Bankindustrie projizieren, sondern auch ihren (kindlichen) Wunsch, genährt aus ihren Existenzängsten, dass diese ganz großen Bosse die (Einzigen) seien, die ihnen ihr kleines Glück und ihren Wohlstand sichern und garantieren könnten. Es ist also diese Irrationalität der (kollektiven) Psyche, die positive Gefühle auf die Banken und ihre höchsten Repräsentanten übertragen lässt. Wir (die Masse) solidarisieren uns mit ihnen, weil uns „klar" ist (oder uns eingeredet wurde?!), dass, wenn sie fallen, wir alle untergehen werden. So machen wir die Reihen dicht und verteidigen „unsere" Banken, weil sie ja „unser" Fortbestehen sichern. Jain muss hiermit also eine positive Vaterfigur zugesprochen werden. Er ist durch die ihm mittlerweile innewohnende Macht quasi zum Herrn über Leben und Tod geworden, weil sein Scheitern auch unser Scheitern bedeuten würde. Gleichzeitig findet aber auch eine breitflächige Kritik an den Machenschaften statt. Dies ist nur möglich über eine innere Entkoppelung der (kollektiven) Psyche in der Zuschreibung zu den Symptomträgern (kleine Angestellte bis hin zum Mittelmanagement), die als Übermittler der Auswirkungen kritisiert und angegriffen werden, und den wirklichen Problemträgern (die Banken als Ganzes, repräsentiert durch ihre Vorstände), die eigentlich die Ursachen dafür darstellen, aber verschont bleiben (müssen).

Praktisch zieht sich dieses Phänomen durch alle Träger von Macht in einem gesellschaftlichen System, und so wird mittlerweile wahrscheinlich (bewusst oder unbewusst) auch in Chefredaktionen danach getrachtet, dass die Autoren sich hier an ihre quasi staatspolitische Verpflichtung halten, um nicht weiter zu einer Destabilisierung des Gesellschaftssystems beizutragen. Auch wenn an dieser Stelle eingewendet werden kann, dass zum Beispiel der deutsche „Spiegel" oder sein kleines österreichisches Pendant „profil" sich auch in Zeiten wie diesen kein Blatt vor den Mund nehmen und trotz allem scharf und geharnischt die Missstände bis hin zu den ganz oberen Playern ansprechen, so ist doch festzustellen, dass diesen von einer freien Gesellschaft mit ihrem Bekenntnis zur Meinungsfreiheit zwar ein Raum zugestanden wird, dies zu tun, sie letztlich aber in solch grundsätzlich bedrohlichen Szenarien auch nicht mehr als das berühmte Feigenblatt darstellen. So werden sie ab einem gewissen Punkt der Bedrohung nur mehr zu einem intellektuellen Spielplatz, ohne wirkliche Konsequenzen vorantreiben zu können. Die Masse und die „Verantwortlichen" sind sich nämlich längst darüber einig, dass sie sich ein Aufdecken von solchen Dimensionen einfach nicht leisten können. Somit hat auch ein Kommentator in einem Artikel im „Standard" zutiefst recht, wenngleich für ihn dasselbe gilt wie eben beschrieben. Sein Kommentar: Wir befinden uns „in der Geiselhaft der Banken".

Der Antrieb ist Angst und Gier

Einer der wesentlichsten psychischen Antriebe des Menschen ist Angst. So kann das Gefühl (jederzeit) den Status, das Einkommen und den damit verbundenen Selbstwert verlieren zu können, (leicht) zum alles bestimmenden Faktor werden. Dies umso mehr in streng hierarchischen Strukturen. Nur nicht den Chef verärgern (don't wake the sleeping dog) wird so zur obersten Handlungsprämisse. Dies läuft oft ganz unbewusst ab. Einschüchterungen brauchen also gar nicht explizit ausgedrückt werden. Sie werden automatisch Top-down von Hierarchieebene zu Hierarchieebene, oder eigentlich sollte man besser sagen, Hackebene, weitergegeben. Am besten funktioniert dies, wenn sich die sogenannten Kollegen gar nicht mehr erinnern können, dass es jemals anders gewesen sei. Und auch keinerlei Hoffnung in sich tragen, dass es jemals anders werden könnte. So funktioniert Diktatur.

Wesentliche Voraussetzung, um diese unbewussten Antriebe zu verstehen, sind die sogenannten Abwehrmechanismen, über die der berühmte Vater der Psychoanalyse Sigmund Freud geforscht und die dann seine Tochter Anna erstmals 1937 ausführlich beschrieben hat. Abwehrmechanismen wie Verdrängen, Verleugnen oder Abspalten von „unerwünschten" kognitiven und emotionalen Inhalten sind umso „wichtiger", je mehr Druck auf der Psyche lastet. Das Empfinden von „Druck" ist dabei allerdings individuell sehr verschieden. Auch ist sowohl externer (negative Umstände) wie auch interner Druck (negative Glaubenssätze und Prägungen) gemeint. Je steiler nun das hierarchische Gefälle ist, dem der Mensch ausgesetzt ist, desto mehr ist er oder sie gefährdet in seine bzw. ihre Verteidigungsmechanismen zurückzufallen. Das zugrunde liegende Problem ist die „Klugheit der Psyche", um die eigene Integrität, die Sicherheit und den Status (Selbstbild, Einkommen, Rolle) zu schützen. Diese „Klugheit" bringt Menschen dazu, Dinge geschehen zu lassen, die sie unter anderen Umständen (flache Hierarchie) nicht geschehen lassen würden. So stehen sie also nicht auf und protestieren gegen Umstände, sondern willigen automatisch (ohne ihr eigenes Wissen) in Situationen ein, die eigentlich nicht „o.k." sind.

Auf einer kollektiven Ebene kann man dazu auf Basis des berühmten Satzes des österreichischen Kommunikationsforschers Paul Watzlawick für Individuen „Man kann nicht nicht kommunizieren" für Gruppen sagen: „Man kann nicht nicht in Beziehung treten." Beziehungen finden statt, ob wir wollen oder nicht. Auf privater wie auch auf professioneller Ebene. Die Qualität dieser Beziehungen ist untrennbar mit dem Raum verbunden, der wechselseitig zur Verfügung steht, frei die jeweiligen Gedanken und Gefühle auszudrücken. Dies kann klassifiziert werden, ob man mit jemand auf „Augenhöhe" kommuniziert bzw. ob die Beziehungen von „Erwachsenen zu Erwachsenen" stattfinden.

Was zu einer weiteren wichtigen Betrachtung aus der Tiefenpsychologie führt: nämlich Regression. Eine Gruppe von Erwachsenen, die keine funktionierenden „Erwachsenen zu Erwachsenen"-Beziehungen aufweist, wird (normalerweise) durch meist eine Elternfigur, das heißt einer dominanten Führungsperson bestimmt, während die anderen Gruppenmitglieder in die Kind-Rolle abgleiten. Mit anderen Worten, die Gruppenmitglieder verhalten sich wie Kinder, sie regredieren. Diese Regression schließt mit ein, dass auf der einen Seite nicht nur positive Gedanken und Gefühle auf die „Elternfigur(en)" übertragen werden, sondern dass auch jene „Mit-Kinder" mit negativen Gedanken und Gefühle belegt werden, die versuchen, diese Dynamik (Unbalance) zu durchbrechen. Das Ergebnis dieser sogenannten Übertragungsmuster führt zu einem Teufelskreis, in dem automatisch die Macht und Kontrolle der Führungsfiguren (Eltern) immer größer werden, während die Geführten (Kinder) zunehmend ihre Macht verlieren und in die Abhängigkeit (und Hilflosigkeit) gelangen. Diese jetzt vereinfacht dargestellten ganzen Bündel von Übertragungen verursachen sich selbst erhaltende Systeme, die als (Massen-) Konformismus aus einem kollektiven Unterbewusstsein heraus definiert werden können.

Konformismus ist auch das, was schon das alte und kluge Märchen von „Des Kaisers neue Kleider" beschreibt. Letztlich ist es in allen großen Korruptions-Szenarien so, dass viele über die „Schweinereien" Bescheid wissen, die sich oft über Jahre hinter dem Vorhang abspielen. Und trotzdem verhalten sie sich ruhig und tun so, als ob sie das nichts anginge. So ist es auch zu verstehen, warum zum Beispiel niemand etwas gegen die Machenschaften von Lehman Brothers, die wahrscheinlich, weil sie der erste Dominostein waren, der dieses Desaster in Gang gesetzt hat, in die Geschichte eingehen werden, unternommen hat. Lehman hatte quasi bis zu seinem Ende eine sogenannte AAA-Bewertung (also die höchstmögliche) der Ratingagenturen in der Tasche und war in vielfältigster Weise in dubiose Geschäfte verwickelt. So auch in die sogenannten Repo-105-Transaktionen. Matthew Lee, ein hochrangiger Manager, der es wagte, diese zu kritisieren, wurde umgehend aus der Firma entfernt. Der oberste Chef Richard Fuld behauptete gar in einer der Anhörungen nach dem Lehmann-Crash, dass er nichts von den damaligen Repo-105-Geschäften gewusst hätte. Da bekommt man ungefähr eine Idee, welcher Geist in dieser Firma geherrscht haben muss und was mit Menschen passiert wäre, wären sie Lee beigesprungen.

Aber Angst und „Des Kaisers neue Kleider" haben noch eine andere kollektive Dimension. Das allgemeine Bedürfnis nach immer mehr Absicherungen, Versicherungen, Rückversicherungen, Rücklagen und Rücklagegewinnen beflügelt die Finanzbranche zu immer „neueren und besseren Produkten" und ruiniert so, als Ironie des Schicksals, eine realistisch mögliche dauerhafte Sicherheit. Mit diesen Produkten, die ja nichts anderes sind als ein vollmundiges Versprechen, dass selbst der kleine Mann den „großen Schnitt" machen könnte, verkauft die Finanzbranche den Kunden ihre eigenen Hoffnungen. In dem Punkt unterscheidet sie sich nur marginal von der Esoterikbranche. Was sie allerdings unterscheidet, ist die tatsächliche reale Auswirkung. Wie Kommunen beinhart das ihnen anvertraute Geld mit dubiosesten Finanzkonstruktionen, Fremdwährungskrediten, Swaps & Co, bar jeder Vernunft und jeden Wissens dem Ruf der großen Finanzwelt folgend, verzockten, ist spektakulär. Wie sie jetzt, auf einem Scherbenhaufen sitzend, kaum mehr die von ihnen verlangten Zinsen zahlen können, ebenfalls.

Die Personifizierung dieser Versprechen – das Unmögliche ganz einfach möglich zu machen – sind Menschen wie der langjährige Deutsche-Bank-Boss Josef Ackermann. Ganz Finanzguru ist es ihm allerdings, genauso wie all den anderen esoterischen Prinzipalen, egal, was mit dem Heer der Enttäuschten und Betrogenen passiert. Er hat ja mit sich selbst bewiesen, dass es möglich ist, die „ganz große Kohle" zu machen. Wenn das anderen nicht gelingt – selber schuld. Wenn dann das Volk mit angstgeweiteten Augen genau von diesen Finanzmagiern auch noch Antworten darüber erwartet, wie es denn jetzt aus diesem Dilemma wieder herauszukommen könnte, wird es endgültig bizarr. Ackermann die Rolle des Experten für Wege aus der Krise zuzuschreiben, ist nichts anderes, als den berühmten Bock zum Gärtner zu machen. Genauso geht es aber zurzeit vonstatten.

Das muss man sich ja einmal auf der Zunge zergehen lassen: Merkel & Co werden von jenem Mann beraten, der als einer der Hauptvertreter dieses Abzocksystems gilt. Nicht überraschend fordert sein Ansatz, Banken „ohne Wenn und Aber" zu retten. Klar, denn wenn all die kleinen Banken „krachen", würden sie letztlich auch die große Deutsche Bank mit in den Abgrund reißen. Den absoluten Höhepunkt der Impertinenz stellt somit Ackermanns Aussage dar, sich zu schämen, würde er selbst Hilfsgelder in Anspruch nehmen müssen. Obendrein hält er an Renditen von 25% fest: Dies sei „kein Ausdruck von Gier, sondern dafür, dass sich die Bank im Club der weltweit Besten befände". Zusätzlich seien die von der Politik vorgeschlagenen Gehaltslimitationen von einer halben Million Euro pro Jahr abzulehnen: „Darum kriegt man einfach keine guten Manager."

In diesem Stadium oder (geistigen) Zustand wird auch die Lehre des berühmten Ökonomen, Politikers und Mathematikers John Maynard Keynes darüber, dass der Staat in Zeiten der Krise intensiv ins (Finanz-)System investieren soll, zur Farce. So haben Banken nach 2008 dieses (billige) Geld genommen, um damit direkt oder indirekt gegen jene zu spekulieren, von denen sie zuvor gerettet worden waren. Die „Gewinne" derer, die das am intensivsten betrieben, waren in den Jahren 2009 und 2010 gigantisch. So zum Beispiel die eines gewissen John Paulson, der übrigens nicht verwandt ist mit dem Ex-US-Finanzminister Henry Paulson (aber selbst das würde nicht überraschen). Nachdem Paulson bereits 2007, zu Beginn der sogenannten Finanzkrise, rund 4 Milliarden Dollar als Person damit gemacht hatte, Produkte für Goldman & Sachs zu entwerfen, wo er wertlose Papiere einbrachte, gegen deren Abnehmer er dann „wettete", brach er im Jahr 2010 diesen eigenen Rekord. Er „verdiente" satte 5 Milliarden Dollar. Womit? Das ist topsecret. Es interessiert offensichtlich auch nicht wirklich jemanden. Selbstredend wurde auch Paulson vom amerikanischen Kongress als Experte eingeladen, um Auswege aus der Krise zu suchen. Fragen, wo denn all sein Geld herkommt, wurden dem „Finanzstar" keine gestellt. Es besteht übrigens auch dringender Verdacht, dass Goldman direkt gegen seine eigenen Kunden „spekulierte". Während Goldman & Sachs im Sommer 2010 in einem Vergleich mit S.E.C. (wohlgemerkt nicht wegen strafbarer Handlungen, sondern wegen inkompletter Anleger-Informationen) 550 Millionen Dollar zahlen musste (eine Rekordgeldstrafe, die allerdings in diesem Kontext immer noch lächerlich anmutet), sind, wie es ausschaut, die Machenschaften des John Paulson juristisch unantastbar. Selbstredend ist auch hier der Tenor beider: „Wir tätigten nur normale Bankgeschäfte."

Wie sich all diese „normalen Bankgeschäfte" und der Druck der Gewinnmaximierung bis hin zu den kleinsten Kundengeschäften auswirken, beschreibt die deutsche „Wirtschaftswoche": „Bankberater packen aus: ‚Ich habe sie betrogen': In vielen Filialen deutscher Banken herrschen Zustände wie in einer Drückerkolonne." Interviewt wurden Dutzende von Filialangestellten verschiedenster Banken – von Commerzbank und Hypovereinsbank bis zur schwedischen SEB, von der kleinen Weberbank in Berlin bis zur Deutschen Bank und den großen Sparkassen. Tenor dabei: Bankberater belügen Kunden, weil sie dem Vertriebsdruck – den Drohungen und Demütigungen ihrer Vorgesetzten – nicht mehr gewachsen sind.

„Low Performer" stehen bei vielen Banken auf der Abschussliste. So wird von einem Fall berichtet, bei dem alle Filialmitarbeiter Überstunden machen mussten, weil ein Einziger seine Ziele nicht erreichen konnte. Schließlich übten alle anderen Kollegen so lange Druck auf den Geschmähten aus, bis dieser kündigte. Es verwundert niemanden, schreibt das Blatt weiter, dass der Kampf „jeder gegen jeden" in vielen Filialen Teamarbeit nicht mehr zulässt. Einem Haifischbecken gleich, sei sich jeder selbst der Nächste. Und dass es kaum verwundere, dass Mobbing auf der Tagesordnung stehe, viele Mitarbeiter wegen des Leistungsdruckes nicht mehr schlafen könnten und es in diesem System der Angst zu einer ständigen Steigerung der Burn-out-Rate und anderer psychischer Erkrankungen komme. Die Bankenkrise hätte noch weiter dazu beigetragen, dass sich viele Mitarbeiter als Versager fühlen.

Auch berichtet der Artikel darüber, dass informierte und selbstbewusste Kunden oder solche, die sich Unterlagen zu Hause noch einmal in Ruhe durchsehen wollen, sehr unbeliebt seien und im Kollegenkreis als „Patienten" bezeichnet würden. Als Beispiel wird die Direktbank-Gesellschaft der Deutschen

Bank genannt, wo Mitarbeiter für Wertpapiergeschäfte inklusive Nachbearbeitung nicht länger als vier Minuten brauchen dürften. Und genau da läge das Grundproblem: Berater werden von den Banken bezahlt, sollen aber eigentlich im Sinne der Kunden handeln. Die „Wirtschaftswoche" schließt mit dem Statement, dass „Abdrücken wirksamer sei, als von seinem Chef erdrückt zu werden", weil für viele Bankberater unzufriedene Kunden das geringere Übel sind als unzufriedene Chefs. Selbstredend bestreiten sämtliche oben angeführte Finanzinstitute in teilweise schriftlichen Stellungnahmen die angeführten Vertriebspraktiken.

Aus diesem Artikel abzuleiten, dass die Alternative „unabhängige Anlageberater" wären, weil diese ihren Kunden außerhalb der Zwänge eines Angestelltenverhältnisses betreuen könnten, ist aber ebenfalls nicht haltbar. Im Gegenteil: Wie beim deutschen Strukturvertriebsriesen AWD sichtbar wurde, sind dessen „freie" Mitarbeiter einem immensen Vertriebsdruck ausgesetzt. So hat der AWD, der auch in Österreich flächendeckend Platz gegriffen hat, mittlerweile eine Sammelklage auf dem Hals, weil er systematisch abertausenden Kunden zu österreichischen Immoeast und Immofinanz-Aktien geraten hatte. Der Hintergrund der Klage ist, dass der „unabhängige" AWD seinen Kunden verschwiegen hatte, mit den Immo-Aktienauflegern ein quasi exklusives Verkaufsabkommen geschlossen zu haben, und seine Berater dazu angehalten waren, diese Aktien an den Mann zu bringen bzw. darauf zu achten, dass Kunden diese nicht abstoßen. Die Aktie ist dann allerdings ins Bodenlose gestürzt und viele Menschen haben mangels Diversifizierung ihres Aktiendepots ihr ganzes Erspartes verloren. 2009 erfolgte dann ein Gerichtsurteil, dass der AWD den Zusatz „Ihr unabhängiger Finanzoptimierer" nicht mehr verwenden darf. Er nennt sich jetzt „Ihr persönlicher Finanzoptimierer".

Verschärft wird die Sache auch noch dadurch, dass viele Berater die ganze „Verkaufsproblematik" mangels anderer Kunden oft in ihren engsten Familien- oder Freundeskreis tragen. Die zwischenmenschlichen Dramen, die sich da bei einem „Totalausfall" abspielen, lassen sich nur erahnen oder im schlechtesten Fall selbst miterleben. Der langjährige Boss des AWD, Carsten Maschmeyer, ist jedenfalls „sein ganz persönlicher Optimierer". Mittlerweile ist er hunderte Millionen Euro reich, mit der bekannten Schauspielerin Veronica Ferres verlobt und mit der Créme de la Cremè der deutschen Wirtschafts- und Politelite auf Du und Du. Aber auch die persönlichen Praktiken des Autors des Buchs mit dem bezeichnenden Titel „Selfmade –erfolg reich leben" sind nicht unumstritten. So wird ihm zum Beispiel anonyme und somit verbotene Wahlkampffinanzierung für den damaligen Kanzler Gerhard Schröder und das Unter-Druck-Setzen von Journalisten vorgeworfen, die die Geschäftspraktiken des AWD mit kritischer Berichterstattung bedachten.

Nichtsdestotrotz oder gerade deswegen verlieh die Universität Hildesheim Maschmeyer an seinem 50. Geburtstag den Titel eines Ehrendoktors. Möglicherweise hatte das aber mit seiner vorherigen Spende von 500.000 Euro an das dortige Institut für Psychologie zu tun. Jedenfalls schaltete sich die Antikorruptionsabteilung der Staatsanwaltschaft Hannover ein, die dann aber das Verfahren nach Vorermittlungen mangels nachweisbaren Zusammenhangs zwischen Spende und Ehrenpromotion eingestellt und zudem erklärt hat, dass die Verleihung eines Ehrendoktortitels an einen Spender ohnehin im rechtlich zulässigen Beurteilungsspielraum der Universität läge. Der frischgebackene Ehrendoktor der „Verdienste um die Förderung der Wissenschaften" wurde jedenfalls standesgemäß von seinem Laudator gewürdigt, der vor allem das Empathievermögen Maschmeyers hervorhob. Dieser wiederum durfte sich auch einer Zuwendung – für ein Druckwerk – erfreuen. Ohne es allerdings zu wissen, wie er, der auch in Maschmeyers Villa auf Mallorca urlaubte, im Nachhinein behauptete. Das „gesponserte" Buch trägt übrigens den Titel „Besser die Wahrheit" – der Laudator den Namen Christian Wulff.

Somit schwindet die Opfer/Täter-Dichotomie, weil die kleinen Bank- und Anlageberater eigentlich beides sind. Die systemische Problematik wird sichtbar, in der auch ihre Vorgesetzten als Opfer gesehen werden können. Im Verdrängungskampf um sogenannte Marktanteile sehen sich die meisten gezwungen, beim alltäglichen Wahnsinn mitzuspielen. Täten sie es nicht, würden sie selbst zu Opfern werden. Und so setzt sich dieses Spiel fort bis hin zu großen Sparkassen, die, paradoxerweise um ihre Existenz zu sichern, glauben, Risiken auf den internationalen Finanzmärkten eingehen zu müssen, deren Auswirkungen sie weder abschätzen, geschweige denn die negativen Folgen tragen können. Sieht man das Ganze als Kontinuum, steht jedenfalls fest, wer das letzte Glied in der Kette darstellt: das sind die Kunden. Oder zumindest die Gesamtheit der Kunden bzw. Bürger, die einzeln bzw. im Kollektiv den angerichteten Schaden zu tragen haben. Auch wird man den Verdacht schwer los, dass es sich bei vielen der oben beschriebenen Praktiken schlicht um groß angelegte Pyramidenspiele handelt.

Das System Kapitalismus

Um Korruption und seine sukzessive Ausweitung zu verstehen, muss somit das Gesamtsystem beleuchtet werden. Und damit das kapitalistische Wirtschaftsmodell, mit seinem alles durchdringen Anspruch an Gewinnmaximierung. Frei nach dem Ökonomen Joseph Schumpeter, der dies schon im Jahre 1911 feststellte, ist Kapitalismus nämlich ein Kreislaufsystem, das nach einem geglückten Aufbau wieder zerstören muss, um danach wieder neu aufbauen zu können. So ist der Keim des Untergangs schon seit dem Beginn des neuen Zyklus (nach dem 2. Weltkrieg) von Kapitalismus und Zinseszins in das System gepflanzt.

Dies ist wie Monopoly in echt. Am Anfang des Spiels sind die Chancen relativ gleich verteilt. Es wird investiert, gehandelt und getauscht. Das Spiel macht Spaß. Es gibt Möglichkeiten der Entwicklung, und alle sind gespannt, wie es weitergeht. Positive Zukunft ist möglich. Ab einem gewissen Punkt allerdings schleicht sich in dem Spiel eine immer größere Schieflage ein. Die einen werden immer reicher und mächtiger, große Besitzverschiebungen gibt es kaum noch, die anderen sind froh, wenn sie durch Würfelglück ungeschoren über die Runden kommen.

Dieses Ungleichgewicht setzt sich unweigerlich fort, bis es kurz vor Ende des Spiels nur mehr einige wenige sind, die alles besitzen. Die anderen (Besitzlosen) sind aber dazu verdammt, weiterzuspielen und auf die Felder derer zu fahren, die abkassieren. Der Spaß ist verflogen. Es wird immer schwieriger, die Mieten (den Zins) zu berappen, und am Schluss ist dies gar nicht mehr möglich. Wie der Name des Spiels schon sagt, ist damit die Monopolisierung abgeschlossen und das Spiel zu Ende. Das es an dieser Stelle immer wieder Spieler gibt (Spielverderber, schlechte Verlierer?!), die aus Frustration die Spielsteine oder das ganze Spielbrett wütend vom Tisch wischen, sollte als Metapher und als Warnung gelten.

Die positiven Seiten von Kapitalismus (als Anreizsystem) werden also im Laufe der Zeit sukzessive in ihr Gegenteil verkehrt. Aus dieser Perspektive ist es völlig widersinnig zu versuchen, Schuldige für das Desaster zu finden, in dem wir stecken. Selbst die, die hartnäckig an immer weiteren Machtkonzentrationen und dem Privatisieren von Gewinnen und Sozialisieren von Risiken und Verlusten arbeiten, folgen eigentlich nur dem Skript, dass das Glaubenssystem Kapitalismus vorgeschrieben hat. Das Ausweiten von Möglichkeiten der Gewinnmaximierung bis hin zur Implementierung von Korruption begünstigenden und unterstützenden „Werkzeugen" ist da nur die logische Konsequenz. So ist auch die Reinstallation von „Spekulationsinstrumenten" wie zum Beispiel der Leerverkäufe (nach dem Verbot in den 1930er-Jahren) zu sehen. Der allgemeine Aufbau war in den 1980er-Jahren in der westlichen Welt weitestgehend abgeschlossen, die Märkte immer mehr gesättigt, und so „mussten" mithilfe des ideologischen Rückenwindes des Thatcherismus und der Reagan-Ära neue Spielwiesen für das angehäufte Kapital geschaffen werden.

Als weiterer Aspekt ist auch das in dieselbe Zeit fallende Ende des Kalten Krieges zu nennen. Solange er bestanden hatte, musste der Kapitalismus durch seine ideologische Gegnerschaft und seinen Kampf gegen den Realsozialismus danach trachten, dass er – als die bessere Variante – die Bedürfnisse der breiten Masse nicht unberücksichtigt ließ. Dies hat sich mit seinem

Selbstbedienungsladen Politik und Wirtschaft

„Sieg" grundsätzlich geändert. Es scheint, dass er nichts und niemandem mehr Rechenschaft schuldet und die internationalen Konzerne seither endgültig freie Fahrt genießen, um in einer dergestalt globalisierten Welt die Regierungen gegeneinander auszuspielen. Der österreichische Schriftsteller und Dramatiker Peter Turrini stellte in einer Rede bei den Salzburger Festspielen über die rasante Umverteilung von „unten nach oben" fest: „[...], denn wenn sie (die realsozialistischen Länder, Anm.) zu nichts anderem gut waren, dann waren sie es zu dem Einen. Sie zwangen die kapitalistische Ideologie zum Argument, sie hinderten sie an der unwidersprochenen Verkündigung."

Zu all dem kommt auch noch, dass die mit der Industrialisierung begonnene Automatisierung der Produktionsabläufe einen noch nie da gewesenen Grad der Perfektionierung erreicht hat. Der alte Traum der Menschen, dass ihnen Maschinen ihre Arbeit abnehmen, ist in mittlerweile fast allen Produktionsbereichen wahr geworden. Mit ihm allerdings auch, dass sich die Auswirkungen gegen sie selbst richten. Er wird immer mehr zum Albtraum, weil er ihnen paradoxerweise ihre damit verbundenen Einkunftsmöglichkeiten und die Würde einer produktiven Tätigkeit „wegnimmt". Es mutet vor dem Hintergrund dieses alten Traumes absurd an, dass nun vor allem der einfache Arbeiter Maschinen ihre Arbeit „neidet". Die über die fortschreitende Globalisierung immer einfacher werdende Möglichkeit der Auslagerung dieser nun ohnehin schon rar gewordenen manuellen Tätigkeiten an sogenannte Billiglohnländer beschleunigt diesen Prozess noch dazu massiv. Die Kapitalgeber werden also immer „autonomer" und brauchen die Menschen eigentlich nur mehr als eines: als Konsumenten. Diese bekommen aber, weil ja die Einkunftsmöglichkeiten immer weniger werden, auch immer weniger Geld zum Konsumieren. Ein Teufelskreis entsteht, der sich immer schneller zu drehen beginnt.

Die heutige Notwendigkeit der Kollektive des immer weiteren Ausweitens der sogenannten Rettungsschirme (also des Weiteren exorbitanten Schuldenmachens der Masse zugunsten der Kapitalgeber) ist ein Zeichen dafür, wie weit das Spiel insgesamt nun fortgeschritten ist. So wird immer weniger Zeit für immer mehr Kapitaleinsatz erkauft. Wer Monopoly spielt, sollte man meinen, darf sich über dessen Verlauf nicht wundern. Es ist eben ein Gegnerschaftsspiel und kein Kooperationsspiel. Die Mehrheit der Menschen ist sich aber offensichtlich in keiner Weise bewusst, was und wie hier gespielt wird. Als Metapher dafür kann auch die irrige Übersetzung von Monopoly ins Deutsche verwendet werden. Der Name „Das Kaufmännische Talent" (DKT) impliziert, dass es ausschließlich auf die (positiven) Fähigkeiten der einzelnen Spieler ankäme, um in diesem Spiel zu reüssieren. Welch trügerische Vereinfachung. So waren wir noch nie eine wirkliche Leistungsgesellschaft. Und mit fortschreitendem „Spielverlauf" werden wir es umso weniger. Was die Wahrheit schon viel eher trifft, ist, dass wir eine Besitzgesellschaft sind.

So gilt es also das Wesen all dieser Glaubenssätze zu verstehen – zuvorderst die der Religion der „freien Märkte". Denn der Mythos, sie möglichst ungezügelt agieren zu lassen, kann gar kein anderes Ende als den Crash mit sich bringen. Das war in der Geschichte immer so. Es ist bisher der Menschheit noch nie gelungen, nach einem Wirtschaftsaufbau in eine nachhaltige Konsolidierung zu gelangen. Oder mit anderen Worten: Seitdem es Geld gibt, wurde noch nie etwas anderes als Monopoly gespielt. Aus dieser Perspektive, und das ist sehr desillusionierend, war und sind der derzeitige Friede und die Stabilität in unseren Breiten auch kein bewusster Akt der Entwicklung, kein Lernprozess aus der grausamen letzteren Geschichte, sondern „nur" das schmale geschichtliche Zeitfenster zwischen dem gelungenen Aufbau und dem vorprogrammiertem Untergang. Wenn diese Analysen stimmen, sind wir jetzt (leider) an dem Punkt, wo sich erstens dieses Fenster des kapitalistischen Kreislaufes zu schließen beginnt und zweitens der Niedergang unaufhaltsam scheint, weil weit und breit kein tragfähiges politisches und wirtschaftliches Gegenkonzept in Sicht ist.

Denn bei einem sind sich (zumindest zurzeit noch) auch die meisten einig. Eine Re-Installation des Kommunismus, der ja durch seine De-facto-Diktatur und das steile Gefälle der Macht erst recht der Korruption Tür und Tor öffnet, kann nicht die Idee der Stunde sein. „Besonders viel Anschauungsmaterial liefert in dieser Hinsicht China, wo zurzeit mit dem kommunistischen Volkstribun Bo Xilai und seiner Ehefrau Gu Kailai abgerechnet wird. Es geht dabei um Mord, um Geld, um Korruption – aber vor allem geht es um einen Machtkampf auf Leben und Tod innerhalb der KP", meint „Die Presse" in einem Kommentar. Bo, der noch vor ein paar Monaten als hoffnungsvoller Anwärter auf einen Sitz im allerhöchsten Gremium der unumschränkten Macht, dem 9-köpfigen ständigen Ausschuss des Politbüros, galt und der sich einen Namen als Korruptionsbekämpfer machte, indem er (vermeintlich) korrupte Fabrikanten hinrichten ließ, wird jetzt selbst der Korruption bezichtigt. Laut chinesischen Medienberichten hat seine Frau nun auch vor Gericht zugegeben, den ihnen lästig gewordenen britischen Geschäftsmann Neil Heywood mit Zyankali vergiftet zu haben.

„Die Presse" schreibt weiter: „Die Vermutung liegt nahe, dass die Kampagne gegen Korruption nur ein Vorwand war, um an die Vermögen der verfolgten Unternehmer zu kommen und das Geld dann, offensichtlich mithilfe des ermordeten Heywood, ins Ausland zu schleusen." Dass in einem Land wie China mit (zu Recht oder zu Unrecht) in Ungnade Gefallenen kurzer Prozess gemacht wird, ist kein Geheimnis. So war auch der von Gu Kailai am 9. August 2012 in wenigen Stunden beendet, kurze Zeit später das (Todes-)Urteil verkündet. Der Ausschluss der Öffentlichkeit, von Journalisten und die strikte Medienzensur über das Verfahren verstehen sich von selbst. Auch der bevorstehende Prozess gegen den ehemaligen Günstling Bo soll so vonstatten gehen, wobei allerdings die Machthaber in Peking vor einem Dilemma stehen wie „Die Presse" ebenfalls berichtet: „Einerseits müssen sie Bo öffentlichkeitswirksam bestrafen, um seine charismatische Wirkung auf die Bevölkerung zu neutralisieren. Andererseits dürfen sie es nicht zulassen, dass zu viele Details von Bos Vergehen an die Öffentlichkeit dringen. Denn das könnte das Ansehen der Partei schädigen." Der Kommentator, der übrigens seine Kolumne treffenderweise mit

„Farm der Tiere auf Chinesisch" betitelte, schließt mit den klugen Worten, dass all jene, „die aus sicherer Entfernung von der Dynamik des chinesischen Wirtschaftsmodells schwärmen", daran denken sollten, wie diese den zustande kommt.

Fakt scheint, dass der Kapitalismus westlichen Zuschnitts sich nicht quasi von selbst von der Geisel seiner Selbstzerstörung befreien wird. Fakt scheint auch, dass er, gerade weil er jetzt mit dem Kapitalismus aus Ländern wie China in Konkurrenz steht, noch zusätzlich unter Druck gerät. Um es vielleicht richtiger zu sagen: Eigentlich steht ja nicht der Kapitalismus unter Druck, sondern es sind unsere Demokratien, die immer stärker unter Druck geraten. Staatsführer wie Italiens Premier Monti (ein Ex-Goldman-&-Sachs-Manager übrigens) im krisengeschüttelten Italien pochen gerade darauf, die „trägen" Parlamente zu beschneiden. Spätestens an dieser Stelle müssten bei allen Menschen, die das Wort „Demokratie" nicht nur vom Hörensagen kennen, die Alarmglocken läuten. Das Volk wählt ja nicht die Regierung, das Volk wählt die Volksvertreter, die im Parlament sitzen. Und nun sagt Monti, dass sich seine Regierung nicht daran halten sollte, was das Parlament entscheidet. Nächster logischer Schritt wäre dann: Da die Regierungen sich nicht mehr an das zu halten brauchen, was das Parlament beschließt, braucht man eigentlich gar kein Parlament mehr. Der Herr von der Finanzwirtschaft sagt also der Demokratie offen den Kampf an!

Solche Bedrohungsszenarien und Erosionen von Volksherrschaften sind allerdings in der Geschichte alles andere als neu. So prägte der griechische Historiker Polybios schon rund 200 vor Christus den Begriff Ochlokratie (Pöbelherrschaft). Während wirkliche Demokratie am Gemeinwohl orientiert ist, sieht der antike Staatsphilosoph Polybios die Ochlokratie als Zerfallsform an, in der die Sorge um das Gemeinwohl dem Eigennutz und der Habsucht Platz gemacht hat. Insofern gilt die Ochlokratie als eine Entartung der demokratischen Staatsform. Irgendwie interessant, bedrohlich, aber auch auf eine Weise beruhigend, dass das Dilemma, in dem wir stecken, keine ganz neue Bedrohung darstellt und offensichtlich wirklich nur an den Menschen und nicht an technische „Errungenschaften" wie z.B. das superschnelle Online-Trading gebunden ist. Ich weiß nicht, wie es Ihnen geht, geschätzte Leserin, werter Leser, aber dass wir mit all den bereits oben beschriebenen Malversationen ein „Ochlokratie-Problem" haben, scheint wohl gesichert. Die weitere Folge wäre dann, das Umkippen von der Ochlokratie in eine Oligarchie – also das Herrschen einiger weniger über die Massen. Viele sind ja der Meinung, dass wir das ohnedies schon hätten. Weitere mögliche Formen wären sämtliche anderen Spielarten der Diktatur. Alles in allem nicht besonders rosige Aussichten.

Untermauern lässt sich dies dadurch, dass jetzt fast ausschließlich und überall von Schulden gesprochen wird. Niemand spricht aber davon, dass ja die Schuld der einen das Vermögen der anderen ist. Die Schuldner, allen voran die Staaten, sind das viele Geld nicht „dem Weltraum" schuldig. Es sind andere Menschen oder Menschengruppen bis hin zu anderen Staaten (Chinas Oligarchen sind z.B. zurzeit welche der großen Kreditgeber), deren Reichtum darauf aufgebaut ist, dass sie mit diesen Schuldscheinen (Geld) oder vielmehr Bits und Bytes in Computern, die ja für sich gar keinen Wert darstellen, Anspruch auf zukünftige Waren und Dienstleitungen derjenigen stellen, die bei ihnen in Schuld geraten sind. Einen Gipfel der Absurdität erreicht es aber dann, wenn man sich Folgendes vor Augen führt: Die Europäer sollen laut verschiedenster Schätzungen privat rund fünfmal so viel Vermögen gebunkert haben, als all die Schulden von Europas Staaten zusammen betragen.

Das Problem ist allerdings, dass einerseits ein Großteil dieser Vermögen in der Hand von ganz wenigen Superreichen liegt, aber andererseits auch, dass z.B. die großen Pensionsfonds auf einer exorbitanten Menge von angehäuftem Kapital sitzen. Beiden ist gemein, dass sie „ihr" Geld weiter investieren wollen, um einen höchstmöglichen Zugewinn zu erzielen. Das heißt, sie wollen mit dem Geld weiter Geld schöpfen. Leider sind wir an einem Punkt angelangt, an dem aufgrund der allgemeinen Überschuldung der hiesigen Masse und der Staaten auf dieser Ebene immer weniger zu holen ist.

Während Erstere nun nicht müde werden festzustellen, dass sie keine Lust mehr hätten, ihr „sauer verdientes Geld" in eine Masse von Bankrotteuren zu investieren, und so ihr Glück darin suchen, ihr Geld möglichst in andere aufstrebende, gewinnbringende Märkte zu investieren, sind Zweitere ja wir alle, die in der Hoffnung auf einen „gesicherten" Lebensabend paradoxerweise weiter dazu betragen, unsere Arbeitsplätze zu ruinieren. So fordern sämtliche Investoren, und so auch die Pensionsfonds, implizit oder explizit, von den von ihnen finanzierten Firmen nach einer ständig wachsenden Produktivität, was wiederum diese dazu zwingt, zu rationalisieren und zu automatisieren, und was dann wiederum Arbeitsplätze vernichtet. Die kapitalistische Grundidee, von denen, die schon unter Druck geraten sind, dann auch noch sogenannte Risikoaufschläge zu verlangen, verschärft den Teufelskreis weiter massiv. Diese „Rechnungen" des ewigen Zinszugewinns können somit nur aufgehen, wenn man von einem ständigen Wirtschaftswachstum ausgeht. Leider wächst aber in einer begrenzten Welt nichts ewig. Da ist eines der wirklich wenigen Naturgesetze in dem ganzen Spiel.

Der absolute Gipfel ist, diesen gar nicht anders möglichen Verlauf des Niedergangs mit moralischen Vorhaltungen an die Masse zu verknüpfen. Der kleine Mann müsste nur tüchtiger sein, dann würde sich schon alles zum Guten wenden. Dies ist eine Chuzpe sondergleichen. Denn auch wenn der kleine Mann, vorausgesetzt er wird zum richtigen Zeitpunkt geboren (also am besten kurz nach einem ganz großen Crash, der alles vernichtet hat), ein ganzes Leben lang brav arbeitet und es ihm gelingt, für sich und die Seinen einen kleinen Wohlstand zu schaffen – er wird diesen verlieren. Da kann er machen, was er will. Darauf hat er keinen Einfluss, selbst wenn er als Person schuldenfrei bleiben sollte. Der Staat muss sich nämlich, um ab einem gewissen Punkt des Spiels sein System aufrechterhalten zu können, d.h. Sozialleistungen, Infrastruktur bis hin zu den ominösen Bankenrettungen, exorbitant verschulden, und dies zwar wieder bei privaten (!) Kreditgebern. Und das im Namen und auf Risiko seiner Mitglieder – also des kleinen Mannes.

Das heißt, er macht immer mehr Schulden, auch wenn er sich nicht persönlich verschuldet.

Der Betrug könnte nicht größer sein. Dem, der nachweislich kaum bis gar nichts auf der hohen Kante hat, wird gesagt, er hätte über seine Verhältnisse gelebt – wohlgemerkt er und nicht die, die das 100-Fache und mehr verdienen. Leider müsse jetzt gespart werden, und das natürlich auf seine Kosten. Aber selbst das kann real gar nicht funktionieren. Es hat sich nämlich noch nie ein Staat gesund gespart – wie denn auch: Wenn man denen, die durch ihren (Massen-)Konsum die Nachfrage aufrechterhalten, die Möglichkeit zum Konsumieren nimmt, kann die Wirtschaft nur schrumpfen, was wiederum zu einem niedrigeren Steueraufkommen führt und das Problem der Schulden weiter verschärft. Ein Teufelskreis unvorstellbarer Güte – die genaue Umkehrung von Investition, Anreiz und Wirtschaftsprosperität. Das heißt im Gegensatz zum individuellen Sparen, wo heutiger Verzicht, um sich morgen etwas leisten zu können, sehr wohl seine Berechtigung hat, ist im Großen genau das Gegenteil der Fall. Wenn heute nicht entsprechend konsumiert wird, verlieren Produzenten, Händler, Verkäufer und Anbieter von Dienstleistungen ihre Daseinsberechtigung und stehen dann morgen gar nicht mehr zur Verfügung.

Natürlich schließt das alles nicht aus, über sinnvollen Bürokratieabbau und Effizienzsteigerungen (Stichwort Verwaltungsreform) im Staat nachzudenken und Veränderungen in Angriff zu nehmen. Im ganz Großen gesehen, bedeutet allerdings die von den Reichen und Mächtigen massiv eingeforderte Verschlankung der Staaten, zumindest im Norden von Europa, nichts Geringeres, als sie zu korrumpieren. Die kurzfristig zu erzielenden Vorteile z.B. über Privatisierungen von Staatseigentum können vielleicht helfen, die momentane Not zu lindern. Wie das allerdings oft vonstatten geht und welchen Freunden zu welchen Schnäppchenpreisen Allgemeingut zugeschanzt wird, lässt schon auf die wahren Absichten schließen. Hier geht es nicht um Hilfe, hier geht es oft schlicht um weitere Bereicherung der ohnehin schon Reichen auf Kosten aller. Aber selbst, wenn alles „sauber" über die Bühne geht – Lösungen für die Zukunft sind das allesamt keine. Darüber kann die fatale Schuldenfalle nicht gestoppt werden. Auch die des Weiteren geforderten Steuer- und sonstigen Erleichterungen für Investoren (Stichwort Arbeitsplatzsicherung) ergeben auf lange Sicht nicht nur keinen Vorteil, sondern bringen die Staaten in eine immer prekärer werdende Lage.

Wie die tatsächlichen Machtverhältnisse mittlerweile aussehen, kann über den von Fekter, Merkel & Co gebetsmühlenartig wiedergegebenen Kommentar „die Staaten (also wir alle) müssten das Vertrauen der Finanzmärkte wiedergewinnen" abgelesen werden. Dies stellt nachgerade eine der perversesten Umkehrungen dar. Die Finanzmärkte müssten in Wirklichkeit beweisen, dass sie nach all dieser geradezu wahnhaft herbeigeführten Destabilisierung des ganzen Systems unser aller Vertrauen wiedergewinnen. Und wenn sie dazu nicht in der Lage oder willens sind, müssten die politischen Autoritäten ihnen den Platz zuweisen, der ihnen per Definition zusteht: nämlich der Wirtschaft und der Masse der darin tätigen Menschen zu dienen und nicht umgekehrt.

Wie immer auch man ideologisch zu den Theorien von Karl Marx stehen mag – er scheint mit zwei wesentlichen Dingen in seinen Thesen zum Kapitalismus recht zu haben: Erstens, dass die Kapitalmaximierung ein schier unlösbares und in seinem Kern zerstörerisches Phänomen ist und zweitens, dass das darauffolgende Primat der Kapitalbesitzer über die Politik eine weitere Berücksichtigung der Bedürfnisse und des Willens der breiten Masse verunmöglicht. Mit anderen Worten: Der von Schumpeter postulierte kapitalistische Zyklus im Endstadium lässt demokratische Entscheidungsprozesse immer weniger zu. Daraus könnte man Folgendes ableiten: Kommunismus führt direkt in die Diktatur, Kapitalismus über einen jahrelangen Prozess ebenso. Somit ergibt sich eine fast karikaturhafte Situation. Die beiden in Ewigkeit währenden ideologischen Feinde streben letztlich dasselbe Ziel an.

Wenn es nicht so dramatische Auswirkungen hätte, könnte man es auch als witzig bezeichnen, dass in unseren Breiten der Untergang deswegen unaufhaltsam scheint, weil zu viel Reichtum angehäuft wurde. Die Masse allerdings läuft Gefahr, quasi vor der vollen Schüssel zu verhungern. Obwohl sämtliche Möglichkeiten wie menschliche Fähigkeiten, Produktionsmittel und Infrastruktur intakt sind und bereitstehen, geht der Masse über kurz oder lang das Zahlungsmittel aus, um „den Betrieb aufrechtzuerhalten". Und dies noch dazu auf Basis einer klassischen Missinterpretation. So beruft sich neoliberaler Kapitalismus gerne auf die Thesen Adam Smiths. Sinngemäß postulierte dieser, dass der Egoismus Einzelner letztlich für alle gut sei, weil ihr Antrieb die Entwicklung und damit Prosperität der ganzen Gesellschaft vorantreibt. Jetzt sollte man aber, und hier sieht man wie wichtig psychologische Vertiefung wäre, mitberücksichtigen, wer denn der Mann war, der das behauptete. Die Überraschung folgt auf dem Fuß. Die Ikone der modernen Wirtschaftswissenschaften war in seiner Zeit als Moralphilosoph bekannt und verdiente seinen Lebensunterhalt als schottischer Zollkommissar. Das heißt, seine Lebensaufgabe war, Schmuggler zu jagen -- er müsste also, würde er heute leben, demgemäß Steuerfahnder sein. So ist es nachgerade eine Ironie des Schicksals, dass genau die Schmuggler unserer Zeit ihr Tun mit Smiths Thesen rechtfertigen.

Diese heutigen Freibeuter sind so effizient geworden, dass sie letztlich ganze Staaten auszuhebeln imstande sind. Letztere haben ihnen aber genau das, durch den ideologischen Rückenwind der „freien Märkte" und auf heftiges Drängen (also Lobbyieren) der Finanzmarktbosse, erst ermöglicht. Was nämlich bis in die 1970er und teilweise 1980er-Jahre noch gut funktioniert hatte (als man Aktien wegen deren Dividenden kaufte und man nur sehr langfristig einen Spekulationsgewinn über ihren Kurswert erzielen konnte), ist in den letzten zwei Dekaden extrem pervertiert worden. So waren die radikalen Änderungen der sogenannten Ebit-Regeln ein Teil des Todesstoßes für das produktive Funktionieren der Aktienmärkte. Damit bestimmt das Börsen-Monopoly-Geld unser Leben heute. Und leider nicht unsere reale Arbeit und ihre Resultate. Umso unverschämter sind deswegen Aussagen wie die des mächtigen Bankchefs Ackermann, der in einem Interview feststellte: „Wir haben ja nur die Möglichkeiten genutzt, die uns die Politik geboten hat."

Wie sehr wir an dem Punkt angelangt sind, an dem Einzelne glauben, hier auf den Spuren der großen Finanzhaie ewig weiteren Profit gerade auf Kosten der immer mehr unter Druck Geratenden machen zu können und gleichzeitig Menschen Angst bekommen, dass sich das alles nicht ausgehen wird, kann in verschiedensten Internetforumsdiskussionen nachvollzogen werden. Als Beispiel: Forumsteilnehmer A meint: „Griechen, macht weiter so! Auf diese Art wird das Geldverdienen noch einfacher. Der Verkauf von Euros direkt nach der Wahl (und wer das nicht macht, ist ohnehin ein Idiot) in der Größenordnung von nur 1 Lot (das ist sehr wenig) brachte bisher 1600 Euro Gewinn – ohne Arbeit." Darauf Forumsteilnehmer B: „Das ist ein Wahnsinn – das Finanzkasino gehört endlich an seinen eigentlichen Platz geschoben – in die Bedeutungslosigkeit." Forumsteilnehmer C: „Vermutlich wird das aber nicht passieren …" A: „… Ganz sicher nicht." C: „Irgendwann muss sich allerdings das System überleben, einen Mehrwert für die Gesellschaft hat es nicht, profitieren tun nur Einzelne." A, an C gerichtet: „Wie überall … nicht jeder kann alles machen", und an B gerichtet: „Statt auf die Finanzmärkte zu schimpfen wäre es sinnvoller für dich, dafür zu sorgen, dass du mal etwas hast. Wenn man nichts hat, muss man immer auf andere hinhacken, die erfolgreicher sind – das macht auf Dauer keinen Spaß." Darauf B an A: „Wie meinen? Ich verdiene gut und habe bereits 2 Häuser …"

Eindrucksvoller kann die allgemein entstandene Gegnerschaft wohl nicht dargestellt werden. Und auch die Problematik, dass jemand, der sich offensichtlich Sorgen macht, nicht als Verlierer dastehen möchte. Auch wird klar, dass durch diese Form der vollkommen aus dem Ruder gelaufenen allgemeinen Finanzspekulationen die anti-sozialen Seiten in Menschen nachgerade glorifiziert und quasi als Voraussetzung für ein erfolgreiches Leben dargestellt werden. Das Geld allerdings, das solcherart überall abgezogen wird, geht tatsächlich rundum ab. Es ist somit kein abstraktes Spiel, auch wenn z.B. durch Online-Trading der reale Bezug für den Einzelnen immer mehr verloren geht. Für den durchschnittlichen Menschen (also nicht den Spekulanten) in unserer sogenannten freien Welt bedeutet dies, dass er mit jedem Tag mehr genötigt wird, den anderen Geld abzujagen, um den horrenden Zinsaufwand zu stemmen, der ja in jedem Produkt und in jeder Dienstleistung enthalten ist. Damit wird er im kapitalistischen Zyklus immer weniger freier Bürger und immer mehr zum Sklaven des Kapitals. Womit man Goethe zitieren könnte, der meinte, dass „niemand mehr Sklave sei, als der, der sich für frei hält, ohne es zu sein."

Auch wenn Staaten wie Deutschland oder Österreich noch eine sehr stabile Gesellschaft zu haben scheinen und von alledem in den realen Auswirkungen immer noch wenig zu spüren ist: Die Richtung, in die es läuft, ist eindeutig, und dass obenstehende Analysen ihre Berechtigung haben, zeigen wohl Aussagen wie die eines Hans-Peter Haselsteiners der, seines Zeichens Industrieller und Baumagnat und damit eher ideologisch unverdächtig, in einem Interview im August 2012 meinte: „Tatsache ist, dass mir noch niemand erklären konnte, wie wir ohne Währungsreform, ohne Krieg, Bürgerkrieg oder Revolution diese Disproportion – egal ob in den Staatsschulden zu den Sparguthaben oder Geldvermögen, egal ob zwischen den vermögenden 10 Prozent und den armen 30 Prozent – wie wir dieses all diesen Dingen zugrunde liegende Problem lösen können."

Damit kann behauptet werden, dass genau diese stetig wachsende Disproportion und die illegitime bis illegale Weise, wie sie zustande kommt, die ganz große Form der Korruption darstellt. Und egal ob die Staatsform nun Kapitalismus oder Kommunismus oder sonst wie heißt, es ist das fortschreitende Ungleichgewicht zwischen seinen Bürgern, was die Verteilung der Mittel und damit der Macht betrifft, das bis hinunter zum kleinsten Schlitzohr eine ideologische Basis für korruptes Verhalten stellt. Somit bedeutet das Ende einer breiten Mittelschicht mit Sicherheit auch das Ende von halbwegs friedlichen Verhältnissen.

Wenn man nun nämlich den Teufelskreis weiterspinnt, dass auch der Staat, in dem wir leben, möglicherweise bald bankrott sein könnte und er es sich dann nicht mehr leisten wird können, zum Beispiel seine Polizisten angemessen zu bezahlen, könnten wir alle noch eine Renaissance dessen erleben, was wir zurzeit noch etwas hochnäsig sogenannten Bananenrepubliken zurechnen. Vielleicht sind wir gar nicht so weit davon entfernt, dass auch hier die Ordnungshüter wieder auf das altbewährte System des Handaufhaltens übergehen (müssen). Im ohnehin korruptionsgeplagten Griechenland wurde übrigens vor Kurzem der Mindestlohn für Polizeibeamte auf 680 Euro monatlich gesenkt. Und am 1. September 2012 steht zu lesen, dass der Präsident unseres Nachbarlandes Slowenien die Zahlungsunfähigkeit seines Landes ankündigt. Im Oktober soll es so weit sein.

Dementsprechend gälte es, sich an dieser Stelle der Menschheitsgeschichte wieder einmal und wahrscheinlich sehr dringend mit ganz grundsätzlichen Werte- und Kulturfragen auseinanderzusetzen. Der Psychotherapeut Hans-Peter Röhr sagt: „Unsere Gesellschaft fördert die Entwicklung des falschen Selbst – Maßlosigkeit und Ausbeutung prägen das Lebensgefühl." Somit erscheint es als besonders wichtig, in die Betrachtung von Organisationen und ihren korrupten Machenschaften neben der psychologischen Struktur ihrer Führungs- und Untergebenenfiguren auch die Werte und Glaubenssysteme unseres kapitalistischen Lebensentwurfes miteinzubeziehen. Es ist kein Zufall, dass gleichzeitig ein „alles ist möglich (wenn man nur ‚wirklich' will)"-Mythos, der superlative Umgang mit „Gewinnern" (siehe Gehaltsstrukturen von Spitzenmanagern) und eine allgemeine Entsolidarisierung stattfinden.

Denn was soll der sogenannte kleine Mann aus all dem lernen? Dass er nicht auch alle ihm zur Verfügung stehenden Mitteln nutzen soll, sich einen Vorteil zu verschaffen, so sich ihm eine Gelegenheit bietet? Wenn er tagtäglich davon erfährt, wie sich „die da oben" schon auf legalem Wege in einer für ihn vollkommen unfassbaren Höhe „die Säcke vollstopfen" und dann noch dazu nichts unversucht lassen, die Gesetze so zu drehen

Selbstbedienungsladen Politik und Wirtschaft

und zu wenden (Stichwort Lobbying), dass für sie dann morgen noch mehr „rausspringt". Und wenn die, denen man dann mit Müh' und Not und oft sogar gegen die „Interessen" der Justiz dann doch ihre korrupten Machenschaften nachweisen kann, relativ ungeschoren davonkommen. Da müsste er doch dumm sein.

Wo ihm noch dazu zeitgleich die Botschaften von Super-Heros und Vorbildern wie Niki Lauda vorgespielt werden. So verkündet Niki Nationale doch tatsächlich in Zeiten wie diesen als Werbeträger für eine Bank: „Die Menschen fragen mich immer: Niki, wieso bist du so erfolgreich? Na, ich lass mein Geld für mich arbeiten – ich hab ja nix zu verschenken!" Gleichzeitig lässt aber Herr Lauda keine Gelegenheit aus, um öffentlichkeitswirksam zu betonen, welche Sorgen er sich um die Zukunft unseres Landes und den Planeten im Allgemeinen macht, weil er doch jetzt (Jung-)Vater von zwei süßen Zwillingskindern ist. Man sollte meinen, eines hätte sich in dieser Welt schon herumgesprochen. Geld arbeitet nicht!

Der korrupte Mensch

Der Mensch mit Eigenschaften

Die große Frage nach dem „Warum"
Warum sind manche Menschen so sozial, einfühlend, ehrlich und hilfsbereit, während andere so egoistisch, egozentrisch, unehrlich und selbstsüchtig sind?

Wieso ist Herr Maierhuber ehrenwert und korrekt, während Herr Moser schlitzohrig und falsch ist?

Weshalb gibt die fast mittellose Arbeitslose die gefundene Geldtasche zurück, während die gut bezahlte Finanzchefin regelmäßig in die Kassa greift?

Warum erstellt der Hausarzt Dr. Huber nur wahrheitsgetreue Befunde für seine Patienten, während Primarius Dr. Müller immer wieder Gefälligkeitsgutachten ausstellt?

Warum hält sich Frau Mag. Merens bei der Abfassung von Bescheiden peinlich genau an die Vorschriften, während Frau Ing. Brunner bei manchen Personen die Regeln nicht so genau nimmt?

Wieso reiht Prof. Gruner Operationstermine streng nach den Regeln und nach der Dringlichkeit, während Kollege Krakinger nur Patienten operiert, die ihm verstohlen ein dickes Kuvert in die Hand drücken?

Weshalb hält sich der Verkehrspolizist Schober bei der Ausstellung von Strafmandaten genau an die Gesetze, während Kollege Kornmann für ein nettes Trinkgeld schon mal beide Augen zudrückt?

Wie kann es sein, dass der Abgeordnete Singer streng nach bestem Wissen und Gewissen abstimmt, während sein Parteigenosse vor allem die Interessen gewisser Freunde im Auge hat?

Warum behandelt Frau Schwerzer die persönlichen Angaben ihrer Klienten streng vertraulich, während Frau Kollegin Röderer für kleine Gefälligkeiten gerne brisante Daten weitergibt?

Warum wird Minister Sirtaki in wenigen Jahren ein schwerreicher Mann, während Minister Baumgartner bei einem doppelt so hohen Gehalt in relativ bescheidenen Verhältnissen lebt?

Weshalb kann der EU-Mandatar Franz-Nikolaus Grauskopf mehrere Steuermillionen unkontrolliert für private Zwecke verwenden, während der kleine Gemeindebedienstete wegen eines geringen Fehlbetrages entlassen wird?

Warum werden die höchsten Ämter im Staat mehr oder weniger freihändig von ein paar mächtigen Parteifunktionären besetzt, während sich die Bewerberin für die Filialleitung eines kleinen Lebensmittelmarktes einem intensiven Auswahlverfahren stellen muss?

Steckt hinter so mancher politischer Postenbesetzung Korruption, also Machtmissbrauch zur Erzielung individueller oder kollektiver Vorteile zum Schaden anderer?

Was treibt Wähler dazu an, einen offenkundig persönlichkeitsgestörten Mann zum Landeshauptmann zu machen, der dann mit all seiner narzisstischen Energie die Landesbank und das Land in ein finanzielles Desaster stürzt? Mutmaßlich nicht ohne eine erkleckliche Portion Korruption von den verschiedensten Beteiligten.

Auch fragen sich nicht wenige Menschen, wie es möglich ist, dass ein Mensch wie Silvio Berlusconi Ministerpräsident eines großen europäischen Landes wird, und das gleich mehrmals? Warum ließen sich so viele Wähler auch von den peinlichsten Affären, den schmierigsten Machenschaften und den offensichtlichsten Vorwürfen nicht davon abhalten?

Fast ebenso verwunderlich mutet es an, das jemand einem Mann seine Stimme gibt, ja sogar noch ein zweites Mal, über den der Schauspieler Larry Hagman, wohl nicht ganz zu Unrecht, sagt: „Während der Idiot Reagan gefährlich, aber nicht eigentlich dumm war, sieht die Sache bei George W. Bush schon anders aus: Das Land wird von einem Menschen regiert, der gefährlich und dumm ist. Bush fällt komplett aus dem Rahmen dessen heraus, was Sie und ich unter einem sozialisierten Menschen verstehen. Er kann nicht reden. Er kann nicht lesen. Er ist Legastheniker. Und jetzt kommt das Beste: Er ist unser Präsident." Die Intelligenz dieses Mannes wurde schon von so manchem Beobachter in Zweifel gezogen. Laut einer Studie der Universität von Kalifornien soll er der zweitdümmste US-Präsident des 20. Jahrhunderts gewesen sein. Verschiedenste Aussagen des damals mächtigsten Mannes der Welt scheinen seine Defizite auch zu dokumentieren: „(…) Mein Standpunkt für das Leben ist, dass ich glaube, es gibt Leben. (…) Ich glaube, wenn man weiß, woran man glaubt, dann ist es viel einfacher, Fragen zu beantworten. Ich kann Ihre Frage nicht beantworten (…) Ich verstehe etwas vom Wachstum kleiner Betriebe. Ich war selber einer (…) Ich glaube an die friedliche Koexistenz von Menschen und Fischen (…)" Dass es bei derart geringer Qualifikation des Präsidenten korrumpierende Lobbyisten und korrupte Politiker und Beamte noch leichter hatten, gute Geschäfte zu machen, kann man sich gut vorstellen.

Aber es geht noch deutlich absonderlicher und schlimmer: Wieso konnte ein schwer gestörtes Leichtgewicht aus Österreich der allmächtige Führer des Deutschen Reiches werden und die ganze Welt tyrannisieren? Lag es mehr an seinen extremen Persönlichkeitseigenschaften, an der kollektiven Volksverwirrtheit, an den besonderen Umständen der damaligen Zeit oder an der Korruptheit zahlreicher tatsächlicher oder vermeintlicher Nutznießer?

Heutzutage wird die Welt auf ganz andere Art und Weise tyrannisiert. Wieso können ein paar verantwortungslose Spekulanten das Finanzsystem destabilisieren und einen ungeheuren Schaden für die Menschen und die Wirtschaft anrichten, während die für die Gesetze und Regeln Zuständigen nicht in der Lage sind, etwas dagegen zu unternehmen? Oder sind sie vielleicht nicht willens dazu? Dann könnte auch der Verdacht aufkommen, dass korruptes Denken und Handeln im Spiel ist.

Dass bei der nächsten Fragestellung korruptes Denken und Handeln im Spiel war, ist längst bewiesen: Wie könnte es auch sonst möglich sein, dass die eigene Regierung ein Land an den

Der korrupte Mensch

Rand des Bankrotts führt und die Einwohner dabei tatkräftig mithelfen?

Verständlich ist mittlerweile, warum die griechischen Bürger im Jahre 2009 im Schnitt rund 1.350 Euro Bestechungsgeld zahlen mussten, wenn sie die Ausstellung eines Führerscheins oder Fahrzeugscheins beschleunigen, eine Baugenehmigung beantragen, schneller in ein öffentliches Krankenhaus aufgenommen oder die Ergebnisse einer Steuerprüfung manipulieren wollten. Privathaushalte zahlten 2009 mehr als 780 Millionen Euro Schmiergeld. Korruption gilt als einer der Auslöser der Griechenland-Krise. Und die Schattenwirtschaft hat den Krisenstaat weiter fest im Griff. (Vgl. „spiegel.de", 2. 3. 2010). Kein Wunder, wenn laut Schätzungen der EU Steuerhinterzieher den Hellenenstaat jährlich um etwa 30 Prozent des Mehrwertsteueraufkommens betrügen.

In diesem Zusammenhang fragt man sich, wie es sein kann, dass ein kleines Land eine riesige Staatenunion in eine so schwere Krise zieht und sämtliche Politiker und Experten es über Jahre nicht schaffen, die Probleme auch nur annähernd in den Griff zu bekommen? Da fragt man sich natürlich auch langsam aber sicher, ob Verantwortungslosigkeit und Unfähigkeit dafür verantwortlich sind oder eher korrupte Interessensspielchen der Beteiligten. Schon die Aufnahme des Landes in die Eurozone war von finanztechnischen Machenschaften und merkwürdigen Ungereimtheiten begleitet worden. Gelernte EUropäer könnten dahinter durchaus korrupte Energie vermuten.

Zudem wird eine Bewältigung der Griechenland-Krise kaum mit Geld (alleine) zu schaffen sein. Zum einen kommen die vielen Milliarden ohnehin nicht wirklich beim Bürger an, zum anderen krankt es an der eigenwilligen Grundeinstellung und den staatsschädigenden Verhaltensmustern aller Beteiligten. Dazu ist schon eine sehr wirkungsvolle kollektivpsychologische Therapie vonnöten. Erforderlich sind Selbstreflexion, um nachzudenken und zu analysieren, Selbsterkenntnis, um die Lage erkennen und entsprechende Schlussfolgerungen ziehen zu können, sowie eine konsequente Selbstkontrolle, um die alten, tief sitzenden psychoneuronalen Denk- und Verhaltensmuster in den Griff kriegen zu können. Durch Belehrungen und Druck von außen wird das nicht funktionieren. Im Gegenteil: Belehrungen und Druck bewirken eher Abwehr und Gegendruck. Das Volk wird auch erst zu einem Umdenken und Umlernen bereit sein, wenn das morbide politische System durch ein anständiges und professionelles Staatsmanagement ersetzt worden ist. Ob parlamentarische Untersuchungsausschüsse dazu geeignet sind, die politische Verantwortung zu klären und entsprechende Konsequenzen zu ziehen, ist fraglich. Wenn das System sich selbst prüft und kontrolliert, dann ist meistens Korruption drinnen, und es kommt selten etwas Gutes dabei heraus.

In einem anderen, vermeintlich zivilisierten, EU-Land fragen sich auch so manche Bürger, ob ein derart opulenter Korruptionsausschuss notwendig ist. Gibt es wirklich so viele korrupte Politiker und Freunderl in Österreich, die verhört und überführt werden müssen? Sieht fast so aus. Ein Schelm, der meint, der Ausschuss würde von korrupten Politikern initiiert und so lange wie möglich am Leben erhalten werden, um persönliche oder parteipolitische Vorteile zu generieren.

Erstaunt mögen sich viele Menschen fragen, warum die OECD (Organisation für wirtschaftliche Zusammenarbeit und Entwicklung) schon Mitte der Neunzigerjahre Deutschland als das korrupteste Land der Erde bezeichnete, während Transparency International im jüngsten Korruptionsindex Deutschland um zwei Plätze besser reihte als Österreich. Immerhin sollen Bestechung und Vorteilannahme laut einer Studie (Johannes-Kepler-Universität Linz) der deutschen Wirtschaft in diesem Jahr einen Schaden von etwa 250 Milliarden Euro zufügen. Ist Deutschland ein Sumpf der Bestechung, der Schmiergelder, der Geldwäsche und Korruption? (Siehe Kapitel „Deutschland – ein Land der Korruption?")

Wenn die Medienberichte stimmen, so hat der ehemalige bayerische Ministerpräsident Franz Josef Strauß einen nicht gerade unerheblichen Beitrag dazu geleistet. Wie der „Spiegel" im Juni 2012 schreibt, soll sein Sohn Max 1992 versucht haben, 300 Millionen D-Mark in bar nach Luxemburg zu bringen und dort anzulegen. Dabei soll es sich um den Nachlass des 1988

Der korrupte Mensch

verstorbenen CSU-Chefs gehandelt haben, berichtet ein Banker. Die Familie weist die Vorwürfe zurück. Über die Herkunft dieser enormen Summe wird gerätselt. So soll ein bayerischer Unternehmer dem CSU-Vorsitzenden in den Siebzigerjahren mehrfach „dicke Umschläge" überreicht haben. Auch über die regelmäßige Zuwendung von Barschecks an die Familie Strauß wird gesprochen.

Dass auch Kirchenmänner nicht vor Korruption gefeit sind, zeigt der jüngste Skandal im Vatikan. Unter www.orf.at/stories/2122453/ ist zu lesen: „Dem Kammerdiener von Papst Benedikt XVI., Paolo Gabriele, der im Zuge des seit Wochen schwelenden Enthüllungsskandals im Vatikan festgenommen worden ist, drohen nun bis zu 30 Jahre Haft. Dem 46-Jährigen werde ein ‚Anschlag auf die Sicherheit des Papstes' vorgeworfen, weil er vertrauliche Dokumente, unter anderem persönliche Briefe an den Heiligen Vater, weitergegeben habe. In einigen Unterlagen [...] geht es angeblich um Vorwürfe der Korruption, des Missmanagements, der Günstlingswirtschaft und um Kritik an der Führung der Vatikanbank IOR, deren Präsident Ettore Gotti Tedeschi am Donnerstag entlassen wurde." Mitte August 2012 wurde entschieden: Paolo Gabriele soll im Vatikan vor Gericht gestellt werden.

Dass auch religiöse Organisationen keine Oasen der Sitte und Tugend sind, zeigt auf sehr tragische Art und Weise die Menschheitsgeschichte. Bei Vorkommnissen wie Unterdrückung, Folter, Hexenverbrennung oder Kinderschändung scheint der Tatbestand der Korruption noch das geringste Übel zu sein. Zumindest vordergründig betrachtet.

Hintergründig betrachtet, steckt Korruption fast überall drinnen, wo Missstände herauskommen. Nach Angaben der Weltbank muss durchschnittlich jeder Mensch etwa 7% seiner Arbeitsleistung für Korruptionsschäden aufbringen. Kleinere oder größere Netzwerke regieren Länder, Wirtschafts- und Finanzorganisationen. Netzwerke tragen den Bazillus der Korruption mehr oder weniger in sich. Es ist oft nur eine Frage der Zeit oder der Ereignisse, bis die Krankheit ausbricht und ihre zersetzende Wirkung erzeugt. Machtmissbrauch zur Erzielung von individuellen oder kollektiven Vorteilen zum Schaden anderer ist mittlerweile eine ernsthafte Bedrohung für unsere moderne Welt geworden. Der alltägliche Machtmissbrauch in der Politik, der Verwaltung, in der Wirtschaft und am Finanzmarkt lässt ganze Nationen und Staatenbünde erschüttern. Griechenland ist am Ende, Spanien nahe dran, Portugal und Italien kämpfen ums wirtschaftliche Überleben. Bezeichnenderweise liegen diese vier Länder laut einer Studie von Transparency International auch an der Spitze der EU-Korruptionswertung. Und die Eurounion droht in den Abgrund mitgerissen zu werden. Die engen Verflechtungen, die Hochtechnisierung und Globalisierung sorgen für eine brandgefährliche Ausbreitung von Missständen und Schieflagen.

Und was steckt hinter all dieser Plagen und Nöte? Der korrupte Mensch.

Der korrupte Mensch steckt aber nicht nur hinter materieller Vorteilsnahme durch Machtmissbrauch, sondern auch hinter menschlich noch sehr viel tragischerer Gewinnung von gewissen Vorteilen durch Gewaltandrohung und -anwendung: nämlich der Erzielung von Lustgewinn durch sexuellen Missbrauch von Buben und Mädchen in kirchlichen Einrichtungen oder städtischen Kinderheimen. Die Stadt Wien präsentierte Ende Juni 2012 den Abschlussbericht ihrer Untersuchungen. Der Leiter sagte dazu: „Es ist eine historische Katastrophe von unfassbarem Ausmaß." Kinder seien systematisch herabgewürdigt und gequält worden. „Die Formen von sexueller Gewalt reichten vom Zwang zur oralen und manuellen Befriedigung bis zum erzwungenen Koitus." Auch zu Zwangsprostitution und Serienvergewaltigungen soll es gekommen sein.

Wer meint, dass es nicht noch schlimmer geht, der irrt. Manche Berichte über Kriegsgräuel von feindlichen Soldaten an hilflosen Frauen und Mädchen sind derart grauenhaft, dass man sie kaum lesen, geschweige denn darüber schreiben kann. Obwohl ein Zusammenhang mit korruptem Verhalten von Politikern oder Beamten nicht unbedingt augenscheinlich sein mag, handelt es sich ebenfalls um Missbrauch von Macht. Zwar nicht zur Erzielung von finanziellen oder beruflichen Profiten, sondern von Vorteilen im Sinne von sexueller Triebbefriedigung, von Ausleben eines kollektiven Lustrausches oder von Befriedigung sadistischer Lüsternheit. Dass sich unter den Tätern auch häufig bis dahin völlig unbescholtene Familienväter befinden, macht deutlich, wozu Menschen (Männer) in extremen Situationen fähig sind. Diejenigen, die solche furchtbaren Situationen immer wieder verursachen, nämlich machtgierige Politiker, gestörte Kriegstreiber oder blutrünstige Warlords, bedienen sich ebenfalls korrupter Mittel. Sie missbrauchen ihre politische, militärische, finanzielle oder populistische Macht, um Konflikte anzuzetteln, zu schüren und in einen grässlichen Krieg münden zu lassen – um einen wie immer gearteten Nutzen daraus zu ziehen. Ganz abgesehen vom menschlichen Leid sind die Kosten und Schäden eines Krieges so exorbitant, dass mit einem Bruchteil dieses Geldes die Bevölkerung eines ganzen Landes psychologisch betreut und therapiert werden könnte, um einer Konflikteskalierung und einem Kriegsausbruch vorzubeugen. Weltweit gibt es keinen einzigen Staat, der das tut. Die Politiker investieren lieber in Waffen, Armeen, Geheimdienste und die Rüstungsforschung als in die Erforschung, Prävention und Therapie der menschlichen Seele.

Warum nur, warum?

Wir sind so

Wir Menschen sind das Produkt unserer psychoneuronalen Programme, der gegebenen Umstände und Ereignisse sowie unserer seelisch-körperlichen Zustände.

Unsere psychoneuronalen Programme sind das Ergebnis unserer Erbanlagen, der Schwangerschafts- und Geburtsphase sowie unserer Erfahrungen im bisherigen Leben. Es steuert uns Menschen und determiniert unsere Eigenschaften. Umstände, Situationen und Ereignisse wirken permanent auf uns ein. Unsere physische und psychische Verfassung beeinflusst uns massiv. Was aus uns geworden ist, wie wir sind, was aus uns werden wird, hängt von unseren Programmen, den Umständen und unseren Zuständen ab.

Wir können (oft) nicht anders.

Unsere Freiheit hat Grenzen – oft sehr enge.

Bestimmte Eigenschaften bewirken unter bestimmten Bedingungen einen bestimmten Werdegang und bestimmte Ergebnisse. Zufälle und eigendynamische Prozesse wie Domino-, Schneeball- oder Schmetterlingseffekte spielen dabei häufig eine entscheidende Rolle.

Aufgrund negativer Erfahrungen haben wir alle auch mehr oder weniger ungute Eigenheiten, Schwächen und Störungen. Diese sind nicht nur unangenehm für Betroffene und Mitmenschen, sondern manchmal auch gefährlich. Bedürfnis-Befriedigungs- und Selbstwertstörungen, narzisstoide, narzisstische oder antisoziale Eigenschaften können Mitmenschen schädigen. Insbesonders Gestörte in hohen Positionen in Politik und Wirtschaft können viel Schaden und Leid anrichten. Die Geschichte ist voll davon. Auch das narzisstische Wüten gegenwärtiger Spitzenpolitiker und Topmanager hinterlässt, wie wir leidvoll erfahren müssen, Elend und Zerstörung. Und sie wissen (oft gar) nicht, was sie tun.

Ist freier Wille eine Illusion? Kann der Mensch, ob Ehefrau oder Mutter, ob Mitarbeiter oder Chef, ob Wähler oder Politiker, frei entscheiden und handeln?

Der psychoneuronale Autopilot steuert uns Lebewesen entsprechend der installierten Programme. Dieser reagiert, in Abhängigkeit vom Zustand der Hardware (Körper), autonom auf Umstände und Ereignisse.

Wir meinen's nicht böse.

Wir Menschen sind so. Wir können (oft) nicht anders. Wir tun's nicht vorsätzlich böse.

Wir sind Nutznießer und Opfer (der Anlagen und Lebenserfahrungen) sowie Wohltäter und Übeltäter (entsprechend der Programme und Umstände) in Personalunion.

Der korrupte Mensch

Warum sind wir Menschen so, wie wir sind?

Nicht jede Information, aber jedes intensivere Erlebnis wird für immer in unserem Langzeitgedächtnis gespeichert. Alles Gespeicherte hat fortan Auswirkungen auf unser Wahrnehmen, Denken, Fühlen, Reagieren und Handeln.

Bei relativ unbedeutenden Erlebnissen sind die Auswirkungen minimal, also gar nicht oder kaum spürbar.

Bei sehr bedeutenden Erlebnissen, insbesondere bei sehr negativen, sind die Auswirkungen in der Regel massiv.

Ein einziges traumatisches Erlebnis (ein dramatischer Unfall, eine intensive Versagenserfahrung, eine schwere Kränkung, eine erste Panikattacke oder eine arge Peinlichkeit) beeinflusst den Betroffen mitunter ein Leben lang.

Auch weniger starke, aber oftmals gemachte Erfahrungen haben nicht selten nachhaltige Auswirkungen. So üben vor allem Erlebnisse in der frühen Kindheit einen gravierenden Einfluss auf das Leben danach aus – im Positiven wie im Negativen.

Die Verhaltensweisen der Eltern hinterlassen gewöhnlich einen besonders starken Eindruck. Ob ein Kind angenommen oder zurückgewiesen wird, versorgt oder vernachlässigt, anerkannt oder runtergemacht, gefordert oder überfordert, behütet oder überbehütet, integriert oder ausgegrenzt, ernst genommen oder lächerlich gemacht, aufgebaut oder gedemütigt, geherzt oder geschlagen wird, hat massiven Einfluss auf das ganze Leben.

Selbst gewissenhaften und liebevollen Eltern passieren im Zuge der Erziehung nicht selten folgenschwere Fehler. Unter Druck, im Stress, verärgert, wütend oder frustriert kommt es schon mal zu Ausdrucks- und Verhaltensweisen, die die kleine Tochter oder den kleinen Sohn tiefgreifend treffen.

So entwickeln sich bei den Kindern langsam, aber sicher psychische Eigenarten und Störungen. Im besten Falle sind es harmlose Marotten wie zeitweilige Überempfindlichkeiten oder schrullige Eigenheiten. Am häufigsten sind es neurotische Störungen wie Selbstwertbeeinträchtigungen, Ängste, Zwänge, Belastungs- oder Anpassungsprobleme. Im schlechten Falle sind es ganzheitliche Schädigungen wie ängstliche, paranoide, dissoziale, emotional instabile oder zwanghafte Persönlichkeitsstörungen. Und im schlechtesten Falle überlebt das Kind die „Erziehung" der Eltern gar nicht. Schreckliche Umstände, Dummheit, Unachtsamkeit und Gestörtheit der Eltern sowie Verwahrlosung oder Misshandlungen führen gar nicht so selten bereits in jungen Jahren zum Tod.

Nicht nur die Eltern haben eine starke Wirkung auf ihre Kinder. Auch Verwandte, Kindergärtnerinnen, Lehrer oder Chefs können bei ihren Nichten, Neffen, Enkeln, Schülern, Zöglingen oder Mitarbeitern tiefe Spuren der psychischen Irritation hinterlassen.

Fast keiner diese „Übeltäter" tut das absichtlich, geschweige denn bösartigerweise. Manche machen es sogar im besten Wissen und Gewissen.

Die unschuldigen Opfer der Vergangenheit sind die unverantwortlichen Täter der Gegenwart. Sie sind so (weil ihrerseits Produkte ihrer Erfahrungen), sie können oft nicht anders (vor allem bei Stress, Aufregung oder Überforderung), sie meinen es nicht böse. Sie wissen nicht, was sie tun.

Das Ergebnis ist jedenfalls fatal: Kein Mensch bleibt letztlich ungestört und völlig störungsfrei. Die Mehrheit der Menschen handelt sich in der Kindheit und Jugendzeit mehr oder weniger beeinträchtigende psychische Defekte ein.

Gestörte Menschen denken, fühlen, reagieren oder handeln in bestimmten Situationen unrichtig, das heißt, den objektiven Gegebenheiten nicht entsprechend. Sie beeinträchtigen auf diese Weise ihre Mitmenschen. Es kommt zu Missverständnissen, Stress, Konflikten, Aggressionen, Frust, Fehlhaltungen, Schäden, Kündigungen, Trennungen, Krisen oder Chaos, gar nicht selten zu Verletzungen, Mord und Totschlag.

Die gestörten Eltern, Verwandten, Kindergärtnerinnen, Lehrer oder Chefinnen neurotisieren ihre Kinder, Zöglinge, Schüler oder Mitarbeiter. Und diese neurotisieren wiederum ihre Mitmenschen. Ein ewiger Kreislauf, seit Menschengedenken. So geht's zu auf der Welt. So ist es immer zugegangen – verschieden in Form und Inhalt, aber immer ähnlich in der Quantität: ob in Beziehungen, Familien, Vereinen, Teams, Un-

Der korrupte Mensch

ternehmen, Institutionen, Gemeinden, Ländern, Staaten oder Staatenbünden, ob in der Wirtschaft, in der Politik oder in der Religion.

Wir Menschen sind Opfer und Täter, Gestörte und Störende in Personalunion.

Wir sind das Produkt unserer Programme

Eine sehr genaue und anschauliche Darstellung, Analyse und Erklärung menschlichen Denkens, Fühlens und Verhaltens ermöglicht das psychoneuronale Programmsystem. Auch korrupte Neigungen und Taten können damit gut beschrieben und erläutert werden.

Die Psychoneuronalogie, eine moderne Form der Psychologie und Therapie, nimmt sehr stark auf die enge Verflechtung von psychischen und neuronalen Prozessen Bedacht. Alle unsere Kognitionen, Emotionen, Körpervorgänge, Ausdrucks- und Verhaltensweisen basieren auf Aktivitäten des Nervensystems. Umgekehrt werden die Nervenaktivitäten von unseren Gedanken, Gefühlen, Stimmungen, Reaktionen und Handlungen mehr oder weniger stark beeinflusst. Psychische und neuronale Prozesse stellen eine untrennbare Einheit dar.

Unsere Steuerprogramme, die Umstände und unsere Zustände sind für unser Denken, Fühlen, Reagieren und Handeln ausschlaggebend.

Wir Menschen sind das Produkt unserer psychoneuronalen Programme, der Situationen und Ereignisse, unserer seelisch-körperlichen Verfassung sowie der Wechselwirkungen dieser Einflussfaktoren.

Wir sind, wie wir sind. Wir reagieren und agieren in Abhängigkeit der Umstände und Zustände.

Wir können (oft) nicht anders. Unsere Denk-, Emotions-, Reaktions-, Ausdrucks- und Verhaltensmuster sind Relikte der Vergangenheit. Viele der Muster eignen sich auch noch sehr gut für die Gegenwart. Sie lassen uns Probleme bewältigen, sie lassen uns erfolgreich und glücklich sein. Zahlreiche Muster passen aber nicht mehr zu den heutigen Verhältnissen. Ist etwa der kleine und schmächtige Bub wegen seines zarten Körperbaus oft von Mitschülern gehänselt und beleidigt worden, so war seine Angst vor demütigenden Bemerkungen damals durchaus gerechtfertigt. Dreißig Jahre später, der ehemals kleine Bub ist längst ein großer Mann, fürchtet er sich in Gegenwart von mehreren Männern immer noch vor negativer Beurteilung und Ablehnung. Obwohl er sehr respektiert und anerkannt wird, überkommt ihn, objektiv betrachtet völlig unbegründet, dieses alte Gefühl. Die Umstände haben sich verändert. Die Muster wirken sich jedoch nach wie vor negativ oder gar destruktiv aus. Es ist aber möglich, einen beachtlichen Teil der unerwünschten Muster zu kontrollieren, manche sogar nachhaltig zu verändern.

Wie wir „programmiert" sind – die Psychoneuronale Programm-Struktur

Das menschliche Gehirn hat eine bemerkenswerte Komplexität, Plastizität und Flexibilität. Es ist überaus aufnahme- und lernfähig. Auch im Erwachsenenalter können sich noch jede Menge neue Nervenverschaltungen bilden. Zudem können für bestimmte Aufgaben wie das Erlernen einer Fremdsprache im fortgeschrittenen Alter zusätzliche Hirnregionen herangezogen werden. Selbst neue Nervenzellen bilden sich, wie seit einigen Jahren bekannt ist, zumindest an manchen Stellen auch noch im erwachsenen Gehirn.

Den überwiegenden Teil der Hirnzellen stellen die Gliazellen dar. Sie scheinen nicht nur passiver Nervenkitt, der das Nervengewebe zusammenhält, zu sein, sondern aktiv an der Informationsverarbeitung teilzunehmen. Vielleicht sind sogar sie es, die das Gehirn erst zu hochentwickelten Leistungen wie Lernen und Erinnern befähigen.

Durch Erfahrungen verändern sich auch unsere Genfunkti-

Der korrupte Mensch

onen. Die Epigenetik (laut Gary Felsenfeld „das Studium von vererbbaren Veränderungen der Genfunktion, die nicht durch Veränderungen der DNA-Sequenz erklärt werden können") befasst sich mit Zelleigenschaften (Phänotyp), die auf Tochterzellen vererbt werden und nicht in der DNA-Sequenz (Genotyp) festgelegt sind.

Der Genetiker Markus Hengstschläger erklärt: Eine Hautzelle verwendet nur einen Teil ihrer Gene. Sie schaltet zahlreiche vorhandene Gene einfach ab (sie werden dann nicht in RNA oder Protein übersetzt). Eine Nervenzelle hat zwar die gleichen Gene, verwendet aber ein anderes Set davon. Alle Zellen besitzen die gleichen Gene. Entscheidend ist, welche Gene davon abgeschaltet und schließlich nicht verwendet werden. Die spezifischen Ein- und Ausschaltmuster, die sich während der Zelldifferenzierung bilden, können nach der Zellteilung von der Mutterzelle auf die beiden Tochterzellen weitergegeben werden.

Eineiige Zwillinge sind zwar genetisch identisch, aber nicht epigenetisch. Studien zeigen, dass sich der epigenetische Code im Lauf des Lebens eines Menschen mit dem Alter ändert. Die epigenetischen Unterschiede bei eineiigen Zwillingen sind umso größer, je verschiedenartiger das Leben der beiden verlaufen ist. Ob diese genetischen Veränderungen auch an die Nachkommen vererbt werden können, ist wissenschaftlich noch nicht wirklich belegt, Hinweise darauf gibt es jedoch.

Unsere aktuelle psychoneuronale Programm-Struktur ist das Resultat unserer Erbanlagen und unserer Erfahrungen im bisherigen Leben.

Im Laufe unseres Lebens entwickeln sich auf der Grundlage der angeborenen Anlagen, der Wahrnehmungen und Erlebnisse sowie unserer individuellen Reaktionen und der damit verbundenen Auswirkungen die Steuer-Programme.

Angeborene Anlagen sind unsere organischen Strukturen und Prozesse, unsere Triebe oder Grundbedürfnisse.

Schwangerschaft- und Geburtsverlauf haben, wie Studien zeigen, einen nicht unerheblichen Einfluss auf die Entwicklung des Menschen.

Wahrnehmungen und Erlebnisse sind erfahrene und erlebte Umstände, Situationen, Ereignisse und Verhaltensweisen von Bezugspersonen. Erziehung, Familienklima, Wohnsituation, Schule, Job und Beziehungen sowie wirtschaftliche, soziale, gesellschaftliche, kulturelle, politische oder mediale Gegebenheiten spielen eine mehr oder weniger bedeutende Rolle.

Individuelle Reaktionen auf Wahrnehmungen und Erlebnisse sind Prozesse des Organismus, Bewertungen, Schlussfolgerungen, Emotions-, Ausdrucks- und Verhaltensweisen.

Auswirkungen unserer Reaktionen und Handlungen sind beabsichtigte oder unbeabsichtigte Erfolge oder Misserfolge.

Die Wirkweise ist einerseits direkt auf den Körper (chemische oder physikalische Reize) und andererseits indirekt über unser Programmsystem (Bewertung und Verarbeitung der Reize). Unzählige Informationen, Ereignisse, Situationen und Umstände werden wahrgenommen, gefiltert und beurteilt. Unser gesamter Organismus reagiert darauf – bewusst oder reflexartig, gesteuert oder automatisiert, heftig oder schwach, rasch oder langsam, angemessen oder unangemessen, erfolgreich oder erfolglos, regelkonform oder regelwidrig. Die Folgen der Reaktionen beeinflussen unsere Zustände.

Aufgrund verschiedenartigster Erfahrungen entwickeln sich sowohl konstruktive als auch destruktive Programme. Es entstehen neue Verbindungen zwischen den Nervenzellen und neue Nervenzellen als physiologische Grundlage der Programme. Diese prägen unsere Kognitionen (Denkinhalte, Denkvorgänge und Denkprodukte wie Bewertungen, Überlegungen, Schlussfolgerungen, Einstellungen, Überzeugungen oder Werte) sowie unsere Emotionen, Körperreaktionen, Ausdrucks- und Verhaltensweisen. Auf diese Weise kann sich auch die Neigung zu oder zumindest eine Toleranz für Korruption entwickeln.

Die Programme laufen gewöhnlich völlig unbemerkt (unbewusst) im Hintergrund ab. Sie steuern zum einen permanent unser Wahrnehmen, Erleben, Denken, Fühlen, Reagieren und Tun und werden zum anderen von bestimmten Auslösereizen spontan aktiviert. Ob die korrupte Haltung auch zu einem korrupten Verhalten führt, hängt in der Regel sehr stark von den

Der korrupte Mensch

gegebenen Auslösereizen ab. Fördernde Reize sind verlockende Gelegenheiten und geringes Risiko, erwischt zu werden. Hemmende Reize sind umgekehrt hohes Risiko und schwerwiegende Konsequenzen.

Unsere Zustände, die aktuellen und permanenten geistigen, seelischen und körperlichen Verfassungen, beeinflussen unser Denken, Fühlen, Reagieren und Tun mehr oder weniger stark und können sich auf mannigfaltige Art und Weise äußern. Die Art und Weise der Zustände wirken sich ebenfalls auf die Bereitschaft, eine korrupte Handlung zu begehen, aus.

Geistige Verfassungen sind etwa der Grad der Aufmerksamkeit und der Konzentration, die Quantität und Qualität der Verarbeitungs-, Reaktions-, Lösungs- und Bewältigungsprozesse. Psychische Verfassungen sind Gefühls- und Stimmungslagen wie gut oder schlecht gelaunt, manisch oder depressiv, mutig oder ängstlich, stabil oder instabil, ruhig oder unruhig. Körperliche Verfassungen sind wach oder müde, kräftig oder kraftlos, entspannt oder angespannt, fit oder schlaff, gesund oder krank sowie Hunger, Durst, Schmerz, Kälte oder Hitze.

Die Zustände beeinflussen nicht nur unsere Programm-Aktivitäten, sondern auch mehr oder weniger unsere Umwelt – durch Reaktion der Mitmenschen, durch Schaffung von neuen Gegebenheiten oder konkreten Veränderungen.

Wenn nun eine Neigung zur Korruption vorliegt, kann man diese therapieren?

Das Programm-Kontroll-System zielt darauf ab, negative menschliche Eigenheiten, Schwächen, Störungen, Fehler und Aufschaukelungsprozesse zu erkennen und unter Kontrolle zu bringen. Die manifesten und potenziellen Störfaktoren bei sich selbst und bei anderen zu begreifen, richtig zu bewerten und zu neutralisieren sowie angemessen und richtig zu reagieren und zu handeln, sind wesentliche Kriterien des Programm-Kontroll-Systems. Die therapeutische Wirkung liegt vor allem in der Selbstreflexion und der Selbsterkenntnis. Der Trainingseffekt wird durch die verschiedenen Techniken der Selbstkontrolle erzielt.

Um etwa die Neigung zur individuellen oder kollektiven

Korruption vermindern können, ist erstens ein ehrlicher Nachdenkprozess des Betroffenen nötig. Daraus sind zweitens entsprechende Erkenntnisse und Schlussfolgerungen zu ziehen. Um das korrupte Verhalten tatsächlich in den Griff zu bekommen, bedarf es drittens einer konsequenten und nachhaltigen Selbstkontrolle. Hartnäckige Gewohnheiten verschwinden in der Regel nicht einfach deshalb, weil man zur Einsicht kommt, dass eine Verhaltensweise negativ ist und weil man sich vornimmt, diese nicht mehr zu tun. Ein ständiges Erinnern an die Erkenntnis und den Vorsatz sowie ein psychologisches Umlernen sind zudem notwendig, um in aktuellen Situationen gewappnet zu sein und um nachhaltige Erfolge erzielen zu können.

„Fünf Programm-Elemente" und Selbstkontrolle

Die psychoneuronalen Programme setzen sich aus fünf fundamentalen Elementen zusammen: den Kognitions-, Emotions-, Körperreaktions-, Ausdrucks- und Verhaltens-Programmen.

Als Positiv-Programme kommen die Elemente in konstruktiven Ausprägungen wie ethischen Werten, Zufriedenheit, Entspanntheit oder Umsetzen von geplanten Maßnahmen zur Geltung. Negativ-Programme kommen etwa in Form von Unehrlichkeit, Frustration, Nervosität oder korrupten Verhaltensweisen zum Ausdruck.

Die Erwartungs-Programme generieren bestimmte Meinungen über die Folgen einer Handlung oder eines Ereignisses. Denkt ein Mensch mit korrupter Neigung, eine unehrliche Tat würde sich lohnen und nicht aufgedeckt werden, so wird sein Strategie-Programm einen Ausführungsplan entwickeln. Das Evaluierungs-Programm bewertet den Plan. Wenn die Beurteilung positiv ausfällt, sich die Lage als günstig erweist und der Betreffende in Stimmung ist, so wird er die Tat begehen.

Was aus uns geworden ist, wie wir sind, was aus uns werden wird, hängt sehr von den Programmen, der Umwelt und den Zuständen ab. Zufälle spielen dabei eine nicht unbedeutende Rolle. Unsere Freiheit hat Grenzen – oft sehr enge.

Wir können die Grenzen unserer Programme erweitern und mitunter sogar durchbrechen – durch Selbstreflexion, Selbsterkenntnis und Selbstkontrolle. Das sind genau jene Eigenschaften, die uns Menschen im Wesentlichen von den Tieren (Primaten) unterscheiden.

Unser psychoneuronaler Autopilot

Der psychoneuronale Autopilot ist das automatische Steuersystem, das entsprechend der installierten Software (individuelle Programme) uns Menschen lenkt. Er reagiert, in Abhängigkeit vom Zustand der Hardware (Organismus), autonom auf Umstände und Ereignisse.

Wir Menschen sind zum einen Produkte positiver oder negativer Programme sowie glücklicher oder unglücklicher Zufälle, wenn ausschließlich der psychoneuronale Autopilot steuert. Zum anderen sind wir aktive Gestalter unseres Lebens, wenn Selbstreflexion, Selbsterkenntnis und Selbstkontrolle dominieren.

Ob man überlegt, analysiert oder strebt, ob man interessiert oder desinteressiert ist, motiviert oder demotiviert, aktiv oder passiv ist, kämpft oder vermeidet, lösungs- oder problemorientiert ist, loyal oder illoyal, gemeinnützig oder egoistisch, bescheiden oder gierig, lustvoll oder lustlos, ehrlich oder unehrlich, regelkonform oder korrupt, gesetzestreu oder kriminell ist, all das wird, wenn ausschließlich der psychoneuronale Autopilot lenkt, von Programmen gesteuert sowie von Umständen und Zuständen verstärkt oder gehemmt.

Wir können den Autopiloten weitgehend deaktivieren, indem wir in einem möglichst entspannten Zustand bewusst und rational nachdenken, analysieren, bewerten und entscheiden.

Im konzentrierten Ruhezustand fühlen wir uns besser, Umweltreize zeigen eine geringere Wirkung, Ängste, Widerstände und Abwehrhaltungen sind gedämpfter, wir sind bedeutend kreativer und lernfähiger.

Wer von sich behauptet, alles aus eigener Kraft zu schaffen, besonders motiviert, clever, fleißig und erfolgreich zu sein, hat vielleicht nicht unrecht.

Dass jemand besonders motiviert, clever, fleißig und erfolgreich ist, muss aber nicht unbedingt auf einer eigenständigen Entscheidung beruhen, sondern kann auch deshalb so sein, weil dieser Mensch eben so ist und die Umstände und Zustände es ermöglichen (bzw. es sogar erzwingen).

Möglicherweise kann dieser Mensch gar nicht anders, als motiviert, clever, fleißig und erfolgreich zu sein – außer, er würde sich aufgrund einer entsprechenden Selbsterkenntnis und Entscheidung ganz bewusst dagegenstemmen und kontrollieren.

Ganz ähnlich verhält es sich in Hinblick auf Eigenschaften wie Anständigkeit oder Unanständigkeit und in Bezug auf Verhaltensweisen wie Regeltreue oder Regelbruch.

Angewandte Selbstreflexion, Selbsterkenntnis und Selbstkontrolle führen zu Lernprozessen, mit der Zeit zu Lernerfolgen und somit sukzessive zur Modifizierung der psychoneuronalen Programme.

Drei Beispiele sollen zeigen, wie mit aktivem Autopiloten einzelne Situationen ablaufen können oder gar ein ganzes Leben verlaufen kann:

Restaurantbesuch

Ich gehe hungrig in ein Restaurant. Ich studiere die Speisekarte. Es gibt Fisch, Pizza, Fleisch, Gemüse und Salate. Ich überlege und rechne. Habe ich die Möglichkeit, absolut frei zu entscheiden, was ich bestelle? Theoretisch ja. Praktisch nein.

Mein Geschmacksprogramm lehnt Fisch ab, mein Gesundheitsprogramm schließt Fleisch aus, mein Lustprogramm empfiehlt Pizza, engagiert unterstützt von meinem Verdrängungsprogramm sowie meinem Kompensationsprogramm, das dazu tief in die Rationalisierungs-Trickkiste greift. Das Gesundheitsprogramm lässt mich noch einen kleinen Salat bestellen, ein

Der korrupte Mensch

großes Bier ist selbstverständlich, darüber wird erst gar nicht lange nachgedacht.

Pizza mit Parmaschinken (ist ja kein richtiges Fleisch!) möchte ich, gibt's aber nicht. Salat mit Shrimps würde ich gerne haben, ist mir aber zu teuer. Ich bestelle Pizza Margarita mit Rucola.

Nach dem Essen trinke ich noch einen starken Kaffee. Nicht weil ich Lust darauf habe, sondern weil ich mich, müde vom Tag und vom Bier, wachmachen muss. Vor allem deshalb, um die dreistündige Theateraufführung, die ich nur meiner Frau zuliebe besuche (äußere Umstände), einigermaßen durchzuhalten.

Der ehrenwerte Politiker in ehrenwerter Gesellschaft

Herr Kammer ist in geordneten, wohlbestallten Verhältnissen aufgewachsen. Er war ein guter Schüler, ein paar Jahre lang begeisterter Ministrant. Er war höflich, hilfsbereit und allseits beliebt. Sein Interesse und Engagement für Soziales ließen ihn bereits in der Gymnasialzeit politisch aktiv werden. Er schimpfte und demonstrierte gegen Ungerechtigkeiten, Privilegienwirtschaft und Machtmissbrauch und setzte sich für Chancengleichheit und Umverteilung ein. Als Student trat er, motiviert durch die Worte eines höheren Funktionärs, in eine Partei ein. Herr Kammer hatte eine gewisse Ausstrahlung, eine gute Wirkung auf die Bürger, die Wähler. Man setzte ihn bald auf eine Liste und er wurde ein lokaler Mandatar. Sein Studium schloss er irgendwann ab, etwas später als geplant – er war ja ein viel beschäftigter Abgeordneter.

Der brave Ehemann (mit Frau aus gutem Haus), liebe Familienvater, engagierte Politiker und eifrige Kirchgänger stieg Schritt für Schritt die Funktionärsleiter hoch. Es ergab sich einfach so. Er war gescheit und kam gut an. Er war so etwas wie ein Vorzeigepolitiker. Alles passte.

Er war immer noch höflich, hilfsbereit und allseits beliebt. Solche Leute braucht man in der Politik, solche Leute werden etwas im System – ganz zu Recht.

Mit knapp vierzig ist er jetzt schon ganz weit oben – und, zum Erstaunen mancher Leute, überaus vermögend. Er hat ein hohes Hauptamt und zahlreiche Nebenämter. Immer noch höflich, hilfsbereit und allseits beliebt. Er hat, neben seinen guten politischen Kontakten, einen großen Freundes- und Bekanntenkreis, bestehend aus erfolgreichen Unternehmern, Freiberuflern, Künstlern und Kirchenmännern.

Die Mitglieder dieses Kreises sind allesamt sehr hilfreich, wenn es darum geht, Freunde zu unterstützen, ihnen einen Gefallen zu tun. Man versucht, der Nächstenliebe und -hilfe willen, die beruflichen und gesellschaftlichen Möglichkeiten voll auszuschöpfen.

Vereinzelt ist in Zeitungsberichten zu lesen, dass Herr Kammer in Zusammenhang mit dubiosen Netzwerken, Freunderlwirtschaft, Insidergeschäften, Amtsmissbrauch und gar Korruption gebracht wird. Es wird auch die Frage lauter, wie er zu einem derart großen Vermögen gekommen ist. Selbst mit der ansehnlichen Erbschaft und seinen hoch dotierten Bezügen kann das nicht hinreichend erklärt werden.

Die Gerüchte sind ihm lästig und unangenehm. Er denkt: „Da setzt man sich für andere ein, ist engagiert und hilfsbereit und wird dafür auch noch verdächtigt. Man könnte an dieser ungerechten, boshaften und neidischen Welt verzweifeln."

An eine Änderung seiner Amts- und Geschäftspraktiken denkt er nicht. Er ist so. Er kann nicht anders. Er meint's nichts böse.

Der mächtige Gewerkschaftsboss als Reformblockierer

Er geht in sein Büro, setzt sich selbstzufrieden in seinen feinen Chefsessel und nimmt genüsslich einen ersten Schluck.

Er hat's wieder einmal allen gezeigt. Reformen, Modernisierung, Flexibilisierung, Mitspracherechte für die Betroffenen – alles abgelehnt und zurückgewiesen. Im Gegenteil: Sogar eine nicht unansehnliche Lohnerhöhung und eine kleine Arbeitszeitverkürzung hat er noch für seine Klientel herausgeholt. Seinen ganzen Einfluss und all seine Beziehungen hat er in die Schlacht geworfen. Er ist stolz auf sich. Vor allem auf die Festsetzung des Verhandlungstermins (kurz vor den Wahlen) und auf die genial platzierte Streikdrohung in letzter Sekunde. Die Ministerin war ratlos. Sogar der Kanzler war baff.

Seine Mitglieder liegen ihm zu Füßen. Er ist der Garant für Beständigkeit, gute Arbeitsbedingungen, Arbeitsplatzsicherheit und großzügige Altersversorgung. Vor allem in Zeiten budgetärer Krisen, schmerzlicher Einsparungen und unabsehbarer Veränderungen braucht man einen Mann als Interessenvertreter, der für die Rechte seiner Leute kämpft, der sich den Argumenten der Experten standhaft verschließt und der dem Druck der Reformer keinen Millimeter nachgibt.

Seine Kritiker werfen ihm Ämter- und Gehälterkumulierung vor, nennen ihn Blockierer und Betonierer.

Für ihn unverständlich, nicht nachvollziehbar, undifferenziert und alles nur parteipolitische Hetze.

Er schaut ja nur auf die Interessen seiner Gefolgsleute (und auf seine). Er ist so. Die Umstände ermöglichen es ihm. Er meint's nicht böse. Er könnte (vielleicht) anders, aber er will (wohl) nicht anders.

Dass er aufgrund seiner beruflichen Stellung und seiner guten Beziehungen eine große Machtfülle besitzt, will er nicht sehen. Er spricht von gewissen Möglichkeiten. Dass er diese Macht missbraucht, weist er auf das Schärfste zurück. Dass es bei all seinem Tun vor allem um seinen persönlichen Vorteil (Profilierung, Befriedigung seiner Anerkennungs- und Bedeutungsbedürfnisse) geht, kann oder will er nicht wissen. Der Korruption darf man ihn sowieso nicht beschuldigen. Er würde wohl mit allen zur Verfügung stehenden Mitteln zurückschlagen.

Es geht nie um die Sache, es geht
immer um unsere Programme

Jeder Mensch besitzt bestimmte psychoneuronale Programme. Diese Steuer-Programme sind im Erwachsenenalter sehr resistent. Aber dennoch sind sie ständigen (kleinen) Veränderungen ausgesetzt. Durch Lernen, durch neue Erfahrungen und vor allem durch für uns bedeutsame, intensive Erlebnisse werden die Programme modifiziert. So kann bei einem Menschen die Neigung zu Korruption mit der Zeit abnehmen, aber auch stärker werden.

Doch wie rigide unsere psychoneuronalen Steuersysteme in Wirklichkeit sind, zeigen die Reaktionen der Menschen auf Fehler, Misserfolge, Pleiten und Krisen. Der erste Schock treibt die Emotionen hoch. Rechtfertigungen, Fremd- und Selbstvorwürfe, gute Vorsätze und ein gewisses Maß an Selbstdisziplinierung bestimmen die Zeit danach. Doch die Zeit heilt die Wunden. Wir vergessen, wir disziplinieren uns nicht mehr, wir geraten ins alte Fahrwasser zurück. Aus den hehren Absichten für die Zukunft werden nicht selten verheerende Rückfälle in die Vergangenheit.

Die alten, stark eingeprägten Programme können nicht wirklich gelöscht werden, sie können nur kontrolliert und neutralisiert werden. Und das braucht Aufmerksamkeit und Energie.

Noch deutlich resistenter sind die Kollektiv-Programme. Tut sich schon der einzelne Mensch sehr schwer, aus Fehlern langfristig zu lernen, so kann das die Menschheit, wie die Geschichte zeigt, anscheinend (fast) gar nicht.

Durch gewisse Gemeinsamkeiten verbundene Menschen besitzen in bestimmten Bereichen ähnliche Programme.

Wir Menschen neigen sehr stark zur Bildung von Organisationen wie Partnerschaften, Familien, Sippen, Freundschaften, Bekanntschaften, Vereinen, Clubs, Seilschaften, Netzwerken, Teams, Verbänden, Bünden, Kammern, Parteien, Institutionen, Unternehmen, Gemeinden, Bezirken, Ländern, Staaten oder Staatenbünden. Die verbindenden Elemente sind bestimmte Interessen und Motive.

Es gibt die unterschiedlichsten Interessen und Motive in mannigfaltiger Ausprägung: von angeborenen Trieben wie Überleben, Sexualtrieb, Fortpflanzung oder Arterhaltung über weitgehend determinierte Bedürfnisse oder ausgeprägte Werthaltungen wie Dogmen oder Ideologien bis hin zu von psychischen Störungen geprägten Antrieben wie Karriere-, Erfolgs-, Bedeutungs-, Anerkennungs-, Geld-, Machtgier oder sexuelle Abartigkeiten.

Ein Bedürfnis ist der Ausdruck eines physiologischen oder psychologischen (Mangel-)Zustands, der mit dem Streben nach Befriedigung verbunden ist, um sich (wieder) ausgeglichen und wohl zu fühlen. Fundamentale menschliche Bedürfnisse haben genetische Komponenten und werden von den Umständen und persönlichen Erfahrungen während des Heranwachsens ausgeformt.

Bei einer Bedürfnis-Störung, wenn bestimmte Bedürfnisse zu stark oder zu schwach ausgeprägt sind, entsteht ein Ungleichgewicht. Ein übersteigertes Bedürfnis z.b. nach Leistung führt à la longue oft zu Überforderung und Dauerstress. Ein mangelndes Schutz- oder Vorsorgebedürfnis kann zu Sorglosigkeit, Leichtsinn, Fehlern und Schäden führen.

Eine Bedürfnis-Befriedigungs-Störung entwickelt sich, wenn wesentliche Bedürfnisse wie Existenzsicherung, Regeneration, Sexualverlangen oder Anerkennung auf Dauer nicht ausreichend befriedigt werden können. Die daraus resultierenden Symptome können sehr unterschiedlich sein: Unruhe, Angespanntheit, Unlust, Frust, Aggressivität, Angst, Hilflosigkeit, Resignation oder Depressivität.

Sind bestimmte Bedürfnis-Störungen und/oder Bedürfnis-Befriedigungs-Störungen in einem Kollektiv stark verbreitet, kann von einem entsprechenden Kollektiv-Programm gesprochen werden. In Zeiten des Überflusses oder der Not keine Seltenheit. Ein Kollektiv-Programm ist die Schnittmenge der Individual-Programme der Mitglieder eines Kollektivs. Die Schnittmenge der Mengen A, B, C, D … sind all jene Elemente, die sowohl in A als auch in B, C, D … enthalten sind. Die Schnittmenge von sehr großen Organisationen (mit sehr vielen Individuen) ist oft verhältnismäßig klein. Manchmal bleibt letztlich überhaupt nur ein Element (Interesse, Motiv) übrig, z.B. Sicherheit, Informationsaustausch oder Geldverdienst.

Das Kollektiv-Programm ist die Bedingung für die Existenz

der Organisation und der Kitt für den Zusammenhalt. Es unterliegt bestimmten Eigendynamiken. Beschleunigende Aufschaukelungs-Prozesse und hemmende Brems-Prozesse sind typische Merkmale. Nicht selten verändern sich mit der Zeit die Interessen und Motive des Kollektiv-Programms, zumindest die Gewichtungen. Aus gemeinnützigen Absichten (Vertretung der Interessen einer Berufsgruppe, soziales Engagement oder Umweltschutz) werden mitunter sehr eigennützige Kollektiv- und Individualinteressen (üppige Selbstverwaltung, Wachstum, Vergrößerung, Machterweiterung, privilegierte Arbeitsbedingungen, Verdienst- oder Karrieremöglichkeiten).

Selbst die Organisationsführer, die die Organisation leiten und managen, sind in der Regel nicht in der Lage, die Organisation (vor allem größere und ältere) grundlegend zu reformieren. Das Kollektiv-Programm ist zu resistent, zu rigide, zu starr und egoistisch.

Andererseits bestimmt eine kleine Minderheit von Menschen über die große Mehrheit. Nur ein geringer Prozentsatz der Aspiranten kommt in eine wirkliche Bestimmer-Position. Dafür sind gewisse Eigenschaften, ein starker Antrieb (hochgradiger Bedürfnis-Befriedigungs-Drang, ausgeprägte Werthaltung, bestimmte Art von psychischer Störung) und große Wirkung nötig. Dazu müssen noch gewisse Umstände oder glückliche Zufälle kommen.

Die Bestimmer dirigieren Kapital, Waren, Organisationen, Regionen und Nationen sowie Kognitionen, Emotionen und Verhaltensweisen der Masse. Das Kollektiv-Programm der „Manövrier-Masse" reagiert bemerkenswert irrational: hyperaktiv (extrem dagegen oder dafür) oder hypoaktiv (hinnehmend, resignierend, verdrängend), aber selten adäquat aktiv (im Sinne von logisch, folgerichtig, angemessen). Sehr deutlich ist das etwa am Finanzmarkt zu sehen. Bei guten Nachrichten schnellen die Börsenkurse oft unverhältnismäßig stark in die Höhe, weil die Masse der euphorischen Anleger Papiere kauft. Bei schlechten Informationen sacken die Kurse dramatisch ab, da eine Vielzahl von überreagierenden Aktienbesitzen spontan verkauft.

Der korrupte Mensch

Die Bestimmer sind in der Regel die großen Nutznießer des Status quo, also des bestehenden Zustands. Dementsprechend wenig Interesse haben sie daran, dass sich der Zustand ändert. Und weil sie die Bestimmer sind, bestimmen sie, auch wenn die große Mehrheit entgegengesetzte Interessen hat, dass alles so bleibt, wie es ist.

Problematisch wird es, wenn zwei oder mehrere Bestimmer ernsthaft aneinandergeraten. Derartige Konflikte werden fast immer auf dem Rücken der Masse ausgetragen. Streitereien, Unruhen, Instabilität, Stillstand, Unsicherheit, politische und/oder wirtschaftliche Krisen, Chaos, Not oder gar Kriege sind die bekannten Erscheinungsformen.

Aber nicht jeder Organisationsführer ist ein Bestimmer. Selbst Konzern-, Regierungs- oder Staatschefs sind zuweilen nicht die wirklichen Bestimmer. Diese sind nicht selten im Hintergrund. Im „Dunklen" ziehen sie ihre Fäden und lenken ohne großes öffentliches Aufsehen – im Sinne ihrer Interessen.

Es wird wohl immer, wie es die Natur vorsieht, schnellere, cleverere, fähigere, kreativere, motiviertere, effizientere oder resistentere Lebewesen geben. Diese legen die Latte hoch, setzen ihre Artgenossen unter Druck und stechen sie aus. Sie gefährden nicht selten bestehende Systeme und bringen diese ins Wanken. Sie nehmen sich auf Kosten der anderen ein unverhältnismäßig großes Stück vom Kuchen. Diese Menschen sind die sogenannten Erfolgreichen.

Um das Kollektiv-Programm einer Menschenmasse wirklich aktivieren zu können, ist gewöhnlich ein Auslösereiz mit gewissen Eigenschaften notwendig. Ein geeigneter Sender muss auf bestimmte Art und Weise fundamentale Bedürfnisse ansprechen und den Drang nach Bedürfnis-Befriedigung in Gang setzen. Dazu bedarf es sehr einfacher, klarer und emotional gefärbter Botschaften, am besten von sogenannten charismatischen Persönlichkeiten, die über weitreichende Medien vermittelt werden. Intellektuelle, fachliche, komplexe, sehr sachliche oder tiefgründige Argumente können nur von bestimmten Gruppen richtig wahrgenommen, bewertet und verstanden werden.

Karl Kriechbaum

Triebe und Grundbedürfnisse sind mehr oder weniger angeborene fixe Bestandteile unserer Programme und erzeugen nahezu permanent den manifesten oder latenten Drang nach Befriedigung. Die stärksten Antriebe, die fast jeder Mensch besitzt, spürt und zu befriedigen sucht, sind „Überleben", „Existenzsicherung" und „Sexualität" sowie „Schutz", „Vorsorge" und „Ordnung".

Da mit unserem Zahlungsmittel Geld zahlreiche grundlegende Bedürfnisse (tatsächlich oder scheinbar) befriedigt werden können, ist der Drang nach Geld bei vielen Menschen zumindest vordergründig das (fast) stärkste Bedürfnis. Weil mit Geld nicht nur die Grundbedürfnisse, sondern auch viele höhere Bedürfnisse wie Zugehörigkeit, Anerkennung, Wertschätzung, Bedeutung, Unabhängigkeit, Status, Macht oder Selbstverwirklichung (anscheinend) zu befriedigen sind, nimmt Geld (in Form von Gelderwerb, Geldbesitz oder Gelderhalt) eine zentrale Rolle in unserem Leben ein. Damit ist Geld eines jener wenigen Elemente, das als Kollektiv-Programm in fast jeder Schnittmenge individueller Programme enthalten ist. So ist es auch nicht verwunderlich, dass sich das Geldmotiv als Auslösereiz zur Aktivierung individueller und kollektiver Programme so vorzüglich eignet.

So ist es außerdem auch nicht verwunderlich, dass in Zusammenhang mit Geld relativ leicht latente korrupte Neigungen aktiviert werden und diese bei entsprechenden Gelegenheiten in ein konkretes Verhalten münden. So erledigt der kleine Beamte gegen ein nettes Trinkgeld noch vor Dienstschluss ungewohnt zügig einen Antrag. Der Verkehrspolizist lässt eine Anzeige wegen gemeingefährlicher Raserei beim Anblick einer mittelgroßen Banknote verschwinden. Der hilfsbereite Hausarzt bestätigt großzügig einem gesunden Stammpatienten gegen ein schönes Privathonorar eine Krankschreibung. Der honorige Professor korrigiert großherzig ein wichtiges Gutachten, während ein dicker Briefumschlag über seinen Schreibtisch gleitet. Der umtriebige Minister versichert, sich vehement für eine delikate Verordnung auszusprechen, wenn der Insidertipp das bringt, was er verspricht.

Der korrupte Mensch

Mit dem monetären Spiel der menschlichen Bedürfnisse sind aber nicht nur dringende Angelegenheiten rasch zu erledigen, sondern auch sehr erfolgreich kollektive Bedrohungsszenarien und Feindbilder aufzubauen. Nicht nur der Drang nach Befriedigung ist mächtig. Auch die Angst vor Befriedigungs-Verlust sowie die Enttäuschung und Wut über ein Vorenthalten der erwarteten oder geforderten Bedürfnis-Befriedigung sind mächtige Emotionen, die oft genug zu weitreichenden Kollektiv-Reaktionen führen.

Bei den meisten politischen Themen geht es (zumindest vordergründig) ums Geld: ob Finanz-, Wirtschafts-, Arbeitsmarkt-, Sozial-, Gesundheits-, Bildungs-, Wissenschafts-, Kunst-, Sicherheits-, Verteidigungs-, Ausländer- oder Umweltpolitik. Aber auch im Freizeitbereich, im Freundes- und Bekanntenkreis, in Familien, Beziehungen und Partnerschaften spielt das Geld eine wesentliche Rolle. Obwohl, und das ist interessant, laut Studien großer Geldbesitz zum Glücklichsein kaum etwas beiträgt. Umgekehrt jedoch trägt Geldmangel (absoluter oder relativer) sehr wohl zum Unglücklichsein bei.

Unsere Individual- und Kollektiv-Programme spielen bei jedem menschlichen Prozess die wesentliche Rolle.

Ob beim Nachdenken, Fühlen, Entscheiden oder Verhalten, ob beim Zuhören oder beim Reden, in privaten Gesprächen und geschäftlichen Verhandlungen, im kleinen Verein und in der großen Politik, beim vorsichtigen Sparen und riskanten Spekulieren, beim Lieben und beim Hassen, bei Aufbauen und Zerstören.

Es geht im Grunde genommen nie um die Sache. Es geht immer um menschliche Programm-Elemente wie Triebe, Bedürfnisse, Interessen, Einstellungen oder Wertvorstellungen. Und weil in der Vorstellung vieler Köpfe der Wert des Geldes weitaus höher eingestuft wird als Ehrlichkeit und Regeltreue, werden persönliche Interessen auch oft mit unanständigen Mitteln durchgesetzt, um menschliche Bedürfnisse wie Existenzsicherung, Bedeutung oder Karriere zu befriedigen.

Dass individuelle und kollektive Bedürfnisse, Interessen, Einstellungen oder Wertvorstellungen ganze Nationen in den

Abgrund stürzen können, zeigt auf sehr dramatische und tragische Art und Weise Griechenland. Ganz selbstverständlicher Machtmissbrauch in kleiner wie in großer Form zur Generierung der unterschiedlichsten Vorteile haben das Land über viele Jahre hinweg politisch, wirtschaftlich, finanziell und gesellschaftlich ausgehöhlt.

Alles in allem stellt Korruption, im gesetzlichen wie im psychosozialen Sinne, eine Bedrohung für den Menschen und die Menschheit dar, die in ihrer vollen Tragweite noch bei weitem nicht richtig eingeschätzt wird.

Machtmissbrauch zur Erzielung persönlicher Vorteile (und oft zum Schaden anderer) spielt sich tagtäglich in beinahe allen Lebensbereichen ab. In Beziehungen, wenn das Geld des einen den anderen oder die Sexualität des anderen den einen korrumpiert. In Familien, wenn der egozentrisch-egoistische Machtmissbrauch der Eltern die Kinder zu unnatürlichem Gehorsam oder schädigender Anstrengung zwingt. In der Schule, wo eigennützige Interessen von Parteien, Gewerkschaften oder Lehrern die Schüler zum Lernen sinnloser Inhalte, zum Ertragen weltfremder Unterrichtsmethoden und zum Befolgen antiquierter Prüfungsmodalitäten verpflichten. Am Arbeitsplatz, wo überforderte Chefs und gierige Unternehmer ein Klima des Drucks und der Frustration sowie eine Brutstätte von Schädigung und Krankheit schaffen. In der kleinen und großen Politik, wo Machtmissbrauch im kleinen und großen Stil seit Menschengedenken zu folgenschweren Fehlentscheidungen, furchtbaren Missständen, enormer Geldverschwendung, schweren Konflikten und blutigen Kriegen geführt hat.

Zugegeben, nur eitel Wonne, überall und allezeit, ist unrealistisch. Aber ganz so arg müsste es nicht sein.

Selbstkontrolle durch Fremdkontrolle

Selbstkontrolle kann eine weitgehende erwünschte Anpassung an die Gegebenheiten, Anforderungen oder Regeln schaffen.

Das Problem: Menschen in Führungs- und Machtpositio-

Der korrupte Mensch

nen haben Selbstkontrolle oft sehr viel weniger notwendig als Untergebene.

Bestimmer haben Macht. Sie treffen Entscheidungen, sie bestimmen über Wohl und Unwohl der Untergebenen (der Bürger).

Bestimmer können sich mehr gehen lassen und ausleben als Untergebene. Dank ihrer Position haben sie von unten oft wenig zu befürchten.

Untergebene werden beobachtet, kontrolliert, belohnt und bestraft. Untergebene müssen sich selbst kontrollieren, um so zu sein, dass sie möglichst oft und viel belohnt und möglichst selten und wenig bestraft werden.

Je einflussreicher, vermögender, sicherer, unabhängiger ein Mensch ist, desto weniger muss er auf Belohnung und Bestrafung achten und desto mächtiger ist er. Er muss sich nicht besonders kontrollieren. Er kann sich gehen lassen und ausleben. Nicht selten auf Kosten der Mitmenschen, der Organisationsmitglieder, Mitarbeiter oder Bürger.

Die Schlussfolgerung daraus lautet: Auch für die Bestimmer in Organisationen, in der Wirtschaft und besonders in der Politik müsste es eine entsprechende Kontrolle gegeben, um deren Selbstkontroll-Mechanismen aktiv werden zu lassen.

Je abnormer, neurotischer, gestörter eine Persönlichkeit ist, desto präziser und stärker muss die Kontrolle sein.

Oft genug gelingt es aber eher den abnormen, neurotischen, gestörten Persönlichkeiten in Bestimmer-Positionen zu gelangen als den normalen, ausgeglichenen Persönlichkeiten.

Manche anormale Persönlichkeiten haben einen übersteigerten Antrieb nach oben zu kommen. Sie halten es unten nicht aus. Sie müssen hinauf. Koste es, was es wolle.

Die Normalen und Ausgeglichenen haben das nicht notwendig. Sie fühlen sich auch in mittleren Positionen sehr wohl. Sie machen gute Arbeit, verdienen gutes Geld und genießen, soweit es die Umstände zulassen, ihr Leben. Genau diese Persönlichkeiten wären oft die besseren Bestimmer. Etwas zu werden (Mutter, Vater, Führungskraft, Spitzenpolitiker) erfordert oft ganz andere, ja zum Teil sogar genau gegenteilige Fähigkeiten und Eigenschaften, als etwas zu sein (eine gute Mutter, ein guter Vater, eine gute Führungskraft, ein guter Spitzenpolitiker).

In der Politik bedarf es im gegenwärtigen System für einen Wahlerfolg ganz anderer Eigenschaften, als in der gewählten Funktion gute Arbeit zu leisten. Ähnliches gilt für die Besetzung von Führungspositionen in Organisationen.

Es wäre also notwendig, professionelle Analyse- und Bewertungsverfahren für eine optimale Personalauswahl zu schaffen. Ebenso wie klare Strukturen, Aufgaben- und Verantwortungsbereiche, Zielsetzungen und Regeln festzuschreiben. Zudem müssten, wie der Mensch nun einmal gebaut ist, Kontrollsysteme permanent Fehlentscheidungen und Fehlverhalten erheben, sichtbar machen und an zuständige Stellen weiterleiten. Im Falle des Falles müssten zwingende Konsequenzen folgen. Ansonsten bringt das beste Qualitätssicherungssystem wenig bis gar nichts, und die Korruption blüht und gedeiht weiter – zum Schaden (fast) aller Menschen.

Der Mensch mit Schwächen und Störungen

Unsere Steuerprogramme sorgen dafür, dass sich bestimmte, mehr oder weniger stabile Eigenschaften entwickeln. Die Summe der persönlichen Eigenschaften ist dafür verantwortlich, wie wir denken und fühlen, wie wir sind, wie wir reagieren, wie wir uns benehmen oder verhalten.

Negative Eigenschaften wie ungute Eigenheiten, Schwächen, Störungen, Empfindlichkeiten und Kontroll-Mankos sind Risikofaktoren für die verschiedensten Probleme: Missverständnisse, Fehler, Konflikte, Frust, Misserfolge oder Korruption – für die Betroffenen selbst und/oder für die Mitmenschen.

Es sind zahlreiche positive wie negative Eigenschaften in uns – oft kaum spürbar und wirksam. Wirklich zur Geltung kommen sie häufig bei Einwirkung bestimmter Umweltreize, verstärkt oder gehemmt durch den aktuellen psychischen und physischen Zustand.

Jede Ausdrucks- und Verhaltensweise eines Menschen löst

bei den informationsempfangenden Mitmenschen (Zuhörern, Zusehern) eine Reaktion aus – eine minimale oder heftige, eine sichtbare oder unsichtbare, eine angemessene oder unangemessene, eine gedankliche, emotionale, körperliche, ausdrucks- oder verhaltensorientierte. Die Reaktion des Informationsempfängers stellt wiederum eine Information für den ursprünglichen Sender (nun Empfänger) dar. Dieser reagiert ebenfalls darauf usw.

Auf objektiv negative Informationen wie Ausdrucks- oder Verhaltensweisen reagieren Mitmenschen tendenziell negativ. Aber auch auf neutrale oder gar auf an sich positive Informationen reagieren manche Menschen überaus negativ, was zu Missverständnissen und Schwierigkeiten führt. Qualität und Quantität einer Reaktion hängen nur bedingt vom Sender ab. Die psychoneuronale Programm-Struktur, die äußeren Umstände und der aktuelle Zustand des Empfängers tragen oft sehr viel mehr zu der Art und Weise der Reaktion bei als die objektiven Informationen.

Relativ harmlos anmutende Ausdrucks- und Verhaltensweisen können bei Mitmenschen bereits zu heftigen Reaktionen führen – völlig unangemessen, ungerechtfertigt und überzogen, nicht selten mit dramatischen Folgen für den Kommunikationsprozess und die daraus resultierenden Auswirkungen und Ergebnisse. Aus einer unbedachten Bemerkung oder einem albernen Grinsen sind schon schmerzhafte Kränkungen, lähmende Widerstände, aggressive Angriffe, chaotische Konflikte, verbissene Kämpfe, irreparable Schäden, endgültige Trennungen oder gar Mord und Totschlag entstanden.

Eine Verkettung von harmlosen Ereignissen, von relativ kleinen Wahrnehmungs-, Bewertungs- und Reaktionsfehlern der Beteiligten, kann zu nervigen und kostspieligen Vorfällen, zu folgenschweren und leidvollen Unfällen oder zu zerstörenden Worst-Case-Szenarien führen – auch ganz ohne (böse) Absichten der Beteiligten.

Je größer die Anzahl der Beteiligten ist, desto größer ist auch das Reservoir an menschlichen Eigenheiten, Schwächen, Störungen und Empfindlichkeiten. Umso größer ist damit auch die Wahrscheinlichkeit von fehlerhaften Verkettungen, wechselseitigen Aufschaukelungs- und Bremsprozessen und somit von Problemen, Fehlern und Krisen.

Was können wir dagegen tun? Wir können das Wissen, das es in früherer Zeit noch nicht gab, vermehrt unters Volk bringen. Wir können informieren, aufklären, beraten, vorbeugen und therapieren. Doch der Mensch ändert sich nicht von heute auf morgen, schon gar nicht die Menschheit. Strenge Regeln, Kontrollen und Strafen tragen sicherlich zu einer Verminderung korrupten Verhaltens bei. Dass aber auch die strengsten Regeln, Kontrollen und Strafen nur symptomlindernd, aber nicht ursachenbehebend wirken, zeigen die Erfahrungswerte und Statistiken. Machtmissbrauch, Unterdrückung, Bestechung, Geldwäsche, Betrug, Diebstahl, Einbruch, Gewaltanwendung, Vergewaltigung sowie Mord und Totschlag sind, mehr oder weniger, allgegenwärtig. Mit ausgeklügelten psychologischen und pädagogischen Maßnahmen, die flächendeckend zur Anwendung kommen, könnten wir vielleicht in zwei oder drei Generationen eine grundlegende Veränderung zum Besseren bewirken.

Ideal-Menschen können wir wohl auch bei den allergrößten Anstrengungen nicht werden. Aber immerhin könnten wir es zu Optimal-Menschen, entsprechend unserer persönlichen Möglichkeiten und der Umstände, bringen. Dann würde es wohl deutlich weniger Korruption und Kriminalität geben. Ein unerfüllbarer Traum?

Ein starkes Stück

Wie aus einem vernachlässigten Kind ein
korrupter Machtmensch wird
Gregor, der Sohn eines kleinen Gemeindebeamten und einer Aushilfskellnerin, wuchs in bescheidenen Verhältnissen auf. In seinem ländlichen Heimatort, kaum 500 Einwohner, gab

es keinen Kindergarten, kein Hotel und auch kein Postamt. Es gab eine merkwürdig strukturierte Gesamtschule, ein Gemeindeamt (mit sechs Bediensteten), einen Bäcker und einen Lebensmittelladen. Es gab zwei Kneipen, einen alten Bahnhof mit einem schummrigen Gasthaus und einem engen, überladenen Kiosk. Das Bedeutendste im Ort war die stattliche Kirche.

Gregor hatte drei Geschwister. Zwei ältere Brüder und eine jüngere Schwester. Bis zu seinem sechsten Lebensjahr kam er kaum aus dem Ort hinaus. Die Erdgeschoßwohnung in dem dreistöckigen Haus direkt an der Hauptstraße war klein, finster und immer etwas kalt, selbst im heißesten Sommer. Die Mutter hatte wenig Sinn für den Haushalt und die Kinderbetreuung. Der Vater war ein zwänglicher Pedant und hitziger Choleriker – im Gegensatz zur schlampigen und phlegmatischen Mutter. Wenn ungewaschenes Geschirr herumstand, Kleidungsstücke oder Schulutensilien herumlagen, Staub oder gar Schmutz zu finden war (der Vater suchte förmlich danach), bekam er ein feuerrotes Gesicht, einen bösen Blick und gleich darauf einen heftigen Wutausbruch. Die Frau grinste und schüttelte verächtlich den Kopf, die Kinder stürzten sich ängstlich auf die Objekte seiner Wut, um raschest Ordnung zu schaffen. Ein feuerrotes Gesicht bekam Vater Adolf Baumann auch, wenn ihm zu warm wurde. Was sehr leicht passieren konnte. Zwanzig Grad waren die absolute Schmerzgrenze für ihn – darum die immer klamme Erdgeschoßwohnung. In der spartanisch möblierten Wohnküche war es im Winter kaum auszuhalten, wenn der Vater zu Hause war. Die Fenster standen offen, es zog, es war bitterkalt.

Im kleinen elterlichen Schlafzimmer war es noch kälter. Da gab es nicht einmal einen Heizkörper. Das ließ das ohnehin schon stark unterkühlte Klima zwischen Vater und Mutter noch deutlicher erkalten. Die Frau litt, bei aller ihrer Phlegmatik, besonders unter der Kälte. Sie hasste den Mann dafür. Wenn sie zu Hause war, was sie tunlichst vermied, war sie angezogen wie auf einer Nordpolexpedition.

Im engen Kinderzimmer war es noch am wärmsten. Vier Betten, zwei Kästen, ein Tisch, drei Stühle, vier Menschenkinder und wenig Luftraum ließen die Temperatur auf einem gewissen Niveau halten. Der Tisch war immer voll mit Büchern, Heften, Bleistiften oder Spielsachen der Brüder. Das Durcheinander war, im Unterschied zur Hyperordnung und Sterilität im Rest der Wohnung, frappant. Aber erklärbar damit, dass der Vater so gut wie nie, aus welchen Gründen auch immer, ins Kinderzimmer blickte, geschweige denn hineinging.

Der kleine Gregor hatte keinen eigenen Sessel in dem Zimmer. Wenn er zu Hause war, saß er fast immer auf seinem Bett und blätterte alte Zeitungen durch. Das Lesen hatte er sich selbst beigebracht. Schon mit vier Jahren verstand er einfache Texte. Als ein Onkel eines Tages mit einer alten Schreibtischlampe auftauchte und diese über seinem Bett montierte, war das für ihn das schönste Erlebnis seines bisherigen Lebens. Sonst besaß er nicht viel. Ein paar alte Anziehsachen seiner Brüder und eine schäbige Schultasche, die sehr wichtig für ihn war: zum Verstauen seiner alten Zeitschriften und Magazine, die er auf seinen Streifzügen durch den Ort aufsammelte.

Die Brüder kümmerten sich nicht um ihn. Er war der Kleine, der Dumme. Die Schwester war der ganze Lebensinhalt der Mutter. Sie ließ sie kaum von ihrer Seite weichen, nahm sie völlig in Beschlag. Damit stand sie für Gregor nicht zur Verfügung. Für ihre drei Söhne hatte die Mutter nicht viel übrig. Nicht einmal das Nötigste machte sie für sie.

Der Vater hatte den Tag über im Amt zu tun. Er hatte wohl sehr Wichtiges zu erledigen, weil er regelmäßig, vor allem beim Abendessen, ganz ernst und bedeutungsvoll davon redete – mehr zu sich als zu den andern. Er sprach über Geschäfte, Geld und Geschenke. Er erzählte zuweilen mit Stolz und Befriedigung, wie er einen Geschäftspartner aufgrund seiner besonderen Cleverness kräftig über den Tisch gezogen hatte. Die Frau fragte sich dann immer, wenn sie einmal anwesend war und zuhörte, welche Geschäftspartner er als kleiner Beamter wohl meinte. Vom vielen Geld, das er dabei verdient haben wollte, sah sie auch nie etwas. Und Geschenke bekam sie ebenfalls nie zu Gesicht, geschweige denn in die Hand. Jedoch gab es im kleinen Schlafzimmer eine große Holztruhe, die immer fest verschlossen war.

Die Mutter war Aushilfskraft in den Kneipen und vor allem im Bahnhofsgasthaus. Manchmal war sie tagelang zu Hause, manchmal kam sie tagelang nicht nach Hause. Die kleine Tochter hatte sie dann bei sich im Wirtshaus.

Gregor hatte es nicht leicht. Die Eltern kümmerten sich nicht um ihn, die Brüder ignorierten ihn im besten Fall. Die anderen Kinder im Ort verspotteten ihn wegen seines auffälligen Vaters – „Rotschädel", „Schweißstinker", „schmieriges Gierschwein" oder „Beamtensau" wurde dieser geschimpft –, wegen der ältlichen Kleidung (von den Brüdern) und seines Körperbaues (zart wie ein Mädchen). Es kam nicht selten vor, dass er verprügelt wurde, einfach nur so zum Spaß. Spielen wollte sowieso niemand mit ihm, nicht einmal der fette Kurt, ebenfalls ein Außenseiter und Opfer des Spottes. Kurt hasste Herrn Baumann. Warum, war nicht klar.

Gregor war sehr ernst. Er redete nicht viel. Zu lachen hatte er ohnehin nichts. Er war schmächtig, kleiner als die Gleichaltrigen und immer blass im Gesicht, als würde er jeden Moment umkippen.

Als er in die Volksschule kam, änderte sich die Lage kaum. Er fand keinen Anschluss, er bemühte sich auch nicht wirklich darum. Er war so unauffällig wie möglich. Im Lesen und Schreiben war er mit Abstand der Beste, Rechnen ging so, auf alles andere verzichtete er.

Seine Welt waren die Zeitungen und Magazine, die er, wo immer er welche fand, aufsammelte und zu Hause in seinem Bett kauernd aufsaugte. Bücher waren nicht sein Ding.

Gregor litt unter den Verhältnissen. Er hatte keine Chance. Er war hilflos, mutlos und verzweifelt. Aber das interessierte niemanden.

In der Hauptschule wurde es noch ärger. Da kamen zu den Hänseleien auch regelmäßig Schläge. Es war fürchterlich. Seine einzige Chance, nicht gequält zu werden, bestand darin, so wenig wie möglich aufzufallen, den Mund zu halten, bei niemandem anzuecken, am besten unhörbar und unsichtbar zu bleiben.

Eines Tages, als er wieder einmal stundenlang in einer Ecke des Bahnhofgasthauses saß (zu Hause war kein Platz für ihn), fiel ihm eine Zeitschrift in die Hände. Darin war ein Bericht über einen reichen Bauunternehmer und Politiker. Interessiert las er den Artikel. Erstaunt, ja direkt erregt, betrachtete er die Fotos von den schönen Häusern, den schnittigen Autos und feinen Menschen.

Schließlich steckte er die Zeitschrift in seine Schultasche und ging nach Hause. Seine erste gesetzwidrige Handlung.

Zu Hause versteckte er sofort das Magazin. Es durfte niemand finden. Die Geschwister nahmen ihm alles weg, was sie erwischten – von der seltenen Wurst auf seinem Brot bis zu den Kaugummis und Süßigkeiten, die er manchmal von Verwandten bekam.

Forthin studierte er in jeder freien und unbeobachteten Minute den Bericht über den erfolgreichen Mann. Er war hingerissen und fasziniert. Seine Gedanken kreisten bald fast nur noch um diese Geschichte. In seinen Tagträumereien versetzte er sich mehr und mehr in die Rolle des Bauunternehmers und Politikers. Erstmals in seinem Leben hatte er etwas, was ihm irgendwie guttat, was ihn sein trostloses Leben für einige Zeit vergessen ließ.

Er wollte mehr wissen über diesen Mann. Vor allem, wie es ihm gelungen war, so erfolgreich zu werden.

Deshalb trieb er sich oft in der Nähe des Kiosks am Bahnhof herum, um dort die in der Auslage liegenden Zeitungen zu mustern. Es vergingen Wochen, aber auf keiner Titelseite war etwas von dem erfolgreichen Mann zu sehen.

Eines Tages nahm er all seinen Mut zusammen (von dem er nicht viel besaß) und ging in den Kiosk. Die Verkäuferin, eine alte, unwirsche Frau, fuhr ihn barsch an: „Was willst du?" Kleinlaut fragte er, ob sie eine Zeitung hätte, in der etwas über Richard Gollinger stehen würde. Ob er völlig verrückt sei, herrschte sie ihn an. Erstes wäre sie keine Auskunftsstelle, zweitens kenne sie diesen Mann überhaupt nicht und drittens hätte er sicher keinen einzigen Cent in der Tasche. Normalerweise wäre der kleine Gregor in so einer Situation sofort weggelaufen. Aber er blieb stehen und starrte die alte Trafikantin außer sich vor Aufregung an.

„Hau ab, aber schnell", schimpfte sie zornig.

„Darf ich die Zeitungen durchblättern, vielleicht ...?", stammelte er. Doch die resolute Frau packte ihn am Arm und schob ihn zur Tür hinaus, bevor er ausreden konnte. Da stand er nun mit hochrotem Kopf. Als er sich wieder halbwegs erholt hatte, ging er nach Hause und vertiefte sich wieder in die Zeitschrift und in das Leben eines erfolgreichen Mannes.

Er musste mehr erfahren über diesen Mann – koste es, was es wolle.

Und so schlich er eines Tages, als er alleine zu Hause war, ins kalte Schlafzimmer der Eltern und durchwühlte den Kleiderkasten. Schließlich fand er zwischen Blusen und Pullover die Geldbörse der Mutter. Er nahm, mit flauem Gefühl und zittriger Hand, einen Geldschein heraus. Seine zweite gesetzwidrige Handlung.

So aufgeregt wie entschlossen lief er zum Kiosk. Er wartete, bis die Verkäuferin alleine war, hielt ihr den Schein vor die Nase und machte ihr ein Angebot: Wenn er die Zeitungen so lange durchschauen dürfte, bis er etwas über Richard Gollinger finden würde, bekäme sie den Schein.

Dieses Angebot konnte sie nicht ausschlagen. „Wenn du mir das Geld gleich gibst, kannst du manchmal kommen und blättern." So hatte sich das Gregor zwar nicht vorgestellt. Aber er willigte ein und gab ihr den Schein. Mehr als drei Stunden durchforstete er Zeitungen und Magazine. Es war nichts zu finden.

Enttäuscht ging er nach Hause. Vor der Wohnungstür hörte er bereits lautes Gebrüll.

Es ging um das fehlende Geld. Der Diebstahl war schon entdeckt worden. Das Geschrei in der Wohnung wurde immer lauter. Damit war zu rechnen. Er wusste, was auf ihn zukam. Und er wusste auch: „Nur nichts zugeben. Das wäre das Ende."

Kaum war er eingetreten, stürzten sich alle auf ihn. Die Geschwister schoben, wie üblich, alle Schuld auf ihn (ausnahmsweise einmal zu Recht). Bevor er etwas sagen konnte, schlug der Vater wie von Sinnen auf ihn ein.

Gregor kam erst am nächsten Morgen in seinem Bett wieder

zu sich. Alles voller Blut, Schmerzen am ganzen Körper. Der erste Gedanke war: „Ich hab's überlebt." Sein Zustand war so übel, dass er nicht aufstehen konnte. Die kleinste Bewegung verursachte höllische Schmerzen. Dass mit seiner Nase etwas nicht stimmte, merkte er erst nach und nach. Er lag im Bett, konnte sich kaum rühren, niemand kümmerte sich um ihn.

Letztlich wurde er doch ins Spital gebracht. Rippenbrüche, Prellungen, Wunden, schwere Gehirnerschütterung und ein Nasenbeinbruch. Dass ihn sein Vater halb tot geprügelt hatte, durfte natürlich niemand erfahren. Man erzählte etwas von einer Rauferei im Dorfpark.

Nach ein paar Tagen wurde er wieder nach Hause geschickt. Eingewickelt in Verbände und zugeklebt mit Pflastern. Dass die Nase nicht mehr so aussehen würde wie zuvor, war ihm von einer Ärztin schon gesagt worden. Dass sie sich aber so unvorteilhaft verändern würde, hatte er sich nicht vorgestellt.

Zu seiner geringen Körpergröße und schmächtigen Figur kam jetzt auch noch eine entstellte Nase. Noch mehr Hänseleien, Verunglimpfungen und Schläge waren die Folge. Sein einziger Trost war: Auch der erfolgreiche Mann in der Zeitschrift hatte eine deutliche sichtbare Narbe auf der linken Wange.

Für Gregor hatte sich, obwohl er den Vorfall fast nicht überlebt hätte und obwohl er eine bleibende Entstellung davongetragen hatte, der Diebstahl gelohnt. Kaum war er wieder funktions- und schulfähig, ging er auch regelmäßig in den Kiosk, um nach Berichten über den erfolgreichen Mann zu suchen.

Nach gut zwei Wochen war es dann so weit. Er schlug eine Tageszeitung auf ... und da war er.

Überglücklich verließ Gregor mit dem Blatt die Trafik und ging, wie so oft, in das Bahnhofsgasthaus. Dort las er wie im Rausch Zeile für Zeile und saugte alles gierig in sich hinein. Als ihm die Mutter (die Aushilfskellnerin) das übliche Glas Wasser wortlos hinstellte, erstarrte er kurz, weil er fürchtete, sie würde ihm die Zeitung wegnehmen. Aber anscheinend war sie so mit sich und ihrer Arbeit beschäftigt, dass sie von der Zeitung keine Notiz nahm.

Der korrupte Mensch

Trotz der intensiven Auseinandersetzung mit der aufregenden Lektüre fiel Gregor auf, wie seine Mutter in einer abgeschiedenen Ecke des Lokals unter ihrem langen Arbeitskittel eine Flasche hervorholte und zwei kleine Gläser befüllte. Schnell verschloss sie dann die Flasche und ließ sie wieder unter ihrem Rock verschwinden. Der Sohn dachte sich weiter nichts dabei, beobachte aber forthin immer wieder einmal dieses sonderbare Verhalten seiner Mutter. Der erfolgreiche Mann wurde für Gregor mehr und mehr zu einer fixen Idee. In seinen Träumereien war er bereits zu diesem Mann geworden.

Weil sein Verlangen nach mehr Informationen nicht geringer wurde, im Gegenteil, machte er sich bald wieder auf in den Kiosk. Eigentlich hatte er damit gerechnet, dass ihn die übellaunige Verkäuferin, ohne Geldschein in der Hand, hochkantig hinauswerfen würde. Gute Behandlung erwartete er sich aufgrund seiner schlechten Erfahrungen mit den Mitmenschen sowieso nicht. Mittlerweile hatte er sich schon so eine dicke Haut zugelegt, dass er auf Kritik, Vorwürfe, Gemeinheiten und sogar Ohrfeigen kaum noch reagierte. Er steckte das alles wortlos und regungslos weg und dachte an den erfolgreichen Mann.

Die Verkäuferin machte zwar ein paar unfreundliche Bemerkungen, unterbreitete ihm aber dann, zu seiner großen Überraschung, einen Vorschlag. Wenn er regelmäßig den Boden und die Fenster putzen und ihr beim Einräumen der Artikel helfen würde, könne er jederzeit kommen und in sämtlichen Zeitungen und Magazinen schmökern. Dann und wann würde er sogar noch einen kleinen Lohn erhalten.

Ein derartiges Erfolgserlebnis hatte er noch nie in seinem ganzen Leben verspürt.

Gregor putzte engagiert, ordnete brav Zigarettenschachteln, Feuerzeuge, Magazine und Zeitungen in die Regale und durchforstete systematisch sämtliche Blätter. So ganz nebenbei eignete er sich dadurch ein beachtliches Wissen über alles an, was man so in den einschlägigen Printmedien finden kann. Hin und wieder stieß er auf einen Artikel über Richard Gollinger.

Gregor ordnete alles akribisch genau in einem Heft. Er wusste nun schon sehr viel über Tätigkeiten, Gewohnheiten, Vermögen, Lebensweise und Werdegang des erfolgreichen Mannes. Vor allem Letzteres interessierte ihn besonders.

Er wollte es genau so machen, wie es Herr Gollinger damals gemacht hatte: sich nach der Hauptschule eine Lehrstelle bei einer Baufirma suchen und es dann letztlich bis zum Baumeister und zu einem eigenen Betrieb schaffen – zudem der Partei beitreten, sich hochdienen und „etwas werden". Dass die Politik sehr hilfreich bei so manchen Geschäften sein soll, konnte er fast täglich den Zeitungen entnehmen.

Und weil der erfolgreiche Mann einmal mit den Worten zitiert worden war, dass er es überaus bedauere, nie ordentlich Englisch gelernt zu haben, begann Gregor, sich mit dieser bis zu diesem Zeitpunkt fremden Sprache näher zu beschäftigen. Fortan las er nicht nur deutschsprachige Magazine, sondern auch eifrig englischsprachige (die aber nur selten zu finden waren). Das ließ nicht nur seine Englischkenntnisse enorm anwachsen, sondern verbesserte auch seine Englischnote dramatisch. Das übliche „Genügend" verwandelte sich im Abschlusszeugnis in ein „Sehr gut". Dass diesen Umstand seine Englischlehrerin einmal richtig positiv kommentierte und ihn quasi als Vorbild für Fleiß und Fähigkeit darstellte, bescherte ihm ein zweites und vor allem nachhaltiges Erfolgserlebnis.

Seine Familie interessierte die Englischnote genauso wenig wie all sein bisheriges Tun. Auch dass er nach der Hauptschule eine Lehre bei einem Bauunternehmen weit weg vom Heimatort begann und mehr oder weniger von zu Hause auszog, schien niemanden zu kümmern.

Er wohnte fortan in einer schäbigen Baracke inmitten der Baufirma. Bei aller Bescheidenheit des neuen Domizils hatte er sich aber gewaltig verbessert. Er besaß plötzlich ein eigenes Zimmer. Ein Wahnsinn! Zwar kaum sechs Quadratmeter groß, aber mit Klappbett, Tisch und eigenem Sessel. Dass das WC und die Waschgelegenheit beinahe am anderen Ende des Firmenareals waren, störte ihn genauso wenig wie der Umstand, dass bei Regen hin und wieder Wassertropfen sein Bett-

Der korrupte Mensch

zeug feucht werden ließen. Ganz und gar nicht ungewöhnlich empfand er auch, dass das Zimmer schon Anfang Herbst saukalt war. Anscheinend gab es keine Heizung.

Solche Nebensächlichkeiten tangierten ihn kaum. Zum einen war er deutlich Ärgeres gewohnt, zum anderen konzentrierte er sich voll und ganz auf die Lehre.

Er war fleißig, ordentlich, höflich und immer korrekt. Die Ausbildner waren mit ihm zufrieden. Selbst die Kollegen (Mädchen gab es da es keine) behandelten ihn einigermaßen normal – trotz seiner Scheuheit, Einsilbigkeit, Ernsthaftigkeit, Schmächtigkeit und außergewöhnlichen Nase.

Einer der hohen Angestellten kümmerte sich sogar auffallend rührend um ihn. Er setzte sich extra zu ihm, erklärte ihm Dinge, ließ ihm hin und wieder genießbares Essen zukommen, klopfte ihm immer wieder anerkennend auf die Schulter, umarmte ihn neuerdings sogar beim Begrüßen und Verabschieden. Gregor war anfangs verunsichert und misstrauisch. Er kannte ja weder Anerkennung noch Zuwendung. Langsam fand er jedoch Gefallen an der zuvorkommenden Behandlung. Als seine Kollegen anfingen, eigenartige Bemerkungen zu machen, verstand er die Anspielungen gar nicht. Erst als der hohe Angestellte ihn zum Abendessen in ein feines Restaurant in einem Nachbarort einlud und zwischen Hauptgang und Nachspeise die Hand auf seinen Oberschenkel legte, dämmerte es ihm. Er blieb einigermaßen ruhig und gefasst. Auch als die Finger des ältlichen Herrn seine empfindsamste Stelle berührten, zuckte er mit keiner Wimper. Er hatte ja gelernt: nur nicht auffallen und widersprechen. Als sich der Kellner näherte, zog der hohe Angestellte seine Hand zurück und legte sie brav auf den Tisch.

„Bitte sehr, die Herrschaften, die Sachertorte ... mit ... und ohne. Wünsche guten Appetit."

„Danke sehr", antwortete der hohe Angestellte und machte sich sogleich über den Nachtisch her.

„Komm, iss", fordert er Gregor auf, „schmeckt ausgezeichnet."

„Ja, gerne", erwiderte dieser mit schwacher Stimme und griff zur Gabel.

Karl Kriechbaum

„Du kannst doch so gut Englisch?", sagte der feine Herr mit vollem Mund. „Ich fliege nächste Woche nach Manchester. Ein Geschäftstermin."

„Manchester?", wiederholte Gregor erstaunt. „Das ist in England, oder?"

„Genau dort. Und dort sprechen die Leute Englisch. Nicht gerade meine Stärke."

„Sie sind doch ein Diplomingenieur, Herr Radler."

Edmund Radler lachte. „Glaubst du, ein Diplomingenieur kann gut Englisch?"

„Eigentlich ja."

„Leider nein. Non vitae, sed scholae discimus", sagte er lautstark. „Ich habe mich mit Latein und Geschichte herumschlagen müssen. Für Englisch blieb da kaum Zeit. Der Lateinlehrer war auch mein Geschichtslehrer. Ein Pedant und Tyrann. Drei Nachprüfungen, drei versaute Sommer", sinnierte der Diplomingenieur mit stierem Blick auf den Rest seiner Torte.

Der Lehrling wusste nicht so recht, was er darauf erwidern sollte. „So eine Scheiße", hörte er sich plötzlich sagen und war geschockt. „Entschuldigung ..."

„Du hast ja recht. Das war eine Scheiße. Mein Vater hat wochenlang nicht mit mir geredet. Drei Sommer lang. Er war entsetzt und enttäuscht." Dem hohen Angestellten standen die Tränen in den Augen.

Gregor säuselte kleinlaut: „Tut mir leid."

„Schwamm drüber. Das ist Vergangenheit", brummte Herr Radler schließlich energisch. „Denken wir an die Zukunft. Ich muss nach Manchester, spreche kaum Englisch. Du sprichst Englisch, also kommst du mit."

„Natürlich, Herr Diplomingenieur", antwortete Gregor spontan.

Jetzt ging alles sehr schnell. Herr Radler bestellte die Rechnung, zahlte und sagte: „Ich bringe dich zurück. Ich habe noch einen Termin."

Gregor hatte über vieles nachzudenken. Manchester war eine große Chance. Jedoch wusste er auch, was ihm dort blühen würde. In den Zeitschriften hatte er über derartige Begebenheiten immer wieder gelesen. Jetzt musste er sich mit diesem Thema ernsthaft auseinandersetzen. Seine sexuelle Unbedarftheit ließ seine Überlegungen vorerst nicht sehr weit gedeihen. Dass er sich zum weiblichen Geschlecht hingezogen fühlte, wusste er. Das war es aber auch schon.

Er dachte an den erfolgreichen Bauunternehmer und Politiker Richard Gollinger. Was hätte dieser in so einer Situation gemacht? Wahrscheinlich alles, um erfolgreich zu werden.

Zwei Tage nach dem Restaurant-Besuch wurde er ins Sekretariat gerufen. Eine Sekretärin des Chefbüros drückte ihm einen Zettel in die Hand. „Du Glückspilz. Du fliegst nach England. Als Assistent von Herrn Diplomingenieur Radler."

„Wann denn?", stammelte Gregor ängstlich.

„Am Mittwoch geht's los. Steht alles da drauf."

„Am Mittwoch, da habe ich doch Schule."

„Soll das ein Witz sein?", entgegnete die resolute Dame scharf. „Weißt du eigentlich, dass so etwas noch nie in der ganzen Firmengeschichte vorgekommen ist? Ein Lehrbub reist als Assistent der Geschäftsführung zu einem Geschäftstermin ins Ausland", sagte sie schnippisch. „Kannst du wirklich so gut Englisch?"

„Ich hoffe", antwortete Gregor nachdenklich. „Fährt noch jemand mit?", wollte er wissen.

„Nein. Nur Herr Radler und du."

„Bleiben wir über Nacht?"

Die Sekretärin blickte ihn verdutzt an: „Na sicher. Drei Tage und Nächte seid ihr dort. Der Terminplan ist dicht. Besichtigungen, Besprechungen, Verhandlungen. Streng dich an, sonst gibt's Probleme. Herr Diplomingenieur Radler kann es nicht ausstehen, wenn man nicht entspricht."

Gregor nickte besorgt und sagte: „Ich werde mich bemühen, zu entsprechen."

Ob er sich in allen Belangen bemühen würde, zu entsprechen, war ihm zu diesem Zeitpunkt noch nicht ganz klar.

Schließlich bemühte er sich doch, in allen Belangen zu entsprechen. Seine Englischkenntnisse wurden durchwegs gelobt, vor allem vom Chef. Auch war dieser von anderen Vorzügen des

Lehrlings sehr angetan, in erster Linie von seinem mädchen-haft-männlichen Körper, zudem von seiner devoten Hingabe.

Gregor war stolz auf sein gutes Englisch. Alles andere steck-te er konsequent weg. Gelernt war gelernt. Diese Professionali-tät beeindruckte den hohen Chef. Er griff ihm in der Folge noch mehr unter die Arme. Alles lief bestens. Gregor lernte brav, war freundlich und korrekt, bemühte sich, es vor allem seinem hohen Chef recht zu machen.

Gegen Ende der Lehrzeit hatte der Diplomingenieur immer weniger Zeit für Gregor. Die Treffen wurden seltener. Eines Tages sagte der Chef: „Du bist nun bald fertig mit der Lehre. Du bist gut. Du bist ehrgeizig. Unsere Firma kann dir nicht das bieten, was du leisten kannst."

Gregor verstand gar nichts. Er nickte nur brav.

„Du willst doch auch in die Politik. Redest ja dauernd davon", meinte der Chef und fuhr fort: „Du musst in die Hauptstadt. Ein Freund von mir hat da ein kleines, aber feines Bauunternehmen. Ich habe mit ihm geredet. Du kannst bei ihm anfangen."

„Aber ich dachte, ich ...", wollte Gregor einwerfen.

„Der Freund hat keine Kinder, keine Frau. Er ist nicht mehr der Jüngste, ist schon etwas kränklich. Und sein wichtigster Mitarbeiter, sein Nachfolger quasi, hat vor ein paar Wochen überraschend gekündigt." Der hohe Chef schaute dem Lehrling tief in die Augen und säuselte: „Die Zeit mit dir war gut. Das habe ich für dich getan."

„Ich verstehe nicht ..."

„Diesem vermeintlichen Nachfolger habe ich einen Job ver-schafft, den er nicht ablehnen konnte", erklärte der hohe Chef nicht ohne Stolz. „Das war gar nicht so leicht. Nun ist der Platz frei für dich."

Gregor schüttelte nur verständnislos den Kopf.

„Er braucht jetzt einen neuen Nachfolger für seine Firma. Ich habe ihm gesagt, ich hätte den richtigen Mann für ihn."

Gregor war überrascht, erstaunt, völlig verwirrt. „Ich dach-te, ich ..."

„Mit einem anderen Freund habe ich auch über dich gesprochen. Mit dem Stadtparteichef. Du wirst Parteimitglied. Er wird sich um dich kümmern."

Gregor nickte. Er sagte nichts. Es herrschte absolute Stille. Der Chef sah ihn und wartete auf eine Reaktion.

„Danke, vielen Dank", sagte Gregor schließlich sehr gefasst und bestimmt. Er hatte sich wieder unter Kontrolle, voll und ganz. Er hatte schon ganz andere Dinge in wenigen Augenblicken wegstecken müssen.

„Du bist einer von uns", meinte der Diplomingenieur abschließend und ging weg. „Nütze die Chance, du hast das Zeug dazu", rief er ihm noch zu.

Die Wochen darauf schien der hohe Chef viel zu tun zu haben. Gregor bekam ihn kaum zu Gesicht. Dieser war wie immer freundlich und korrekt, aber sehr kurz angebunden. Auffällig oft und vertraulich war er mit einem neuen Lehrling zu sehen, einem auffallend zarten, mädchenhaften Burschen.

Die Dinge nehmen ihren Lauf

Es war alles gut vorbereitet und organisiert. Es geschah so, wie es der hohe Chef gesagt hatte.

Gregor übersiedelte in die Hauptstadt. Er bekam eine wirklich schöne Wohnung zugewiesen. Er trat den Job wie geplant an. Die Bezahlung war gut. Die Baufirma erwies sich tatsächlich als ein kleiner, aber feiner Betrieb. Der neue Chef war ein schrulliger alter Mann. Er war alleine, einsam und bedürftig. Gregor bemühte sich, in allen Belangen zu entsprechen. Die in Aussicht gestellte Belohnung für seine Bemühungen, das Unternehmen einmal übernehmen zu können, aktivierten ungeahnte Eigenschaften und Energien.

Die politischen Aktivitäten erwiesen sich dagegen als eher mühsam. Er war Parteimitglied. Die Leute dort (in der Stadtparteizentrale) waren recht eigentümliche Typen. Die Gespräche und Sitzungen waren in der Regel langatmig, kontrovers, völlig unsachlich, emotional und vor allem, aus Gregors Sicht, völlig sinnlos. Aber egal, er steckte das alles weg. Er machte mit, tat engagiert, war freundlich und hilfsbereit, brachte Ideen ein, ließ seine Ideen ungerührt in der Luft zerreißen, saß seine Zeit ab. Er diente sich, langsam aber stetig, hoch.

Wenn er auch politisch nichts bewegen konnte, so waren seine Kontakte doch nicht ganz umsonst. Der Firma konnte er damit schon bald da und dort hilfreich sein. Zum ersten Mal hatte er nun auch gewisse finanzielle Mittel, um die diversen politischen Unterstützungen zu initiieren und zu beschleunigen. Das war eine Aufgabe, die ihm Spaß machte und die er richtig gut beherrschte.

Die Jahre zogen dahin, das Unternehmen florierte, dem alten Firmenbesitzer ging es immer schlechter.

Eines Tages, wie es einmal kommen musste, starb der alte Mann. So weit, so gut – für Gregor, der mittlerweile knapp 30 Jahre alt war.

Die Firmennachfolge erwies sich aber letztlich alles andere als gut. Wider Erwarten gab es einen fernen Verwandten mit gewissen Anteilen und Rechten, der plötzlich auftauchte und nicht mehr ging. Dieser begehrte das und jenes, forderte, drohte und klagte. Es sah gar nicht gut aus.

Gregor hatte alle Hände voll zu tun, alles auf die Reihe zu bekommen. In dieser unsicheren und instabilen Situation war es nicht leicht, den Betrieb am Laufen zu halten. Zudem sah er seine Belohnung für seine jahrelangen Bemühungen gefährdet.

Er sprach mit seinem Parteichef über die schwierige Lage. Dieser meinte, er werde nachdenken. Er kontaktierte in seiner Not auch seinen alten Chef, den Diplomingenieur. Dieser sagte, er wisse bereits davon und denke schon darüber nach.

Einen knappen Monat später war der lästige Verwandte weg. Der Anwalt teilte ihm mit, dass all seine Anteile, Rechte und Forderungen vom Tisch wären.

Gregor verstand diese plötzliche Wendung zum Guten zwar nicht, war aber sehr erleichtert. Der Parteichef wusste bereits davon und gratulierte ihm. Im selben Atemzug redete er davon, dass sein Neffe das Studium (Kunstgeschichte) beendet hätte und einen guten Job brauchen könnte.

Als nun doch schon recht erfahrenes Parteimitglied schalte-

Der korrupte Mensch

te Gregor augenblicklich und meinte, dass er gerade einen Mitarbeiter mit einer künstlerischen Ader suche und der Neffe jederzeit zu einem Aufnahmegespräch kommen könne.

Kurze Zeit später rief ihn sein früherer hoher Chef an und gratulierte ihm ebenfalls zu der schnellen Bereinigung des Problems mit dem schwierigen Verwandten. Gregor schaltete auch in diesem Fall sehr rasch, bedankte sich für die Anteilnahme und bot ihm an, dass er im Falle des Falles natürlich auch gerne helfen würde, so gut er eben könne.

Ein Jahr später kam die Nachricht, dass sein Vater verstorben war. Er hätte sich das Leben genommen. Warum er das tun hätte sollen, war offiziell nicht ganz klar. Inoffiziell sickerte durch, dass gegen den kleinen Gemeindebeamten große Vorwürfe erhoben worden waren. Die Staatsanwaltschaft solle bereits ermittelt haben, die Beweislage wäre erdrückend gewesen. Es gab auch Gerüchte, dass ihn die eigene Ehefrau vergiftet haben könnte.

Nach dem Begräbnis nahm ihn seine Mutter zur Seite und vertraute ihm ein kleines Geheimnis an. „Ich kam von der Arbeit nach Hause und ging ins kalte Schlafzimmer. Da lag er, bleich im Gesicht, die Augen weit offen. Er rührte sich nicht mehr. Er war tot."

„Du hast ihn gefunden?"

„Ja, Gott sei Dank."

„Warum, Gott sein Dank?", fragte Gregor.

„Da stand doch immer diese Holztruhe im Schlafzimmer. Weißt du noch?"

„Kann mich nicht erinnern. Wir durften ja euer Schlafzimmer kaum betreten", antwortete der Sohn.

„Egal. Jedenfalls habe ich einen Bekannten angerufen und die schwere Kiste abholen lassen."

„Und wieso? Und der tote Vater?", wollte Gregor wissen.

Die Mutter atmete kräftig durch und sagte trocken: „Den habe ich zugedeckt und versteckt. Die Truhe wollte ich retten. Für uns."

Nun verstand Gregor noch weniger. „Du wolltest die Truhe retten? Für uns? Und vor wem?"

Die Mutter flüsterte: „Ich hatte ihn schon lange in Verdacht. Ich wusste, da war etwas im Laufen. Du weißt ja, seine Geschäfte, die Geschenke und so. Die Polizei war ihm auf den Fersen. Und in der Truhe hat er etwas versteckt."

„Und was?"

„Geschenke, Geld ... weiß der Teufel was", entgegnete sie heftig.

„Nicht so laut", beschwichtigte der Sohn. „Und wo ist die Kiste jetzt", wollte er wissen.

„In einem alten Heustadel, gar nicht weit von hier."

„Wenn die jemand findet? Die muss da weg", sagte Gregor aufgeregt. „Ich muss überlegen ..."

„Ich sage dir gleich, was da drinnen ist, gehört vor allem mir", unterbrach ihn die angespannte Mutter. „Ich war seine Frau, ich kriege am meisten. Und Grete kriegt auch viel. Du hast eh schon genug Geld. Aber Manfred und Roland traue ich noch weniger als dir ..."

„Jetzt sei ruhig. Ich lasse die Truhe abholen. Ihr bekommt euren Teil."

„Ich sage, wenn du uns betrügst, dann kannst du was erleben", drohte die Mutter mit bösem Blick. „Ich verfolge dich ..."

„Wo ist dieser Heustadel genau?", unterbrach Gregor.

Wohl oder übel verriet sie ihm den Standort.

Am nächsten Tag fuhr er höchstpersönlich mit zwei Arbeitern aus der Firma in einem schweren Lieferwagen vor. Die nach wie vor fest verschlossene Kiste wurde verladen und in den Betrieb gebracht. Nach Dienstschluss, nachdem er sich vergewissert hatte, dass kein Mensch mehr auf dem Gelände war, schlich er, mit Taschenlampe, Brecheisen und Hammer ausgestattet, in den Lagerraum. Erregt wie selten zuvor, ging er ans Werk. Die beiden Schlösser waren selbst mit schwerem Gerät kaum zu knacken. Vorsichtig hob er den Deckel der Truhe und leuchtete ins Innere. Aktenordner, Kartons und Briefumschläge waren zu sehen. Alles fein säuberlich geschlichtet, ganz nach der Art des peniblen Vaters. Er nahm eine Schachtel aus der Truhe, sie war unerwartet schwer, öffnete sie langsam und blinzelte neugierig hinein.

Er traute seinen Augen nicht. Alles hätte er erwartet, aber das nicht. Armbanduhren, Ringe, Halsketten, Armbänder und allerlei Anhänger. Alles glänzte und funkelte. Es sah sehr wertvoll aus.

Dann griff er nach einem Briefumschlag. Darauf standen eine Name, eine Adresse und ein Datum. Darin befanden sich große Scheine, ein ganzes Bündel.

Er dachte: „Ein Wahnsinn. Er war ein richtiger Verbrecher."

Danach holte er einen der Aktenordner aus der Kiste. „Was ist da wohl drinnen?", überlegte er und schlug die Mappe auf. Da waren Dokumente, Berichte und Fotos. Ähnliches war in den anderen Ordnern zu finden. Es dauerte eine Weile, bis er die Inhalte aller Kartons, Briefumschläge und Aktenmappen durchgesehen hatte. Er fand jede Menge Schmuckstücke, Geldbündel und Unterlagen, Zettel und Bilder.

Eines war Gregor bald klar: Der Vater hatte sich über viele Jahre schmieren lassen – für Baugenehmigungen, Umwidmungen und alle möglichen Gemeindebescheide. Und den jetzigen Bürgermeister hatte er erpresst, das ging eindeutig aus diversen Notizen hervor.

Sämtliche Aktenordner und zwei prall gefüllte Umschläge beließ er in der Truhe, den Rest brachte er in seine Wohnung. Am nächsten Morgen rief sofort seine Mutter an. „Was ist in der Kiste?", fragte sie aufgeregt.

„Geld und Schmuck, eine ganze Menge."

Sie kam am Abend zu ihm und begutachtete außer sich vor Erstaunen und Glück die Preziosen und Geldbündel. Gregor überließ der Mutter das ganze Bargeld. „Tu, was du damit willst. Ich behalte vorläufig den Schmuckkram."

„Nein, kommt gar nicht in Frage", schrie sie empört.

„Denk nach", sagte er schroff. „Die Uhren, die Ringe und all das Zeug gehören irgendjemandem. Die Sachen hat Vater gestohlen, erschlichen, erpresst oder sonst was. Wenn die Dinge bei euch auftauchen und gesehen werden, seid ihr dran."

„Scheiße", murmelte die gierige Mutter. „Scheiße, Scheiße, Scheiße!"

„Ich habe gewisse Kontakte", erklärte der Sohn ruhig und

bestimmt. „Ich werde versuchen, die Stücke nach und nach zu verkaufen. Über Mittelsmänner, vielleicht sogar im Ausland."

„Das dauert mir zu lange", brüllte sie erbost. „Du willst uns begaunern!"

„Ihr habt jetzt einmal genug Geld. Das dürft ihr sowieso nur langsam ausgeben. Sonst schöpft die Polizei sofort Verdacht. Denkt daran, wir werden beobachtet."

Die sonst so phlegmatische Mutter konnte kaum ihre Nerven in Zaum halten. Sie zitterte am ganzen Leib und hechelte kurzatmig. „Wenn du uns übers Ohr haust, dann kriegst du auch Gift."

Dann herrschte Totenstille. Beide sahen einander entsetzt an.

Gregor hatte sich bald wieder unter Kontrolle. Er steckte das wie gewohnt weg. „Ich sage dir, wir machen das so. Ich versuche, die Sachen anzubringen. Du bekommst das Geld. Glaube mir, ich brauche es wirklich nicht. Schau dich um. Wohnt so ein armer Mann?"

„Du hast jede Menge Kohle. Uns hast du nie etwas gegeben. Du Geizhals."

„Hätte ich euch auch noch belohnen sollen, für all das, was ihr mir angetan habt?", fragte er die Mutter bitter. „Dein eigener Mann hat dir anscheinend nie etwas von seinem Diebesgut gegeben. Warum nicht, Mutter? Er war ein reicher Mann."

„Er war ein kleines Arschloch", schimpfte sie wütend. „Er hat ja nicht einmal für sich selbst etwas davon ausgegeben. Dabei hätten wir so dringend das Geld brauchen können. Damals, als Grete so krank war, da hätten wir Geld für Ärzte und Medikamente gebraucht. Nicht einmal da hat er etwas rausgerückt, dieses Schwein."

Gregor beendete die Unterhaltung und schickte die Mutter weg. In den folgenden Tagen studierte er interessiert und zuweilen schockiert Vaters gesammelte Werke. In den Unterlagen tauchten immer wieder Namen auf, die ihm wohlbekannt waren. Zu seiner großen Überraschung fand sich auch der Name Richard Gollinger. Sein furchtbarer und verhasster Vater gewann im Zuge der Beschäftigung mit der Lektüre irgendwie an Ansehen und Bedeutung. Der Sohn hätte ihm nie und nimmer derartige „Geschäfte" zugetraut. Und das alles ganz alleine und klammheimlich. „Respekt."

Gregor entschied, die Akten wegzuschließen und bei Bedarf davon Gebrauch zu machen. Die Schmuckstücke ließ er irgendwann von einem vertrauten Experten begutachten und schätzen. Die meisten Dinge waren kaum etwas wert. Nur zwei Stücke stachen eklatant hervor. Eine Armbanduhr und eine Brosche. Aus den gewissenhaften Aufzeichnungen des Vaters konnte er auch ersehen, wem diese Gegenstände eigentlich gehörten. Gregor vernichtete, bis auf die beiden wertvollen Stücke, sämtliche Preziosen. Er verhinderte damit, dass eines Tages ein Zusammenhang zwischen den ergaunerten Sachen und seiner Familie hergestellt werden konnte. Der Mutter sagte er, er hätte alles verkauft und gab ihr dafür eine Summe, mit der sie sehr zufrieden war.

Gregors Firma wuchs und gedieh. Zug um Zug konnte er, nicht zuletzt dank seiner guten Beziehungen, die fettesten Aufträge in der Region an Land ziehen. Den Wert der zahlreichen Grundstücke, die Baumeister Kellermann, der Vorbesitzer der Firma, im Laufe von vielen Jahren erworben hatte, konnte Gregor durch geschickte Manöver vervielfachen. Durch die Umwidmung der oft relativ wertlosen Wiesen, Äcker oder Waldstücke in Bauland stieg der Wert dieser Immobilien schlagartig an. Wieder waren seine guten Kontakte, vor allem politischer Art, dabei sehr hilfreich. Manche der Grundstücke verkaufte er für viel Geld, andere bebaute er selbst. Zudem beteiligte er sich sukzessive an allen möglichen Projekten und Unternehmen. An Hotels, einer Brauerei, einer Weinkellerei, einem Autohaus, einer Leasingfirma, einem Reisebüro, einer Privatschule, einem Modesalon, einem schicken Skigebiet, einer ausländischen Ferienanlage am Meer und einem kleinen, aber feinen Flugunternehmen. Die Vorgehensweise war fast immer die gleiche: Seine Baufirma erbaute oder renovierte aufwendig und teuer Gebäude dieser Unternehmen. Die exorbitante Rechnung, die letztlich fällig war, konnten oder wollten einige dieser Unternehmen nicht begleichen. Anstatt des Geldes übernahm Gregor schließlich Firmenanteile, die zumeist deutlich mehr wert waren als die Höhe des offenen Betrags.

Außerdem sorgte Gregor dafür, dass er vor allem Teilhaber von Unternehmen wurde, die zum einen satte Gewinne erwarten ließen und zum anderen Annehmlichkeiten für seine Freunde und Geschäftspartner boten. So kam es nicht nur einmal vor, dass die Frau des Parteichefs oder eine andere wichtige Persönlichkeit mit ein paar Freundinnen einen kleinen Jet des Flugunternehmens kostenfrei für einen Shoppingausflug nach Paris oder Mailand zur Verfügung gestellt bekam. Auch feine Kleidungsstücke aus dem Modesalon oder kurze Aufenthalte in einem seiner Partnerhotels waren begehrte Gaben. Für besonders freundliche Umwidmungs- oder Baubescheide wurden für die engagierten Beamten auch edle Autos geleast. Erlesene Tropfen aus der hauseigenen Weinkellerei oder Bierfässchen aus der Brauerei waren mehr oder weniger selbstverständliche Mitbringsel unter Freunden.

Mittlerweile feierte Gregor seinen 35. Geburtstag. Partei- und Geschäftsfreunde veranstalteten im besten Hotel der Stadt ein opulentes Fest – nicht zur ungeteilten Freude des Gefeierten. Gregor mochte öffentliche Auftritte und gesellschaftliche Ereignisse ganz und gar nicht. Er blieb lieber im Hintergrund, im Verborgenen. Seine Statur war alles andere als stattlich, seine Wortmeldungen alles andere als mitreißend, seine Nase alles andere als ansehnlich. Er konnte nicht einmal eine Frau an einer Seite vorzeigen.

Doch er ließ, wie immer, wenn es sein musste, alles über sich ergehen. Er bemühte sich zu entsprechen. Große Reden vermied er, Menschenansammlungen ebenfalls. Er war ein Mensch für Vieraugengespräche. Da war er gut, da konnte er sich konzentrieren, da konnte er überzeugen. Sechs Augen waren auch noch okay, acht Augen stellten seine Grenze dar. In größeren Gruppen redete er kaum, außer er wurde direkt angesprochen.

Auf seinem Geburtstagsfest hielt er es auch so. Er bedankte sich in einer Kurzansprache: „Vielen Dank für die schöne Feier, danke", übergab das Mikrofon und verschwand in der Menge.

Der korrupte Mensch

„Gregor, komm bitte", rief ihn bald der Stadtparteichef zu sich. „Ich möchte dir einen der bedeutendsten Männer unserer Stadt vorstellen." Neben dem Parteichef stand ein sichtlich feiner Herr. Groß, schlank, Smoking vom Schneider, gebräuntes Gesicht, breites Lächeln, weiße Haare – genau wie in einem alten Hollywoodfilm. Gregor kannte den Mann. Wer kannte ihn nicht.

„Der Vorstandsvorsitzende der Rossing-Privatbank, Dr. Sigmund von Walsberg", präsentierte der Politiker stolz. „Unser Geburtstagskind, Gregor Baumann, Chef und Besitzer der Baufirma Kellmann und Multiunternehmer."

Gregor blickte mit todernstem Gesicht hinauf. Herr von Walsberg blickte mit leicht unverschämtem Grinsen hinunter und sagte launig: „Alles Gute zum Geburtstag. Mein Gott, 35 müsste man sein, Sie Glücklicher."

Gregor fühlte sich sichtlich unwohl. Genau solche Männer wollte er nicht in seiner Nähe haben. Zu groß, zu attraktiv, zu selbstsicher, zu amüsant, zu prominent.

„Danke, vielen Dank", presste der Bauunternehmer heraus. Er hätte gute Lust gehabt, auf der Stelle zu verschwinden. Doch er blieb eisern stehen. Er steckte seine Befindlichkeiten weg. Mit diesem Banker muss man reden, solche Leute kann man brauchen.

„Ich habe schon von Ihnen gehört", sagte Herr von Walsberg von oben herab – im wahrsten Sinne des Worts. „Sie haben doch an der Renovierung des Hotels mitgewirkt?"

Der Parteichef schaltete sich ein. „Was heißt hier mitgewirkt? Gregor gehört fast das halbe Hotel. Er ist quasi der Hausherr."

„Aha, Respekt", erwiderte der noble Privatbankier. „Schön hier, sehr schön." Er nippte an seinem Glas und fuhr fort: „Unser Hauptbankhaus braucht ebenfalls eine Revitalisierung. Sie werden es kennen."

Gregor nickte: „Ja, natürlich, ein prächtiges Gebäude."

„Oh, da ist ja meine Eveline", rief plötzlich der Bankchef. „Komm zu uns, du musst da jemanden kennenlernen."

Eine blonde Frau kam langsam näher. Teure Kleidung, teurer Schmuck, teure Handtasche, ein etwas gequältes Lächeln. Nicht mehr ganz so jung, nicht ganz schlank, mittelgroß, nicht wirklich unhübsch.

„Schau, das ist Herr Gregor Baumann. Er hat dieses Hotel renoviert. Ihm gehört die Hälfte davon."

„Alles Gute zum Geburtstag", bemühte sich die Tochter mit einer gewissen Höflichkeit zu sagen.

„Danke, vielen Dank", entgegnete Gregor so nett wie möglich.

„Das ist Eveline, meine kleine Tochter."

„Freut mich sehr, Sie kennenzulernen ... Eveline, ein schöner Name." Mehr fiel ihm im Augenblick nicht ein. Er musste an seine Nase denken.

„Das Hotel gehört wirklich Ihnen? Das ist ja toll", trällerte die Tochter schon deutlich fröhlicher. Sie schien nun aufzutauen.

„Gregor, willst du nicht dem Fräulein von Walsberg das Haus zeigen?", forderte ihn der Parteichef auf. „Ist sicherlich sehr interessant."

„Ja natürlich, gerne", antwortete Gregor und schaute gespannt Eveline an.

„Ich will Sie an Ihrem Geburtstag nicht so in Beschlag nehmen. Nein, das geht doch nicht", zierte sie sich höflich, aber willig.

„Natürlich geht das", beeilte sich Gregor zu sagen. „Ich würde Ihnen gerne zuerst den Keller und dann die Dachterrasse zeigen."

„Den Keller?", wunderte sich die Tochter.

„Da haben wir etwas gebaut, was es in ganz Europa in dieser Form nicht gibt."

„Jetzt machen Sie mich aber neugierig."

Die beiden verschwanden. Der Bankier blickte den beiden nachdenklich hinterher. Der Stadtparteichef schmunzelte und meinte: „Ein interessantes Paar."

Herr von Walsberg nippte wieder von seinem Glas. Der Politiker machte einen kräftigen Schluck und deutete an: „Ich denke, die Revitalisierung des Bankhaus kann beginnen."

„Wäre wirklich nötig", seufzte der Banker. „Aber wie du weißt, wirtschaftlich betrachtet ein nicht so günstiger Zeitpunkt."

„Was wetten wir? Ich sage, in spätestens zwei Jahren erstrahlt deine Bank in neuem Glanz."

„Ich wette nie", erwiderte der feine Herr. „Aber dieses Mal würde ich eine Ausnahme mache."

Der Politiker dachte kurz nach und machte ein Angebot: „Wenn ich verliere, bekommt dein Bub ein Mandat. Das strebt er doch schon seit Jahren an? Und du auch, oder?"

Doktor Walsberg lächelte und nickte. „Und wenn ich verliere?", wollte er wissen.

Der Parteichef lachte herzhaft. „Wenn du deine Wette verlierst, gewinnst du ein nagelneues Bankgebäude, neue Bonität und viel Prestige."

„Ja, ja, ist schon in Ordnung. Und was willst du? ... Ich kenne dich doch."

„Richtig, wir kennen einander schon sehr lange Zeit. Es war nicht immer alles ganz konfliktfrei, aber für deine Bank immer recht nützlich."

Der Vorstandsvorsitzende blickte ihn nun sehr ernst an. Er wusste, er und die Bank verdankten dem hilfsbereiten Politiker viel, ja sehr viel.

„Wenn ich die Wette gewinne, möchte ich einen winzigen Anteil an deiner Bank."

„Ich ahnte es, ich ahnte es", rief der feine Herr so laut, dass es weithin vernommen werden konnte.

„Und einen Sitz im Aufsichtsrat", setzte der Politiker fort.

„Du weißt schon, es ist nicht meine Bank. Ich besitze selbst nur einen bescheidenen Anteil."

„Du hast das Sagen, du bestimmst alles. Außerdem ist der Kurs derzeit sehr niedrig. Die Bank ist nicht viel wert. Wir wissen, wie es um die Rossing-Privatbank steht. Wenn nichts geschieht, sind die Anteile vielleicht bald gar nichts mehr wert."

Der Bankier schüttelte den Kopf: „So kann man das nicht sehen. Aber gut, lassen wir uns auf die Wette ein. Welcher Anteil schwebt dir vor?"

Der Politiker hob die rechte Hand und streckte ihm drei Finger entgegen.

„Du bist verrückt", schnaubte der feine Herr gar nicht so fein. „Hiermit beende ich die Unterhaltung." Er drehte sich weg und ging.

„Sigmund, jetzt stell dich nicht so an", rief der Parteichef beschwichtigend. „Schau her!" Er streckte zwei Finger in die Höhe. Der Bankier drehte sich um und deutete mit dem Zeigefinger auf seinen Kontrahenten. Dieser schüttelte ablehnend den Kopf. Zögerlich bewegte sich nun auch der Mittelfinger des Bankchefs, dieser schaffte es aber nur bis zu einer mickrigen Krümmung.

Der Politiker überlegte kurz, lächelte und nickte. „Plus Sitz im Aufsichtsrat", wiederholte er mit zufriedenem Grinsen.

„Aber sicher", stimmte Walsberg zu. „Ich bitte darum."

„Wie wäre es mit einer weiteren Wette?", schlug der Politiker vor. „Die würde dir gefallen."

Der feine Bankier ging ganz nahe auf seinen Freund zu und flüsterte ihm ins Ohr. „Du willst meinen Job, stimmt's?"

„Liebend gerne. Tauschen wir?"

„Ich muss etwas essen. Deine Wette schlägt sich auf meinen Magen."

„Meine zweites Wettangebot verschlägt dir vielleicht die Sprache", meinte der Politiker und kam zur Sache. „Ich sage, dass Gregor Baumann und Eveline von Walsberg innerhalb der kommenden drei Jahre heiraten."

„Komm mit, darauf stoßen wir an", erwiderte der Bankier sehr gefasst und nahm den Parteichef an der Hand.

„Die Sprache hat dir das sichtlich nicht verschlagen", meinte dieser etwas erstaunt.

„Du wirst lachen, mir gefällt dieser kleine Mann mit der krummen Nase. Und Eveline müsste dringend unter die Haube. Sonst bleibt sie am Ende noch über und liegt mir zeitlebens auf der Tasche."

Der Politiker war wirklich überrascht: „Wie schnell sich doch nobler Adel dem gemeinen Volk zuwenden kann. Deine Flexibilität ist wirklich erstaunlich."

Der korrupte Mensch

Der feine Herr erwiderte ungewohnt ehrlich: „Die Not lässt selbst alte Bäume biegsam werden."

„Zu deinem Trost ... Gregor Baumann wird einer der ganz Großen ... vor allem mit der richtigen Frau an seiner Seite ... und dem richtigen Schwiegervater, einem mit einer Bank."

Dass Eveline von Walsberg die richtige Frau für Gregor sein könnte, war für ihn bei der Hotelbesichtigung alles andere als gewiss.

Erstens war sie so gar nicht sein Typ, zweitens fühlte er sich sowohl bei der Präsentation der hochmodernen Wellnessanlage als auch beim Anstoßen auf der schicken Dachterrasse gar nicht wohl. Er war unsicher, gehemmt, verkrampft und steif. Als ihm die Bankierstochter nach dem zweiten Glas dann auch noch ins Ohr säuselte, dass sie seine Nase überaus männlich finden würde, war seine Geduld am Ende. So sehr er sich auch bemühte, das konnte er jetzt nicht mehr wegstecken. „Ich glaube ... ich glaube, ich muss jetzt wieder zurück zu meinen Gästen", murmelte er verstört."

Aber nein, doch nicht jetzt", flötete sie berauscht. „Es ist gerade so schön hier mit dir."

Dass sie bereits per Du mit ihm war, fiel Gregor dann gar nicht mehr weiter auf. Er verabschiedete sich Hals über Kopf und eilte zum Fahrstuhl.

Dieses Kapitel war, noch nicht einmal richtig aufgeschlagen, für ihn ein für alle Mal zu Ende. Dachte er.

Eveline von Walsberg schmerzte der abrupte Abgang des Mannes, an dem sie irgendwie Gefallen fand. Obwohl er doch, wie ihr klar war, alles andere als ein stattlicher und attraktiver Herr war – ganz im Gegensatz zu ihrem Vater. Jedenfalls gab sie an einem der nächsten Tage ihrem Vater zu verstehen, dass er Herrn Baumann doch einmal nach Hause einladen solle. Zumal ja sicherlich auch geschäftliche Dinge, wie sie mittlerweile in Erfahrung bringen konnte, zu besprechen wären. Dem Vater kam diese Idee sehr gelegen. Er wollte in dieser Angelegenheit ohnehin zwei Fliegen auf einen Schlag erledigen. So freute es ihn umso mehr, dass seine Tochter an dem kleinen Großbauunternehmer Interesse bekundete.

Herr von Walsberg telefonierte sofort mit dem Stadtparteichef. Diese traf sich mit Gregor zum Abendessen. Der Politiker wusste, dass er gute Karten hatte.

„Du hast viel erreicht, Gregor", begann er das Gespräch. „Weißt du, was dir jetzt noch fehlt, um ein wirklich Großer zu werden?"

Gregor schüttelte den Kopf.

„Eine Bank."

„Ich habe eine Bank", antworte er.

„Aber keine eigene."

„Eine eigene Bank? Verstehe ich nicht."

„Das wirklich große Geld ist am Finanzmarkt zu machen. Mit einer eigenen Bank im Rücken ist das bedeutend einfacher", sagte der Politiker und erklärte seinem Parteifreund lang und breit die Vorteile einer eigenen Bank.

„Ja, das verstehe ich. Eine eigene Bank wäre gut", stimmte Gregor nach langem Zuhören zu. „Nur wie komme ich zu einer Bank. Dazu braucht man sicher eine ganze Mange Geld, eine Konzession und, und, und ..."

„Du heiratest Eveline von Walsberg, und schon hast du eine Bank."

Gregor blickte seinen Parteichef verdutzt an. Nach einer Weile stand er auf und verließ das Restaurant. Der Politiker blieb ruhig sitzen und ließ sich den Tafelspitz weiter schmecken. Er kannte Gregor gut. Er wusste, diese Chance würde er nicht auslassen können. Nach einer knappen Viertelstunde tauchte Gregor wieder auf. Er nahm Platz, leerte sein Glas und deutete dem Kellner, es wieder zu füllen. „Wer sagt, dass Eveline von Walsberg mich heiraten würde?", fragte er bereits wieder sehr gefasst.

„Ich sage das. Herr von Walsberg sagt das."

„Und Eveline?"

„Die ist ganz verknallt in dich", rief der Politiker mit breitem Grinsen.

Gregor konnte das nicht glauben. „Woher weißt du das?"

„Sie braucht dringend einen Mann. Du bist erfolgreich und vermögend, was ihrem Vater gefällt. Und du gefällst ihr."

Der korrupte Mensch

Gregor hatte so seine Zweifel daran.

„Sie hat ihren Vater gebeten, dich einzuladen. Und diese Einladung wird stattfinden. Keine Frage", bestimmte der Parteichef. „Außerdem brauchst du langsam, aber sicher eine Frau. Und Kinder."

Es kam so, wie der Politiker sagte.

Nach etwas zähen Verhandlungen mit dem Vater war alles besiegelt. Gregor kaufte sich in die Bank ein, Eveline wurde ein schöner Anteil als Erbe in Aussicht gestellt. Keine sechs Monate später fand die Hochzeit statt.

Dass das Bankhaus von Gregors Firma in Windeseile revitalisiert wurde, verstand sich von selbst.

Und so kam der Politiker zu seinen eineinhalb Prozent. In den Aufsichtsrat zog er dann doch nicht ein. Es gab schon so genug Gerede. Dafür zog der Sohn des Bankiers nach den Wahlen ins Landesparlament ein. Und das, obwohl Herr von Walsberg die Wette eigentlich verloren hatte.

Mit der Familie von Walsberg und der Privatbank im Rücken stieg Gregor Baumann in lichte Höhen auf. Er genoss seine Bedeutung, seine Möglichkeiten, seine Größe. Alles, was nicht so gut genießbar, aber Faktum war, steckte er routiniert weg. Vor allem die zahlreichen stark ausgeprägten Bedürfnisse seiner Frau. Sie brauchte nicht nur jede Menge Geld, mehrere Villen und schöne Autos, sondern auch viel seelisch-körperliche Zuwendung. Letzteres wurde ihm, trotz allen Bemühens, langsam zu viel.

Dass der Tüchtige zeitweise auch Glück hat, kam ihm bei dieser Gelegenheit sehr entgegen. Er bemerkte eines Tages, dass sich ein einfacher Arbeiter des Betriebes für seine Frau interessierte. Und sie sichtlich für ihn. Er war groß, schlank, stark und fesch. Aber unbedeutend und arm. Er konnte mit dem kargen Lohn kaum seine Ehefrau und die drei Kinder ernähren. Der Reichtum der Cheffamilie, all die schönen und teuren Sachen, beeindruckte ihn sichtlich. Gregor war kein Mann des Zögerns und langer Worte. Er bestellte den Arbeiter eines Tages kurzerhand zu sich ins Büro und sagte ihm auf den Kopf zu: „Ich habe bemerkt, dass Ihnen meine Frau gefällt."

Der Arbeiter war völlig perplex und brachte kein Wort heraus.

„Gefällt Sie Ihnen etwa nicht?", fuhr ihn der Chef barsch an.

Was sollte der arme Mann nun sagen?

„Ja, schon", stammelte er.

„Haben Sie ein Verhältnis mit ihr?", donnerte Gregor furchteinflößend.

„Nein, Herr Baumann, ganz bestimmt nicht. Ich schwöre Ihnen …"

„Hätten Sie gerne ein Verhältnis mit ihr?"

„Nein, Herr …"

„Sie wollen kein Verhältnis mit meiner Frau?", sagte er scharf. „Meine Frau gefällt Ihnen also doch nicht?"

„Ja, nein, aber …"

Schlussendlich unterbreite der Chef seinem Mitarbeiter ein unmoralisches Angebot. Ein Angebot, das dieser nicht ausschlagen konnte. Damit war wieder einigermaßen Ruhe in das Gefühls- und Geschlechtsleben des Unternehmers eingekehrt. Zwei kleine Kinder hatte er schon. Mehr brauchte er nicht.

Etwas ganz Großes hatte er schon seit geraumer Zeit vor. Darauf konnte er sich nun voll und ganz konzentrieren. Richard Gollinger war sein großes Idol gewesen. Sein Vorbild, seine Richtung, sein Ziel. Mit ihm gab es zwar manchmal geschäftliche Überschneidungen, aber nie einen persönlichen Kontakt. Die Firma Gollinger war spezialisiert auf Straßen- und Tunnelbau, mittlerweile weltweit. Gregor wollte nun endgültig auch in dieser Sparte Fuß fassen. Doch bei all seinem Einfluss, seiner Bedeutung und seinen guten Kontakten, an die dicken Aufträge im Dunstkreis der Gollingers, Vater plus Söhne, kam er nicht heran. Auch sein Parteichef, so offen er für alles war, blockte bei diesem Thema ab.

Gregor hatte noch immer die wertvolle Uhr und die edle Brosche aus dem verbrecherischen Nachlass seines Vaters in Verwahrung. Dazu Fotos, Dokumente und Notizen. Die Uhr gehörte einst Herrn Gollinger, die Brosche seiner damaligen Frau. Dahinter verbarg sich, selbst für Gregors Verhältnisse, eine unglaubliche Geschichte. Eine hochdelikate Geschichte, die mit den höchsten Staatsfunktionen und der feinsten Gesellschaft zu tun hatte. Alleine der Vorgang, wie ausgerechnet sein Vater, ein kleiner Dorfbeamter, zu derart brisantem und explosivem Material gekommen war, wäre wohl sämtlichen Medien eine Coverstory wert gewesen.

Gregors Plan, wie er dieses Material bestmöglich zum geringsten persönlichen Risiko einsetzen konnte, war nun so gut wie fertig. Lange hatte er daran getüftelt. Gregor wusste, mit Richard Gollinger und seinem Umfeld war nicht zu spaßen. Er hätte gute Ratschläge und tatkräftige Unterstützung von seinen Freunden dringend gebrauchen können. Doch wagte er es nicht, auch nur mit einem darüber zu reden. Die Sache war einfach zu heikel. Eigentlich auch für ihn selbst. Doch er konnte von dieser Idee nicht ablassen. Es gelang ihm nicht, sie wegzustecken. Wohl wissend, dass er sowohl seinen Betrieb als auch seine Familie damit in Gefahr brachte. Wohl wissend, dass er damit vielleicht sogar eine schwerwiegende Staatskrise auslösen könnte. Aber die Vorstellung, die Schlacht gegen einen derart übermachtigen Gegner zu gewinnen und Herr über ein noch viel größeres Imperium zu sein, war zu stark und zu beglückend.

Es kam, wie es kommen musste.

Gregor Baumann besuchte Richard Gollinger.

Gregor war erstaunt. Nicht der schillernde Politiker und Unternehmer aus den Magazinen stand vor ihm, sondern ein alter, gebrechlicher Mann mit einer unschönen Narbe auf der linken Wange. Er hatte kaum noch Haare und brauchte einen Stock, um sich einigermaßen auf den Beinen halten zu können.

Dieses traurige Bild ließ Gregor sofort Mut fassen. Er legte ihm kurzerhand die vermeintlichen Beweismittel für dessen Untaten vor und nannte seine Forderungen, wenn die beiden Schmuckstücke, die Berichte und Notizen nicht veröffentlicht werden sollten. Herr Gollinger war geschockt und paralysiert. Er saß wie versteinert in seinem Lehnstuhl und starrte minutenlang auf die vorgelegten Utensilien. Schließlich murmelte er schwach: „Warten Sie."

Er verließ das Arbeitszimmer. Es dauerte eine volle Stunde, bis er wieder auftauchte. Der alte Mann setze sich nieder und sagte betont gefasst: „Ich habe ein paar Telefonate geführt."

Gregor wartete gespannt auf die Antwort auf seine Anschuldigungen und Begehren.

„Ich habe mich mit meinem Anwalt unterhalten, mit dem
Bischof und mit einem nicht unbedeutenden Mann aus der
Partei."

Gregor war sichtlich überrascht.

„Ich warte nun auf den Anruf des Ministers", setzte Richard Gollinger fort. So gebrechlich wie er wirkte, war er anscheinend doch noch nicht. Dann herrschte Stille. Eine ganze
Weile. Bis das Telefon läutete.

„Grüß dich, Egon", sagte er freundlich. Wieder verließ er
das Arbeitszimmer. Nach einer knappen halben Stunde kam
er zurück. Er setzte sich nieder und sagte leise: „Mit der Sache
habe ich, haben wir nichts zu tun."

„Herr Gollinger", sagte Gregor bestimmt. „Ich habe Ihre
Uhr, die Brosche Ihrer früheren Frau, Berichte von Aussagen
und ..."

„Unsinn", unterbrach ihn der erfolgreiche Mann. „Weder
Uhr noch Brosche stammen von mir. Die Dinge habe ich noch
nie gesehen. Und die Aussagen sind entweder böse Unterstellungen oder dumme Missverständnisse."

Gregor hielt ihm ein Foto vor die Nase. „Und was sagen Sie
dazu? Das sind eindeutig Sie und der damalige Abgeordnete
und nunmehrige Minister."

„Ja, und?"

„Und das ist", zeigte Gregor mit dem Zeigefinger auf das
Bild, „das Mädchen, das von Ihnen und dem Minister ..."

„Halten Sie den Mund", fiel ihm Richard Gollinger jäh ins
Wort.

Gregor ließ sich nicht beirren: „... das von Ihnen und dem
Minister missbraucht und ..."

„Halten Sie den Mund", unterbrach ihn sein Kontrahent
noch zorniger.

„... missbraucht und später umgebracht worden war", beendete Gregor unbeeindruckt seine Ausführungen.

Der alte Mann drosch wütend mit seinem Stock auf den
Tisch. Gregor zuckte zusammen, fuhr aber beherzt fort. „Dann

Der korrupte Mensch

wurde gedroht, bestochen ... und alles unter den Tisch gekehrt. Wie aus den Unterlagen hervorgeht, hatte selbst der Bischof und ..."

„... und nun wollen Sie meine Aufträge haben?", unterbrach ihn der alte Mann neuerlich scharf. „Sie wollen meine Straßen bauen? Sie wollen meine Tunnel bauen? Sie wollen mich ruinieren?"

„Wenn das alles an die Öffentlichkeit kommt, sind Sie so oder so ruiniert", entgegnete Gregor selbstbewusst.

Wieder läutete das Telefon. Richard Gollinger griff nach dem Gerät und sagte nett: „Grüß dich, Edmund."

Gregor zuckte wieder zusammen. Diplomingenieur Edmund Radler, sein früherer Chef und Mentor, sein Freund.

„Alles wertloses Zeug. Hat mir nie gehört. Völlig ungefährlich für uns, völlig harmlos", sagte nach einer Weile Herr Gollinger in den Hörer. Nach ein paar Minuten wandte er sich seinem Gegner zu: „Da, nehmen Sie." Er hielt ihm das Telefon hin. „Edmund möchte mit Ihnen reden." Gregor nahm zögerlich das Telefon.

Er hörte nur zu. Er sagte kein Wort. Er wurde blasser und blasser. Seine Hand zitterte. Nach fünf Minuten war alles vorbei. Richard Gollinger blickte ihn erwartungsvoll an. „Und, was tun Sie jetzt?", fragte er spöttisch.

Gregor sagte nichts. Er stand auf und fing an, die vorgelegten Beweismittel zusammenzupacken.

„Nehmen Sie das Dreckszeug ruhig wieder mit", amüsierte sich Herr Gollinger. „Wenn wir mit Ihnen fertig sind, wird Ihnen vielleicht nicht viel mehr bleiben als diese protzige Uhr und diese hässliche Brosche."

Gregor verließ mit voller Tasche und hängendem Kopf das Arbeitszimmer seines einstigen Idols und nunmehrigen Meisters.

„Übrigens, Herr Kollege", rief ihm der erfolgreiche Mann nach, „das ist ein Versprechen", und lachte aus vollem Herzen.

Und die Moral von der Geschichte?

Die Erziehung und die Vorfälle in der Kindheit prägen einen Menschen. Durch Lieblosigkeit, Entbehrung, Unterdrückung oder Gewalt kann ein Mensch gebrochen werden und Minderwertigkeitsgefühle, Ängste und Depressionen bekommen. Ganz im Gegensatz dazu kann ein Mensch dadurch aber auch eine ungeheure Strebsamkeit nach Bedürfnisbefriedung und Tatkraft entwickeln. Dieser starke Antrieb kann zu außergewöhnlicher Leistung, zu großer Karriere und zu viel Geld verhelfen. Der Wermutstropfen: Diese „geschädigten" Menschen bleiben selbst bei den größten Erfolgen immer Suchende, Getriebene und Unbefriedigte. Die Rast- und Grenzenlosigkeit treibt sie weiter und weiter, zu noch mehr Leistung, Siegen, Bedeutung und Macht. So lange, bis sie entweder ihre Gesundheit ruinieren und krank, schwach und trübsinnig werden. Oder so lange, bis sie die Grenzen zu massiv überschreiten und nach dem großen Aufstieg zu Fall kommen.

Die Verantwortung der Eltern und der Gesellschaft für ihre Kinder ist sehr groß. Leider können oft weder die Eltern noch die Gesellschaft dieser großen Verantwortung gerecht werden. Aber das muss nicht so sein. Mit etwas Selbsterkenntnis und Bemühen kann sich so manches zum Besseren wenden. Ein kleiner Schritt von den Vätern und Müttern kann ein großer Schritt zu mehr kollektiver Stabilität, Anständigkeit, Sicherheit und Zufriedenheit sein.

Der Mensch mit Bedürfnissen und Eigenheiten

Ein Bedürfnis ist eine relativ stabile Persönlichkeitseigenschaft. Es wird häufig als Ausdruck eines physiologischen oder psychologischen Mangelzustands definiert, der mit dem Streben nach Befriedigung verbunden ist, um sich (wieder) ausgeglichen und wohl zu fühlen.

Gregor Baumann hatte aufgrund seiner desolaten Kindheit schmerzhafte Entbehrungen erfahren. Die dadurch entstandenen Mangelzustände mussten ausgeglichen werden – koste es, was es wolle.

Im Unterschied zu einem Bedürfnis ist ein Wunsch der Drang, ein persönliches Begehren zu erfüllen. Während die Bedürfnis-Befriedigung eine weitgehende (kollektive) Notwendigkeit zur Aufrechterhaltung oder Wiederherstellung der körperlichen und seelischen Stabilität darstellt, ist die Wunsch-Befriedigung ein Akt der Verwirklichung individueller Ziele.

Wünsche sind etwa ein bestimmter Job oder Wohnsitz, ein spezieller Urlaub, ein bestimmtes Auto oder Handy, eine gewisse Kleidung oder Freizeitaktivität. Dabei spielen unsere Neigungen und Interessen eine große Rolle.

Abraham Maslow stellte zwei Motivationsformen gegenüber. Die Mangelmotivation, die uns veranlasst, unser körperliches und psychisches Gleichgewicht (wieder) herzustellen, und spannungsreduzierende Handlungen erklärt. So wie die Wachstumsmotivation, die uns antreibt, das zu überschreiten, was wir in der Vergangenheit getan haben oder gewesen sind, und somit spannungssteigernde Handlungen erklärt.

Die Bedürfnispyramide von Maslow zeigt die Reihenfolge unserer (angeborenen) Bedürfnisse. Es ist ein hierarchisch aufgebautes Modell, wonach ein Bedürfnis erst dann so richtig zur Geltung kommt, wenn die in der Rangreihe darunter stehenden Bedürfnisse befriedigt worden sind.

1. Physiologische Bedürfnisse: Existenzsicherung, Lebensunterhalt, Gesundheit, Nahrung, Wohnraum, Schlaf, Bewegungsdrang, Sexualverlangen, Bemutterung, Versorgung der Kinder, Entspannung, Regeneration

2. Sicherheitsbedürfnisse: Schutz, Vorsorge, Stabilität, Struktur, Ordnung, Gesetze, Grenzen, Angstfreiheit, Ruhe, Behaglichkeit

3. Soziale Bedürfnisse: Kontakt, zwischenmenschliche Bindungen und Beziehungen, Verständnis, Partizipation (Beteiligung, Teilhabe), Zugehörigkeit, Geborgenheit, Liebe, Zuwendung, Intimität

4. Ich-Bedürfnisse: Identität, Selbstwert, Kreativität, Kompetenz, Leistung, Anerkennung, Akzeptanz, Würde, Wert-

schätzung, Aufmerksamkeit, Bedeutung, Geltung, Status, Autonomie, Unabhängigkeit, Freiheit, Kontrolle, Reichtum, Stärke, Dominanz, Macht, Berühmtheit, Ruhm

5. Selbstverwirklichung: Das Bedürfnis, das eigene Potenzial auszuschöpfen sowie bedeutende Ziele zu haben und zu verwirklichen.

Zudem können Bedürfnisse nach verschiedenen Gesichtspunkten eingeteilt werden:
- Individualbedürfnisse können von einem Menschen alleine befriedigt werden, etwa das Bedürfnis nach Zuwendung.
- Kollektivbedürfnisse können nur von einer ganzen Gemeinschaft befriedigt werden, wie das Bedürfnis nach Sicherheit.
- Grundbedürfnisse umfassen die Bedürfnisse nach Gesundheit, Umwelt oder Kleidung.
- Luxusbedürfnisse umfassen die Bedürfnisse nach luxuriösen Gütern und Dienstleistungen.
- Materielle oder immaterielle Bedürfnisse
- Bewusste, offene oder latente, verdeckte Bedürfnisse

Menschliche Bedürfnisse, Eigenheiten, Interessen, Stärken und Schwächen sowie psychische Störungen bestimmen über das Leben des Einzelnen sowie über die Qualität von Beziehungen, Familien und Gruppen, Unternehmen und ganzer Nationen.

Macht fehlende Nestwärme korrupt?

Nicht selten macht fehlende Nestwärme tatsächlich korrupt. Gregor Baumann hatte in seiner Kindheit nie Geborgenheit und Liebe bekommen. Dieser schmerzende Mangelzustand verlangte andauernd nach Behandlung und Linderung. Die Mittel der Selbsttherapie waren auch, wie es nicht unüblich ist, unredliche und perfide Taten.

Bedürfnisbefriedigung und Bedürfnis-Störung haben sehr viel mit Selbstwert und Selbstwertstörung zu tun. Ein Kind, dessen Grundbedürfnisse nicht befriedigt werden, hat als Er-

Der korrupte Mensch

wachsener oft ein überstarkes Bestreben nach Befriedigung und schießt nicht selten weit über das Ziel hinaus.

Wer kaum Nestwärme, also Bemutterung, Sicherheit, Zuneigung, Anerkennung, Geborgenheit, Kompetenz, Würde, Wertschätzung oder Bedeutung erfahren hat, entwickelt in der Regel eine überstarke Sehnsucht danach. Der Betroffene strebt im übersteigerten Maße nach Zuwendung, Anerkennung, Bedeutung, Geltung, Status, Einfluss, Kontrolle, Reichtum, Ruhm oder Dominanz – und das nicht selten mit Machtmissbrauch.

Bedürfnis-Störungen können einerseits zu Minderwertigkeits-Symptomen wie Unsicherheit, Gehemmtheit, Schüchternheit oder Angst vor Zurückweisung, Ablehnung oder Kritik, zu Jasagerei oder zu Unterwürfigkeit führen. Andererseits können sie eine Selbstwertstörungs-Kompensationen bewirken. Die latenten Minderwertigkeitsgefühle werden kompensiert, ins Gegenteil verkehrt. Statt klein beizugeben, wird gefordert. Statt zu vermeiden, wird angegriffen. Statt Selbstzweifeln wird eine aufgemotzte Selbstsicherheit zum Ausdruck gebracht. Statt Unsicherheit kommt es zu brutaler Durchsetzung. Anstatt Hilflosigkeit zu spüren, werden Kontrollillusionen und Machtansprüche erlebt. Anstatt die unterdrückte Kleinheit zuzulassen, wird übertriebene Größe demonstriert.

Unsere Gesellschaft produziert psychisch Gestörte am laufenden Band.

Die Nestwärme in der Familie für Kleinst- und Kleinkinder ist oft nicht mehr gegeben. Beide Elternteile arbeiten. Zeitknappheit, Aufgabenfülle, Stress, Gereiztheit oder Frust beeinträchtigen das familiäre Klima. Oft gibt es nur ein paar Monate Karenz. Das Kind wird mehr oder weniger abgeschoben. Die hohe Scheidungsrate trägt ihr übriges zur Neurotisierung der Kinder bei.

Das Schulsystem setzt viele Kinder unter massiven Druck. Ungeeignete, unwissende oder überforderte Lehrer, überbordender Lernstoff, suboptimale Vermittlung der Inhalte, hoher Prüfungsstress, Versagenserlebnisse sowie Beziehungsprobleme und Konflikte führen nicht selten zu psychosozialen Beeinträchtigungen und Defekten.

Auch der Arbeitsmarkt ist für die meisten Beschäftigten keine Stätte der Anerkennung und Selbstverwirklichung. Aufgabenfülle, Zeitdruck, Konkurrenzkampf, schlechte Behandlung, Unsicherheit, Angst, Stress, Frust oder Hilflosigkeit bestimmen oft ein Arbeitsleben.

Psychischen Störungen nehmen zu. Stressschäden, Ängste, Panikattacken, Süchte, Depressionen und Burn-out-Erkrankungen lassen die Menschen leiden. Nichtgestörte, im wahrsten Sinne des Wortes, gibt es eigentlich nicht. Mit dem Grad der Störung steigt auch die Wahrscheinlichkeit für korruptes Verhalten.

Zudem ist häufig ein weiteres Problem zu erkennen. Existenzsicherung, Sexualverlangen, Schutz, Vorsorge, Bindung, Leistung, Anerkennung, Status, Freiheit, Kontrolle, Reichtum, Macht, Ruhm oder Ausschöpfen der eigenen Potenziale sind menschliche Grundbedürfnisse. Manche dieser Bedürfnisse passen gut zusammen und ergänzen einander, andere wiederum stehen im krassen Gegensatz zueinander. Dieser Gegensatz ist oft schon bei ein und derselben Person deutlich ausgeprägt. Konflikte zwischen dem Verpflichtungsgefühl, eine wichtige Aufgabe zu erledigen, und dem Begehr, etwas Lustvolles zu tun, sind keine Seltenheit. Auch das Verlangen, alles hinzuschmeißen und ganz etwas anderes zu machen, ringt in so manchen Köpfen mit der Angst vor Veränderung und Ungewissheit.

Noch viel deutlicher treten diese Gegensätze in Organisationen wie Beziehungen, Familien, Teams, Institutionen, Unternehmen oder Staaten in Erscheinung. Während die eine Gruppe noch um Existenzsicherung, Schutz und Vorsorge kämpft, eine andere Gruppe nach Leistung, Anerkennung und Autonomie strebt, verlangt es eine dritte Gruppe bereits nach Kontrolle, Reichtum und Macht.

Zudem haben wir Menschen unsere Eigenheiten, Interessen, Stärken, Schwächen und Störungen. Diese individuellen Eigenschaften wirken sich in allen menschlichen Kollektiven aus – konstruktiv oder destruktiv.

Negative Eigenheiten, egoistische Interessen oder ausgeprägte Störungen führen permanent zu Missverständnissen,

Der korrupte Mensch

Problemen und Beeinträchtigungen. Gegenseitige Fehlbewertungen der Aussagen und Taten, schlummernde Konflikte, offene Auseinandersetzungen sowie menschliches Leid und materielle Schäden sind eher die Regel als die Ausnahme.

Das überstarke Streben nach Bedürfnisbefriedigung sowie die Auswirkungen der mannigfaltigen menschlichen Eigenschaften haben tiefe Spuren in der Geschichte der Menschheit hinterlassen.

Tolle Entwicklungen, großartige Erfindungen, beeindruckende Werke und fantastische Errungenschaften gehen seit jeher mit lästigen Zwistigkeiten, belastenden Konflikten, brutaler Unterdrückung, schamloser Ausbeutung, aufständischen Rebellionen, gefährlichen Kämpfen und todbringenden Kriegen einher. Aufschwung, Stabilisierung, Höhepunkt, Destabilisierung und Untergang ziehen sich wie ein (blut)roter Faden durch die Menschheitsgeschichte.

Die Ursachen und Auslöser sind immer wieder ähnlich: desinteressierte, unachtsame, unengagierte, unaufgeklärte, unwissende, manipulierte oder aufgehetzte Organisationsmitglieder auf der einen Seite sowie hochmotivierte, profit-, machtorientierte oder dogmatische Bestimmer, Macher und Führer auf der anderen Seite. Dazwischen befindet sich, zumindest bei größeren Einheiten, ein von Letzteren dominiertes Verwaltungssystem, das mehr oder weniger korrupt ist.

Selbstwert und Selbstwertstörungen

Der Selbstwert stellt wohl die wesentlichste menschliche Eigenschaft in Bezug auf Bestechlichkeit oder Ehrlichkeit dar. Je gestörter das Selbstwertgefühl ist, desto stärker ist die Anfälligkeit für Korruption.

Der Selbstwert, ein fundamentales und einflussreiches Persönlichkeitsmerkmal, kann definiert werden als die Bewertung der eigenen Person. Die Bewertung bezieht sich auf Kriterien wie Persönlichkeit, Fähigkeiten, Erfahrungen, Selbstbild, Selbstempfinden, Wirksamkeits- oder Fremdbewertungserwartung. Der Selbstwert basiert auf Eigenschaften wie Selbstbewusstsein, Eigenverantwortung, Selbstvertrauen, Selbstsicherheit, Selbstbehauptung, Selbstachtung und Selbstannahme.

Ein stabiles Selbstwertgefühl setzt voraus, dass man sich selbst wertschätzt und akzeptiert – also sich achtet, mag und annimmt, so wie man ist und handelt. Der Selbstwert beeinflusst in hohem Maße den Umgang mit sich selbst, das soziale Verhalten, die Beziehungen zu anderen Personen, die Kommunikation sowie das Leistungsverhalten. Der Selbstwert entwickelt sich nicht von alleine, sondern aus der Auseinandersetzung mit sich und der Umwelt.

Gregor Baumann musste sich in seiner Kindheit mit einer äußerst feindlichen Umwelt auseinandersetzen. Seine Mutter kümmerte sich kaum um ihn, sein Vater tyrannisierte ihn und seine Brüder nahmen ihn nicht ernst. Die Mitschüler verspotteten ihn bei jeder Gelegenheit und verprügelten ihn nach Lust und Laune. Wie sollte er so einen guten Selbstwert entwickeln?

Dieser entsteht vor allem dann, wenn die wesentlichen Bezugspersonen (vor allem die Eltern, auch Verwandte, Erzieher und Lehrer) ihrerseits einen gesunden Selbstwert besitzen und sich dementsprechend ausdrücken und verhalten.

Von großer Bedeutung sind daher die Ausdrucks- und Verhaltensweisen der wichtigen Bezugspersonen. Dabei sind vor allem das Ausmaß und die Angemessenheit folgender Kriterien ausschlaggebend:
– Zuwendung und Liebe
– Akzeptanz und Anerkennung
– Zutrauen und Vertrauen
– Anforderungen und Forderungen
– Belohnungen und Bestrafungen
– Kümmern und Loslassen
– Regeln und Freiraum
– Lob und Kritik
– Sicherheit und Geborgenheit
– Berechenbarkeit und Zurechnungsfähigkeit
– Respekt und Achtung
– Ruhe und Aktivität

- Individualität und Kollektivität
- würdevolle Behandlung
- Körperkontakt
- Sichtbarkeit (passende Reaktionen auf die Verhaltensweisen und Gefühle des Kindes)
- altersgerechte Fürsorge
- Umgang mit Fehlern

Die frühen Lebensjahre spielen dabei eine zentrale Rolle.

Ganz wesentlich für die Ausbildung von konstruktiven psychoneuronalen Programmen ist die Entwicklung eines positiven Selbstwerts, also der Wertschätzung und Akzeptanz der eigenen Person.

Eine Selbstwertstörung ist häufig Grundlage zahlreicher problematischer oder destruktiver Kognitionen, Emotionen, Stressreaktionen, Ausdrucks- und Verhaltensweisen. Bei neurotischen und Persönlichkeitsstörungen spielen Selbstwertprobleme fast immer eine mehr oder weniger bedeutende Rolle. Grundlegende Erscheinungsformen einer Selbstwertstörung sind einerseits eine überstarke Abhängigkeit von Zuwendung und Liebe von Mitmenschen, verbunden mit der Angst vor Ablehnung, Zurückweisung und Liebesentzug. Daraus resultiert die Neigung, es anderen recht zu machen und sich unterdrücken zu lassen, zu Überfreundlichkeit, Unterwürfigkeit und Eifersucht. Es kann aber auch zu Aufdringlichkeit, Klammern und Klettenverhalten sowie zu Unfreundlichkeit, Aggressivität oder zu Vermeidung von Kontakten kommen. Andererseits stellen auch eine überstarke Abhängigkeit von Anerkennung und positiver Beurteilung von Mitmenschen und/oder sich selbst, verbunden mit der Angst vor negativer Beurteilung, vor Versagen und Fehlern häufige Erscheinungsformen einer Selbstwertstörung dar.

Daraus resultiert die Neigung zu übersteigertem Ehrgeiz und Perfektionismus, wie es bei Gregor Baumann der Fall war, oder zur Vermeidung von schwierigen Aufgaben, wie es Gehemmte und Unsichere tun.

Auf der Grundlage dieser beiden Erscheinungsformen der

Minderwertigkeit können sich zahlreiche unterschiedliche Symptombilder entwickeln.

Eine weitverbreitete Persönlichkeitsschwäche ist, in mehr oder weniger starker Ausprägung, die narzisstoide Selbstwertstörungs-Kompensation. Narzisstoid bedeutet in diesem Zusammenhang dem Erscheinungsbild des Narzissmus tendenziell ähnlich, aber nicht in der pathologischen Ausgeprägtheit der narzisstischen Persönlichkeitsstörung. Die narzisstoide Selbstwertstörungs-Kompensation zeichnet sich dadurch aus, dass aufgrund von (latenten) Unsicherheits- und Minderwertigkeitsgefühlen bestimmte Bedürfnisse wie Anerkennung, Zuwendung, Liebe, Leistung, Erfolg, Schönheit, Fitness, Berühmtheit, Reichtum, Kontrolle, Einfluss oder Macht in einem übersteigerten Ausmaß nach Befriedigung drängen.

Die pan-Symbiose – Segen und Fluch

Bei der passiv-aktiv-narzisstoiden Symbiose wirken zwei sich symbiotisch ergänzende Formen zusammen, die passiv-narzisstoide und die aktiv-narzisstoide Kompensation – im Extremfall die passiv-narzisstische und die aktiv-narzisstische Kompensation.

Die aktive Kompensation ist gekennzeichnet durch übertriebenes Zuwendungs-, Anerkennungs- oder Leistungsstreben, durch Imponiergehabe, Angeberei, Dominanzstreben, Machtausübung, Kontrolle oder Selbstüberschätzung. So fordert etwa der arrogante Chef unerbittlich die Achtung und den Gehorsam von seinen Mitarbeitern. Er missbraucht die Macht seiner Position, um persönliche Vorteile zu generieren, nämlich seine übersteigerte Eitelkeit zu befriedigen. Demnach macht er sich per definitionem der Korruption schuldig.

Die passive Kompensation basiert auf einer Identifizierung mit (vermeintlich) starken, wichtigen, erfolgreichen, begabten, vermögenden, mächtigen, berühmten oder sehr attraktiven Personen, die ihrerseits häufig zu den aktiven Kompensierern gehören. Manche der geknechteten Mitarbeiter unterwerfen

Der korrupte Mensch

sich unreflektiert dem diktatorischen Regiment und fühlen sich ob der Nahebeziehung zu dem herrschenden Chef auch noch aufgewertet und wichtig.

Auf diese Weise können die passiven Kompensierer (Mitarbeiter, Mitglieder oder Bürger) an der oft fragwürdigen Strahlkraft der aktiven Kompensierer (Chef oder Führer) teilhaben und verwandeln somit ihr Minderwertigkeitsgefühl über kurz oder lang in ein künstliches Selbstwertgefühl. Dieses tiefenpsychologische Phänomen erklärt, warum Mitglieder, Mitarbeiter oder Bürger ihrem Leiter, Chef oder Führer (fast) bedingungslos gehorchen und folgen.

Solche (korrupten) Symbiosen, wo Parasit und Wirt in einem wechselseitigen Geben und Nehmen zusammenleben, sind einerseits bemerkenswert stabil und andererseits bedrohlich fragil und bei uns Menschen weitverbreitet.

So fühlen sich etwa Männer oft besonders großartig wegen der Attraktivität ihrer Frauen. Die Gegenwart einer schönen Frau lässt die subjektive Bedeutung des an deren Seite stolzierenden Mannes zuweilen ins Unermessliche steigen. Die Frauen wiederum fühlen sich angenommen, geliebt und toll wegen der süßen Komplimente und schmeichelnden Zuwendungen des Mannes.

Frauen stützen auch nicht selten ihren Selbstwert auf dem Erfolg des Mannes ab. Und der Mann fühlt sich grandios aufgrund der bedingungslosen Anerkennung und Bewunderung durch die Frau.

Assistenten erleben sich bedeutend aufgrund der Position des Chefs. Der Chef erlebt sich als gottähnlich wegen der Vergötterung durch seine Mitarbeiter.

Fußballfans fühlen sich als Weltmeister ob des Titels ihres Klubs. Die Fußballer erleben sich als die Besten und Wichtigsten aufgrund der Anbetung durch die Fans.

Bürger spüren Größe und Stärke angesichts der martialischen Sprüche des demagogischen Politikers. Der Politiker erlebt sich kompetent, mächtig und genial ob des Zuspruchs und Applauses seiner Anhänger.

Söhne fühlen sich als die Größten angesichts des vielen Geldes des arbeitssüchtigen Vaters. Der Vater fühlt sich geliebt wegen des Stolzes des Sohnes.

Töchter empfinden Einzigartigkeit dank der hart erarbeiteten Schönheit der Mutter. Die Mutter fühlt sich als die Supermutter wegen des (überspannten) Selbstbewusstseins der Tochter.

Lehrer oder Trainer meinen, die Besten zu sein, aufgrund des Lern- oder Trainingswahns ihrer Schützlinge. Die Schützlinge glauben, etwas Besonderes zu sein, weil sie vom besten Lehrer oder Trainer betreut werden.

Diese Kompensations-Symbiosen sind meist deshalb sehr einseitig, weil der Parasit (aktiver Kompensierer) den Wirt (passiven Kompensierer) gewöhnlich missbraucht, ausnützt und nicht selten schädigt – also korrumpiert.

Die Selbstbezogenheit und das Persönlichnehmen des aktiven Kompensierers führen im negativen Fall, wenn die erwarteten Rückmeldungen ausbleiben, zu Kränkung, Frustration, Aggressivität und Angriff. Die Machtausübung wird verstärkt, um die notwendige Dosis an Anerkennung, Bedeutungsbekundung und Zuwendung zu erzwingen. Die Korruption ist voll im Laufen.

Die Selbstbezogenheit und das Persönlichnehmen des passiven Kompensierers führen im negativen Fall, wenn die ersehnten Rückmeldungen ausbleiben, zu Kränkung, Frustration, Resignation, Depressivität und Rückzug. Die Zuwendungs- und Anerkennungs-Bemühungen werden (vorläufig) aufgegeben, das Übel wird hingenommen. Die Opfer der Korruption leiden.

Eine Kompensation kann nicht nur durch eine minderwertigkeitssenkende und selbstwertsteigernde Identifikation mit anderen Menschen, sondern auch mit Materiellem, Immateriellem oder Irrationalem erfolgen. Teure und luxuriöse Güter, wissenschaftliche oder künstlerische Werke, geistige oder sportliche Höchstleistungen, geistliche oder weltliche Irrationalitäten, kollektive Freund- oder Feindbilder, sinnvolle oder unsinnige Ideale sind seit jeher von uns Menschen zum Objekt der Identifikation und zum Steigbügel für eine persönliche

Selbstwerterhöhung geworden – und damit nicht selten zum Auslöser korrupter Taten.

Wobei ein und dieselbe Person gewöhnlich in der Rolle sowohl des aktiven als auch des passiven Kompensierers ist. Die aktive Kompensation erfolgt in denjenigen Disziplinen, wo man meint, besonders grandios zu sein. Die passive Kompensation erfolgt in Bereichen, wo keine persönlichen Ansprüche auf Kompetenz oder Zielsetzung gegeben sind oder wo der Unterschied zwischen dem eigenen Niveau und dem des anderen eindeutig ist.

Zum Beispiel kann ein Mann als Unternehmer ein gieriger und ekelhafter Aktiv-Kompensierer sein, aber als Kunstsammler, Musikliebhaber oder Rennsport-Fan ein leidenschaftlicher und hingebungsvoller Passiv-Kompensierer.

Eine Frau kann als Schauspielerin eine perfektionistische und eitle Aktiv-Kompensiererin sein, aber als praktizierende Gläubige eine ehrfürchtige und demütige Passiv-Kompensiererin.

Ein hochbegabter Hochschüler kann als Mathematik-Student ein ehrgeiziger und arroganter Aktiv-Kompensierer sein, aber als Assistent seines Professors ein unterwürfiger und dienender Passiv-Kompensierer.

Ein Politiker kann als Minister ein macht- und mediengeiler Aktiv-Kompensierer sein, aber als Anhänger seines Fußballklubs ein fanatischer und ehrerbietiger Passiv-Kompensierer.

Die Frau eines Millionärs kann als Societylady eine eingebildete und zickige Aktiv-Kompensiererin sein, aber als Klientin ihres Yoga-Gurus eine anerkennungs- und bestätigungsabhängige Passiv-Kompensiererin.

Der Lateinprofessor kann als Lehrer ein dünkelhafter und gemeiner Aktiv-Kompensierer sein, aber als passionierter Konsument brutaler Actionfilme ein sich voll identifizierender und bewundernder Passiv-Kompensierer.

Aktiv- und Passiv-Kompensierer brauchen einander. Was wäre ein Macht- und Anerkennungs-Junkie ohne gehorsame und verehrende Untertanen? Und umgekehrt?

Dieses psycho-korrupte System ist naturgemäß sehr spannungsgeladen und dementsprechend instabil und gefährdet. Es führt nicht selten zu chaotischen Verhältnissen, folgenschweren Zusammenbrüchen und nachhaltigen Schäden.

Und das alles, weil sich der Selbstwert in der Kindheit nicht ordentlich entwickeln konnte.

Einzelsymptome, die auf eine Selbstwertstörung bzw. Selbstwertstörungs-Kompensation hinweisen können, sind etwa folgende:

- übersteigertes Zuwendungs-, Anerkennungs-, Harmonie- oder Sicherheitsbedürfnis
- übersteigertes Bedeutungs-, Erfolgs-, Geld-, Attraktivitäts-, Kontroll-, Dominanz-, Macht- oder Leistungsstreben
- Besserwisserei, Sturheit
- Bevormunden, Belehren, Kritisieren
- Arroganz, Zynismus, Intoleranz
- sich selbst aufwerten, den anderen abwerten
- Gehemmtheit, Schüchternheit
- Unsicherheit, Entscheidungsschwäche, Konfliktängste
- überstarke Besorgtheit und Vorsicht
- Distanz, Abwehrverhalten
- Aufdrängerei, Vordrängerei
- Schwierigkeiten, Meinungen zu äußern und zu vertreten
- Schwierigkeiten, eigene Gefühle und Bedürfnisse auszudrücken, anderen mitzuteilen und durchzusetzen
- Probleme, „Nein" zu sagen und zu kritisieren, wenn es angemessen und notwendig wäre
- Ängste, vor Gruppen zu sprechen
- Hemmungen, fremde (wenig bekannte) Menschen anzusprechen bzw. sich mit diesen zu unterhalten
- Unsicherheit bei Gesprächen, insbesondere bei Smalltalk-Konversation
- Peinlichkeitsgefühle
- negative Selbstbeurteilung bezüglich Aussehen, Fähigkeiten, Leistung
- negative Selbstdarstellung
- Persönlichnehmen, Gekränktheit
- Beleidigtsein, Trotzigkeit
- Angst, zu kurz zu kommen

- Autoritätsangst – starke Unsicherheit in Gegenwart von als Autoritäten beurteilten Personen
- Schuldgefühle – schlechtes Gewissen bei bestimmten Handlungen, die an sich okay sind
- Kritikangst, Versagensangst
- Argumentations- und Rechtfertigungsdrang
- Rückzug, Verstecken, Vermeidung
- Neid, Eifersucht
- Manipulierbarkeit
- Glaube an Irrationales
- Realitätsflucht
- Anfälligkeit für problematische Ideologien
- übersteigerte Leidenschaft für jemanden oder für etwas – Fixierung, Vergötterung, exzessive Sammelleidenschaft oder Konsumation
- Abhängigkeit, Sucht
- Neigung zu übertriebener Risikobereitschaft, vor allem bei Männern
- Neigung zu Übergewicht oder Untergewicht, eher bei Frauen
- Neigung zu Aggressivität, Destruktivität oder Gewalttätigkeit

Ein anonymer, kostenfreier Online-Test steht Interessierten unter http://www.kriechbaum.eu/FB-Selbstwert.html zur Verfügung.

Fast alle Menschen haben sich mit dem einen oder anderen Symptom mehr oder weniger herumzuschlagen. Warum? Weil es fast keinem Kind vergönnt ist, eine ideale Erziehung unter idealen Lebensbedingungen zu erfahren. Geringfügige Erziehungsfehler und/oder Missstände führen zu geringfügigen Störungen. Schwere Fehler und/oder Missstände führen zu schweren Störungen.

Nicht wenige Symptome einer Selbstwertstörung weisen eine mehr oder weniger starke Korrelation zu Korruption auf. Eine Selbstwertpflege, als Vorbeugung oder Therapie, stellt somit auch einen Schutz gegen Regel- und Gesetzesbruch dar.

Wenn wir nicht kriegen, wessen wir bedürfen …

Wenn wir nicht kriegen, wessen wir bedürfen, entstehen Mangelzustände. Die Mangelzustände führen zu Spannungen. Die Spannungen erzeugen den Antrieb, die Mangelzustände abzubauen und aufzulösen. Dieser Antrieb trägt den Keim der Korruption in sich. Wenn es nicht anders oder nicht mühelos geht, werden die belastenden Spannungen auch durch Missbrauch der eigenen Macht reduziert. Der betroffene Mensch nützt seine Position oder Funktion, um Umstände und seelisch-körperliche Zustände herzustellen, die weniger unangenehm sind. Das tut die Mutter, wenn sie das Kind aggressiv anherrscht, endlich den Mund zu halten, weil sie die ständigen Fragen nicht mehr erträgt. Das tut der große Schüler, wenn er den kleinen Mitschüler unter Androhung von Prügeln dazu nötigt, ihn die Hausübung abschreiben zu lassen. Und das tut der autoritäre Parteichef, wenn er dem sehr gesundheitsbewussten Parteifreund dringend empfiehlt, für den Gesetzesantrag zur Erhöhung des höchstzulässigen Bleigehalts im Trinkwasser zu stimmen. Und das tun wir Menschen im kleineren oder größeren Ausmaß fast tagtäglich, um unsere kleineren oder größeren Mangelzustände auszugleichen.

Eine Untersuchung zur Bedürfnis-Befriedigung weist in diesem Zusammenhang auf einen wenig erfreulichen Zustand hin.

Im Rahmen von psychologisch-therapeutischen Einzelsitzungen und Gruppenkursen sowie beruflichen Weiterbildungsveranstaltungen wurden ca. 1500 Personen hinsichtlich der Befriedigung ihrer Bedürfnisse befragt. Die Ergebnisse zeigen: Wir Menschen können unsere fundamentalen Bedürfnisse anscheinend nicht wirklich befriedigen. Nur wenige der Befragten haben eine uneingeschränkte Befriedigung ihrer Bedürfnisse angegeben.

Selbst körperliche Grundbedürfnisse wie Existenzsicherung, Schlaf, Bewegungsdrang, Regeneration oder Sexualverlangen bleiben laut Erhebung bei relativ vielen Personen unbefriedigt. Auch bei Sicherheitsbedürfnissen wie Schutz, Vorsorge, Stabilität oder Ordnung sowie bei Sozialbedürfnissen wie Geborgenheit, Bindung, Verständnis, Zuwendung, Intimität oder Partizipation wurde eine ziemliche Unbefriedigtheit festgestellt.

Bei den Ich-Bedürfnissen war das Resultat (erwartungsgemäß) noch ungünstiger. Vor allem Bedürfnisse wie Anerkennung, Wertschätzung und Selbstwert (eher Frauen), Geltung, Bedeutung, Unabhängigkeit und Freiheit (eher Männer) sowie Autonomie, Kontrolle und Einfluss wurden als weitreichend unbefriedigt beurteilt. Die höchste Stufe der Bedürfnis-Befriedigung, die Selbstverwirklichung, wurde von fast keinem Teilnehmer mit der Höchstnote bewertet.

Neben dem Geschlecht erwiesen sich auch Kriterien wie Lebensbereich (Partnerschaft, Familie, Bekanntenkreis, Gesellschaft, Freizeit oder Beruf), Alter, Ausbildung, Herkunft und Einkommen von Bedeutung.

Als äußere Ursachen für die Unbefriedigtheit wurden vor allem angegeben: Lebenskosten, Einkommen, Sachzwänge, Job, Partnerschaft, Beziehungen, Familie, Schule (Kinder), Konflikte, Bürokratie, Abgaben und Steuern, Wohnsituation, gesellschaftliche Zwänge, politische Zustände.

Als innere Ursachen für die Unbefriedigtheit wurden angegeben: Druck, Stress, Überlastung, Ärger, Unsicherheit, Sorgen, Existenz- und Zukunftsängste, Enttäuschungen, Perspektivlosigkeit, Eintönigkeit.

Die Ergebnisse zeigen, dass ein starker Zusammenhang zwischen Bedürfnis-Befriedigung und Zufriedenheit sowie psychischer Gesundheit besteht: Je geringer der Befriedigungswert, vor allem auf den tieferen Stufen, desto unzufriedener und psychisch instabiler sind die Betroffenen. Anspannung, innere Unruhe, Angst, Frust, Aggressivität, Hilflosigkeit, Ausgelaugtheit, Unlust und Depressionen wurden als Symptome erhoben.

Von einer Störung der Bedürfnis-Hierarchie kann gesprochen werden, wenn aufgrund gewisser Anlagen und/oder Lebenserfahrungen der Drang nach Befriedigung höherrangiger Bedürfnisse deutlich stärker ausgeprägt ist als der Antrieb, niederrangigere Bedürfnisse zu befriedigen.

Sind etwa die Bedürfnisse nach Erfolg, Geld und Ruhm viel mächtiger als die Bedürfnisse nach Regeneration, Bewegungsdrang und Schlaf, so besteht (zumindest langfristig) die Gefahr einer Überlastung. Die Folgen können Stressstörungen, gesundheitliche Probleme bis hin zum finalen Burn-out sein.

Ist das Bedürfnis nach Selbstverwirklichung deutlich dominanter als das Bedürfnis, die eigenen Kinder zu versorgen, so ist zu erwarten, dass persönliche Begehren und Sehnsüchte ausgelebt, aber die Kinder vernachlässigt werden. Im weiteren Sinne handelt es sich dabei auch um eine Form der Korruption – Machtmissbrauch persönlicher Vorteile wegen.

Eine Bedürfnis-Befriedigungs-Störungs-Kompensation liegt vor allem dann vor, wenn Bedürfnisse auf den unteren Stufen unbefriedigt bleiben und als Ausgleich Befriedigungen auf höheren Stufen mit Nachdruck angestrebt werden.

Können zum Beispiel Bedürfnisse nach Sexualität, Zuwendung oder Liebe nicht entsprechend befriedigt werden, so sind Kompensationsprozesse in der Lage, mit beträchtlicher Energie zu Höchstleistungen in völlig anderen Bereichen anzutreiben. Häufige Ersatzdisziplinen sind etwa Sport, Wissenschaft, Kunst, Wirtschaft, Politik oder Religion. Derartige Kompensationskonstruktionen können, wie die Erfahrung zeigt, durchaus über eine längere Zeit funktionieren. Tragisch kann es enden, wenn die dringend benötigte Ersatzbefriedigung nicht mehr zu erreichen ist. Leistungsabfall im Alter oder nach einem Unfall, Kündigung, Verlust des Amts oder der Funktion, geschäftliche Pleiten, Glaubenszweifel oder Änderung der Umstände haben schon so manchen Weltmeister, Vorstandsvorsitzenden, Minister, Unternehmer, Künstler oder kirchlichen Würdenträger in tiefe Depressionen stürzen lassen.

Gefährlich für die Mitmenschen oder ganze Nationen kann es werden, wenn das unbefriedigte Bedürfnis nach Selbstwert mit Größenwahn und Machtansprüchen kompensiert wird.

Familienväter, Lehrer, Chefs, Wirtschaftsführer oder Politiker mit narzisstoiden oder gar narzisstischen Selbstwertstörungs-Kompensationen haben schon viel Leid über die in ihrem Einflussbereich befindlichen Menschen gebracht. Die hilflosen Opfer der Vergangenheit als korrupte Täter der Gegenwart.

Narzissten, Soziopathen & Co –
Korruption im Nervensystem?

Wahrhaftige Narzissten weisen eine schwerwiegende Bedürfnis-Befriedigungs-Störung auf. Bei ihnen wurzelt die Neigung,
sich über alle Grenzen hinwegzusetzen und zum Missbrauch
von Macht, im extrem starken Antrieb zur Reduzierung von
Mangelzuständen.

Der Anteil der narzisstischen Persönlichkeitsstörung liegt
etwa bei 1 bis 1,3 % der Bevölkerung. Betroffen sind in erster
Linie Männer. Laut DSM-IV (Diagnostic and Statistical Manual of Mental Disorders) äußert sich diese Störung durch folgende Symptomatik:

1. grandioses Gefühl der eigenen Wichtigkeit
2. starke Beschäftigung mit Fantasien von Erfolg, Macht oder
   Schönheit
3. Glaube, etwas Besonderes zu sein und nur mit „ebenbürti-
   gen" Mitmenschen verkehren zu können
4. Verlangen nach übermäßiger Bewunderung
5. ausgeprägte Anspruchshaltung, z.B. auf bevorzugte
   Behandlung
6. ausbeuterische, manipulative Beziehungsgestaltung
7. mangelndes Einfühlungsvermögen
8. häufige Neidgefühle oder die Überzeugung, andere seien
   neidisch
9. arrogantes, überhebliches Auftreten

Die narzisstische Persönlichkeitsstörung ist gekennzeichnet
durch mangelndes Selbstwertgefühl und Ablehnung der eigenen
Person nach innen sowie stark ausgeprägtem Selbstbewusstsein
nach außen. Daraus resultiert der Drang nach Bewunderung
und Anerkennung. Mitmenschen kann wenig echte Aufmerksamkeit entgegengebracht werden. Typische Merkmale sind ein
übertriebenes Gefühl von Wichtigkeit, die Ansicht, eine Son-
derstellung einzunehmen und auch zu verdienen, ausbeutendes
Verhalten, Mangel an Empathie, starke Empfindlichkeit gegenüber Kritik (Wut-, Scham- oder Demütigungsgefühle) und mitunter wahnhafte Störungen mit Größenideen. Bei dieser Form

von Persönlichkeitsstörung steckt fast hinter jedem Tun ein (zumindest unbewusster) korrupter Antrieb.

Bei der antisozialen Persönlichkeitsstörung liegt die Korruption vor allem im Symptom. Laut Schätzungen leiden ca. 3% der Männer an dieser Form der Einfühlungs- und Gefühlsschwäche.

Psychopathie ist eine alte Bezeichnung für jene Persönlichkeitsstörung, die aufgrund charakterlich-konstitutioneller Gründe zu einer Anpassungsstörung führt, unter der die Betroffenen und/oder ihre Umwelt leiden.

Für Menschen mit einer antisozialen Persönlichkeitsstörung sind die Symptome manchmal nicht spürbar, und es besteht auch kein Leidensdruck. Die Auffälligkeiten, wie etwa oberflächlicher Charme oder überstarkes Durchsetzungsvermögen, nehmen nur die Mitmenschen wahr. Negative Merkmale sind zum Beispiel: übersteigertes Selbstwertgefühl, starkes Geltungsbedürfnis, häufiges Lügen und Stehlen, Neigung zum manipulativen „Tricksen", fehlendes Gewissen, „seichte" Gefühlsregungen, Mangel an Empathie, Allmachtsgefühle, bestimmte Besonderheiten der Affektivität, Willensbildung oder der sozialen Beziehungen (Soziopathie).

Aufgrund ihres oberflächlichen Charmes und ihrer Fähigkeit, harte Entscheidungen durchzusetzen, befinden sich derartige Persönlichkeits-Typen oft in Führungspositionen – aber ebenso häufig unter den Hochstaplern.

Psychopathen geraten aufgrund ihrer Eigenschaften häufig in Konflikt mit ihren Mitmenschen und haben teilweise Schwierigkeiten im Berufsleben und in Beziehungen. Sie machen nur einen geringen Anteil der Bevölkerung aus, begehen aber einen relativ hohen Prozentsatz der schweren Verbrechen. Die Behandlung dieser Störung ist oft schwierig, vor allem, wenn keine Einsicht und kein oder wenig Leidensdruck bestehen.

Soziopathie ist eine alte Bezeichnung für eine psychische Störung, insbesondere des Sozialverhaltens. Der Begriff wird jetzt wieder vermehrt verwendet und bezeichnet die Unfähigkeit, soziale Kompetenzen wie Mitgefühl, Einfühlungsvermögen und Unrechtsbewusstsein zu entwickeln. Betroffene sind

Der korrupte Mensch

nicht oder nur eingeschränkt fähig, Mitleid zu empfinden. Sie können sich nur schwer in andere hineinversetzen und haben Probleme, die Folgen ihres Handelns abzuwägen.

Die moderne Bezeichnung für diese Erscheinungsbilder ist dissoziale Persönlichkeitsstörung, auch amoralische, antisoziale, asoziale oder psychopathische Persönlichkeitsstörung.

Die dissoziale Persönlichkeitsstörung ist durch ausgeprägte Diskrepanz zwischen Verhalten und geltenden sozialen Normen gekennzeichnet. Typische Merkmale sind:

- Unfähigkeit, sich in andere hineinzuversetzen
- Unfähigkeit zur Verantwortungsübernahme, gleichzeitig eine klare Ablehnung und Missachtung sämtlicher sozialer Normen, Regeln und Verpflichtungen
- Unfähigkeit, längerfristige Beziehungen aufrechtzuerhalten, jedoch keine Probleme mit der Aufnahme neuer Beziehungen
- geringe Frustrationstoleranz, Neigung zu aggressivem und gewalttätigem Verhalten
- fehlendes Schuldbewusstsein
- Unfähigkeit, aus Erfahrungen zu lernen

Bei dieser Art der Persönlichkeitsstörung ist ein Tatbestand der Korruption in zahlreichen Verhaltensweisen zu finden. Die Betroffenen neigen zu einem verantwortungslosen Ausnützen von Gelegenheiten, einem rücksichtslosen Brechen der Regeln und Gesetze sowie zu einer mitleidlosen Schädigung von Mitmenschen und Organisationen.

Personen mit einer dissozialen oder narzisstischen Persönlichkeitsstörung können sehr viel Schaden anrichten. Diese Opfer der Erbanlagen und/oder der Lebensumstände während des Heranwachsens werden oft zu schlimmen Tätern. Auch wenn sie im Grunde genommen nichts für ihre problematischen Eigenschaften können, sollten sie von verantwortungsvollen und einflussreichen Funktionen ferngehalten werden. Das Risiko, dass sie menschliches Leid oder wirtschaftlichen Schaden anrichten, ist zu groß.

Die Menschheitsgeschichte stellt eine schaurige Aneinanderreihung von folgenschweren Ereignissen dar, die von schwer gestörten Persönlichkeiten verursacht oder ausgelöst worden sind. Auch wenn es uns Menschen allem Anschein nach nicht gegeben ist, aus der Geschichte zu lernen, so sollten wir die Hoffnung dennoch nicht aufgeben, dass wir zu einer positiven Veränderung in der Lage sind. Alleine die Hoffnung gibt Mut und Kraft, auch wenn sich letztlich nur wenig Grundlegendes ändern sollte.

Das Korsett der Korruption

Macht und Machtmissbrauch

„Wo die Macht ist, flieht der Geist; wo der Geist ist, fehlt die Macht", zitiert Volker Faust, Professor für Psychiatrie. „Wer kennt ihn nicht, diesen ironischen, aber auch bitteren Spruch aus Volkes Munde (...)"

Macht wird, je nach Sichtweise oder Disziplin, verschiedenartig und unterschiedlich definiert. Zum Beispiel als die Fähigkeit, andere zu belohnen und zu bestrafen oder als die Wirkkraft, andere dazu zu bewegen (zwingen), das zu tun, was man möchte. Macht stellt eine Überlegenheit dar, um Einflussmöglichkeiten in Organisationen wie Beziehungen, Familien, Gruppen, Institutionen, Unternehmen oder Staaten geltend zu machen. Macht ist zudem die Möglichkeit eines Einzelnen oder einer Gruppe, persönliche oder kollektive Bedürfnisse und Interessen, auch gegen den Willen der dadurch Betroffenen, durchzusetzen.

Bemerkenswert erscheint, dass es oft weder den Mächtigen bewusst ist, dass sie mächtig sind, noch den Beherrschten klar ist, dass sie beherrscht werden. Stabile Machtsymbiosen zeigen nicht selten, dass sowohl die Machtstärke von den Machthabern als auch die Ohnmacht von den Beherrschten weitgehend in Abrede gestellt und verdrängt werden. Die Mächtigen tun das, um ihr Gewissen zu beruhigen (sofern sie eines haben) und um die Legitimität ihres Einflusses zu gewährleisten. Die Beherrschten tun es, um ihre Schwäche und Hilflosigkeit vor sich und anderen zu verbergen.

Interessant ist, dass sowohl Machtausübung als auch Unterwerfung mit Angst zu tun haben. Der Mächtige setzt Macht ein, um seine Machtposition abzusichern oder auszubauen. Er hat Angst vor dem Verlust von etwas, das er aufgrund seiner Persönlichkeitsstruktur dringend braucht – wie etwa Anerkennung, Sicherheit, Kontrolle oder Bedeutung. Der Beherrschte begehrt nicht auf – aus Angst vor negativen Konsequenzen wie etwa Bestrafung, Unordnung, Unsicherheit, Instabilität oder Verlust von Privilegien.

Die Geschichte der Menschen zeigt sehr deutlich: Wer Macht hat, läuft Gefahr, Macht zu missbrauchen. Oft ganz ohne Absicht.

Wer Macht hat, beeinflusst, manipuliert, dominiert, unterdrückt oder tyrannisiert machtlosere Mitmenschen. Nicht weil der Machthaber böse ist, nicht, weil er andere (vorsätzlich) schädigen will. Machtausübung kann für die Mitmenschen in Form von konstruktiver Zwangsbeglückung durchaus positive Auswirkungen haben.

Wer Macht hat, kann seine Ansichten, Ideen, Vorstellungen, Interessen, Überzeugungen, Werthaltungen oder Ideologien mehr oder weniger durchsetzen. Und wer Macht hat, macht das gewöhnlich auch mehr oder weniger. Wer Macht hat, kann sich ausleben und gehen lassen. Vorgesetzte müssen sich weniger kontrollieren und zusammenreißen. Konsequenzen in Form von Bestrafung von unten nach oben sind im Regelfall nicht zu erwarten.

Wer an die Macht kommt, ist jemand, von gewissen Ausnahmen abgesehen, der Macht sucht, Macht ausübt und Macht missbraucht. Menschen, die mit großem Eifer nach Macht streben, sind häufig Menschen mit problematischen oder destruktiven Eigenschaften.

Bestimmte Selbstwertstörungs-Kompensierer und Bedürfnisgestörte, Narzisstoide oder Narzissten, zum Teil mit antisozialen Zügen, drängen sich energisch nach vorne und nach oben. Und wenn sie vorne stehen und oben sind, fordern sie oft unerbittlich die Befriedigung ihrer Bedürfnisse.

Diese Menschen sind so, sie können oft nicht anders.

Diejenigen, die (aktiv oder passiv) dazu beitragen, dass solche Menschen nach oben kommen, sind meist ebenso verantwortlich für etwaige Schäden wie die Täter selbst.

Die aktiven Schöpfer und Befürworter oder die passiven Zulasser und Dulder sind auch nicht störungsfrei, freilich in anderer Form als die anormalen Machthaber.

Wer diese wählt oder zulässt, ist geistig, seelisch oder körperlich nicht voll intakt. Unaufmerksamkeit, Unwissenheit, Auffassungsschwächen oder Beurteilungsdefizite sind noch die harmlosesten Mankos, gefolgt von Nachäfferei, Mitläuferei, Gleichgültigkeit und Verantwortungslosigkeit. Unzufriedenheit mit dem politischen und/oder persönlichen Ist-Zustand, Enttäuschung, Ärger und Frustration gepaart mit einer Portion Selbsttäuschung ist oft eine weitverbreitete Symptomatik, die populistischen und radikalen Kräften einen fruchtbaren Nährboden bietet. Auch lassen Manipulierbarkeit, Verführbarkeit und Verhetzbarkeit problematische Machthaber ebenso in Parlamente und Regierungen einziehen wie narzisstoide oder narzisstische Eigenschaften der Bürger. Zudem spielen (egoistische) Eigeninteressen bei der Wahl eines Kandidaten immer eine mehr oder weniger bedeutsame Rolle.

Korruption im engeren und weiteren Sinne

Korruption im engeren Sinne ist der Missbrauch einer Funktion in Verwaltung, Justiz, Wirtschaft, Politik oder nichtwirtschaftlichen Organisationen, um einen Vorteil zu erlangen, auf den kein rechtlich begründeter Anspruch besteht.

Im psychosozialen Sinne kann Korruption als das Ausnützen und Missbrauchen der eigenen Möglichkeiten, Stellung und Macht zur Kontrolle, Beherrschung, Befehligung, Verunglimpfung, Unterdrückung oder Ausbeutung von Mitmenschen, um einen individuellen oder kollektiven Vorteil zu generieren, definiert werden. Der Vorteil kann in einer positiven Verstärkung liegen, wie in dem Gewinn von materiellen Vorzügen oder einer Steigerung von Lustgefühlen. Der Vorteil kann auch in einer negativen Verstärkung begründet sein, wie in einer Verminderung von materiellen Nachteilen oder von persönlichen Unlustgefühlen.

Bei den materiellen Vor- und Nachteilen handelt es sich in der Regel um direkte oder indirekte Vermögenswerte. Bei den Lust- und Unlustgefühlen geht es vor allem um Bedürfnisse wie Sicherheit, Anerkennung, Bedeutung oder Einfluss sowie um Gefühle wie Freude, Hoffnung, Ärger, Frust, Unsicherheit oder Angst.

So gesehen würde sich bereits ein Vater der Korruption schuldig machen, wenn er das Kind durch bedrohliches Verhalten oder unter Androhung von Bestrafung zum Schweigen zwingt, nur weil er selbst gerade seine Ruhe haben möchte.

Eine Mutter würde sich korrupt verhalten, wenn sie das Kind zu übermäßiger Korrektheit und Höflichkeit nötigt, nur weil sie selbst unsicher und perfektionistisch ist.

Ein Lehrer wäre korrupt, wenn er aufgrund einer persönlichen Antipathie gegen einen Schüler diesen schlechter benoten würde.

Ein Chef würde den Tatbestand der Korruption erfüllen und bestraft werden können, wenn er einen Mitarbeiter zur Befriedigung seiner persönlichen Eitelkeits- und Dominanzbedürfnisse kritisiert und heruntermacht.

Ein ausländerfeindlicher Beamter würde eine korrupte Tat begehen, wenn er einen türkischstämmigen Staatsbürger auf einen dringenden Bescheid länger warten ließe als einen einheimischen Bürger.

Ein Staatspolitiker würde sich der Korruption schuldig machen, wenn er als Abgeordneter oder Regierungsmitglied Entscheidungen treffen würde, die in erster Linie der Partei dienen sollen (was allem Anschein nach eher die politische Regel als die Ausnahme ist).

Korruption ist so alt wie die Menschheit. Verantwortlich dafür sind, wie für alle menschlichen Verhaltensweisen, die psychoneuronalen Programme, die Lebensbedingungen und Umstände sowie die seelisch-körperlichen Zustände sowohl der Täter als auch der Opfer, die sich nicht genügend dagegen wehren bzw. wehren können.

Narzisstoide, narzisstische, antisoziale Persönlichkeitsstörungen sowie Selbstwert- oder Bedürfnis-Störungen stellen menschliche Eigenschaften dar, die kriminelle und korrupte Handlungen begünstigen.

Ebenso von Bedeutung sind üble politische Zustände, schlechte wirtschaftliche Verhältnisse, (leicht) verfügbare Möglichkeiten, ein Klima der Selbstverständlichkeit und Toleranz, ungenügende Kontrolle und Konsequenzen oder auch einfach nur Unwissenheit und Naivität. Auch kollektive Dynamiken (Enthemmung, Aufschaukelung, Gruppenzwang) spielen, wie Cliquen- oder Massendelikte zeigen, immer wieder eine bedeutende Rolle.

Psychisch-physische Verfassungen wie Mangel- und Notzustände oder hochgradiger Stress können ebenfalls kriminelle und korrupte Taten fördern.

Korruptions-Typen

Aus empirischen und wissenschaftlichen Erkenntnissen können bestimmte Korruptions-Typen abgeleitet werden. Dabei spielt die Wechselwirkung von psychoneuronalen und situationsbedingten Faktoren eine wesentliche Rolle.

Unser psychoneuronales Steuerprogramm determiniert unsere geistig-seelischen Eigenschaften und navigiert uns durchs Leben. Es bestimmt über unsere Denkweise, Einstellungen, Werte oder Bedürfnisse. Wie wir uns letztlich in konkreten Fällen entscheiden und verhalten, hängt auch mehr oder weniger stark von den gegebenen Umständen und Ereignissen ab. Narzissten und Psychopathen neigen überdurchschnittlich stark zu korrupten Taten. Ob die Neigung zur Tat wird, hängt aber sehr von den Gegebenheiten und der jeweiligen Stimmung ab. Bietet sich eine gute Gelegenheit und erscheint das Risiko, erwischt zu werden, gering, so ist die Wahrscheinlichkeit, gegen eine Regel zu verstoßen, um einen Vorteil zu erzielen, relativ hoch. Ebenso wirkt sich die psychische Verfassung auf das Setzen oder Unterlassen einer korrupten Handlung aus. Ein schwer enttäuschter und frustrierter Beamter wird, auch wenn er an sich ein recht anständiger Mensch ist, eher eine korrupte Handlung begehen als ein zufriedener und engagierter Staatsdiener. Die Wechselwirkung von persönlichen Eigenschaften, gegebenen Umständen und seelisch-körperlichen Zuständen ist ausschlaggebend dafür, wie man sich schließlich verhält.

So etwa verstößt der „*Kriminelle*" quasi berufsbedingt gegen zahlreiche Gesetze und Regeln, so auch gegen die Korruptions-Paragrafen.

Der „*Vorsätzliche*" hat die eindeutige Absicht, eine korrupte Handlung zu begehen. Er besitzt auch ein Schuldbewusstsein.

Der „*Gelegentliche*" verstößt gegen die Regeln, wenn sich gerade eine gute Chance bietet.

Der „*Gefällige*" macht es, um einem Verwandten, Bekannten, Freund oder Kollegen einen Gefallen zu tun. Er erwartet sich auch eine entsprechende Gegenleistung.

Der „*Notleidende*" kämpft ums Überleben. Ihm ist fast jedes Mittel recht, um seine wirtschaftliche, gesellschaftliche oder berufliche Existenz zu retten.

Der „*Altruist*" kann nicht anders. Er hat den Drang, jedem zu helfen, der Hilfe braucht (oder auch nicht). Da kann die edle Unterstützung schon einmal auf einer ganz und gar nicht edlen Tat basieren.

Der „*Angeber*" demonstriert mit seiner korrupten Handlung, wie wichtig, einflussreich oder clever er ist.

Der „*Jasager*" sagt reflexartig „Ja", was ihm oft kurz danach auch schon wieder leid tut. Um einen Gesichtsverlust oder eine Disharmonie zu verhindern, macht er es mehr oder weniger gegen seine Überzeugung und gegen sein Wollen.

Der „*Nicht-Neinsager*" ist nicht imstande, eine Bitte oder Aufforderung abzulehnen. Er fürchtet eine schlechte Nachrede, Kritik, einen Sympathieverlust oder sonstige Nachteile.

Der „*Bedürftige*" braucht ganz dringend die Zuwendung,

Liebe und Anerkennung des Begünstigten. Wenn eine Gunsterweisung auf anständige Art nicht möglich ist, dann wird sie eben auf unanständige Weise möglich gemacht.

Der „Naive" begreift nicht, was er eigentlich tut. Er steht mitunter bis zum Hals in der Jauche der Korruption – mehr oder weniger im besten Wissen und Gewissen – und wundert sich, dass es so grauenhaft stinkt.

Der „Gewohnheitstäter" tut es, weil er es so miterlebt hat, so gelernt hat und es schon immer so gemacht hat. Was Hänschen einmal lernt, macht Hans ein Leben lang.

Der „Gierige" will sich einfach bereichern. Gegen gutes Geld oder sonstige Vorteile macht er fast alles, so auch korrupte „Geschäfte". Er kann nicht genug kriegen. Bis es ihn erwischt.

Der „Karriere-Geile" macht alles Mögliche, um die Leiter des Erfolges hinaufzusteigen. Zuweilen auch korrupte Dinge. Karriere steht an erster Stelle. Erst danach folgen, in gehörigem Abstand, Ehrlichkeit, Treue usw.

Der „Sehnsüchtige" träumt von einem luxuriösen Leben, von einer noblen Villa, grandiosen Urlauben, edlen Autos und sehr, sehr viel Geld. Sein starkes Verlangen danach macht ihn anfällig dafür, auch regelwidrige und unehrliche Möglichkeiten der Bereicherung zu nützen.

Der „arme Bedeutende" hat in der Regel einen hohen Bekanntheitsgrad, öffentliches Ansehen, einen gewissen Einfluss und viele gute Kontakte. Seine intellektuelle, wissenschaftliche, kulturelle oder politische Bedeutung steht aber in keinem Verhältnis zu seinem relativ kargen Verdienst. Er verkehrt nicht selten in der sogenannten feinen Gesellschaft und trifft auf vermögende Unternehmer, Topmanager, Künstler oder Erben. Der Drang, auch finanziell dazuzugehören, kann mit der Zeit auch eine ausgeprägte Integrität ins Wanken bringen. Eine süße Verlockung da, eine gute Gelegenheit dort, und schon watet man im schmutzigen Abwasser der Unredlichkeit. Bis man schließlich im Sumpf der Korruption stecken bleibt, ist oft nur noch eine Frage der Zeit.

Der „Verlierer" hat sein Vermögen, sein Ansehen und seine Bedeutung eingebüßt. Er hadert und leidet. Studien zeigen: Ver-

Der korrupte Mensch

luste schmerzen gewöhnlich sehr viel mehr als Gewinne in gleicher Höhe guttun. Ergibt sich die Chance, Verlorenes wiederzuerlangen, so ist die Wahrscheinlichkeit hoch, dass dafür auch korrupte Mittel eingesetzt werden.

Der „*Unwissende*" kennt die Richtlinien und Regeln nicht. Er ist nicht oder zu wenig informiert. Er tut es im guten Glauben.

Der „*Unintelligente*" ist im wahrsten Sinn des Wortes einfach zu blöd dafür, um Zusammenhänge zu begreifen. So kann der allseits beliebte Gemeindebeamte nicht verstehen, dass man für einen netten Gefallen nicht auch kleines Geschenk erhalten darf.

Der „*Unvermögende*" ist aufgrund einer gestörten Persönlichkeitsentwicklung in Bezug auf Ethik und Moral nicht oder kaum in der Lage, Unrichtiges und Unredliches einwandfrei wahrzunehmen und als solches zu bewerten. Somit kann es passieren, dass als Ergebnis des Verhaltens (unabsichtlicherweise) ein korrupter Tatbestand vorliegt.

Der „*Unschuldige*" gerät durch Zufälle oder widrige Umstände in den Sumpf der Korruption. Oft ist es schwierig, unbeschadet wieder herauszukommen. Also bleibt man vorerst einmal drinnen.

Der „*Rationalisierer*" erklärt sein Tun mit allen möglichen fadenscheinigen Argumenten: „Das ist einfach so passiert", „Ich habe von nichts gewusst", „Andere tun es ja auch", „Das ist normal", „Mache ich es nicht, macht es ein anderer", „Es steht mir zu", „Ich habe es verdient" usw.

Der „*Verdränger*" steckt die Tat weg. Er denkt nicht mehr daran. Die Erinnerung kommt aber sehr oft irgendwann in Form von psychischen oder physischen Symptomen auf mehr oder weniger unangenehme Art zum Vorschein.

Der „*Frustrierte*" begeht korrupte Handlungen aus Unzufriedenheit mit den Umständen, den Zuständen, dem Chef oder mit der persönlichen Situation.

Der „*Aggressive*" beabsichtigt mit seinem Tun eine Schädigung der Organisation, des Staates oder einer bestimmten Person.

Karl Kriechbaum

261

Der „*Ideologe*" tut es auf der Basis seines Glaubens, seiner persönlichen Weltanschauung oder politischer Haltung.

Der „*Gefühlskalte*" besitzt wenig Sensibilität, Einsicht und Skrupel in Bezug auf seine Handlungen und deren Auswirkungen.

Der „*Arrogante*" setzt sich über Gesetze und Grenzen hinweg. Seine Eitelkeit verbietet ihm, kleinliches Regelwerk anzuerkennen, geschweige denn zu berücksichtigen.

Der „*Dominante*" setzt sich über alles und jeden hinweg. So auch oftmals über Richtlinien und Bestimmungen. Bis er es merkt, ist es nicht selten bereits zu spät.

Der „*Trotzige*" macht es als Abwehr gegen Vorschriften, Gebote und Verbote. Das Kind in ihm wehrt sich gegen die fiktiven Eltern oder Lehrer.

Diese Auflistung erhebt keinen Anspruch auf Vollständigkeit. Es gibt sicherlich noch zahlreiche Motive und Umstände, die korrupte Verhaltensweisen auslösen, antreiben und aufrechterhalten können.

Möglicherweise gibt es, außer dem Tatbestand der Korruption, keine grundsätzlichen Gemeinsamkeiten zwischen den verschiedenen Korruptionstypen. Der Mensch ist sehr anfällig für korruptes Tun, wenn schon nicht für die Korruption im engeren Sinne (gesetzliche), so doch auf alle Fälle für die im weiteren Sinne (psychosoziale). Hundertprozentig gefeit vor korruptem Verhalten ist wohl niemand von uns. Nicht einmal der anständigste und ehrlichste Mensch. Denn gerade diesem kann durchaus zuweilen ein Machtmissbrauch zur Durchsetzung seiner anständigen und hehren Wertvorstellungen passieren. Und weil die Durchsetzung von diesen Wertvorstellungen mit einem persönlichen Vorteil im Sinne von Lustgewinn oder Unlustverminderung gleichzusetzen ist, kann zumindest von Korruption im weiteren Sinne gesprochen werden.

Ist Korruption männlich?

Wenn man die Berichte über aufgedeckte Korruptionsfälle betrachtet, könnte man zu dem Schluss kommen, dass Korruption ein hauptsächlich männliches Phänomen darstellt, sind es doch hauptsächlich Namen von Männern, die damit in Zusammenhang gebracht werden.

Diese Schlussfolgerung hat durchaus ihre Berechtigung, da die wirklich schlimmen und folgenschweren Korruptionstaten vor allem von narzisstischen und psychopathischen Persönlichkeiten begangen werden. Und das sind, wie wissenschaftlich erwiesen ist, im überwiegenden Maße Männer.

Enrico Bisogno vom UNO-Büro für Verbrechensbekämpfung bestätigt diesen Eindruck zwar, lässt aber in einem Interview in der Tageszeitung „Die Presse" verlauten, dass sich dies in den Staaten auf dem Westbalkan deutlich anders verhalte. Laut seiner Aussage greifen dort „fast genauso viele Frauen wie Männer in die Geldbörse, um einen Amtsweg zu beschleunigen oder sich um eine Strafe zu drücken. Das geht aus einem aktuellen Bericht des Büros der Vereinten Nationen für Drogen- und Verbrechensbekämpfung (UNODC) hervor. 11,7 % der Frauen haben regelmäßige Erfahrung mit Korruption und Männer mit 13,3 % nur geringfügig mehr".

Die häufigsten Bestechungsfälle ereignen sich in den Ländern des Westbalkans (dazu zählen Albanien, Bosnien, Kroatien, der Kosovo, Montenegro, Serbien und Mazedonien) im Gesundheitssektor – bei den Ärzten.

Während Männer demnach häufiger bei Polizisten in die Tasche greifen, um sich Vorteile zu verschaffen, schmieren Frauen etwas häufiger Ärzte. Doch es muss nicht nur schnödes Bargeld sein, auch Nahrungsmittel und Getränke sind beliebte Bestechungsmaterialien.

Ganz freiwillig findet die Bestechung jedenfalls nicht statt, wie Bisogno in dem Artikel erwähnt. „Sie akzeptieren es, auch wenn sie es nicht mögen", erläutert er. Vorherrschend sei das Gefühl, „es tun zu müssen", es scheint fast „dazuzugehören", und der Großteil der Menschen glaubt nicht daran, dass es etwas bringen könnte, die Situation den Behörden zu melden.

Karl Kriechbaum   263

Nur 1,5% der Betroffenen wenden sich an Polizei oder Justiz, und nur ein Viertel aller gemeldeten Fälle wird dann überhaupt behördlich weiterverfolgt. Dabei greifen die Menschen ziemlich tief in die Taschen, um sich Vorteile zu verschaffen. Im Durchschnitt sind es immerhin 257 Euro, die, hauptsächlich bar, den Besitzer wechseln.

Wie „Die Presse" berichtet, leitet die UNODC aus der Bereitschaft der Bevölkerung zu bestechen, große Schwachstellen im öffentlichen Sektor ab: Entgegenwirken könnte man, indem man zum Beispiel Wartezeiten für Amtswege verkürzt oder eine funktionierende Gesundheitsversorgung einrichtet. Diese Schwachstellen würden auch dadurch bestätigt, dass über ein Viertel der Menschen, die bestochen haben, zu Schmiergeld gegriffen hat, um besser behandelt zu werden. 18% sehen Bestechung als ein Zeichen der Dankbarkeit – und somit als etwas Positives. Der durchschnittliche Bestecher tut das fünfmal im Jahr, das zeige, sagt Bisogno, dass Bestechung „als etwas ganz Normales" gilt.

Um den Westbalkan – Kroatien soll 2013 beitreten – EU-fit zu machen, empfiehlt Bisogno den Regierungen unter anderem, Stellen einzurichten, denen Bürger Fälle von Korruption melden können. In mehr als der Hälfte der Fälle haben Beamte die Bestechung nämlich von sich aus gefordert. Die Menschen müssten darauf aufmerksam gemacht werden, dass Bestechung kein Kavaliersdelikt sei. Gäbe es solche Meldestellen, sagt Bisogno, würden Menschen vorerst vielleicht weiter bestechen, aber es zumindest bekannt geben. „Das passiert jetzt einfach nicht." (Siehe auch „Die Presse", Printausgabe, 20. 5. 2011.)

Doch abgesehen von jenen Fällen, über die Bisogno berichtet, sind Frauen eindeutig weniger korrupt als Männer. Wenngleich es kaum aktuelle Untersuchungen zu diesem Thema gibt, bestätigt dies eine Studie der Weltbank unter dem Titel „Engendering Development" (2001). Sie legt sogar den Schluss nahe, dass ein Land umso weniger korrupt ist, je mehr Frauen im Parlament und in der Regierungsführung eines Landes vertreten sind.

Ausgangspunkt der Studie sind Befragungen in Industrie-

Der korrupte Mensch

und Entwicklungsländern. Darin mussten sowohl Männer als auch Frauen die Frage beantworten, wie entschuldbar es ihrer Meinung nach wäre, Bestechungsgelder anzunehmen, wenn die Ausführung einer beruflichen Aufgabe dies erfordern würde. Die Befragung ergab eine eindeutige Tendenz, denn 77,3 % der befragten Frauen, aber nur 72,4 % der Männer hielten dieses Verhalten für absolut unentschuldbar. Die Studie zeigte außerdem, dass Frauen ein weniger korrumpierendes Verhalten an den Tag legen als Männer.

Wie Patricia von Hahn in „Der Überblick" festhält, gehen die Befürworter der These, dass Frauen weniger korrupt seien als Männer, von einer „moralischen Überlegenheit" des weiblichen Geschlechts aus. Es seien die „mütterlichen Tugenden" der Frau, ihr Verantwortungsgefühl, ihr Altruismus und ihre Fähigkeit zur Empathie, die von ihr erwarten ließen, dass sie sich in den Dienst der Nation stelle. Der deutsche Korruptionsforscher und Volkswirt Björn Frank differenziert jedoch dahingehend, dass Frauen zwar weniger korruptionsgeneigt seien als Männer, dies sei allerdings weniger auf ihre inneren Werte zurückzuführen als auf ihre geringere Risikobereitschaft.

Auch die Ikone der Emanzipation Alice Schwarzer ist davon überzeugt: „Frauen sind zwar weniger korrupt als Männer, aber nicht weil wir bessere Menschen sind, sondern weil wir weniger Gelegenheit haben." Hängt dies überhaupt mit der Tatsache zusammen, dass Frauen über weniger Geld verfügen als Männer, wie die Politikwissenschafterin Anne Marie Goetz annimmt? Wenn Korruption bei Frauen stattfinde, dann oftmals auf einer anderen, alltäglicheren Ebene, die durch Korruptionsindizes gar nicht messbar sei, meint sie. Beispielsweise wenn die „Währung" der Korruption in den Bereich sexueller Gefälligkeiten falle.

Goetz führt auch Benazir Bhutto, die erste muslimische Regierungschefin und ehemalige Premierministerin Pakistans, als Beispiel für ein nicht einwandfreies Vorgehen an: „Als sie 1988 Premierministerin wurde und die Oppositionspartei (PPP) anführte, soll sie zunächst ihre politischen Erfahrungen runtergespielt haben, um ihre Rolle als ,einfache Hausfrau' und gute

Muslima zu betonen. Doch ihre Amtsführung war keineswegs sauber. Bereits ein Jahr nach ihrem Amtsantritt als Regierungschefin überstand sie nur knapp einen Misstrauensantrag im Parlament, in dem ihr Nepotismus vorgeworfen wurde. 1993 wiedergewählt, verlor sie drei Jahre später ihr Amt wegen verschiedener politischer Affären und Skandale. Sie soll hunderte Millionen US-Dollar an Schmiergeldern kassiert haben."

Auch verschiedene andere Beispiele korrupter Frauen sind natürlich geeignet, die These der Weltbank, dass Frauen weniger korrupt seien als Männer, zu widerlegen. Der Regisseur Pierre Yaméogo greift dieses Thema sogar in seinem Film „Silmande Tourbillon" auf und zeigt, wie Frauen afrikanischer Potentaten mit Koffern voller Geld einem Einkaufsbummel in Europa frönen – ganz nach dem Motto „Hinter jedem korrupten Mann steht eine korrupte Frau". (Vgl. auch „Der Überblick, S. 4.)

Was hat es also mit dem Blick aus Gendersicht auf sich? Vordergründig betrachtet könnte man sagen, dass die Aussage, Frauen seien weniger risikofreudig als Männer, zutrifft.

Bei näherem Hinschauen wird aber deutlich, dass auch Frauen bereit sind, ein sehr hohes Risiko einzugehen. Zwar nicht unbedingt in Disziplinen wie Finanzmarkt, Politik oder Beruf, aber dafür umso mehr in Bereichen wie Beziehung, Familie und Nachwuchs. Setzt ein Mann seine Gesundheit eher für die Karriere aufs Spiel, so tut das eine Frau eher für Ehemann oder Verwandtschaft. Für ihre Kinder setzen Frauen sogar ihr Leben aufs Spiel. Während die Männer eine gewisse Bereitschaft haben, für Geld, Ansehen oder Erfolg korrupt zu werden, weisen Frauen die Tendenz auf, für Beziehungen und das Wohl der Kinder ihre Macht einzusetzen und gelegentlich auch zu missbrauchen. Welches Machtmittel im konkreten Fall zum Einsatz kommt, hängt von den Möglichkeiten und Wirkungen ab. Neben einem Geldbetrag oder einer Drohung kann auch zermürbendes Nörgeln oder stressende Emotionalität eine beachtliche Effektivität aufweisen.

Vor allem die Wirkung der weiblichen Erotik und Sexualität sowohl auf jüngere als auch auf ältere Herren stellt ein Machtmittel der besonderen Art dar. Und dass manche Frauen ihre erotisch-sexuelle Macht zuweilen ganz gezielt einsetzen, um Vorteile zu erzielen, ist hinlänglich bekannt.

Alles in allem könnte es durchaus sein, dass Frauen ganz und gar nicht weniger korrupt sind als Männer. Sie sind nur anders korrupt, vor allem subtiler und weniger auffällig.

Baumeister Gregor Baumann ist in seiner männlichen Art und Weise bis an die Grenzen gegangen und hat den Bogen überspannt. Einem grandiosen Aufstieg folgte der tiefe Fall. Seine Mutter hat auf ihre weibliche Art ihren gehassten Ehemann vergiftet. Still und heimlich, ohne Aufsehen, ohne negative Konsequenzen.

Die Korruption begünstigende Faktoren

Korruption kommt in einem gewissen Ausmaß fast überall vor. In manchen Bereichen und Ländern sehr wenig, in anderen wieder sehr stark. Welche Faktoren fördern die Korruption?

Mentalität: Die kollektive Neigung einer Bevölkerungsgruppe oder gar eines ganzen Landes zu einem lockeren Umgang mit den Regeln des Zulässigen und des Anstandes bergen den Keim der Korruption in sich.

Gewohnheit: Ist der Mensch einmal eine bestimmte Denk- und Verhaltensweise gewohnt, so ist eine Änderung oft nur mehr sehr schwer möglich. Hat sich die korrupte Gepflogenheit bei einem Menschen einmal eingebürgert, so hält dieser fast schon reflexartig die Hand auf, wenn jemand etwas braucht.

Belohnung: Ist das verdorbene Verhalten auch noch häufig mit Erfolg gekrönt, so wird das korrupte Tun aufgrund des Belohnungseffektes eher gefördert als gemindert.

Ein Klima des Gebens und Nehmens: Ein Umfeld, wo kleine Geschenke und Aufmerksamkeiten für kleine Gefallen und Vorteile üblich sind, ist naturgemäß ein sehr fruchtbares Feld für Korruption.

Problematische Organisationskultur: Die Team-, Unternehmens- oder Staatskultur stellt eine wesentliche Basis für Sitte oder Unsitte dar. Intoleranz, geringe Wertschätzung, Respektlosigkeit, Feindseligkeit, Egoismus oder Konkurrenzdenken sind vorzügliche Dünger für Missbrauch der Macht, um persönliche Vorteile zu erzielen.

Mangelnde und unklare Gesetze und Regeln: Wenn es keine oder keine eindeutigen Richtlinien gibt, was erlaubt ist und was nicht, kann man sich auch an nichts orientieren und halten.

Intransparenz der Vorgänge: Alles, was im Geheimen und Dunkeln abläuft, ist nicht zu bewerten, zu kontrollieren und zu ahnden. Somit ist Intransparenz eine ideale Brutstätte für unerlaubtes Geben und Nehmen.

Sich bietende Gelegenheiten: Das alte Sprichwort „Gelegenheiten machen Diebe" trifft bei der Korruption exakt zu. Viele Menschen werden sehr leicht schwach, wenn für ein kleines Gefälligkeitsgutachten, ein wundersames Vorrücken auf der Anmeldeliste oder für das Verschwindenlassen einer Anzeige eine paar „schnelle Scheine" zu verdienen sind.

Mangelhafte oder ineffektive Kontrolle: Was helfen die besten Regeln und Gesetze, wenn das Einhalten niemand kontrolliert. Vor allem eine Kontrolle von innen, also von den Mitgliedern der Organisation selbst, kann relevante Informationen liefern, die weder eine Kontrolle oben (Führung) noch von außen (Behörden) bieten kann. Umfassende und regelmäßige Kontrollen wären ohne Zweifel ein großer Schritt in Richtung Korruptionsbewältigung.

Keine bis wenige Konsequenzen: Aber auch die besten Kontrollen sind nur dann wirklich wirksam, wenn es obendrein entsprechende Konsequenzen für Regelverstöße gibt.

Geringes Risiko: Ist das Risiko gering, erwischt zu werden, ist die Verlockung groß, es zu versuchen. Was für Falschparken, Fremdgehen oder Steuerhinterziehung gilt, gilt auch für Korruption.

Geringe Information und Aufklärung: Sind die potenziellen Täter nicht oder zu wenig informiert und aufgeklärt über die Tatbestände, Strafen und Folgeschäden der Korruption, so ist es nicht verwunderlich, wenn das unanständige Geben und Nehmen wie geschmiert läuft.

Chaotische politische Verhältnisse: Je konfuser und instabi-

Der korrupte Mensch

ler die politische Lage ist, desto mehr Regelverstöße und Ungesetzlichkeiten kommen vor.

Autoritäre Systeme: Der Fisch beginnt am Kopf zu stinken. In welche Ecke der Welt man auch blickt: Je autoritärer die herrschenden politische System sind, desto korrupter geht es zu im Land.

Wirtschaftliche Probleme und Notlagen: Not macht erfinderisch, auch für korrupte Aktivitäten. Die Existenz- und Sicherheitsbedürfnisse rangieren vor den Sozial- und Ich-Bedürfnissen. So ist es nicht erstaunlich, dass um der Existenz willen Zuwendung, Anerkennung und Achtung sehr leichtfertig auf dem Altar der Bestechlichkeit geopfert werden.

Alte Organisationen: Hier sammeln sich neben Wissen und Erfahrungen auch oft Machtmittel und schlechte Manieren an. Diese Mixtur lässt korruptes Tun gedeihen.

Enge Netzwerke: Wozu sind Netzwerke gut? Damit sich die Mitglieder gegenseitig unterstützen und helfen, naturgemäß zum persönlichen Vorteil und nicht selten zum Nachteil der Nichtmitglieder. Ist das schon korrupt? Im weiteren Sinne ja.

Freunderl- und Vetternwirtschaft: Netzwerke sind ein hervorragender Nährboden für Freunderl- und Vetternwirtschaft und somit per definitionem für Korruption. Böse Zungen könnten demnach meinen: Networking is corrupting.

Schlecht organisierter und wenig kontrollierter Beamtenapparat: Beamte haben staatliche Macht. Sie können dringend benötigte Dokumente oder Bewilligungen schneller, langsamer oder gar nicht ausstellen. Ist im Beamtenapparat der Wurm drinnen und wird er auch noch wenig kontrolliert, so werden Dokumente oder Bewilligungen oftmals nur gegen Bares auf die Hand ausgestellt. Soll es auch noch schnell gehen, ist die extra Mühe extra zu bezahlen.

Problematische Fehlerkultur: Fehler und Vorfälle werden nicht offen kommuniziert, analysiert und bearbeitet. Es wird vertuscht, kritisiert oder hart bestraft. Die Möglichkeit, aus den Fehlern zu lernen, um die gleichen Fehler in Zukunft zu vermeiden, wird nicht genutzt.

Privilegien für bestimmte Gruppen: Manche Bevölkerungs-

oder Berufsgruppen werden bevorzugt, andere wiederum benachteiligt, ob von den Steuer-, Arbeits- oder Pensionsgesetzen. Wenn es um die Verteilung und Absicherung von Privilegien geht, ist parteipolitischer, gewerkschaftlicher, bündischer oder kämmerischer Machtmissbrauch oft nicht fern.

Lange Zeit bestehende Machtverhältnisse: Im Laufe der Zeit sammelt sich in allen möglichen Rillen und Ritzen Schmutz an. Wenn nicht von Zeit zu Zeit eine gründliche Reinigung stattfindet, wird der Schmutz der offenen oder verborgenen Korruption zu einer Bedrohung für die ganze Organisation – und oftmals weit darüber hinaus.

Problematische Personalauswahl-Verfahren: Die Inhaber von verantwortungsvollen Funktionen in Organisationen können viel Gutes tun, aber auch viel Schaden anrichten. Daher ist es naheliegend, dass nur die Geeignetsten solche Funktionen innehaben sollten. Die Betonung liegt auf „sollten" (weil es eben in der Realität ganz anders ist).

Problematische Persönlichkeiten in den Führungsetagen: Leider drängen oft die Ungeeignetsten in die höchsten Funktionen. Und weil die Personalauswahl-Verfahren zum Teil suboptimal bis destruktiv sind (insbesondere in der Politik), nicht selten mit Erfolg. Diesen Erfolg narzisstoider oder gar narzisstischer Persönlichkeiten müssen Kollegen, Mitarbeiter oder Bürger oft sehr teuer bezahlen.

Last but not least: *Menschliche Gestörtheit* ist ein fruchtbarer Boden für Korruption und deren folgenschweren Auswirkungen. Solange wir nur all die vielen Symptome bekämpfen, wird sich zwar die Quantität mehr oder weniger einschränken, aber das Grundübel nicht ausmerzen lassen. Obwohl Taten wie Raub, Vergewaltigung, Kinderschändung oder Mord streng verboten sind, genau kontrolliert und mit Nachdruck verfolgt werden, ist deren Anzahl erschreckend hoch. Erfolgreiche Korruptionsbewältigung (wie auch Bekämpfung von Diebstahl, sexuellem Missbrauch oder Tötung) hat sehr viel mit erfolgreicher Entstörung der Menschen zu tun. Vorbeugen durch eine kindesgerechte Erziehung und Schulung sowie Behandeln durch geeignete psychologisch-therapeutische Maßnahmen

Der korrupte Mensch

wären Möglichkeiten, die zur Verfügung stünden. Nur angewendet werden sie viel zu wenig.

Bevor es so weit ist (optimistisch gedacht), gibt es zahlreiche menschliche Eigenschaften und äußere Umstände, die Korruption zulassen, fördern oder gar bedingen. Somit stellt es für jede Organisation, ob Verein, Firma, Partei, Staat oder Staatenbund, eine besondere Herausforderung dar, korrupte Machenschaften auf ein niedriges Niveau zu bringen. Zum Wohle aller Beteiligten.

Wahrhaftige und fadenscheinige Erklärungen für korruptes Tun

Die pflichtbewusste Maria, eine Teilzeitkraft in einem städtischen Krankenhaus, hat kleine Kärtchen mit Nummern an die wartenden Patienten auszugeben. Wird die Nummer aufgerufen, darf der mehr oder weniger kranke Mensch in das Diagnosezimmer gehen. Es kommt nicht selten vor, dass Wartezeiten von bis zu fünf Stunden anfallen, was für viele Rekonvaleszenten eine schmerzende Geduldsprobe darstellt. Hilfsschwester Maria, eine herzensgute Person, konnte es manchmal nicht mitansehen, wie schwer Leidende stundenlang auf die ärztliche Betreuung warten mussten. So begann sie irgendwann, Kärtchen zurückzuhalten, um diese besonders notleidenden Leuten auszuhändigen. Mit der niedrigen Nummer kamen diese deutlich früher als vorgesehen an die Reihe. Die dankbaren Patienten revanchierten sich zuweilen mit einer Tafel Schokolade, einem Fläschchen Wein oder gar mit einem kleinen Scheinchen. Marias Hilfsbereitschaft für klagende und wimmernde Kunden sprach sich mit der Zeit herum. So kam es bald immer wieder vor, dass auch Leute mit relativ kleinen Wehwehchen leidvoll jammerten, um zu einer Karte mit niedriger Nummer zu kommen. Hilfsschwester Maria freute es, wenn sie besonders Bedürftigen helfen konnte. Und sie freute sich auch über die kleinen Geschenke, vor allem über die Geldgeschenke. Als Mutter zweier Kinder und Ehefrau eines arbeitslosen Fotokünstlers konnte sie jeden Cent brauchen. So kam es, dass sie über die Jahre immer mehr Kärtchen zurückhielt und angenehmerweise immer mehr kleine Aufmerksamkeiten zugesteckt bekam. Weil diese Vorgehensweise nicht für immer unbemerkt bleiben konnte, übernahmen auch diverse Kolleginnen diese Art der Patientenbevorzugung. Auch drei Ärzte, die davon erfahren hatten, wurden notgedrungen an den Gaben beteiligt. Hilfsschwester Maria ist stolz auf ihre sehr individuelle Patientenbetreuung. Sie ist überzeugt davon, dass sie damit etwas Gutes tut – noch dazu für alle Beteiligten.

Das Modell der „operanten Konditionierung" besagt, dass für das Auftreten willkürlicher oder spontaner Verhaltensweisen die Konsequenzen, die darauf folgen, entscheidend sind. Ereignisse, die eine Veränderung des Verhaltens hervorrufen, haben verstärkende Wirkung; sie werden sinngemäß als Verstärker bezeichnet. Erfolgt auf eine Verhaltensweise eine positive Verstärkung, also eine Belohnung (Auftreten von positiven Reizen), oder eine negative Verstärkung (Beseitigung von negativen Reizen), so tritt eine Steigerung der Häufigkeit dieses Verhaltens auf. Erfolgt eine Bestrafung (entweder das Auftreten von negativen Reizen oder die Beseitigung von positiven Reizen), so sinkt die Verhaltenshäufigkeit. Wird man etwa für eine bestimmte Tätigkeit, auch wenn man sie gar nicht besonders gerne macht oder wenn sie gesetzwidrig ist, immer wieder belohnt (Geld, Vorteile, Anerkennung), so ist es sehr wahrscheinlich, dass man diese Tätigkeit auch immer wieder durchführt. Wie Hilfsschwester Maria und ihre engagierten Kolleginnen, die auch noch das Glück haben, ihre spezielle Tätigkeit von ganzem Herzen zu machen.

Neuere kognitive Lerntheorien berücksichtigen auch Kriterien wie die Erwartung (Hypothese über die Konsequenzen, die auf ein bestimmtes Verhalten folgen), die Bewertung (subjektiver Wert einer Verhaltenskonsequenz) sowie die Informationsverarbeitung und die Informationsspeicherung. Beim Nachahmungslernen, Lernen am Modell, wird die Qualität der Informationsspeicherung von kognitiven Faktoren wie Anzahl der Beobachtungen sowie Aufmerksamkeits- und Gedächt-

Der korrupte Mensch

nisleistung bestimmt. Ob und wie oft die gelernten Verhaltensweisen vom Beobachter durchgeführt werden, hängt von Motivationsvariablen wie Erwartung und Bewertung der Verhaltenskonsequenzen sowie vor allem auch von der sogenannten Effizienzerwartung ab. Das ist der Grad der Gewissheit, dass man imstande ist, ein Verhalten korrekt auszuführen, das notwendig ist, um die erwartete Konsequenz herbeizuführen. Wenn Korruption relativ leicht möglich ist und immer wieder mit Erfolg gekrönt wird, so wird das korrupte Verhalten nicht weniger, sondern eher mehr werden.

Durch das Nachahmungslernen eignen wir uns eine Vielzahl von Einstellungen und Verhaltensweisen an. Ist etwa der Vater ein sehr leistungsorientierter und hart arbeitender Mensch, so ist es leicht möglich, dass diese Strebsamkeit vom Kind übernommen wird. Selbst wenn diese Strebsamkeit das Kind und später den Erwachsenen immer wieder unter Druck setzt und sich der Betroffene mehr Ruhe und Gelassenheit wünscht, so gelingt das oft nur mit Mühe, weil diese Eigenschaft stark verankert ist. Es muss immer wieder gegen den Ehrgeiz und die Unruhe angekämpft werden, um sich zumindest am Wochenende oder im Urlaub halbwegs regenerieren zu können.

Ähnliches gilt für Korruption. Ist der Vater ein „erfolgreicher Korrupter", so besteht die Gefahr, dass dieses Merkmal vom Kind übernommen wird. Selbst wenn sich diese Eigenschaft im späteren Leben als destruktiv herausstellt, so ist es vermutlich gar nicht so einfach, ein ehrlicher Mensch zu werden. Was wir in der Kindheit eingelernt haben, ist oft schwer zu verändern, selbst wenn eine Eigenschaft völlig sinnlos ist oder gar selbstschädigend wirkt.

Auch tiefenpsychologische Erklärungsmodelle geben uns wertvolle Einblicke, wie Korruption funktionieren kann. Die Tiefenpsychologie versucht, die Denkweise, die Gefühle und die Verhaltensweisen vor allem mit unbewussten inneren Prozessen zu erklären. Sigmund Freud, der Begründer der Psychoanalyse, unterscheidet drei innere Instanzen der Seele: das Ich, das Über-Ich und das Es. Das Ich verhilft mit den bewussten Ich-Funktionen (Wahrnehmung, Erinnerung, Denken oder

Lernen) sowie den unbewussten Ich-Funktionen (Abwehrmechanismen) dazu, zwischen den Anforderungen der Realität, den Antrieben des Es (Sexualtrieb oder Aggressionen) und den Moralvorstellungen und Gewissensfunktionen des Über-Ich zu vermitteln. Ist das Ich zu schwach, so kann es zu seelischen Störungen kommen. Ein Übergewicht des Es führt zu einem unbeherrschten und haltlosen Ausleben sexueller und aggressiver Impulse. Ist das Über-Ich zu stark, wird der Mensch von Normen und Moralvorstellungen beherrscht, und er unterdrückt mit allen möglichen Abwehrprozessen die Triebimpulse des Es. Das Wissen um die möglichen Ausprägungen der Abwehrvorgänge kann mithelfen, eigene versteckte Triebfedern für negative Denkstrukturen und somit auch für unangenehme Gefühle, Körpervorgänge und destruktives Verhalten aufzudecken.

Die folgenden Abwehrmechanismen tragen nicht selten dazu bei, mit korruptem Denken und Tun zumindest vordergründig relativ locker umgehen zu können.

Bei der *Verdrängung ins Unbewusste* werden Triebwünsche und damit in Verbindung stehende Vorstellungen oder Erinnerungen, die im Gegensatz zu den Forderungen des Über-Ich stehen, nicht zugelassen und ins Unbewusste verdrängt. Ebenso werden selbstkritische Bewertungen von Taten, die mit dem Gewissen nicht wirklich im Einklang stehen, häufig aus dem Bewusstsein gerückt und verdrängt. Das Verdrängte kommt aber in Form von Träumen, Fehlleistungen oder neurotischen Störungen wieder zum Vorschein und kann das Leben stark beeinträchtigen. Obwohl Schwester Maria auf ihre patientenorientierte Innovation (zumindest vordergründig) stolz ist, träumt sie manchmal davon, ins Verwaltungsbüro zitiert und wegen schweren Verstoßes gegen die Vorschriften fristlos gekündigt zu werden.

Bei der *Identifikation* übernehmen wir bewusst oder unbewusst Eigenschaften, Denk- und Verhaltensweisen von anderen Personen durch Verinnerlichung. Eltern, Verwandte, Lehrer, Vorgesetzte oder Vorbilder vermitteln moralische Normen in Bezug auf Sexualität oder Benehmen, die das Kind übernimmt. Auf diese Weise entsteht das Über-Ich, das innerpsychische

Der korrupte Mensch

Vollzugsorgan der Gesellschaft mit allen Normen und Moralvorstellungen. Häufig erfolgt eine Identifikation mit mächtigeren Personen, etwa mit den Eltern, um die Angst vor deren Macht zu vermindern. Anstatt die Forderungen der Autorität zu bekämpfen, werden diese aus Furcht vor Strafe angenommen. Wer also selbst oft getreten wurde und wird, tritt mitunter bei jeder Gelegenheit zurück. Was uns selbst widerfahren ist, geben wir oft in verstärkter Form an andere weiter. So ist etwa zu verstehen, warum Untergebene die Normen ihrer Vorgesetzten zuweilen mit ungleich größerer Härte und Rücksichtslosigkeit durchsetzen. Gregor Baumann identifizierte sich, aus einer schweren Notlage heraus, mit dem erfolgreichen Unternehmer und Politiker Richard Gollinger. Gregor übernahm dessen korrupte Denk- und Handlungsweise sowie dessen großzügige Normen. Viele Jahre hatte er damit auch großen Erfolg. Bis er schließlich die Grenzen seiner Möglichkeiten deutlich überschritt und zu Sturz kam.

Auch *Projektion* ist ein Abwehrmechanismus, den Menschen oft anwenden. Verdrängte Inhalte wie eigene unerträgliche Vorstellungen, Gefühle oder Wünsche werden anderen Personen oder Dingen zugeschrieben. So etwa werden unterdrückte sexuelle Begierden, Aggressionen oder Machtbestrebungen anderen Personen unterstellt. Die sexuell verklemmte alte Jungfer sieht die Welt voller unmoralischer Lüstlinge. Der potenziell korrupte Beamte, der aber seine dunklen Gelüste diszipliniert unterdrückt, ist entrüstet, weil die Welt so verdorben und verkommen ist. Die Projektion verzerrt also die Realität und führt oft zu schwerwiegenden Täuschungen.

Oft reagiert der Körper mit Symptombildung, wenn eine innerliche Disharmonie besteht. Kann eine Verdrängung nicht abreagiert oder nach außen ausgelebt werden, richtet sie sich gegen die eigene Person. Es kommt zu körperlichen und/oder psychischen Symptomen, die sehr vielfältig sein können: Angespanntheit, innere Unruhe und Nervosität, Konzentrations- und Schlafstörungen, depressive Verstimmungen, Magen- und Darmstörungen, Herzbeschwerden und Kreislaufstörungen, Verspannungen oder Kopfschmerzen. Werden lediglich die äußeren Symptome behandelt und nicht die zugrundeliegenden unbewussten Konflikte, so kann es zu einer Symptomverschiebung kommen: Die ursprünglichen Symptome werden nur durch andere ersetzt. So leidet Schwester Gertrude, eine besonders liebe Kolleginnen von Maria, an eigenartigen Schwindelgefühlen und Kopfschmerzen. Die Symptome haben ein paar Wochen nach der Aufnahme der Nummernkärtchen-Handhabe à la Schwester Maria begonnen. Und keiner der Ärzte kann ihr wirklich helfen.

Bei der sogenannten *Verschiebung* entladen sich Gefühle an anderen als den ursprünglich gemeinten Objekten. Ist es nicht möglich, eine Emotion am Zielobjekt abzureagieren, so kann es neben der Symptombildung auch zu einem Entladen des Impulses an Ersatzobjekten kommen. Wenn etwa der Angestellte seine Aggressionen gegen den Chef nicht gegen diesen richten kann, so kann es sein, dass er sich etwa an seiner Ehefrau abreagiert. Diese muss sich dann ihrerseits an Schwächeren, zum Beispiel den Kindern, abreagieren oder verdrängt die Aggressionen. Eine andere liebe Kollegin von Maria, Mirka Vladovich, fühlte sich seit Jahren ungerecht und schlecht behandelt. Trotz des erfolgreichen Abschlusses einer Zusatzausbildung war sie Hilfsschwester geblieben. Sie wurde von der Chefin immer wieder vertröstet und hingehalten. Ihren Ärger musste sie hinunterschlucken. Die Chefin war bekannt für ihre Empfindlichkeit und harten Entscheidungen. Interessanterweise fühlte sich Mirka, seitdem sie die begehrten Nummernkärtchen gegen Bares (und nur gegen Bares) vergab, im Gegensatz zu Gertrude deutlich besser. Sie hatte ihre Wut gegen die Chefin anscheinend auf die Patienten verschoben, die sie nun stellvertretend „bestrafte", indem sie ihnen möglichst viel Geld abnimmt.

Bei der *Sublimierung* erfolgt die Umwandlung eines Triebes, Bedürfnisses oder Impulses häufig in sozial anerkannte oder zumindest akzeptable Tätigkeiten. Die Sublimierung aggressiver Impulse in sportliche Aktivitäten kann einerseits der Gesundheit dienen und ist andererseits sozial anerkannt. Die Sublimierung des Sexualtriebes in intensive künstlerische, geschäftliche, wissenschaftliche oder religiöse Beschäftigung kann zwar zu

Der korrupte Mensch

Höchstleistungen führen, ersetzt aber wohl kaum die sexuelle Befriedigung. Diese Trieb- und Bedürfnisunterdrückung, wie sie in Zeiten strenger Sexualmoral allgemein gefördert und gefordert wurde, ist für manche vielleicht die höchste Tugend, aber für die Psyche wohl nicht sehr gesund. Sublimierung spielt bei Korruption eine besondere Rolle. Unbefriedigte Bedürfnisse führen zu Spannungen. Diese unangenehmen Symptome können auch mit dem unbewussten Kunstgriff der Korruption zumindest oberflächlich abgebaut werden. Zum Beispiel hadert der fünfzigjährige Gymnasiallehrer und Lehrergewerkschafter seit vielen Jahren mit dem Umstand, dass er keine große akademische Karriere gemacht hat, dass er nicht sonderlich wichtig und bedeutend ist. Eines Tages ruft ihn der Vater eines Schülers an. Eines wahrlich schlimmen und schlechten Schülers, der in zumindest zwei Gegenständen durchzufallen droht. Dieser Vater ist eine große Nummer am Finanzmarkt. Er ist der Vizechef einer bedeutenden Fondsgesellschaft. Das imponiert dem Professor für Englisch und Informatik. Der Finanzmann lädt ihn zu einem Kennenlerngespräch, wie er es ausdrückt, in sein Büro ein. Die Größe und der Prunk der Räumlichkeiten imponieren dem Pädagogen noch viel mehr. Der Rede kurzer Sinn: Der Vizechef bietet dem Professor eine Mitwirkung in der Gesellschaft an. Der Lehrer verspricht dem Vater, sich darum zu kümmern, dass sein Sohn in die nächste Klasse aufsteigt. Gesagt, getan. Der Informatikexperte arbeitet mit großer Leidenschaft an der Modernisierung der Tradingsoftware, nimmt mit Begeisterung an den englischsprachigen Fachmeetings in der pompösen Firmenzentrale teil und darf sogar gelegentlich in der Privatvilla des Vizechefs verkehren. Dass die nächsten Schularbeiten des Sohns überraschend positiv ausfallen, bemerkenswerterweise nicht nur in Englisch und Informatik, versteht sich fast von selbst. Wie das möglich ist, interessiert niemanden. Hauptsache, alle sind zufrieden und glücklich.

Die *Vermeidung* ist die Strategie, Unangenehmem auszuweichen. Was Unlust, Frustration oder Angst auslöst, wird vermieden. Eine Möglichkeit besteht darin, zum Zuschauer zu werden. Man geht dem Konkurrenzkampf und dem Leistungsdruck aus dem Weg, entwickelt Minderwertigkeitsgefühle und begnügt sich mit einer untergeordneten Stellung in der Gesellschaft. Die andere Alternative ist die Flucht in ein vorerst nicht mit Frustration und Angst verbundenes anderes Gebiet: Sport, Kunst, Freizeitaktivitäten oder Vereinsmeierei. Eine Vermeidung der Realität ist auch die Flucht in den Alkohol- und Drogenkonsum oder in einen Psychopharmakamissbrauch. Ebenso kann die Korruptionswelt des schnell verdienten Geldes als Vermeidung der Auseinandersetzung mit der Regel- und Gesetzeswelt des mühsam verdienten Geldes dienen.

Die *Rationalisierung* arbeitet mit einer Art pseudo-logischen Erklärung oder Rechtfertigung eines Verhaltens, eines Gefühls oder eines Gedankens, um die wahren Gründe zu verschleiern. Dieser Abwehrmechanismus räumt korrupten Menschen ein weites Feld an fadenscheinigen Ausreden und Argumenten ein. „Tu ich es nicht, tut es ein anderer." Oder: „Was ich mache, ist halb so schlimm. Die anderen sind ja noch viel ärger." Oder so: „Es verstößt vielleicht gegen ein paar Regeln, was ich getan habe. Aber zum einen sind die Regeln unsinnig und zum anderen schadet es ja niemandem wirklich." Vielleicht sogar: „Letztlich helfe ich damit vielen Menschen. Nur begreifen es die noch nicht."

Da die Impulse des Es und Über-Ich zum Teil unbewusst sind, ist uns oft nicht klar, warum wir auf diese oder jene Weise denken, fühlen und handeln. Das bedeutet, dass vielen Korrupten oft gar nicht wirklich verständlich ist, warum sie diese und jene Bestechung begehen oder warum sie da und dort die Hand aufhalten. Die wahren Gründe liegen häufig im Verborgenen.

Sind korrupte Menschen „gestört"?

Die Frage, ob alle korrupten oder kriminellen Menschen psychisch gestört sind, ist gar nicht so leicht zu beantworten. Etwas überspitzt könnte man meinen, dass es für eine seriöse Vergleichsstudie an der notwendigen Kontrollgruppe fehlt, da

Der korrupte Mensch

weltweit kaum völlig normale Menschen zu finden sind. Mehr oder weniger, so oder anders gestört ist (fast) jeder Mensch. Das muss nicht unbedingt heißen, dass jeder Mensch alle seine Mankos auch kennt und von diesen beeinträchtigt wird. Schlummernde Störungen können lange Zeit inaktiv und unentdeckt bleiben, bis sie von ganz bestimmten Auslösereizen aktiviert werden.

Ein Mensch mit einer latenten Schlangenphobie mag von seiner Angstneurose so lange nichts wissen, bis er auf eine Schlange trifft. Genauso ist uns „ehrlichen" und „korrekten" Menschen unsere Neigung zu korrupten oder kriminellen Taten nicht bewusst, bis sich in einer besonderen Lebenslage eine spezielle Gelegenheit bietet.

Unbestritten ist auf alle Fälle: Übersteigerter Machtanspruch und Machtmissbrauch sowie eine ausgeprägte Neigung zu Korruption und Kriminalität haben etwas mit geistig seelischer Gestörtheit zu tun, individuell und kollektiv.

Störungen entwickeln sich aufgrund suboptimaler oder destruktiver Verhältnisse vor allem in der Kindheit und Jugendzeit. Eltern, Verwandte, Betreuer, Lehrer, Freundes- und Bekanntenkreis sowie die politischen, wirtschaftlichen, sozialen und kulturellen Umstände sind von mehr oder weniger großer Bedeutung.

Da diese Einflussfaktoren nicht nur positiv, sondern relativ häufig auch negativ einwirken, sind die Auswirkungen für die Heranwachsenden naturgemäß auch häufig negativ.

Die neurotisierten Heranwachsenden werden neurotische Erwachsene. Diese stören als gestörte Eltern, Verwandte, Betreuer, Lehrer sowie Unternehmer, Manager, Politiker oder Medienleute die Entwicklung der Kinder, Geschwister, Zöglinge, Schüler, Lehrlinge, Mitarbeiter, Bürger und Medienkonsumenten.

Aus psychoneuronaler Sicht ist klar zu sagen: Der Mensch kann für seine Störungen nichts. Er ist das Produkt seiner Erbanlagen und der Umstände ab dem Zeitpunkt seiner Zeugung. Weder können vom Betroffenen die Erbanlagen mitbestimmt, noch die kindlichen Umstände nennenswert mitgestaltet werden. Der Mensch wird von seinem Steuerprogramm determiniert und gelenkt sowie von den jeweiligen Situationen und Ereignissen mehr oder weniger stark beeinflusst. Und wem es nicht gegeben ist, ein Programm zu besitzen, das ein Nachdenken über die Lebenslage, ein Erkennen von persönlichen Schwächen sowie Selbstdisziplin und Selbstkontrolle ermöglicht, für den ist auch eine Veränderung zum Besseren nicht aus eigenem Antrieb machbar. Ein derart programmierter Korrupter oder Krimineller wäre für seine korrupten oder kriminellen Untaten im streng wissenschaftlichen Sinne nicht verantwortlich. Er ist so. Er kann nicht anderes. Eine Veränderung bedürfte einer geeigneten Aufklärungsarbeit und Unterstützung sowie nicht selten auch eines angemessenen Drucks von außen.

Die Realität sieht aber anders aus: Psychische Störungen werden trotz umfangreicher Erkenntnisse und Therapiemöglichkeiten nach wie vor oft nicht richtig als solche erkannt, diagnostiziert und behandelt. Zudem hat die politische Führung, insbesondere in sehr machtbewussten oder gar autoritären Systemen, oft wenig Interesse daran, die Bürger und Wähler zu stabilisieren und zu normalisieren. Stabile und halbwegs normale Wähler beurteilen angemessener, lassen sich weniger beeinflussen und aufhetzen, lassen sich nicht alles gefallen und treffen vernünftigere Entscheidungen. Ein Alptraum für so manche Politiker, auch in hoch entwickelten Demokratien.

Statt Vorbeugung gegen individuelle und kollektive Neurotisierung, statt Therapie von Betroffenen und statt Vermeidung von Untaten stehen Verfolgung und Bestrafung der Täter im Vordergrund. Letzteres ist zwar für die Aufrechterhaltung eines geordneten Zusammenlebens notwendig, aber ohne die ersteren Maßnahmen nur ein schwacher Tropfen auf einen sehr heißen Stein. Damit ist garantiert, dass auch die nächsten zwei bis drei Generationen beträchtliche Störungen aufweisen (und weitergeben) werden. Übersteigerter Machtanspruch und Machtmissbrauch sowie Korruption und Kriminalität werden somit weiter blühen und gedeihen.

Politiker wie der österreichische ÖVP-Chef Michael Spindelegger schlagen eine „Vergangenheitsbewältigung" in Sachen Korruption vor. Er hat in seiner „Österreich-Rede" im Mai 2012 seiner Partei zehn Gebote verordnet: Ehrlichkeit, Anstand, Vertrauen, Respekt, Verantwortung, Tatkraft, Fleiß, Offenheit, Zusammenhalt und Freiheit. Gerade in turbulenten Zeiten sei es wichtig, sich auf ein „Fundament aus Werten" verlassen zu können. Es seien Werte, „die uns unsere Eltern gelehrt haben", meinte der Vizekanzler. In seiner Rede behandelte er die aktuelle Korruptionsdebatte und meinte dazu, dass „ein paar Korruptionisten" die Volkspartei in die Krise gestürzt hätten. Diese Vergangenheit könne er nun nicht ändern, doch der Blick sei nun in die Zukunft zu richten. Der Vizekanzler befürchtete, dass der Verlust des Vertrauens der Menschen in die Politiker den Nährboden für politische Kontrahenten, wie den FPÖ-Chef Heinz-Christian Strache und die „Politclowns wie die Piraten", bereiten würde.

Über eine Verbesserung der Kindererziehung im Elternhaus, der psychosozialen Betreuung in Kindergärten und Schulen, über Vorbeugung und Therapie von psychischen Problemen und Störungen wurde nichts gesagt.

Was Politiker nicht wissen oder bei ihren Ansprachen leicht vergessen, ist die Tatsache, dass die Veränderungsmöglichkeiten der Menschen ihre Grenzen haben. Vor allem Werthaltungen sind sehr stabil und resistent und damit nicht von heute auf morgen zu modifizieren.

Zudem ist es geradezu ein Ding der Unmöglichkeit, etwa einem hartgesottenen Psychopathen Verantwortung und Ehrlichkeit oder einem eingefleischten Narzissten Respekt und Anstand beizubringen. Und genau diese Persönlichkeiten sitzen nicht selten an den Schalthebeln der politischen und wirtschaftlichen Macht. Wenn sie da einmal sitzen, dann sind sie fast nicht mehr wegzubringen. Wie die Geschichte zeigt, reißt ein schwer gestörter Diktator eher sein eigenes Land mit in den Abgrund, als seinen Präsidentenstuhl zu räumen. Auch ein hochproblematischer Konzernchef verlässt nicht so ohne Weiteres seinen Chefsessel. Im Gegenteil: Er kämpft verbissen um seine Machtposition, koste es das Unternehmen, was es wolle, und lässt sich schließlich seinen Abgang mit schwindelerregenden Millionenbeträgen und irrwitzigen Konsulentenverträgen abkaufen. Das ist Korruption auf höchstem Niveau.

Ist so etwas zu verhindern? Ja, theoretisch sogar recht einfach, aber praktisch ganz und gar nicht leicht umzusetzen. Objektive und faire Personalauswahlverfahren, wie sie in weiten Teilen der gut funktionierenden Wirtschaft eine Selbstverständlichkeit sind, könnten weitgehend gewährleisten, dass ungeeignete Persönlichkeiten von hohen und verantwortungsvollen Unternehmens- und Staatsfunktionen ferngehalten werden. Vorbeugung ist die beste und billigste Therapie. Zudem ist es auch nicht recht vorstellbar, dass sich ein beinharter und eiskalter Generaldirektor oder ein selbstgerechter und machtgieriger Regierungschef einer Moral- und Wertetherapie unterzieht. Abgesehen davon sind die Veränderungsmöglichkeiten des Menschen oft sehr viel geringer, als weithin angenommen wird.

Unsere Veränderungsmöglichkeiten haben Grenzen

Manche unserer psychoneuronalen Programme sind relativ einfach zu verändern, andere wiederum nur sehr schwer oder überhaupt nicht.

Wir sind das Produkt unserer Erbanlagen und unserer Erfahrungen. Unsere Denkprozesse, unsere Begabungen, unsere Intelligenz, unsere Antriebe und unsere Persönlichkeitseigenschaften sind eine Mixtur aus Geerbtem und Gelerntem.

Wie wir denken, fühlen und handeln, wird hauptsächlich von den unzähligen Verbindungen zwischen den Hirnzellen bestimmt, deren Stärke von der Anlage und dem Grad der Förderung vor allem in der Kindheit und Jugend abhängt. Chemische Botenstoffe übertragen die elektrischen Impulse von einer Nervenzelle zu der anderen über den sogenannten Synapsenspalt. Starke neuronale Verbindungen, die sich aufgrund genetischer Bedingungen und jahrelanger Lernprozesse prächtig entwickelt haben, sorgen für einen raschen und zuverlässigen Ablauf. Schwache Verbindungen, die sich aufgrund spärlicher Anlagen

Der korrupte Mensch

bzw. geringer Erfahrungen kaum entwickeln konnten, lassen hingegen nur einen begrenzten Informationsfluss zu.

Ein gut ausgebautes neuronales Netzwerk für die Eigenschaft „Kreativität" lässt uns schöpferisch und einfallsreich sein. Ist dieses Netzwerk schwach, tun wir uns schwer, uns von herkömmlichen Denkschablonen loszulösen und neue, originelle Ideen und Strategien zu kreieren. Ein gut funktionierendes Netzwerk für handwerkliche Geschicklichkeit lässt uns nahezu mühelos ein Möbelstück zusammensetzen. Ist hingegen das Netzwerk für handwerkliche Geschicklichkeit nur bescheiden entwickelt, so kann man mitunter nicht einmal einen Schraubenzieher richtig in die Hand nehmen.

Unsere persönlichen Einstellungen sind in Zusammenhang mit Regeltreue und Korruption von großer Bedeutung. Eine Einstellung zu einem Einstellungsobjekt – etwa zu einer bestimmten Person, einem bestimmten Verhalten, einer bestimmten Situation, einem bestimmten Standpunkt – ist die subjektive Bewertung dieses Objekts. Der subjektive Wert eines Objekts kann neutral, positiv oder negativ sein. Die Einstellung zu einem bestimmten Objekt hängt von den Bewertungen der einzelnen Merkmale ab, die mit diesem Objekt verbunden sind.

Jede konkrete Relation zwischen einem Einstellungsobjekt und dessen Merkmalen kann als Meinung bezeichnet werden. Etwa, wenn man aufgrund von persönlichen Erfahrungen oder der Vorbildwirkung von Bezugspersonen die Meinung vertritt, dass eine an sich regelwidrige Handlung schon „okay" sei. Eine Einstellung entsteht, indem Meinungen gebildet werden. Eine Änderung einer Einstellung erfolgt, wenn entweder neue Meinungen hinzukommen oder bestehende Meinungen revidiert werden.

Einstellungen unterliegen oft starken Schwankungen. Ist man etwa schon ziemlich urlaubsreif, wird der Aufenthalt im Ferienort sehr positiv bewertet. Urlaubt man hingegen bereits drei Wochen lang, kann der Aufenthalt im Ferienort negativ bewertet werden. Neben diesen sogenannten Deprivations- und Sättigungseffekten haben auch Situationsfaktoren Einfluss auf unsere Einstellungen. Bin ich etwa mit meinem Kleinwagen gerade in der Innenstadt auf Parkplatzsuche, so werde ich die geringen Abmessungen meines Autos zu schätzen wissen. Bin ich gerade dabei, einen Kinderwagen und zwei Einkaufstaschen in dem Kleinwagen unterzubringen, so werde ich vielleicht die geringen Maße meines Autos verfluchen. Ernte ich gerade die Früchte meiner korrupten Taten, indem ich mir schicke Sachen kaufe, werde ich meine Untaten befürworten. Stehe ich wegen dieser Delikte gerade vor dem Richter, werde ich mir vielleicht deshalb die heftigsten Vorwürfe machen.

Komplexe Einstellungen (wenn viele Meinungen mit einem Objekt verbunden sind) sind stabiler, also schwieriger zu verändern als weniger komplexe. Ebenso sind homogene Einstellungen (wenn fast nur positive oder fast nur negative Meinungen zu einem bestimmten Objekt gegeben sind) stabiler als inhomogene.

Ob eine bestimmte Einstellung auch zu einem entsprechenden Verhalten führt, hängt von verschiedenen Faktoren ab. Der Zusammenhang zwischen der Einstellung und dem Verhalten ist nicht sehr stark, wenn es nur um eine einzelne Verhaltensweise geht. Ein deutlicher Zusammenhang ist hingegen dann zu beobachten, wenn mehrere Verhaltensweisen, die sich auf dasselbe Objekt beziehen, in Betracht gezogen werden. Je positiver die Einstellung ist, desto eher treten einstellungskonforme Verhaltensweisen auf.

Werte sind relativ stabile Einstellungen zu ethischen Kategorien wie Frieden, Freiheit, Gerechtigkeit oder Treue bzw. zu persönlich Wichtigem und Wünschenswertem (etwa Familie oder Karriere). Sie dienen als Grundlage für persönliche Ziele und beeinflussen die Art und Weise der Umsetzung. Werthaltungen wie Respekt, Ehrlichkeit, Fairness, Anstand oder Loyalität spielen bei Regeltreue und Korruption naturgemäß eine bedeutende Rolle. Um Werte verändern zu können, sind neue, grundlegende Einsichten und entsprechende Schlussfolgerungen notwendig.

Überzeugungen können als Einstellungen zu sozialen Sachverhalten definiert werden, die als wahr oder falsch, gut oder schlecht bewertet werden. Sie können auch Handlungsanforderungen gegenüber diesen Sachverhalten beinhalten. Neuere Betrachtungsweisen definieren Überzeugungen als subjektive Wahrscheinlichkeiten, mit denen soziale Sachverhalte (etwa die Verschärfung der Lobbying-Gesetze) bestimmten Kategorien oder Merkmalen (z.B. politischer Sauberkeit) zugeordnet werden. Eine Überzeugung kann sich als unbeirrbares Für-wahr-Halten einer einmal gewonnenen Einstellung ausdrücken, die maßgeblich die Ziele und Verhaltensweisen einer Person bestimmt. Überzeugungen können geändert werden. Es bedarf aber oft eines In-sich-Gehens, eines intensiven Erkenntnisprozesses und eindeutiger Schlussfolgerungen, um sich von alten (nicht mehr angemessenen) Überzeugungen trennen zu können.

Ein Mensch, der in einem Klima aufwächst, in dem das verdeckte Geben und Nehmen für behördliche Dienste gang und gäbe ist, wird diese korrupten Machenschaften als üblich und normal betrachten. Seiner Überzeugung nach ist das „state of the art" und damit „in Ordnung". Um diese Überzeugung aufzubrechen, bedarf es eines gewichtigen Anlasses. Etwa das intensive Kennenlernen eines anständigen und ehrlichen Umfelds, entsprechende Informationen und Erklärungen oder die Erfahrung mit einer empfindlichen Bestrafung verbunden mit der notwendigen Aufklärung. Derartige Ereignisse könnten ein Nachdenken initiieren, das in die Erkenntnis mündet: „Geld für etwas zu nehmen, was ich ohnehin im Rahmen meines Jobs zu leisten habe, ist unehrlich und gemein. Wenn das viele Leute machen, gefährdet das das Funktionieren der Firma oder des ganzen Staates. Letztlich zum Schaden aller Bürger, wie Beispiele zeigen. Zudem riskiert man Job und Freiheit, wenn man dabei erwischt wird. Also sauber bleiben, das lohnt sich à la longue allemal." Dass diese Einsicht auch zu einer entsprechenden Verhaltensänderung führt, erfordert gewöhnlich eine regelmäßige Erinnerung an den ehrenwerten Vorsatz und eine Portion Selbstkontrolle bei der Konfrontation mit einer verlockenden Situation. Nur so wird es dem Betreffenden nachhaltig gelingen können, den üblichen Geldschein tatsächlich zurückzuweisen, wenn es etwa um eine Unterschrift mit Stempel auf einem Dokument geht.

Sind Überzeugungen schon nicht leicht aufzuweichen, so gilt das für Religionen und Ideologien noch viel mehr. Religiöse und ideologische Haltungen sind Einstellungen zu zahlreichen kognitiven Elementen bzw. Systemen. Häufig handelt es sich dabei um komplexe und sehr homogene Einstellungen mit vielen extrem positiven Meinungen zum Pro-Standpunkt und extrem negativen Meinungen zum Kontra-Standpunkt. Diese Einstellungen entstehen oft schon in der frühen Kindheit durch Konditionierung oder Lernen durch Beobachtung. Derartige Gesinnungen haben eine starke emotionale Komponente und sind naturgemäß äußerst schwer zu verändern – schon gar nicht durch Druck von außen, wodurch sie oft nur noch starrer und radikaler werden.

Zusammenfassend kann gesagt werden, dass
- im Erwachsenenalter bestimmte Persönlichkeitseigenschaften fest verankert und kaum zu verändern sind.
- Bedürfnisse und Neigungen ebenfalls sehr beständig sind.
- Begabungen und Intelligenzfaktoren auch überaus stabil sind.
- sich ideologische Gesinnungen als außerordentlich starr und widerstandsfähig erweisen.
- man Einstellungen zu bestimmten Dingen in Abhängigkeit von verschiedenen Faktoren mehr oder weniger gut umwandeln kann.
- Werte und Überzeugungen relativ stabile Einstellungen und nur unter bestimmten Bedingungen veränderbar sind.
- wir Bewertungen von bestimmten Ereignissen und Situationen sowie Meinungen zu Dingen, Sachverhalten oder Personen mit Selbstreflexion, Vernunft und Selbsterkenntnis sehr erfolgreich modifizieren können.
- wir uns Wissen und Fertigkeiten beinahe das ganze Leben lang aneignen können.

Wenn es um die Veränderung von bestimmten Einstellungen, Werten oder Verhaltensweisen geht, sollten derartige empirische und wissenschaftliche Erkenntnisse berücksichtigt werden – vor allem auch von Politikern. Ansonsten besteht die

Der korrupte Mensch

Gefahr, dass die diesbezüglichen Maßnahmen außer Aufwand und Kosten nicht viel bringen.

Besondere Sorgfalt ist bei der Thematik Korruptionsprävention und -bekämpfung angebracht. Da es sich bei den entsprechenden kognitiven und emotionalen Grundlagen fast durchwegs um schwer zu verändernde menschliche Eigenschaften handelt, ist viel Wissen und Fingerspitzengefühl notwendig.

Politiker unter Korruptionsverdacht

Den Biografien berühmter bzw. berüchtigter Menschen ist zu entnehmen, dass für deren Werdegang und deren Ergebnisse markante Eigenschaften und besondere Umstände eine wesentliche Rolle spielten.

Zu beobachten ist auch, dass zahlreiche Mitmenschen ganz ähnliche Eigenschaften, vielleicht noch sehr viel stärker ausgeprägt, besitzen, aber weder einen entsprechenden Werdegang noch entsprechende Ergebnisse aufweisen. Zum anderen finden viele Menschen ganz ähnliche Umstände vor, ebenfalls ohne einen entsprechenden Werdegang oder entsprechende Ergebnisse aufzuweisen.

Entscheidend ist die Kombination von bestimmten Eigenschaften und gewissen Umständen. Die sich daraus ergebenden Wechselwirkungen können die Effekte der Einflussfaktoren potenzieren.

Eine nicht zu unterschätzende Rolle dabei spielen der Zufall sowie unvorhersehbare Ereignisse und damit in Zusammenhang stehende Entwicklungen. Schmetterlingseffekte, Schneeballeffekte oder Dominoeffekte können Prozesse infolge geringfügiger Vorfälle beträchtlich beschleunigen, aufschaukeln und außer Kontrolle geraten lassen.

Lug und Trug, Korruption und Kriminalität sind so alt wie die Menschheit. Eine gewisse Neigung dazu hat sicherlich ein relativ hoher Anteil der Menschen. Dazu bedarf gar es keiner nen-

nenswerten Störung. Das ist dem Menschen immanent. Individuelle und kollektive Einstellungen und Wertehaltungen sowie Umstände und Ereignisse fördern oder hemmen diese Neigung.

Das politische System und die politische Führung eines Landes haben, wie Untersuchungen und Erfahrungen zeigen, einen beachtlichen Einfluss auf das Ausmaß an Korruption.

Österreich zum Beispiel steht im Vergleich zu zahlreichen anderen europäischen Staaten in diesem Zusammenhang gar nicht gut da. Die Vorfälle in den vergangenen Jahrzehnten spiegeln diese schlechte Stellung nur allzu deutlich wider.

Paradebeispiele politischer Ungereimtheiten

Der weit über die Grenzen Österreichs hinaus bekannte Name Jörg Haider wird besonders oft im Zusammenhang mit Ungereimtheiten und Skandalen genannt. Die verschiedensten Zeitungen spekulieren wild über die Verflechtungen von Politik und seltsamen Vorgängen. Auch wenn er sich nach seinem Unfalltod nicht mehr gegen Angriffe wehren kann, gilt natürlich dennoch die Unschuldsvermutung für alle Spekulationen, die ihn in die Nähe des Korruptionsverdachtes rücken.

„Schon im Frühjahr sind unter strengster Geheimhaltung 46 in Liechtenstein eingetragene Briefkastengesellschaften geknackt worden. Dabei stießen die Beamten wiederholt auf den Namen Haider, berichtete ,profil': ,Der Kärntner Landeshauptmann hatte über Treuhandkonstruktionen Zugriff zu einem Dutzend Liechtensteiner Briefkästen. Vorübergehend waren bis zu 45 Millionen Euro auf den Konten.' Nun wird ermittelt, woher das Geld kam und zu welchem Zweck es diente." („Kronen Zeitung", S. 2, 3; 1. 8. 2010)

Die Tageszeitung „Österreich" spekulierte über eine Geldannahme Jörg Haiders von Saddam und Gaddafi: „Die Enthüllung des Jahres: Haider soll von Saddam und Gaddafi Millionen kassiert haben. Jetzt streiten Jörgs ,Buberln', wer ihn verraten hat [...] Wer hat die 600 Millionen Provision der Hypo kassiert? [...] Denn kassiert wurde offenbar überall: bei Gaddafi,

Der korrupte Mensch

bei Saddam, bei Eurofightern, BUWOG und Hypo. Allein bei der Kärntner Hypo sollen laut Staatsanwaltschaft ‚zwischen 600 Millionen und 1 Milliarde Euro' in illegale Provisionen geflossen sein." (Tageszeitung „Österreich", S. 6, 7; 8. 8. 2010)

„‚Haider kassierte 2002 in Bagdad fünf Millionen Dollar von Saddam Hussein': So lautet das neueste Märchen aus 1000 und einer Nacht – ‚profil' erzählt es in seiner neuen Ausgabe und beruft sich auf ein Dossier vom Mai 2008. Demnach hat von den fünf Millionen Dollar Haider 1,2 Millionen Dollar bekommen. Sein damaliger Begleiter in Bagdad, der ehemalige Volksanwalt und nunmehrige Abgeordnete Ewald Stadler, 3,8 Millionen. Stadler dementierte prompt die ‚profil'-Geschichte, Haider ist tot und kann nichts mehr sagen. Letzteres ist für die außer Rand und Band geratene Medienmeute ungemein praktisch: …" („Kronen Zeitung", Thema des Tages, S. 3, 8. 8. 2010)

Auch die Zeitschrift „News" berichtete über einen Prozess, der gegen Haiders Ex-Protokollchef stattfand: „Am Wiener Straflandesgericht hat heute ein Prozess begonnen, bei dem wohl auch der verstorbene Kärntner Landeshauptmann Jörg Haider auf der Anklagebank Platz nehmen müsste – wäre er nicht vor drei Jahren bei einem Autounfall gestorben. Es geht um den Vorwurf, Haider habe zwei russischen Geschäftsmännern die österreichische Staatsbürgerschaft beschafft, nachdem diese im Juli 2005 ‚auf Einladung des Dr. Jörg Haider' (Strafantrag) eine Million US-Dollar auf ein Konto der Hypo Alpe-Adria überwiesen hatten. Im Jänner 2007 schossen sie weitere 900.000 Euro nach. […] Mit dem Geld sollte das Engagement des Kärntner Rennfahrers Patrick Friesacher beim Formel-1-Team Minardi finanziert werden, den Haider als Werbeträger für den Kärntner Tourismus betrachtete. Dem Strafantrag zufolge soll Haider bei Spitzenvertretern der schwarz-orangen Regierung interveniert und nach Kontakten mit dem damaligen Bundeskanzler Wolfgang Schüssel, Ex-Wirtschaftsminister Martin Bartenstein und der verstorbenen Innenministerin Liese Prokop (alle ÖVP) einen positiven Ministerratsbeschluss hinsichtlich des staatsbürgerschaftlichen Begehrens der Russen erwirkt haben.

Karl Kriechbaum

Dieser Beschluss fiel am 11. Jänner 2007. Es war die letzte Ministerratssitzung, der das von Haider gegründete BZÖ noch angehörte. Noch am selben Tag wurde die neue Bundesregierung angelobt.

Da Haider nicht mehr zur Verantwortung gezogen werden kann, müssen sich nun Franz Koloini, Mitglied der legendären ‚Buberl-Partie' und ehemaliger Protokollchef Haiders, ein Wiener Rechtsanwalt und die beiden Russen vor einem Schöffensenat [...] verantworten. Den Geschäftsmännern wird Bestechung angekreidet, dem in die inkriminierten Vorgänge involvierten Anwalt Beteiligung an Bestechung. Koloini, der Anfang Februar 2007 das von den Russen gespeiste Bankkonto aufgelöst und das verbliebene Guthaben von 197.032,8 Euro auf mehrere Sparbücher verteilt bzw. in einem Kuvert Jörg Haider übergeben haben soll, wird Geldwäsche vorgeworfen. (www.news.at/articles/1141/13/309169/korruption-system-haider-gericht, 12. 10. 2011)

Sowohl Franz Koloini als auch die beiden russischen Geschäftsmänner und der Wiener Anwalt wurden im Herbst 2011 aufgrund mangelnder Beweise freigesprochen. Im September 2012 revidierte das Oberlandesgericht diese Entscheidung wegen Verfahrensmängel. Der Prozess wird wiederholt.

Der Psychologe Klaus Ottomeyer beschäftigte sich in seinen Büchern „Die Haider Show", „Jörg Haider und sein Publikum" sowie „Jörg Haider – Mythenbildung und Erbschaft" intensiv mit dem ehemaligen Landeshauptmann. Er beschreibt unter anderem, wie sich Jörg Haider in einer Diskothek Jugendlichen „körperlich genähert" und sie „an Körperteilen angefasst habe, die sonst eher dem Austausch von Zärtlichkeiten vorbehalten sind". Der Psychologe merkt an, dass die jungen Männer dazu zwar gelacht haben, dies aber eher unter dem Motto „gute Miene zum bösen Spiel machen" zu verstehen sei. Sollte sich das tatsächlich so zugetragen haben, so liegt hier eindeutig eine psychosoziale Korruption vor. Öffentliche Macht wird zur Gewinnung von immateriellen Vorteilen missbraucht. Der Vorteil besteht dabei in dem Lustgewinn, den der Betroffene bei der Handlung erzielt.

Der deutsche Psychoanalytiker Prof. Hans-Jürgen Wirth sagt über seelische Störungen in der Politik (Narzissmus und Macht, 2002): „Gesellschaftliche Macht übt eine unwiderstehliche Anziehungskraft auf Personen aus, die an einer narzisstischen Persönlichkeitsstörung leiden. Karriere-Besessenheit, ungezügelte Selbstbezogenheit, Sieger-Mentalität und Größenfantasien sind Eigenschaften, die der narzisstisch gestörten Persönlichkeit den Weg an die Schaltstellen ökonomischer oder politischer Macht ebnen. Indem sich die narzisstisch gestörte Führerpersönlichkeit vorzugsweise mit Jasagern, Bewunderern und gewitzten Manipulatoren umgibt, verschafft sie sich zwar eine Bestätigung ihres Selbstbildes, untergräbt aber ihre Selbstwahrnehmung und verfestigt ihren illusionären und von Feindbildern geprägten Weltbezug. Fremdenhass und Gewalt gegen Sündenböcke zu schüren gehört zu den bevorzugten Herrschafts-Techniken narzisstisch gestörter Führer. Geblendet von seinen eigenen Größen- und Allmachtsfantasien verliert der Narziss den Kontakt zur gesellschaftlichen Realität und muss letztlich scheitern. Eng verknüpft mit dem Realitätsverlust ist die Abkehr von den Normen, Werten und Idealen, denen die Führungsperson eigentlich verpflichtet ist. Machtbesessenheit, Skrupellosigkeit und Zynismus können bei einem narzisstischen Despoten bis zur brutalen Menschenverachtung führen."

In einem Interview (Tom Schimmecks Archiv, 2002) sagt Prof. Wirth über die psychischen Defekte mächtiger Männer und die seelischen Abgründe der Weltpolitik Folgendes: „Ihnen [Kaiser Caligula, Ceauşescu, Helmut Kohl, Slobodan Milošević, Anm. d. V.] ist ein gestörtes Verhältnis zu ihrem Selbstgefühl und ihren Mitmenschen gemein. Weil sie unter Minderwertigkeits- und Kleinheitsgefühlen leiden und diese kompensieren müssen, indem sie sich besonders groß, mächtig und selbstbewusst geben. Ich sage damit nicht, dass diese Politiker gleich zu bewerten seien. Aber es gibt gemeinsame Grundkonflikte. Der Mensch an sich ist extrem abhängig von Zuwendung und Anerkennung anderer. Ein Mensch mit gesundem Narzissmus kann diese Abhängigkeit ertragen. Der Kranke versucht sie zu minimieren, indem er Macht und Kontrolle über sie zu erlangen versucht, [...] Es gibt da einen Teufelskreis. Man könnte ja meinen, wer Erfolg hat und Macht erlangt, baut ein gesundes Selbstwertbewusstsein auf. Das kommt auch vor. Beim gestörten Narzissten aber festigen die Erfolge nicht das Selbstwertgefühl, bei ihnen bleibt der nagende Selbstzweifel. Und deshalb werden immer höhere Dosen von Zuwendung und Macht notwendig."

Auf die Frage, wie der Macht-Junkie ticke, antwortet Prof. Wirth: „Der Machtmensch hat kein Vertrauen zu sich selber und seinen Mitmenschen. Er hält Ohnmacht und Abhängigkeit nicht aus und verlegt sich dann einseitig darauf, Kontrolle auszuüben. Zugleich weiß er: Zuwendung und Anerkennung kommen nicht freiwillig, sondern aus Machtkalkül. Das stachelt sein Misstrauen an."

Sind heutzutage also nur mehr „moderne Populisten" wie Haider oder Berlusconi zugkräftige Ikonen in der Politik? Und stehen am Ende des Narzissten zwangsläufig Zusammenbruch und Zerstörung? Prof. Wirth meint dazu: „In pathologischen Fällen, ja. Der narzisstisch gestörte Machtmensch glaubt, seine eigenen Gefühle vollständig zu kontrollieren. Im tiefsten Inneren aber ist er ein unsicherer, ängstlicher, verklemmter, von Selbstzweifeln und Minderwertigkeitsgefühlen bestimmter Mensch. Das ist seine seelische Ausgangsposition aus der Kindheit. Seine Bewältigungsstrategie besteht darin, möglichst wenig abhängig zu sein und andere möglichst abhängig von sich zu machen. Deshalb ist die Politik so ein gutes Umfeld für ihn. Denn Macht bedeutet ja, über andere Kontrolle auszuüben ..."

Jörg Haiders narzisstisches Wüten ist weit über die Grenzen eines kleinen Landes so abscheulich wie ehrfürchtig registriert und kommentiert worden.

Fast sämtliche fachliche Beurteilungen seiner Aussagen und Verhaltensweisen attestieren eine narzisstische Persönlichkeitsstörung. Seine Karriere verlief auch nach dem klassischen Muster eines sehr begabten Narzissten: erfolgreicher beruflicher Start, entschlossener Einsatz von Fähigkeiten und Möglichkeiten, steiler Aufstieg, exzessiver Ausbau von Einfluss und Macht, hemmungslose Befriedigung narzisstischer Bedürfnis-

Der korrupte Mensch

se wie Zuwendungs-, Anerkennungs-, Karriere-, Kontroll- oder Bedeutungsstreben, Überschreiten (fast) aller Grenzen, tragisches Ende, Hinterlassen eines Scherbenhaufens.

Da die Menschheit anscheinend nicht in der Lage ist, aus der Geschichte zu lernen, wird wohl irgendwie und irgendwann ein nächster Haider auftauchen und mit Hilfe schmarotzender Günstlinge und infizierter Mitläufer aufsteigen.

Potenzielle Mitläufer gibt es genug. Partizipierende Nutznießer finden sich schnell. Oft verschwimmen die Grenzen zwischen Mitläufern und Nutznießern. Nicht selten wechselt die Rolle vom Täter zum Opfer, vom Opfer zum Täter, vom Aktiv-Narzissten zum Passiv-Narzissten, vom Passiv-Narzissten zum Aktiv-Narzissten usw. Ein Politiker kann als mächtiger Landeshauptmann über Bürger (auch zu deren Schaden) bestimmen und so seine aktiv-narzisstischen Gelüste ausleben. Ein Bürger wiederum kann als prominenter Künstler oder Sportler den Politiker als seinen passiv-narzisstischen Fan manipulieren – auch zum Schaden des Politikers.

Zahlreiche passiv-narzisstoide Menschen, die nicht ganz störungsfrei (im Sinne von verunsichert, frustriert, verblendet oder aufgehetzt) waren, haben ihr Kreuz für die FPÖ (später das BZÖ) gemacht und damit Jörg Haider in ein hohes Amt gehievt. Schon zuvor scharte er, entsprechend seiner aktiv-narzisstischen Wesenszüge, eine Clique von willfährigen (passiv-narzisstoiden) Gefolgsleuten um sich, von denen sich nicht wenige später in aktiv-narzisstoide Politiker verwandelten.

Nur ein Problem der „schiefen Optik"? –
Ehemaliger Finanzminister in Nöten

Zu der in Österreich als legendären „Buberlpartie" bezeichneten Gruppe gehörte auch der mittlerweile berühmt-berüchtigte Ex-Finanzminister Karl-Heinz Grasser. Er hat sich, wohl nicht zuletzt aufgrund seines Aussehens und Ausdrucks sowie der damit verbundenen menschlichen und medialen Reaktionen, verhältnismäßig rasch vom passiven Narzisstoiden zu einem überaus aktiven Narzisstoiden entwickelt (wenn Medienberichte und Vorwürfe auch nur annähernd der Wahrheit entsprechen, selbstverständlich gilt auch für ihn die Unschuldsvermutung). Der Bruch mit seinem narzisstischen Mentor Haider war damit vorprogrammiert.

Grassers karriereorientiertes psychoneuronales Programm und die günstigen Umstände ließen den Sohn eines Autohändlers aus Kärnten bereits in jungen Jahren Finanzminister und wenige Jahre später Ehemann einer schillernden Swarovski-Erbin werden. Von der politischen Opposition und zahlreichen Medien wurde ihm wiederholt vorgeworfen, sein Amt als Finanzminister zur persönlichen Bereicherung benutzt zu haben.

Selbst aus den eigenen Reihen kam harsche Kritik an seinem Amtsverständnis und seiner Amtsführung. Der ÖVP-Abgeordnete Ferdinand Maier bezeichnete Grassers Verhalten, sich von Entscheidungen, die er selbst mitzuverantworten hat, zu distanzieren, als „menschlich inferior". Für den damaligen ÖVP-Wissenschaftsminister Johannes Hahn war Grasser eine „sonderbare Form der Ich-AG, wobei ‚Ich' für Karlheinz Grasser und AG für ‚alles geht' steht".

Betrachtet man das letzte Jahrzehnt, so gibt es kaum eine Polit-Affäre, mit der Grasser nicht in irgendeiner Weise in Zusammenhang gebracht worden wäre. Auch wenn sein Anwalt meint: „Nicht überall, wo ein Skandal ist, steckt Grasser drin."

Immerhin kann sich der ehemalige Finanzminister der zweifelhaften Ehre hingeben, dass die folgenden Vorwürfe, die laut Eigeneinschätzung zwischen „schiefer Optik" und einer „supersauberen Weste" rangieren, nicht nur Eingang in Wikipedia gefunden haben, sondern auch zahlreiche Medienberichte, staatsanwaltliche Verfolgungen und Einladungen zu Anhörungen und Untersuchungsausschüssen zur Folge hatten.

Homepage-Affäre: Grasser wird vorgeworfen, im Jahr 2004 etwa 250.000 Euro an Spendengeldern der österreichischen Industriellenvereinigung zwecks Erstellung seiner offiziellen (nach anderen Angaben auch: privaten) Website nicht versteuert zu haben.

Meinl-Affäre: 2007 stieg Karl-Heinz Grasser in den Ener-

Der korrupte Mensch

gie-Investmentfonds Meinl International Power ein. Im selben Jahr wurde er in den Aufsichtsrat des Fonds C Quadrat gewählt. 2008 wurde das Board von Meinl International Power abgewählt, Grasser verlor seinen Job. 2009 wurde Julius Meinl V. festgenommen. Grasser verkaufte seine Anteile.

BUWOG-Affäre: Im Jahr 2009 geriet Grasser in Zusammenhang mit den Provisionszahlungen bei der Privatisierung der Bundeswohnungen zunehmend unter Druck.

Ausdehnung der Ermittlungen auf weitere Privatisierungen in der Ära Grasser: Voestalpine, Böhler-Uddeholm, Austria Tabak, Flughafen Wien, Dorotheum, Postsparkasse.

Linzer Terminal Tower: Ungereimtheiten bei der Übersiedlung der Finanzlandesdirektion Oberösterreich in den Linzer Terminal Tower im Jahr 2005, für die sich Grasser eingesetzt haben soll.

BAWAG-Affäre: Grasser soll den in die BAWAG-Affäre involvierten Wolfgang Flöttl mehrmals getroffen haben. Unter anderem verbrachte er im August 2005 zwei Tage mit Flöttl gemeinsam auf einer Jacht von Julius Meinl V. Dies wurde zunächst öffentlich dementiert, zwei Tage später jedoch zugegeben. Zudem gab es von namhaften Verfassungs- und Staatsrechtlern Vorwürfe wegen des Amtsmissbrauchs im Zuge der BAWAG-Ermittlungen.

Verstöße gegen das Unvereinbarkeitsgesetz: Im Jahr 2004 soll sich Grasser eine Urlaubsreise auf die Seychellen von einer Agentur bezahlt haben lassen.

Annahme von Zuwendungen: Ein Porsche Cayenne soll dem damaligen Finanzminister von einem „Wahl-Onkel", der seit 2001 auf Vorschlag seines „Nenn-Neffens" Grasser als Aufsichtsrat in zwei Gesellschaften, die zu 100 Prozent im Eigentum der Republik stehen, zur Verfügung gestellt worden sein. Neben der schiefen Optik stellte sich die Frage nach der Versteuerung dieser Zuwendung.

Im Jahr 2006 bezahlte die Constantia Privatbank Grasser eine Nächtigung in St. Moritz. Tags zuvor hatte dieser behauptet, wegen Unvereinbarkeit mit seinem Amt solche Einladungen von Banken nicht anzunehmen.

Hypo Alpe Bank: Laut dem Nachrichtenmagazin „Format"
steht der Verdacht im Raum, dass Grasser am umstrittenen
Verkauf der Hypo Group Alpe-Adria mitverdient haben soll.
Ermittlungen wegen möglicher Geldwäsche: Die Finanzmarktaufsicht leitet Sonderermittlungen wegen möglichen Verstoßes gegen Geldwäschebestimmungen ein. Die Fragestellung:
Haben Grasser und die Ferint AG bei der Beteiligung am Verkauf der Hypo Group Alpe-Adria gegen den Paragraf 40 des
Bankwesengesetzes verstoßen?
Malediven-Urlaub 2005: Zwei Aussagen Grassers in Zusammenhang mit seinem Verbleiben auf der Insel nach der Tsu-
nami-Katastrophe sollen sich als unwahr erwiesen haben.
Upgrading-Affäre 2005: Bei einer Privatreise soll Grasser
von der Fluglinie AUA bevorzugt behandelt worden sein.
„Financial Times"-Affäre 2006: Grasser behauptete mehr-
fach, „vor kurzer Zeit in der ‚Financial Times' zu einem der
besten europäischen Finanzministern gewählt worden" (Zitat
Grasser) zu sein. Wie sich herausstellte, war dem nicht so.
Ralph Atkins, Autor des betreffenden Artikels, dementierte diese Behauptungen. (Vgl. http://de.wikipedia.org/wiki/
Karl-Heinz_Grasser)
Das öffentliche Verwirrspiel rund um den ehemaligen Finanzminister setzt sich auch in der sogenannten Novomatic-
Affäre fort. „orf.at" zitierte Anfang Februar 2012 einer Bericht
der Wochenzeitung „Falter", wonach der Verdacht der verbote-
nen Geschenkannahme auf Karl-Heinz Grasser lasten soll. Der
ÖVP-Abgeordnete Günter Stummvoll habe in einer Zeugenbe-
fragung gesagt, der ÖVP-Parlamentsklub sei im Jahr 2006 im
Nationalrat von Grassers Leuten förmlich „überrumpelt" worden. Der „Falter" schreibt, dass er und ein Mitarbeiter im Jahr
2006 versucht hätten, eine Änderung des Glücksspielmonopols
durchzusetzen. Grasser dementiert das. Für Beratungsleistun-
gen rund um eine – letztlich gescheiterte – Aufweichung des
Glücksspielmonopols soll Walter Meischberger, enger Freund
von Grasser, damals vom Automatenkonzern Novomatic
465.000 Euro bekommen haben. Grasser beteuert, er habe
„keinen Cent" davon erhalten. Auch Novomatic-Verantwort-

liche weisen in Einvernahmen sämtliche Bestechungsvorwürfe zurück. (http://news.orf.at/stories/2102584/2102589)

Über all die Affären, Vorwürfe und Ermittlungen erschienen unzählige Medienberichte, die die Grundlagen dieser Zusammenstellung und der Schlussfolgerungen bilden, ohne Anspruch darauf zu erheben, dass die Vorwürfe hundertprozentig stimmen. Diese Aufzählung soll vor allem das große Medieninteresse und die zahlreichen Fälle, in denen Fragen aufgeworfen wurden, darstellen. Uns geht es in diesem Buch weniger um die konkreten Einzelpersonen, als vielmehr um das System und um die Menschentypen dahinter.

Am Ende der Causa könnte das typische Schicksal der pathologischen Narzissten, hoch zu fliegen und tief zu fallen, auch den (vermeintlichen) Narzisstoiden Grasser ereilen. Ein übermächtiges (?) Streben nach Anerkennung, Zuwendung, Leistung, Erfolg, Schönheit, Fitness, Berühmtheit, Reichtum, Kontrolle, Einfluss oder Macht könnte jemanden wie den ehemaligen Minister zur Befriedigung dieser Bedürfnisse gedrängt haben. Die Krux dabei: Um stark ausgeprägte Ich-Bedürfnisse zu befrieden, bedarf es zuweilen außergewöhnlicher Taten, die an die Grenzen oder über die Grenzen des gesellschaftlich oder rechtlich Vertretbaren gehen können.

Laut einer OGM-Umfrage glauben bereits 65% der Österreicher, dass Grasser in die Provisionsaffäre rund um die Privatisierung der BUWOG persönlich verwickelt ist (OGM, Sept. 2010, 652 Befragte). Schwiegersohn-Image, gutes Aussehen und selbstbewusste Aussagen scheinen langsam an Wirkung zu verlieren. Liegt dies nur an einer üblen Medienkampagne, wie Grasser und sein Anwalt behaupten, oder steckt mehr dahinter?

Zwanzig Monate später gibt sich Karl-Heinz Grasser beim U-Ausschuss nach wie vor „super-sauber".

Der „Kurier" berichtete: „Karl-Heinz Grasser war sauer. Sehr sauer sogar. Der Anzug saß tadellos, der Krawattenknopf war ganz ordentlich geknüpft – soweit war am Dienstag, im Untersuchungsausschuss, alles wie immer. Doch das dazupassende Lächeln, das wollte oder konnte dem ehemaligen Finanz-minister im Parlament nicht gelingen, im Gegenteil: Als Karl-Heinz Grasser erschien, machte er kein Hehl aus seinem Ärger und brachte wieder und immer wieder die eine, die ihm so wichtige Botschaft: All das Gerede, der Verkauf der BUWOG sei geschoben, ist ausgemachter Humbug. Je schärfer die Fragen wurden, desto ungehaltener präsentierte sich der Ex-Minister: ‚Mir ist es völlig wurscht, welcher Meinung Sie sind‘, sagte Grasser." (http://kurier.at/nachrichten/4495323-grasser-gibt-sich-beim-u-ausschuss-erneut-supersauber.php, 8. 5. 2012)

Karl-Heinz Grasser ist so. Er kann (anscheinend) nicht anders. Er ist das Produkt (Opfer) seiner Erbanlagen, seiner Erziehung, seiner Umwelt und der sich immer wieder dargebotenen Chancen, die ein Ministeramt, attraktives Aussehen oder eloquentes Auftreten mit sich bringen. Aus seiner Kindheit und Jugendzeit ist (mir) zu wenig bekannt, um irgendwelche seriösen Schlüsse hinsichtlich seiner Persönlichkeitsentwicklung ziehen zu können. Als Gast in Helmut Zilks Sendung „Lebenskünstler" im Jahre 2007 meinte Grasser, er habe jedenfalls eine „geniale" Kindheit gehabt. Keinesfalls sei er jedoch, entgegen der landläufigen Meinung, in ein reiches Elternhaus hineingeboren worden. Seine Eltern hätten sich alles selbst geschaffen. Das elterliche Autohaus sei mittlerweile verpachtet, da es weder er noch sein Bruder übernehmen wollten. Über seine frühere politische Haltung verriet er: „Ich war politisch völlig desinteressiert, habe die Zeitung immer von hinten gelesen." Böse Zungen, die sagen, so hätte es bleiben sollen.

Es kann nur vermutet werden, dass auch bei Karl-Heinz Grasser, wie bei vielen Shootingstars, eine tief gehende Selbstreflexion und eine wahrliche Selbsterkenntnis während des Aufstiegs und Höhenflugs nicht wirklich zugegen waren. Während des Sinkflugs und vor allem nach der (oft harten) Landung auf dem Boden der Entlarvung und Ahndung setzt zumindest bei manchen der Gefallenen ein Nachdenken über das bisherige Leben und ein Erkennen gemachter Fehler ein. Nicht selten bedarf es eines wahren Traumas, um Veränderung in den Strukturen des psychoneuronalen Programms einleiten zu können.

Der korrupte Mensch

Ob der unangenehme Albtraum zu einem schrecklichen Trauma wird, werden die Untersuchungsbehörden, die Staatsanwälte und die Richter zu entscheiden haben.

Würde ein Mensch aufgrund solcher Vorwürfe angeklagt und (nachgewiesenermaßen zu Recht) wegen schwerem Amtsmissbrauch und Korruption verurteilt, so ist aus meiner Sicht klar, dass dieser psychisch hochproblematisch ist. Hochproblematisch im Sinne von machtvollen narzisstischen Antrieben und mangelnder Selbstkontrolle. Würden solche Verfahren letztlich zu Unrecht eingestellt, so muss man konstatieren, dass der besagte Mensch es entweder sehr clever angestellt hat oder dass der Rechtsstaat ganz und gar nicht funktioniert.

Würden solche Verfahren letztlich zu Recht eingestellt, ist zu attestieren, dass der Betreffende aufgrund seiner markanten Persönlichkeitseigenschaften (und massiv beeinflusst von den gegebenen Umständen) überaus ungeschickt, grenzwertig oder zumindest höchst unglücklich agiert hat. Es bedürfte schon einer großen Portion Hochmuts und Naivität oder einer unsäglichen Pechsträhne (wenn kriminelle Energie auszuschließen ist), um in fast sämtliche Skandale der letzten zehn Jahre (unschuldigerweise) hineingezogen werden zu können. Der Schaden, der dadurch entstanden ist, ist enorm. Sei es durch den weiteren Verfall der politischen Moral, sei es durch ein höchst fragwürdiges Image der hiesigen Verhältnisse im Ausland, sei es durch die jahrelange politische und mediale Beschäftigung mit Negativem und Unproduktivem oder sei es durch die exorbitanten Kosten, die die Untersuchungen und Verfahren nach sich ziehen.

Die Lehre daraus für alle Beteiligten und Mitverantwortlichen, auch für uns Wähler, müsste lauten: sorgfältiger prüfen und objektiver beurteilen, wen man wählt und wen man in ein hohes Amt beruft. Und natürlich: Transparenz der Vorgänge und regelmäßige Kontrolle.

Ex-Bundeskanzler Wolfgang Schüssel, nach Jörg Haider der nächste Mentor von Grasser, war der Mann, der das frühere „Haider-Buberl" in ein hohes Amt berufen und ihn schließlich sogar als ÖVP-Chef vorgeschlagen hat. Lange Zeit hat es bei Schüssel gedauert, trotz zahlreicher Signale und Gerüchte, bis sich sein starres Pro-Grasser-Programm veränderte. Auch er distanzierte sich letztlich, wie Medienberichten zu entnehmen ist, von seinem ehemaligen Lieblingsschützling. Ob völlig zu Recht oder nicht ganz zu Recht, wird sich (hoffentlich) irgendwann weisen.

Ein internationaler „Fall" – Ernst Strasser

Über den ehemaligen ÖVP-Innenminister und EU-Parlamentarier Ernst Strasser wird in den Medien viel berichtet. Sein Werdegang, sein Aufstieg, seine politischen und geschäftlichen Aktivitäten, die Vorwürfe und Ermittlungen gegen ihn sowie sein Rückzug aus allen Ämtern werden detailreich dargestellt. Christa Zöchling schreibt im „profil" unter dem Titel „Das patscherte Leben des Ernst Strasser": „Wie sich einer, der stets zu Diensten war, von der Macht verführen und der eigenen Ohnmacht brechen ließ [...]"

Ernst Strasser ist in einer einfachen Bauernfamilie im oberösterreichischen Grieskirchen aufgewachsen. Er wolle „einmal mitmischen", soll er zu Freunden gesagt haben. Und das hat er auch im wahrsten Sinne des Wortes geschafft. Er wurde etwas in der Politik (und durch sie). Er stieg in lichte Höhen auf und erklomm schließlich den Chefsessel im Innenministerium.

Ein Jugendfreund meint heute: „Dieses System hat eine sehr unsympathische Seite von ihm zum Vorschein gebracht, und als er dann Innenminister wurde, hat sich das noch verstärkt." Andere Bekannte meinen, dass ihn das System korrumpiert habe. Die Willfährigkeit, mit der er stets zu Diensten war, erklären sie mit seinem mangelnden Selbstwertgefühl.

Strasser wurden und werden zahlreiche fragwürdige Entscheidungen und Handlungen angelastet. Als Innenminister soll er Erkundigungen über seine SPÖ-nahen Spitzenbeamten eingeholt und diese bei Gelegenheit aus dem Amt gedrängt und durch Parteigänger ersetzt haben. Er soll Flüchtlingshilfsorganisationen die Schubhaftbetreuung entzogen haben. Er soll sich

Der korrupte Mensch

hinter seine Beamten, die einen festgenommenen Afrikaner so misshandelten, dass dieser während der Amtshandlung erstickte, gestellt haben. Er soll gegen Menschenrechtsanwälte wegen „Schlepperei" ermitteln haben lassen. Er soll wenige Wochen vor den Nationalratswahlen 2002 hunderte Asylwerber, Familien mit Kindern, schwangere Frauen und Alte, auf die Straße setzen haben lassen. Und er soll sich der Korruption und Geldwäsche verdächtigt gemacht haben.

Ein kurzes Video, unter www.youtube.com/watch?v=DJxDysedbk zu finden, kostete Ernst Strasser schließlich sein letztes politisches Amt. Er legte sein EU-Abgeordnetenmandat zurück.

Gegen Strasser wird nun wegen Korruptions- und Geldwäscheverdacht ermittelt. Er war im Jahre 2011 dabei gefilmt worden, als er britischen Journalisten, die sich als Lobbyisten ausgaben, seine Dienste bei der Einbringung einer Gesetzesänderung im EU-Parlament offerierte. Strasser hat in dem Video recht freimütig erzählt, dass er schon für sechs andere Auftraggeber als Lobbyist tätig war. Deshalb soll die Justiz untersucht haben, ob er auch in diesen Fällen Geld für Gesetze verlangt haben könnte. Dieser Verdacht habe sich aber laut Angaben eines Justizvertreters nicht erhärtet. Selbstverständlich gilt für ihn in allen beschriebenen und nicht entschiedenen Fällen die Unschuldsvermutung.

Ernst Strasser ist es immerhin zu verdanken, dass ein neuer Verhaltenskodex installiert wurde. Sein Fall erregte europaweit Schlagzeilen. Das EU-Parlament nahm dies zum Anlass, um einen Verhaltenskodex für die Mitglieder des Europäischen Parlaments einzusetzen, der mit 1. Jänner 2012 nun in Kraft getreten ist. Hauptsächlich geht es dabei um eine neue Erklärung finanzieller Interessen, in der die Mitglieder des Parlaments Mitgliedschaften, Nebentätigkeiten und Beteiligungen offenlegen müssen.

Das mittlerweile berühmt-berüchtigte Video ist aber nicht das einzige Problem, mit dem sich Ernst Strasser auseinanderzusetzen hat. Der Korruptions-U-Ausschuss befasste sich im Juni 2012 unter anderem mit der Blaulichtfunk-Affäre. Es geht um den hochdotierten Auftrag für das digitale Funknetz. Der

Auftrag war schon an ein Konsortium vergeben worden, als dieser auf einmal vom damaligen Innenminister Strasser neu ausgeschrieben worden sein soll. In der Folge kam eine Gruppe um die Telekom Austria zum Zug. In dem Zusammenhang sollen beim Lobbyisten Mensdorff-Pouilly Millionen gelandet sein. Zudem hatte die Republik Österreich 30 Millionen Euro Schadenersatz zu zahlen – auf Kosten der Steuerzahler. Strasser und Mensdorff-Pouilly weisen die Korruptionsvorwürfe zurück.

In einer Ausschusssitzung sagte Strasser: „Ich habe keine Erinnerung daran, das ist alles viele Jahre und drei Tage her." „Ich weiß nicht, wer die Anbieter für das Projekt waren." „Ich weiß nicht, was Sie mit Schmiergeld meinen."

Ein prominenter Zeuge kritisierte in diesem Kontext das Ministerium überaus hart und sprach von „Unfähigkeit, Dummheit und Unwilligkeit".

Eine psychologische Diagnose des wahren Menschen Ernst Strasser ist aus der Ferne betrachtet nicht möglich. Die Diagnose kann sich somit nur auf den Medienmenschen Strasser bzw. auf einen hypothetischen Fall, in dem die Person, die so agiert, wie er laut Medien agieren soll, beziehen. Bei einer Analyse der medialen Beschreibungen solch eines Menschen kann man aber der Realität durchaus ein gutes Stück näherkommen.

Sollten in einem Fall wie Strasser die Korruptionsvorwürfe tatsächlich stimmen, so stellt sich die Frage, welchem Korruptionstyp so eine Person zuzurechnen ist.

Vordergründig könnte man diese Person, vor allem in Anbetracht des hochinteressanten Videofilms, der vorsätzlichen Korruption beschuldigen. Aber vielleicht spielen ganz andere Antriebe (als der schnöde Vorsatz der Bereicherung) eine viel bedeutendere Rolle.

Manche würden hinter so einer Tat mangelndes Selbstwertgefühl vermuten. Der Umstand, dass die Person in einfachen Verhältnissen aufgewachsen ist und einmal mitmischen" wollte, kann die Vermutung eines Selbstwertmangels unterstützen. Kinder, die aus sehr einfachen Verhältnissen stammen, erleben nicht selten Minderwertigkeitsgefühle ob der Bescheidenheit der eigenen Bedingungen und des Wohlstandes so mancher Mitmenschen. Werden diese Kinder wegen der Einfachheit auch noch verspottet und gedemütigt, so kann sich sehr leicht der unbändige Drang, einmal „mitmischen zu wollen" und es allen so „richtig zu zeigen", entwickeln. So gesehen könnte eine Selbstwertstörungskompensation den Betroffenen zum „Angeber" machen, der mit seiner korrupten Handlungsweise (unbewusst) demonstrieren will, wie wichtig, einflussreich oder clever er ist.

Solche narzisstoiden Neigungen machen einen Menschen auch oft zum „Karrieristen", der alles Mögliche tut, um die Leiter des Erfolges hinaufzusteigen, oder gar zum „Gierigen", der nicht genug kriegen kann (bis er den Bogen überspannt).

In den Medien wird auch manchmal von Naivität oder gar Dummheit gesprochen. Dummheit im Sinne von unterdurchschnittlicher Intelligenz ist in solchen Fällen eher auszuschließen, sonst hätte unsere Beispielsperson wohl weder einen Doktorhut bekommen noch einen Ministersessel erklommen. Schon eher kann eine gewisse Naivität im Spiel sein. Der „Naive" begreift nicht wirklich, was er eigentlich tut. Er meint, das und jenes wären schon okay, auch wenn es gegen die guten Sitten oder gegen Regeln und Gesetze verstößt. „Verdrängung" und/ oder „Rationalisierung" mögen dabei eine mehr oder weniger wichtige Rolle spielen.

Zu guter Letzt ist auch an den Korruptionstypen „der Unvermögende" zu denken. Dieser ist aufgrund einer gestörten Persönlichkeitsentwicklung auf der ethisch-moralischen Ebene nicht oder kaum in der Lage, Unkorrektes einwandfrei wahrzunehmen und als solches zu beurteilen. Da kann es, wenn sich gute Gelegenheiten ergeben, schon einmal passieren, etwas anzubieten und dafür etwas zu nehmen, was unter den Tatbestand der Korruption fällt.

Welcher Korruptionstyp Ernst Strasser nun immer ist, sofern er überhaupt einer ist, etwas Außerdurchschnittliches muss ihn angetrieben haben, um derart hoch steigen und so tief fallen zu können.

Am 9. August 2012 teilt die Wirtschafts- und Korruptionsstaatsanwaltschaft in einer Aussendung mit, dass gegen Strasser in der Lobbyingaffäre wegen des Verdachts der Bestechlichkeit Anklage erhoben wird. Im Falle einer Verurteilung drohen ihm bis zu zehn Jahre Haft.

Wie immer auch das Verfahren ausgeht, fest steht, dass das dokumentierte Verhalten des Ex-Innenministers und Ex-EU-Abgeordneten auf sehr anschauliche Art und Weise bestätigt, dass die Personalauswahlverfahren in der Politik (gelinde gesagt) nicht auf dem neuesten Stand waren (und sind). Zumal Ernst Strasser auch über seine Arbeitseinstellung sagt: „Die meisten Parlamentarier sind so faul wie ich, die ganze Arbeit machen die Mitarbeiter, ja."

Christian Wulff – ein Bundespräsident unter Druck

2011 und 2012 dürften für den Bundespräsidenten Christian Wulff von der CDU keine guten Jahre gewesen sein, wurde ihm doch nicht nur die Annahme eines sehr umstrittenen Privatkredits vorgeworfen, sondern auch, dass er versucht habe, die Berichterstattung der Journalisten zu beeinflussen.

Es begann bereits im Mai 2009: Die Familie Wulff leistete sich eine Reise nach Florida. Ein Jahr später kam ans Tageslicht, dass die Fluggesellschaft den prominenten Passagier kostenlos in die Business Class hochgestuft hatte. Christian Wulff zeigte sich einsichtig und bezahlte nachträglich und unter dem Druck der Öffentlichkeit die Differenz zur eigentlich gebuchten Klasse. War es schon zu spät? Die Öffentlichkeit nahm auch bereits Anstand daran, dass die Familie verschiedenste Urlaubsunterkünfte in feudalen Häusern befreundeter Unternehmer in Anspruch genommen hatte.

Nachdem das Privatleben des CDU-Politikers einmal in die Schlagzeilen geraten war, blieb nichts mehr „privat". Der nächste Skandal war im Anmarsch.

Durch die „Bild"-Zeitung aufgedeckt, wurde ruchbar, dass sich der Bundespräsident sein Eigenheim besonders günstig finanziert hatte. Die Frau des Unternehmers Geerkens hatte ihm einen Privatkredit über 500.000 Euro gewährt, der später durch ein zinsgünstiges Bankdarlehen abgelöst wurde. Obwohl Wulff eine geschäftliche Beziehung zu dem Unternehmer abgestritten hatte, kam heraus, dass Geerkens dem Politiker bei der Immobiliensuche behilflich gewesen war und darüber hinaus beste Verbindungen zur kreditgebenden Bank hatte. Ein Kredit zum Freundschaftspreis also?

Manche Medien spekulierten außerdem darüber, ob es einen Zusammenhang mit der Porsche-Rettung gegeben haben könnte. Wulffs Reaktion nach außen war jedoch verhalten. Wie der „Spiegel" ihn zitierte, bestehe „keine irgendwie geartete Interessenkollision".

„Besser die Wahrheit" predigte Christian Wulff im gleichnamigen Buch, für das er ebenfalls ins Gerede kam. Obwohl er abstritt, davon gewusst zu haben, wird gemunkelt, dass der befreundete Unternehmer Maschmeyer mehr als 40.000 Euro für Inseratenwerbung für das Buch springen ließ. Was ist nun die Wahrheit?

Ein nächster Schachzug des Politikers lässt an seiner medialen Weitsicht zweifeln: Er versuchte, den „Bild"-Chefredakteur dazu zu bringen, die Geschichte über seinen Privatkredit nicht zu veröffentlichen – und hinterließ dies als Mitteilung auf der Mailbox. Später entschuldigte er sich für dieses Vorgehen – doch der Schaden war angerichtet.

Ein weiterer Vorfall, erst jüngst bekannt geworden, zeigt auch wieder das vermeintliche Manko des ehemaligen Bundespräsidenten, Berufliches und Privates auseinanderhalten zu können. Im Herbst 2011 war Wulff vom Zentralrat der Juden mit dem Leo-Baeck-Preis ausgezeichnet worden. Gewöhnlich stiften die Ausgezeichneten das Geld für einen guten Zweck. Nicht so Christian Wulff. Er ließ die 10.000 Euro, nach Informationen der Medien, seinem Privatkonto gutschreiben. Die Spende (wie es den Regeln eigentlich entspricht) hat er nun nachgeholt – sieben Monate nach der Preisverleihung.

Am 17. Februar 2012, nach nicht einmal 600 Tagen Amtszeit, trat Christian Wulff infolge eines Antrags auf Aufhebung der Immunität im Zuge von geplanten Ermittlungen der Staatsanwaltschaft Hannover wegen des Verdachts auf Vorteilsannahme vom Amt des Bundespräsidenten zurück. Zwischenzeitig stellte die Berliner Staatsanwaltschaft das Verfahren wegen Vorteilsannahme ein. Die Ermittlungen in Hannover dauern noch an. Erste Ergebnisse sind laut Aussagen der Ermittlungsbehörde nicht vor dem Spätsommer oder Frühherbst 2012 zu erwarten.

Zugegeben. Die Anforderungen an Politiker in staatspolitischen Spitzenpositionen sind sehr hoch: fachliche Kompetenzen, breites Wissen, politische Erfahrung, außerordentliche Kommunikationsfähigkeit, geschickter Umgang mit den Medien, beachtliche Frustrations- und Stressresistenz, Entscheidungs-, Handlungs- und Führungsfähigkeit, Ausstrahlung und Wirkung auf die Wähler, ausgeprägte ethisch-moralische Haltung sowie, last but not least, weitgehende geistig-psychische Störungsfreiheit.

Manchen der erforderlichen Kriterien ist Christian Wulff sicherlich gerecht geworden. Von einer außerordentlichen Kommunikationsfähigkeit war insbesondere bei diversen Antworten auf konkrete Vorwürfe aber wenig zu merken. An einem geschickten Umgang mit den Medien mangelte es zuweilen auch. Am stärksten in Zweifel gezogen kann seine ethisch-moralische Haltung werden. In diesem Zusammenhang ist auch die psychische Störungsfreiheit zu analysieren.

Es stellt sich somit die entscheidende Frage, ob Wulffs Verhalten als korrupt bezeichnet werden kann und darf. Wenn ja, stellt sich die nächste Frage: Welchem Korruptionstypus ist Christian Wulff zuzuordnen? Dem „Zufälligen", dem „Naiven", dem „Karrieristen", dem „Gierigen", dem „Unvermögendem", dem „Unwissenden", dem „Unschuldigen", dem „Rationalisierer", „dem Sehnsüchtigen", dem „armen Bedeutenden" oder gar dem „Vorsätzlichen"?

Zur sicheren Beantwortung dieser Fragestellungen bedürfte es fundierter und umfassender Informationen über den Menschen Wulff. Die aber (mir) nicht zur Verfügung stehen. Bekannt ist, dass sich Christians Eltern trennten, als er zwei Jahre alt war. So ein Ereignis kann für ein kleines Kind ein einschneidendes Ereignis mit nachhaltigen negativen Folgen darstellen. Das Miterleben unschöner Konflikte, der Verlust einer wesentlichen Bezugsperson, die mangelnde männliche Identifikationsmöglichkeit, ein Gefühl der Mitschuld am Abgang des Vaters, ein Minderwertigkeitsgefühl wegen des Verlassenwerdens, Aggressionen gegen den Vater und/oder die Mutter, Mitleid für die verzagte Mutter oder familiärer Stress können einen Zweijährigen bewusst oder unbewusst schwer belasten.

Auch der Stiefvater hat die Familie verlassen. Der 16-jährige Christian soll die Pflege der inzwischen an multipler Sklerose erkrankten Mutter übernommen haben und zudem bei der Erziehung seiner jüngeren Halbschwester ausgeholfen haben. Auch solche Umstände können aufgrund von Bedürfnisbefriedigungsmängeln, Überforderung, Überlastung und Stress das Leben eines Jugendlichen erschweren und seine Entwicklung beeinträchtigen. Die Beeinträchtigung schlägt sich physiologisch auf eine suboptimale Ausbildung bestimmter Hirnareale nieder. Die neuronale Grundlage der Persönlichkeit eines Menschen entwickelt sich auf mehreren Gehirnebenen. Zum Beispiel stellt der prä- und orbitofrontale Cortex die Ebene des bewussten emotional-sozialen Lernens wie Gewinn- und Erfolgsstreben, Anerkennung, Ruhm, Freundschaft, Liebe, soziale Nähe, Hilfsbereitschaft sowie Ethik und Moral dar. Sie entwickelt sich in später Kindheit und Jugend und wird wesentlich durch sozial-emotionale Erfahrungen beeinflusst. Schwierige Lebensumstände in diesem Lebensabschnitt können somit die ordnungsgemäße Ausbildung von Eigenschaften wie Gewinn- und Erfolgsstreben oder ethischen und moralischen Werthaltungen beeinträchtigen. Die Wahrnehmung und Bewertung von ethischen Kategorien wie „Redlichkeit", „Korrektheit" oder „Aufrichtigkeit" könnten somit gestört werden. Ein Zusammenhang mit der Anfälligkeit zu korrupten Verhalten liegt somit nahe. Sollte es sich bei Christian Wulff so abgespielt haben, so würde er dem Korruptionstypus „der Unvermögende" zuzurechnen sein. Das würde bedeuten, dass er nicht oder nur eingeschränkt in der Lage wäre, Unrichtiges und Regelwidriges einwandfrei wahrzunehmen und als solches zu bewerten.

Sollte aber ein übersteigertes Gewinnstreben im Vordergrund gestanden haben, so müsste man ihn eher zu dem Typus „der Gierige" zählen. Auch in die Kategorie „armer Bedeutender" könnte er womöglich passen, da gerade der Bundespräsident eines reichen Landes viele vermögende Menschen kennenlernt und auch einige davon zu seinem engeren Bekanntenkreis zählen mag. Die Diskrepanz zwischen öffentlicher Bedeutung und dem relativ kargen Lohn kann dazu beitragen, die im Vergleich zu den begüterten Bekannten geringen finanziellen Möglichkeiten mit unlauteren Mitteln zu erweitern.

Besonders schwer wiegt der Vorwurf, er habe versucht, die Berichterstattung in Zusammenhang mit der Finanzierung seines Eigenheims zu verhindern. Als Wulff von der geplanten Veröffentlichung durch die „Bild"-Zeitung erfuhr, rief er bei einigen bedeutenden Persönlichkeiten des Axel-Springer-Verlags an und drohte unter anderem mit einer Strafanzeige. Die „Bild"-Zeitung betrachtete eine Mailbox-Nachricht Wulffs an den Chefredakteur als Versuch, den Medienbericht abzuwenden. Christian Wulff rechtfertigte sich damit, dass er die Berichterstattung nur verzögern wollte. Wenn auch hier nicht der Tatbestand der gesetzlichen Korruption vorliegt, so kann zumindest von psychosozialer Korruption gesprochen werden: Missbrauch staatspolitischer Macht, um persönliche Vorteile zu erzielen bzw. um persönliche Nachteile zu verhindern. Auch wenn blanke Angst die Triebfeder für diese Versuche war und die Nachteile damit nicht nur nicht verhindert, sondern sogar noch verstärkt wurden, handelt es sich hierbei sicherlich um eine unanständige Fehlreaktion mit schwerwiegenden Folgen. Es ist schon verwunderlich, dass sich ein Politprofi wie Christian Wulff zu solchen Aktionen hinreißen ließ. Entweder war der Stresspegel derart hoch, dass vernünftiges Nachdenken und Abwägen nicht möglich waren, oder sein Gefühl der Allmacht bewog ihn, eine Art Machtwort zu sprechen. So oder so eines Bundespräsidenten nicht würdig und zustehend.

Wenn man Wulffs Reaktionen auf die verschiedensten Verdächtigungen und Vorwürfe betrachtet, so scheint er nicht nur ein machtbewusster Politiker, sondern auch ein „Rationalisierer" der besonderen Art zu sein. Seine Argumente waren oft sehr einsilbig und allgemein gehalten und konnten somit ganz und gar nicht überzeugen. Im Zuge der Ticket-Upgrade-Affäre sagte er, er sei sich erst durch die Nachfrage des Nachrichtenmagazins „Der Spiegel" des objektiven Gesetzesverstoßes bewusst geworden und habe daraufhin den Differenzbetrag für die Tickets an die Fluggesellschaft gezahlt. Interessant ist, dass eine solche Argumentation ausgerechnet aus dem Munde eine studierten Juristen, Anwalts und langjährigen Spitzenpolitikers kommt. Auch auf die Kritik, er habe mehrfach Urlaubseinladungen von Managern und Unternehmern angenommen, stellte Wulff einigermaßen arglos fest, dass die aus seiner Sicht freundschaftlichen Einladungen keinen Bezug zu seiner Amtsführung hätten.

Auffällig erscheint auch, dass Christian Wulff eigenes Tun sehr großzügig betrachtete, während er fremde Handlungen eher kritisch beurteilte. Als Oppositionsführer im niedersächsischen Landtag kreidete er dem damaligen Ministerpräsidenten Gerhard Glogowski im Zuge einer Sponsoring-Affäre an, „seine Unabhängigkeit und damit seine politische Handlungsfähigkeit" verloren zu haben.

Auch gehörte Christian Wulff im Jahre 2000 bezugnehmend auf die Düsseldorfer Flugaffäre zu den härtesten Kritikern des damaligen Bundespräsidenten Johannes Rau. Er verlangte in der „Berliner Zeitung" ziemlich unmissverständlich dessen Rücktritt: „Es ist tragisch, dass Deutschland in dieser schwierigen Zeit keinen unbefangenen Bundespräsidenten hat, der seine Stimme mit Autorität erheben kann. Es handelt sich in Nordrhein-Westfalen offensichtlich um eine Verfilzung mit schwarzen Reisekassen jenseits der parlamentarischen Kontrolle. Dies stellt eine Belastung des Amtes und für Johannes Rau dar."

Hinter diesem krassen Missverhältnis zwischen der Bewertung eigener und fremder Verhaltensweisen könnte ein tiefenpsychologischer Abwehrmechanismus stecken. Die Projektion kann dafür sorgen, dass verdrängte Inhalte wie eigene dunkle Begierden oder zweifelhafte Taten anderen Personen sehr vehement unterstellt werden. Die Projektion verzerrt die Realität und führt nicht selten zu schwerwiegenden Täuschungen.

Seinen eigenen Rücktritt begründete Wulff mit geschwundenem Vertrauen. Er sei „immer aufrichtig" gewesen, stellte er selbstbewusst fest. Auch der Titel seines Buches „Besser die Wahrheit" ist in diesem Zusammenhang zumindest als sehr interessant zu bewerten.

Wulffs Zwiespalt kommt auch bei dem Thema „Ruhegeld für ehemalige Bundespräsidenten" zum Ausdruck. Er selbst hatte noch wenige Tage vor Beginn seiner Amtszeit geäußert, dieser Ehrensold sei zu hoch, es sollten da „Abstriche" gemacht werden. Trotz heftiger Diskussionen in der Bevölkerung, in den Medien und in der Politik, ob Wulff dieser Ehrensold zusteht, entschied sich das zuständige Gremium für die Auszahlung des Ruhegeldes – und Christian Wulff nahm es ganz selbstverständlich an.

Scheinbar ebenso selbstverständlich wurde ihm, zum Unverständnis vieler Mitmenschen, die obligatorische Abschiedszeremonie, der Große Zapfenstreich der Bundeswehr in Berlin, zuteil. Dass bedeutende Politiker ihre Teilnahme absagten, konnte Christian Wulff anscheinend ebenso wegstecken wie die unweit der Zeremonie stattfindende Missfallensdemonstration.

Dabei wirkte der einstige erste Mann im Staat auf viele Bürger so fein, freundlich, ehrenwert und einfühlend. So manche Außenstehenden konnten gar den Eindruck eines eher zurückhaltenden, schüchternen Menschen gewinnen. Sollte dieser Eindruck nicht nur von einem absichtlichen zur Schau gestellten Ausdruck herbeigeführt, sondern tatsächlich von Selbstzweifel und Unsicherheit bewirkt worden sein, so ist als Ursache für die verdächtigen Taten auch an eine Selbstwertstörungs-Kompensation zu denken. Latente Minderwertigkeitsgefühle werden mit Karrierestreben, Ruhm und Besitz kompensiert – um sich selbst zu befriedigen, um Freunden und Bekannten zu imponieren, um Gott und die Welt zu beeindrucken, um einer jüngeren Frau zu gefallen.

Was man Wulff kaum nachsagen kann, ist, dass er rein zufällig in die eine oder andere Misere gestolpert wäre. Dafür

Der korrupte Mensch

sind die Vorfälle zu ident und zu systematisch. In mehreren der Vorfälle sehen manche Rechtswissenschafter auch tatsächliche Verstöße gegen das Grundgesetz und die niedersächsische Verfassung und gehen teilweise von strafrechtlicher Relevanz der Vorwürfe aus. Andere Fachleute sehen wiederum keine Rechtsbrüche. Auch der Betroffene selbst, Christian Wulff, ist der (öffentlichen) Meinung, keine Rechtsverstöße begangen zu haben. Bei einer derart unterschiedlichen Betrachtungsweise ein und desselben Sachverhalts muss die Frage gestellt werden, ob die Regeln und Gesetze klar und eindeutig genug sind. Ob sie umfassend und streng genug sind, muss bei all den dubiosen Geschehnissen im Dunstkreis der Politik und Wirtschaft ohnehin bezweifelt werden.

Alles in allem kann in der Causa Wulff vielleicht sogar diagnostiziert werden: Er ist so. Er konnte nicht anders (sonst hätte er es anders gemacht – er ist ja kein Trottel). Sein psychoneuronales Programm hat ihn gesteuert, die Umstände und Ereignisse haben ihn zum Teil massiv beeinflusst. Er meinte es nicht böse. Jedenfalls konnte sein Steuerprogramm nicht ganz störungsfrei sein, sonst wären ihm die folgenschweren Fehler in dieser Anzahl nicht passiert.

So schreibt auch „Der Spiegel" am Tage seines Rücktritts: „Die dümmste politische Idee der vergangenen Jahre war es, Christian Wulff zum Bundespräsidenten zu machen. Union, FDP und Kanzlerin Angela Merkel haben diesen Kandidaten ausgesucht – sie sind nun für sein Scheitern mitverantwortlich. Es hätte Bessere gegeben, alle wussten es. Aber Merkel, Guido Westerwelle und ihre Parteitaktiker hatten bei ihrer Personalauswahl alles Mögliche im Sinn, nur nicht das Wohl des Landes."

Und wir Bürger wundern uns derweil, wie es sein kann, dass ein Mann in das höchste politische Amt gewählt wird, bei dem sich finanzielle und menschliche Ungereimtheiten in so unglaublicher Art und Weise aneinanderreihen.

Finanzielle und menschliche Ungereimtheiten reihen sich auch bei einen anderem Politiker, wenn auch nicht in höchster Position, in unglaublicher Art und Weise aneinander.

Wenn „Aufdecker" selbst in Bedrängnis geraten ...

So interessant wie es für uns Korruptionsforscher ist, wenn hochengagierte Aufdecker von Missständen und Regelverstößen selbst – zu Recht oder zu Unrecht – unter Korruptionsverdacht geraten, so tragisch ist es für die Politik und Gesellschaft.

Es stellt sich die Frage, ob es überhaupt möglich sein kann, dass ein und derselbe Mensch einerseits Inkompetenz, Übel und Korruption eifrig verfolgt und anprangert, und andererseits selbst perfide Verhaltensweisen setzt und korrupte Taten begeht. Wenn ja, wie ist eine derartige Widersprüchlichkeit psychologisch und neuronal zu erklären?

Als Fallbeispiel für eine psychoneuronale Auseinandersetzung in diesem Zusammenhang soll der österreichische EU-Mandatar Hans-Peter Martin dienen. Er wurde europaweit bekannt, weil er als sehr angriffiger Aufdecker fungierte. Mittels geheimer Filmaufnahmen machte er publik, wie Parlamentarier sich zwar in Anwesenheitslisten eintrugen, danach an Sitzungen jedoch nicht teilnahmen. Außerdem warf er etlichen Kollegen unredliche Spesen- und Reisekostenabrechnungen vor.

Als Führungsperson und im Umgang mit seinen Teammitgliedern ist der Politiker nicht unumstritten. Immer wieder gelangten Informationen über Konflikte mit Mitwirkenden an der Liste Martin an die Öffentlichkeit, ob bei den Nationalratswahlen 2006 oder bei den Europawahlen 2004 und 2009.

Bei letzterer Wahl erreichte die „Liste Martin" in Österreich 17,7 % der Stimmen und damit drei Mandate. Neben ihm zogen die Listendritte Angelika Werthmann und der Listenvierte Martin Ehrenhauser ins EU-Parlament ein. Frau Werthmann sollte, wie ursprünglich vereinbart, ihr Mandat nur die halbe Amtszeit ausüben und es dann an den Listenzweiten Robert Sabitzer abtreten. Sie trat aber bereits 2010 nach Differenzen mit Martin aus der Partei aus und hat bis heute ihr Mandat inne.

Diese Differenzen sollen auch mit dem ungeklärten Verbleib der Wahlkampfkostenrückerstattung zu tun gehabt haben. Über finanzielle Ungereimtheiten im Umgang mit Wahlkampfgeldern und Mitarbeiterzulagen wurde des Öfteren berichtet. Wegen „zwecksprechender, aber regelwidriger" Verwendung von Sekretariatszulagen übermittelte das Europäische Amt für Betrugsbekämpfung (OLAF) im September 2006 einen Untersuchungsbericht an die Staatsanwaltschaft Wien. Da eine zweckwidrige Verwendung der Zulagen nicht nachgewiesen werden konnte, wurden die Vorerhebungen der Staatsanwaltschaft Wien eingestellt. Trotzdem verlangte der Generalsekretär des Europäischen Parlaments von Martin eine Rückzahlung von Teilen der ausgezahlten Sekretariatszulagen in Höhe von 163.381 Euro. Hans-Peter Martin machte Formfehler für die Anschuldigungen verantwortlich. Eine Klage Martins gegen diese Entscheidung wurde aber vom Europäischen Gerichtshof abgewiesen.

Schon im Rahmen der Wahlkampfkostenrückerstattung bei den EU-Wahl 2004 gab es Probleme. Martin hatte für den Wahlerfolg 1,5 Millionen Euro erhalten. Einen Teil davon hatte das Kanzleramt daraufhin zurückgefordert, weil dieses Geld angeblich nicht ausgegeben worden war. Die vom Finanzminister eingesetzten Wirtschaftsprüfer bestätigten jedoch, dass Martin die Mittel widmungsgemäß verwendet hatte. Abgesehen von einer möglichen kooperationsfeindlichen Haltung des EU-Politikers weist diese kontroversielle Angelegenheit auf ziemlich problematische Unklarheiten bei der Verwendung von Geldern aus der Wahlkampfkostenrückerstattung hin. Wer weiß, wie missbräuchlich manch hohe Beträge aus diesem Titel sonst wo verwendet worden sind? Mehr Transparenz und Kontrolle täten sicherlich auch allen anderen Parlamentsparteien gut.

Die andauernden Personal- und Finanzkonflikte rund um die Person Martin machen jedenfalls deutlich, dass auch außerhalb der etablierten Parteien hochproblematische Persönlichkeiten über viele Jahre wichtige politische Ämter bekleiden können. Was nützen Bildung, Wissen, Erfahrung, Intelligenz und Engagement, wenn sich aufgrund von schlimmen Kindheits- und Jugenderfahrungen bestimmte menschliche Eigenschaften derart beeinträchtigend auswirken? Prügelnde Eltern und Lehrer prägen einen Menschen – ein Leben lang.

Seit 2011 hat Hans-Peter Martin mit schwerwiegenden Vorwürfen zu kämpfen. Der EU-Abgeordnete Mag. Martin Ehrenhauser, einstmals parteiunabhängiger Kandidat der Liste „Martin", bringt am 15. 4. 2011 eine Sachverhaltsdarstellung wegen Verdachts auf Betrug, Untreue, Förderungsmissbrauch und Urkundenfälschung gegen den Verdächtigen Dr. Hans-Peter Martin bei der Staatsanwaltschaft Wien ein.

„Verdachtsmomente

A. HPM rechnete die Kosten eines Mietrechtsstreites gegen die Mieter seiner privaten Liegenschaft in Tübingen von der Förderung für die ‚Liste Martin‘ gemäß § 2 PartG ab. Versuche, den Mietrechtsexperten als Empfänger durch Zwischenschaltung eines Anwalts der ‚Liste Martin‘ zu verschleiern, scheiterten scheinbar am Willen des zweitgenannten Anwalts. Es ist daher davon auszugehen, dass HPM sich über die Rechtswidrigkeit dieses Vorgangs bewusst war.

B. Obwohl verrechnete Leistungen, die zur Prüfung der Ausgaben des Jahres 2009 der Fördermittel gemäß § 2 PartG vorgelegt werden, bereits vor dem 31. Dezember 2009 entstanden sein müssen, lässt HPM bei Anwalt Dr. Klaus Denk über die Fördermittel gemäß § 2 PartG einen Überbetrag als Akonto für zukünftige Leistungen anlegen.

C. Eine Rechnung von Architekt Niemeyer über 29.750 Euro für Entwürfe für die private Liegenschaft von HPM in Tübingen, wurde als Öffentlichkeitsarbeit der ‚Liste Martin‘ für das Jahr 2010 verbucht. Die zwei vorliegenden Entwürfe von Architekt Niemeyer für den Umbau der Liegenschaft, unterschieden sich im Wesentlichen in der Frage: ‚Indoor-Pool oder Schwimmteich?‘.

D. HPM hatte bereits im Jahr 2007 laut persönlicher Steuererklärung Mieteinnahmen von über 120.000 Euro für die Vermietung seiner Wiener Eigentumswohnung abgerechnet. Im Jahr 2009 überweist sich der Vorsitzende der ‚Liste Martin‘ auf sein persönliches Konto 120.872,64 Euro für ‚Mieten‘ und rechnet diese Zahlung im Jahr 2009 als ‚Büroaufwand und Anschaffungen‘ bei den Fördermittel gemäß § 2 PartG ab.

E. Eine Zahlung von 51.182,86 Euro ergeht an Dr. Heike Kummer, die Ehefrau von HPM. Es besteht der Verdacht, dass

Der korrupte Mensch

angegebene Leistungen für den Kostenersatz nicht erbracht wurden.

F. Unerklärlich hohe Zahlungen von insgesamt 832.800 Euro ergehen an die ,Support and Solutions', an einen Freund in Tübingen. Es besteht der Verdacht, dass eine Rechnung aus dem Jahr 2009 mittels vorgetäuschter Angaben gestundet wurde, sowie der Verdacht, dass tatsächlich angefallene Wahlkampfkosten aus der Zulage für parlamentarische Assistenz über die ,Support and Solutions' ausgezahlt wurden.

G. Der von Fotograf Othmar Seehauser, ein Freund von HPM, in Rechnung gestellte Betrag von 115.200 Euro für die angegebenen Leistungen erscheint im Vergleich zu Zahlungen des Europäischen Parlaments an Seehauser vom 13. Juli 2009 (5.040 Euro) sowie von der ,Liste Martin' an den Fotografen Pepo Schuster (792 Euro), für einen ähnlichen Leistungsumfang, unverhältnismäßig hoch. Darüber hinaus besteht Grund zur Annahme, dass Teile der angegebenen Leistungen von Fotograf Seehauser überhaupt nicht erbracht oder zumindest zum Teil bereits über die Zahlung des Europäischen Parlaments beglichen wurden. Die Zahlung von 108.000 Euro an Herrn Homayoun Sina erfolgte wie bei Herrn Seehauser erst während der Prüfung durch die offiziellen Wirtschaftsprüfer. Herr Sina war darüber hinaus auch als parlamentarischer Assistent für HPM tätig und wurde dafür aus Mitteln des Europäischen Parlaments entlohnt.

H. Vermutliche Täuschung der Wirtschaftsprüfung durch Vorlage von Scheinbelegen."

Über all diese Vorkommnisse und Verdächtigungen berichten die Medien zum Teil sehr ausführlich. Selbstverständlich gilt für alle Vorwürfe die Unschuldsvermutung. Hans-Peter Martin bestreitet auch vehement die Anschuldigungen. Im Gegenzug bezichtigt er Martin Ehrenhauser, in seinen Computer eingebrochen zu sein, um an die in der Sachverhaltsdarstellung angeführten Daten zu gelangen. Es stellt sich die Frage, warum hatte Hans-Peter Martin seinem damals engsten Mitwirkenden Martin Ehrenhauser – selbst auf mehrfaches Bitten und Drängen hin – nicht eine vernünftige Erklärung für die Verwendung der Wahlkampfkostenrückerstattung gegeben. Ein Konflikt war damit unausweichlich.

Im Jahr 2012 berichten die Journalisten Michael Nikbakhsh und Ulla Schmid über weitere Verdachtsmomente: „[...] Neue Vorwürfe gegen Hans-Peter Martin: Er soll neben der österreichischen Wahlkampfförderung auch Brüsseler Gelder regelwidrig verwendet haben [...] ,profil' vorliegende Unterlagen nähren den Verdacht, Martin habe einmal mehr Gelder des EU-Parlaments regelwidrig verwendet. So soll er den befreundeten Tübinger Holger M. nur zum Schein als parlamentarischen Assistenten eingestellt und ihm überdies Honorare bezahlt haben, denen keine Leistungen gegenüberstanden. [...]"

Alles reiner Zufall?

Man fragt sich, ob derart viele Konflikte und finanzielle Ungereimtheiten reiner Zufall sein können. Es müsste schon mit dem Teufel zugehen, wenn einer einzigen Person in einem überschaubaren Zeitraum so viele unglückliche Missgeschicke passieren sollten – ähnlich wie bei Karl-Heinz Grasser, der ebenfalls eisern seine Unschuld beteuert.

Drei Szenarien wären möglich:

1. Hans-Peter Martin hat all die schlimmen Dinge, die ihm vorgeworfen werden, tatsächlich und mit betrügerischem Vorsatz gemacht. Welchem Korruptionstypus würde er dann wohl angehören? Logischerweise dem „Vorsätzlichen", der mit voller Absicht korrupte Taten begeht und auch ein entsprechendes Schuldbewusstsein besitzt – auch wenn er öffentlich alles abstreitet. Und was könnten die Motive für die Untaten gewesen sein? Reine Gier, weil er sich einfach bereichern wollte? Extreme Frustration? Dann hätte er sich aus Ärger und Wut über die Zustände ein Stück des Kuchens genommen, vielleicht mit der Rechtfertigung, dass das ja viele andere auch tun und in noch viel größerem Ausmaß. Oder hat er es aus Sehnsucht nach einem schönen, abgesicherten Leben gemacht? Wie auch immer, im Falle einer Verurteilung wäre das wohl der Worst

Der korrupte Mensch

Case für ihn und die gesamtpolitische Reputation, die ohnehin bereits schwer angeschlagen ist.

2. Er hat die schlimmen Dinge gemacht, aber nicht vorsätzlich. Neurotische, nicht bewusste Antriebe könnten ihn dazu bewogen haben. Und welche? Möglicherweise schnöde Arroganz, die ihn sich über so manche Gesetze und Grenzen hinwegsetzen ließ. Eine massive Selbstwertstörungs-Kompensation würde aber auch andere Erklärungen zulassen. So etwa könnte die narzisstische Vorstellung, etwas Besseres zu sein und somit auch etwas Besseres zu verdienen als den „kargen" Abgeordnetenlohn, zur privaten Verwendung von öffentlichen Geldern geführt haben. Es stellt sich aber die Frage, wie ein blitzgescheiter Kopf solche Machenschaften seinem Bewusstsein und Gewissen über eine längere Zeit hinweg vorenthalten soll. Ein „Naiver", der nicht begreift, was er eigentlich tut, ist Hans-Peter Martin wohl kaum. Ein „Dummkopf" mit Intelligenzdefekten schon gar nicht. Ein „Unvermögender", der aufgrund einer gestörten Entwicklung Richtiges und Unrichtiges grundsätzlich nicht auseinanderhalten kann, ist er mit hoher Wahrscheinlichkeit auch nicht. Das Gegenteil davon, Unrichtiges aufzudecken und anzukreiden, war ja gerade seine Spezialität. Eine Erklärung, warum man bei sich und anderen mit verschieden Maßen misst, gäbe es aber schon: den Abwehrmechanismus der Projektion. Verdrängte Dinge wie eigene unerträgliche Gedanken und Gefühle werden Mitmenschen zugeschrieben. So können unterdrückte finanzielle Begierden anderen Personen zu Recht oder zu Unrecht angelastet werden. Vorstellbar wäre es, dass hin und wieder die Unterdrückung nicht ganz funktioniert und die Begierden zur Tat werden. Sollte nach getaner Tat der Verdrängungsmechanismus wieder voll durchgreifen, so wäre es (zumindest theoretisch) möglich, die moralische Entgleisung aus dem Bewusstsein zu rücken. Zugegeben, in diesem Falle müsste schon eine einigermaßen schwere und ziemlich verzwickte psychoneuronale Störung vorliegen. Aber Hans-Peter Martin ist ja ein außergewöhnlicher Mann, da können zuweilen schon außergewöhnliche Dinge passieren.

3. Außergewöhnliches auch in dem Sinne, dass bei aller

schiefen Optik Martin die ihm zu Last gelegten Schandtaten nicht begangen hat. Vielleicht spielt Schlampigkeit in seiner persönlichen Finanzverwaltung eine gewisse Rolle. Dann müsste er sich zumindest äußerst nachlässigen und grenzwertigen Umgang mit Steuergeldern vorwerfen lassen. Vorgeworfen müsste ihm dann aber auch werden, dass er weder den Bitten und Forderungen von Martin Ehrenhauser, die finanziellen Ungereimtheiten aufzuklären, noch den Drohungen, alles an die Öffentlichkeit zu bringen und anzuzeigen, nachgekommen ist. Eine Mischung aus hochgradiger narzisstoider Arroganz und infantiler Trotzigkeit könnte ein derartig merkwürdiges (und letztlich selbstschädigendes) Verhalten in gewisser Weise erklären.

So oder so. Ein Abgeordneter kann und darf sich derartige Schlampereien, Fehler oder Entgleisungen nicht leisten. So gesehen ist er, wenn die Zuschreibungen auch nur annähernd zutreffen, zumindest für ein derart verantwortungsvolles Amt nicht geeignet. Aber mindestens ebenso wenig geeignet für eine verantwortungsvolle Amtsführung sind jene Politiker, die jene Regeln beschlossen haben, die es erlauben, dass Wahlkampfkostengelder und Parteiförderungen ohne wirksame Kontrollen ganz einfach zweckentfremdet verwendet werden können. Hätte nicht Martin Ehrenhauser den Fall publik gemacht, wäre der nun im Raum stehende Verdacht auf Betrug, Untreue, Förderungsmissbrauch und Urkundenfälschung vielleicht niemals ans Tageslicht gekommen. Da kann man sich als leidgeprüfter EUropäer ausmalen, welche Unsummen an Steuergeldern sonst wo im Dunklen versickern – auf Nimmerwiedersehen. Genau solche Missstände versuchte Hans-Peter Martin jahrelang mit großem Einsatz aufzudecken und aufzuklären. Dafür ist er geschätzt und gewählt worden. Und jetzt das! Eine Ironie des Schicksals.

Menschliche Schwächen als politische Bürde

Neben den finanziellen Ungereimtheiten lösen auch die zahlreichen und heftigen Konflikte des EU-Politikers mit Mitwirken-

Der korrupte Mensch

den immer wieder großes Erstaunen unter den Medienkonsumenten aus.

Manche früheren Mitstreiter, freiwillige Helfer, Kandidaten und Abgeordnete reden über ihre Erlebnisse mit Hans-Peter Martin sehr ehrlich und offen. Andere wollen alte Wunden lieber nicht wieder aufreißen. Einzelne haben auch Angst davor, über gewisse Ereignisse öffentlich zu berichten.

Karin Resetarits, eine ehemalige Mitwirkende und EU-Abgeordnete, hat keine Angst davor. In einem offenen Brief an Hans-Peter Martin zeigt sie auf dramatische Art und Weise auf, wie es Menschen im Nahbereich des kämpferischen EU-Politikers ergehen kann:

„Es hat dich also in der Karwoche 2011 erwischt.

Am Mittwoch in der Zeit im Bild 2 wurden wir Zeuge deiner tödlichen Selbstbeschädigung. Wir sahen einen aschfahlen Martin, keine Kontrolle mehr über das eigene Lügennetz, verzweifelt zappelnd, Unzusammenhängendes stammelnd. Jedes Wort riss dich weiter runter, tiefer und tiefer bist du gesunken, direkt in die Hölle der gefallenen Engel.

Dein Kniefall vor den Wählern half nicht mehr ...

Dr. Hans-Peter Martin füllt seine Bankkonten und Vorratskammern derweil mit Millionen von Euros aus den Taschen seiner Wähler. Entgegen seiner Versprechen ...

Voll Idealismus waren wir damals, die Listenmitbegründer Kurt Köpruner und ich. Wir dachten tatsächlich, es ginge dir um eine besser geführte Welt, um eine andere, bürgernahe Politik, um Gerechtigkeit. Wir gründeten die Liste als technisches Vehikel, weil wir mit dem Wahlwerbungskostenbeitrag soziale Organisationen unterstützen wollten. ‚Insbesondere für die Jugend‘, wie du nicht müde wurdest zu betonen. Wir sollten einen sparsamen Wahlkampf führen, damit viel Geld für Wohltätigkeit übrig bliebe.

Und das ist nun die bittere Wahrheit:

Du hast einen negativen Bescheid vom Kanzleramt provoziert, damit er dir als Ausrede dient, warum du die verbliebene Million aus dem Wahlkampf 2004 nicht spendest.

Parallel dazu hast du mit deinen Wirtschaftsprüfern sehr

kreativ nachgedacht, wie du das Geld deiner Oneman-Show namens Liste Martin zukommen lassen kannst. Das technische Vehikel wurde damals zur Scheinpartei. Kontrolliert wurdest du dabei von niemandem. Transparenz ist ein Unwort, wenn es um deine eigene Person geht.

Ich habe damals beim Kanzleramt nachgefragt. Selbstverständlich hättest du die Million spenden können, nämlich an all jene Organisationen, die zum Zeitpunkt der Listengründung bereits existiert haben. Doch davon wolltest du nichts hören und hast alles versucht, um uns lästige Zeugen endlich loszuwerden. Auf mich hast du einen befreundeten Journalisten gehetzt, mein Name war schließlich bekannt genug, um durch den Boulevard gezogen zu werden. Kurt hast du selbst übernommen und gemeinsam mit Heike gekränkt und erniedrigt.

Aber nicht nur Kurt und mich hast du an der Nase herumgeführt, auch sämtliche Richter und Richterinnen, die dir Recht gegeben haben in den zahlreichen Prozessen, die du gegen alle führst, die dich durchschauen. Journalisten durften nicht einmal behaupten, dass du Wasser predigst und Wein trinkst. Schon fanden sie sich als Angeklagte wieder.

Ich selbst wurde Zeuge deines schauspielerischen Talents vor Gericht. Mich hast du als trojanisches Pferd der Spesenritter vorgeführt: ‚Frau Rat, stellen Sie sich diesen Unfug vor, Frau Resetarits hat Videoclips für TV und Internet für den Wahlkampf der Liste Martin produziert und möchte nun, dass ich das vom Wahlwerbungskostenbeitrag zahle!

Ich habe davon nichts gewusst. Das ist doch Verschwendung von Steuergeld.‘

Ja, die liebe Frau Rat hat das auch so gesehen und hat in ihrer Urteilsbegründung gemeint, ich solle das aus meiner eigenen Tasche zahlen. Was denkt sie nun, wenn sie von den mehrdeutigen Überweisungen der Liste Martin liest, wo ein befreundeter Rechtsanwalt ohne entsprechende Leistung im Voraus bezahlt, ein Architekt in Deutschland entlohnt wird, der das Haus deiner Frau umplant, und sich Dr. Martin für die eigene Eigentumswohnung 10.000 Euro Miete monatlich überweist, alles von der Wahlkampfkostenerstattung? Kommt ihr da auch

Der korrupte Mensch

die Galle hoch? Hoffentlich lernt sie daraus und ist in Zukunft als Richterin nicht mehr so naiv. Ihren Vorwurf an mich gebe ich damit zurück.

Denn auch ich habe durch dich, Dr. Hans-Peter Martin, viel gelernt.

Über schlechte Menschen zum Beispiel. Du bist nur vor dir selbst demütig. Ansonsten gnadenlos. Du schlägst auf Menschen, bis sie sich nicht mehr wehren können.

Dazu eine bezeichnende Episode aus dem Prozess, den ich gegen dich geführt habe. Du hast meinen Zeugen, Kurt Köpruner, der Lächerlichkeit preisgegeben. Kurt, deinen Freund aus Jugendtagen, der dich uneingeschränkt im Wahlkampf unterstützt hat, der alles für dich liegen und stehen gelassen hat, dir seine ganze Zeit geschenkt hat. Was hast du damals über ihn vor der Richterin gesagt? Er sei ein Sozialfall, der dein Geld braucht. Er sei behindert, man könne mit ihm nichts Vertrauliches besprechen. Er verstehe ja meist nicht richtig, weil er schlecht hört, unbrauchbar für die Politik. Unbrauchbar als Zeuge.

Du hast damals eindeutig eine Grenze überschritten.

Dieses Ausmaß an perfider Boshaftigkeit wurde selbst deinem Körper zu viel. Für mich ist es kein Zufall, dass sich ein Tinnitus in dein Ohr eingenistet hat.

Oder dient dir diese Krankheit auch wieder nur als Ausrede?

Dass du jetzt über Martin Ehrenhauser stolperst, ist ein Zeichen von schicksalhafter Ironie …

Ehrenhauser hat wenigstens den Mumm, dich namentlich anzuzeigen.

Wahrscheinlich, weil er hofft, als der bessere Martin in der Staatsoperette namens Österreich in Zukunft eine gewichtige Rolle zu spielen.

Es sei ihm vergönnt. Weil ihm das Kunststück gelungen ist, an dem wir alle vor ihm gescheitert sind: Er hat dich zu Fall gebracht, und Armin Wolf hat dich erlegt.

Dich erbärmlichen Demokratiezerstörer. Endlich."

(http://karinkraml.at/2011/04/23/offener-brief-an-hans-peter-martin-von-karin-resetarits, 23. 4. 2011, zuletzt eingesehen am 24. 7. 2012)

Weitere Erlebnisse aus erster Hand

Derartige Erlebnisse sind leider nicht die Ausnahme, sondern eher die Regel. Ärgernisse, Konflikte, Frustrationen und unschöne Trennungen haben System.

Nicole Baumgartner, die ehemalige Kärntner Spitzenkandidatin der Liste „Martin", erzählt auch sehr ehrlich und offen über ihre Erlebnisse im Rahmen der ersten Pressekonferenz der Liste „Martin" 2006. Sie berichtet Nachfolgendes:

Das Telefon läutet. Ich überlege kurz, ob ich vielleicht einmal nicht abnehmen soll, tue es aber doch.

„Bringt nichts, ich muss ja doch zurückrufen", denke ich mir und nehme widerwillig ab. Es ist heute schon das zig-te Mal.

„Hans-Peeeter."

Ich frage mich jedes Mal, warum er sich nicht anständig meldet, vielleicht mit „Hallo ..." oder „hier spricht ..." oder so.

„Hallo, Hans-Peter, gibt es etwas Neues?"

Das wir seit geraumer Zeit per Du sind, gibt dem Gespräch einen amikalen Touch, den es in Wirklichkeit aber nicht hat. Eher der Tonfall vom General zum Fähnrich.

„Es wird eine Pressekonferenz geben."

„Wo und wann?", frage ich.

Stille. Ungefähr eine Minute.

„Hallo, bist du noch da?"

„Äh, ja, ich melde mich wieder."

Aufgelegt.

Einer dieser Anrufe, der besser eine Stunde später stattgefunden hätte. Jedes Mal ärgere ich mich darüber. Er hat bestimmt seine Gründe, wenn er ein Gespräch so abrupt abbricht. Aber trotzdem.

An diesem Wochenende sind keine Aktivitäten geplant, also bin ich mit den Kindern gerade unterwegs nach Wien zu meiner Schwester. Haus des Meeres und vielleicht Kino. Die Fahrt dauert diesmal unendlich lange. Es regnet in Strömen, zeitweise hilft die stärkste Stufe des Scheibenwischers nicht mehr und die Sicht beträgt fast null. Die Kinder sind dementsprechend

Der korrupte Mensch

genervt und hören gar nicht mehr auf zu quengeln. Mein Kopf
explodiert fast, aber ich bin tapfer.

Telefon. Diesmal hebe ich gleich ab.

„Hans-Peeeter."

Wieder dasselbe.

„Hallo", antworte ich und versuche, freundlich zu bleiben.
In Wirklichkeit bin ich angespannt, denn ich weiß genau, Haus
des Meeres und Kino – gestrichen.

„Hjahhh …", ein tiefer Seufzer geht durch das Telefon, danach wird Schleim durch die Nase gezogen und hinunterge-
schluckt. Mir stellt es die Gänsehaut auf.

„Pressekonferenz in Salzburg. Der Raum muss noch ge-
checkt werden. Du bist gerade auf dem Weg nach Wien?"

„Ja."

„Es wäre gut, wenn du rüber nach Salzburg fährst und dir
den Raum persönlich anschaust."

„Okay."

„Wie schnell kannst du in Salzburg sein?"

„Ich muss zuerst meine Kinder nach Wien bringen." Von
der Rückbank kommt lautstark Protest. Ich deute den Kindern
mit bösen Blicken, dass sie leise sein sollen. Danach sind sie
beleidigt.

„Wie dringend ist es denn?"

„Wenn ich dich um etwas bitte, kannst du davon ausgehen,
dass es sehr dringend ist."

Ich erschrecke. Da hat sich einer ganz und gar in der Tonla-
ge vergriffen. Das war eine normale Frage. Ich beginne zu rechnen. Wenn ich ordentlich Gas gebe, schaffe ich es in ca. 45 Minuten nach Wien. Kinder bei Schwester oder Mama abgeben,
ca. 30 Minuten, Wien – Salzburg: ca. 3 Stunden, plus/minus
30 Minuten. Ergibt summa summarum vier Stunden fünfund-
vierzig Minuten.

„Ca. in fünf Stunden".

Schnaufen. Seufzen.

„Gibt es einen Weg, damit es schneller geht? Ich bezahle
auch für alles."

„Leider nein, ich werde mich beeilen."

Das Wetter ist nicht auf meiner Seite. Ich hoffe, dass es keine sonstigen Verzögerungen gibt. Tanken werde ich auch noch einmal müssen. Essen geht sich nicht aus. Vielleicht eine Wurstsemmel.

„Gut, du musst zum Hotel Schaffenrath, das ist gleich an der ersten Ausfahrt. Moment, bei mir klopft jemand an. Ruf an, wenn du vor Ort bist." Aufgelegt.

Ich habe ein schlechtes Gewissen meinen Kindern gegenüber. Ich nehme mir vor, bis zum Wahlkampfende nichts mehr zu versprechen. Jeder bzw. jede, die behauptet, Politik und Familie seien mit einer guten Organisation und einem guten Betreuungsnetzwerk kein Problem, der/die lügt. Das schlechte Gewissen siegt immer über das eigene Ego. Was hilft es, sich selbst zu verwirklichen, wenn einem die eigene Moral und das Pflichtbewusstsein die Aussicht auf die zu erwartende Anerkennung ständig trübt?

Meine Schwester erklärt sich bereit, mit mir mitzufahren, die Kinder bleiben bei meiner Mutter. Sie meint, ich sehe schlecht und abgekämpft aus. Da könnte sie recht haben, ich fühle mich schlecht und abgekämpft.

Wir machen uns auf den Weg. Der Regen lässt nach und wir kommen flott voran. Wir finden das Hotel auf Anhieb und lassen uns den Raum zeigen. Der Hoteldirektor ist nicht besonders erfreut, besteht darauf – die Raumbuchung ist fix.

„Im schlimmsten Fall kommt Herr Dr. Martin selbstverständlich für die Unkosten auf", sage ich zu ihm, da er gerade im Begriff ist, sich furchtbar aufzuregen und das ist nun wirklich das Letzte, was ich gebrauchen kann. Noch ein Nervenbündel. Der Raum ist soweit in Ordnung. Doch dort, wo das Plakat befestigt werden soll, ist ein Vorsprung in der Mauer. Ich rufe Hans-Peter an und teile ihm das Problem mit.

„Das geht gar nicht. Suche bitte nach einem Ersatz."

Vorerst sage ich dem Hoteldirektor nichts von einer Stornierung.

„Wir melden uns."

Leider sind wir nicht die Einzigen, die dieser Tage, an diesem Ort eine Pressekonferenz geben wollen. Meine Schwester und ich hetzen durch ganz Salzburg, doch die brauchbaren Locations sind alle gebucht. Verzweiflung macht sich breit. Wie soll ich das Hans-Peter erklären? Hans-Peter wird sich bestimmt wieder furchtbar aufregen. Wir klappern bis Mitternacht alle besseren Hotels und Restaurants ab, ohne Erfolg. Ich bin am Resignieren, doch meine Schwester hat die rettende Idee.

„Wieso lasst ihr nicht einen stabilen Rahmen für das Plakat anfertigen, dann könnt ihr überall Pressekonferenzen geben." Gute Idee.

Ich rufe Hans-Peter an. Mein Herz klopft, ich bin nervös. Hoffentlich ist ihm diese Lösung recht. Es läutet. Niemand hebt ab. Ich spreche ihm die ganze Idee auf die Mobilbox und hoffe, dass er sie bald abhört, um alles Weitere veranlassen zu können.

Meine Schwester und ich sitzen im Auto und warten auf den Rückruf. Es ist lange nach Mitternacht. Wir sind erschöpft und wollen nach Hause.

Telefon. Nicht Hans-Peter. Klaus.

„Hallo Klaus, was gibt es um diese Uhrzeit?"

„Hans-Peter hat mir das Problem mit dem Vorsprung mitgeteilt. Ich habe einen stabilen Rahmen anfertigen lassen. Ihr könnt nach Hause fahren, wir brauchen keinen neuen Raum."

Ich bin sauer, ich bin müde, ich bin genervt und noch ein paar andere Dinge.

Treffpunkt einen Tag vor der Pressekonferenz pünktlich um 17.00 Uhr im Hotel. Briefing. Alle Spitzenkandidaten der Bundesländer sind angereist. Wir sind nervös und wissen nicht genau, was auf uns zukommt. Alle sind nervös, eine wenig erbauliche Tatsache. Wir versuchen, unsere Nervosität zu verbergen, indem wir von unseren Erlebnissen bei den Bürgergesprächen erzählen.

Hans-Peter hat angerufen, er wird sich verspäten. Wir sollen die Wartezeit nicht vertrödeln, sondern den stabilen Plakatständer zusammenbauen inklusive Plakat.

Das Plakat hängt am Ständer wie ein ordentlich gespanntes Spannleintuch. Nicht eine Falte. Das wird Hans-Peter aber freuen. Wo ist er eigentlich? Er kommt. Es ist kurz nach Mitternacht, allen ist die Aufregung ins Gesicht geschrieben, und jeder sieht mindestens um fünf Jahre älter aus.

Hans-Peter steht vor dem Plakat und ist zufrieden. Demokratie – Kontrolle – Gerechtigkeit.

Wir werden sehen.

Wir sitzen am runden Tisch und Hans-Peter fragt einen nach dem anderen nach seinem Thema für die morgige Pressekonferenz, tippt dabei nervig mit den Fingern auf die Tischplatte, springt auf und umkreist uns wie ein Aasgeier, der darauf wartet, dass seine Beute endlich abkratzt. Immer und immer wieder rennt er um den Tisch.

Wir sind baff. Wir dachten, er würde uns helfen, eben dieses vorzubereiten. Er ist doch der Medienprofi. Wir haben uns auf seine Unterstützung verlassen. Die Anspannung steigt.

Er fängt an zu schreien. Ich denke nur: „Oh mein Gott, bitte frag' mich nicht."

Aber er fragt.

„Was willst du morgen antworten, wenn sie dich fragen wie die Bürgergespräche laufen oder für was du dich engagierst?"

Ich will nicht antworten, aus Angst, die falsche Antwort zu geben.

„Willst du morgen so vor die Presse gehen?"

Ich merke schon, wie mein Kinn anfängt zu zittern. Oje. Stammhirn – totstellen! Wenn er nur nicht immer so schreien würde! Geistesblitz!

Ich rattere meine Angaben von der Homepage auswendig herunter.

„Ich möchte mich gegen die Ungerechtigkeiten der Politiker an der Gesellschaft wehren und politikverdrossenen Bürgern eine Alternative bieten."

Das waren ernst gemeinte Worte, die ich mir schon vor dem ersten Gespräch mit Hans-Peter in Graz zurechtgelegt hatte, die nun auf unserer Homepage standen.

„Wenigstens eine, die ihr Hirn benutzt!"

Ich schäme mich ein bisschen vor den anderen. Das war unfair, das hätte jeder gekonnt.

Hans-Peter ist bei schlechter, bei sehr schlechter Laune.

Der korrupte Mensch

Bevor er aus dem Raum stürzt und die Tür hinter sich zuknallt, schreit er hysterisch: „Um 6.00 Uhr bei mir im Zimmer." Automatisch schauen alle auf die Uhr. Mittlerweile ist es 3.15 Uhr. Wir hören ihn noch lange schreien, verstehen aber zum Glück kein Wort mehr.

An Schlaf ist gar nicht zu denken. Wenn ich vor der Presse wie ein Mensch auftreten soll, dann brauche ich mindestens zwei Stunden im Bad, eine Stunde in der Wanne sitzen zum Entspannen inklusive. Das wird ohnehin schon knapp.

Pünktlich um sechs Uhr stehe ich vor Hans-Peters Türe, getraue mich aber nicht zu klopfen. Ich halte mein Ohr an die Tür, doch da ist nichts als Stille. Schläft er? Ich verharre zwei Minuten vor der Türe, um vielleicht doch noch ein Geräusch oder ein Zeichen dafür, dass er munter ist, zu hören. Nichts. Zwei weitere Kandidaten kommen. Sie sehen genauso übermüdet, alt und hungrig aus wie ich.

Ich erkläre ihnen die Situation. Wir beraten uns, wägen ab, was schlimmer enden würde und beschließen zu klopfen.

Seine Frau Heike öffnet die Türe. Auch sie sieht nicht gut aus. Hans-Peter sitzt vor seinem Computer, tippt wie ein Wahnsinniger und hebt nicht einmal den Kopf, als wir den Raum betreten. Heike drückt uns Zettel in die Hand. Eine erste Fassung des Grundsatzprogramms. Wir sollen es Korrektur lesen. Ich lese: „Endlich Ehrlichkeit, wir mögen die Menschen, wachsende Gerechtigkeitslücke, Angst wird alltäglich …"

Wir finden keine Rechtschreibfehler, das heißt, wir können zu diesem Programm nichts beitragen, auch wenn wir gewollt hätten. So viel zum Thema Bürgerliste. „Martin & die anderen", auch wenn sie nur Mittel zum Zweck sind.

Hans-Peters Assistent (der auch Spitzenkandidat in Vorarlberg ist) holt uns in ein Nebenzimmer. Unsere Lebensläufe müssen noch ins Netz gestellt werden. Die Uhr tickt. Ticktack, ticktack, weit und breit kein Frühstück in Sicht. Hoffentlich hört man meinen Magen nicht knurren. Wann habe ich das letzte Mal gegessen?

Die ersten Journalisten sind schon im Haus. Wir bekommen Anweisung, in unseren Zimmern zu bleiben, vermutlich deshalb, damit wir uns nicht über irgendetwas verquatschen. Ich überlege, ob ich den Zimmerservice in Anspruch nehmen soll, tue es aber nicht, da ich nicht weiß, wann die nächste Order kommt. Also sitze ich da und warte.

Telefon. Es ist Patrick. Patrick, der mit seiner Kandidatur alles riskiert, für den am allermeisten auf dem Spiel steht, denn er hat einen Posten beim BIA (Büro für Interne Angelegenheiten), ich glaube sogar, als stellvertretender Leiter. Diese Organisation ist gegenwärtig aber tiefschwarz besetzt. Das heißt, bei einem Scheitern der Liste wäre er der Erste, der arbeitslos wäre. Patrick hätte sorglos bis an sein Lebensende in diesem Verein weiterarbeiten können. Doch er entschied sich dafür, den Schreibtisch zu verlassen und sich für die Bürgerliste zu engagieren. Dafür bekommt er von Hans-Peter eine Sonderbehandlung, auch wenn die sich nur ganz gering vom Umgang mit uns, den anderen, unterscheidet. Aber immerhin. „Hallo Nicole, bitte in zehn Minuten in Hans-Peters Zimmer, wir gehen von da alle gemeinsam hinunter."

„Okay."

„Bei dir alles in Ordnung?"

Ich kann es nicht glauben, ein bisschen Menschlichkeit geht um.

„Danke, ja, und bei dir?"

„Auch so viel. Also, in zehn Minuten."

„Gut, bis gleich."

Ich gehe noch einmal ins Bad und checke mein Gesicht.

„Mädchen, du schaust nicht gut aus, leg dich hin und schlaf ein bisschen", sage ich zu mir und lache mich dabei aus. „Es ist für eine gute Sache. Es ist eine einmalige Chance, nütze sie und vertue sie nicht! Reiß dich zusammen", schimpfe ich mit mir.

Letzte Instruktionen vom Meister höchstpersönlich, der den Umständen entsprechend relativ gut drauf ist, was mich, ehrlich gesagt, ein wenig verwundert. Er will, dass wir eine Gruppe mit Wiedererkennungswert sind, dass die Leute sagen: „Ja, mit denen machen wir mit." Er will, dass wir durch unser Auftreten Menschen mobilisieren und zur Mitarbeit ermuntern. Logisch. Aber wie spielt man das am besten?

Wir machen uns auf den Weg hinunter zu den Seminarräumen. Wir hatten alles tausend Mal geprobt. Jetzt nur nichts falsch machen. Schön locker, in schlampiger Zweierreihe, Small Talk führend, fröhlich dreinschauend in die Halle vor unseren Raum. Mein Herz klopft bis zum Hals. Ich merke, wie mir übel und schwindlig wird. „Das ist nur der Hunger", rede ich mir ein. Die Journalisten beachte ich gar nicht, obwohl ich aus den Augenwinkeln erkennen kann, dass relativ viele von denen da sind. Was ja auch gut ist, wenigstens nehmen uns die Medien wahr. Nicht auszudenken, wenn heute keiner gekommen wäre!

Es geht los. Von allen Seiten höre ich nur mehr das Geklicke der Fotoapparate. Der Kameramann blendet uns mit seiner Beleuchtung. Habe ich auch den richtigen Vordermann? Ja, Hans-Peter geht vor mir, das muss so sein, da ich neben ihm sitze. Tausend Mal geprobt. Jeder geht auf seinen Platz und wir setzen uns alle gemeinsam. Hans-Peter begrüßt die Journalisten. Kein Mensch interessiert sich für uns. Ich fange an, mich zu entspannen und das Gespräch zwischen den Journalisten und Hans-Peter zu genießen. Er ist wirklich ein Profi. Auf jede Frage die richtige Antwort, und wie geschickt er das „Nichtbeantworten", das „Ausweichen" und das „Themenwechseln" beherrscht – ein wahrer Ohrenschmaus.

Mein Puls ist im oberen Bereich der Wohlfühlgrenze. Hans-Peter übergibt das Wort an Patrick, der sich und seine Beweggrunde vorstellt. Patrick macht das super. Sehr souverän. Hans-Peter übernimmt wieder und so geht das hin und her. Hans-Peter übergibt das Wort an mich. Mein Mund ist staubtrocken und mein Gehirn arbeitet blöderweise just zu diesem Zeitpunkt wieder auf Sparflamme. Mein Puls hat die Wohlfühlgrenze längst überschritten und befindet sich mittlerweile im Todesangstbereich. Gut, dass sich mein Stammhirn wieder meldet.

„Mein Name ist Nicole Baumgartner ... ich komme aus, ich bin ..., ich habe ... Ich engagiere mich für die Bürgerliste, da ich mich gegen die Ungerechtigkeiten der Politiker an der Gesellschaft wehren und politikverdrossenen Bürgern eine Alternative bieten möchte."

Ich sehe rüber zu Hans-Peter und hoffe, dass er versteht, dass ich fertig bin und er das Wort wieder übernimmt. Er versteht es. Verabschiedung und Danksagung an die Journalisten. Wir stehen alle gemeinsam auf und verlassen den Raum in Richtung Halle. Tausend Mal geprobt. Geschafft. Gerade noch einmal gut gegangen.

Für die Journalisten sind Snacks hergerichtet, die auch uns herrlich anlachen. Dazu bleibt aber keine Zeit. Die Journalisten kommen, holen uns zur Seite und quetschen uns aus. Zu viele Fragen sind offen geblieben. „Frau Baumgartner, wie ist es, mit Herrn Dr. Martin im Team zu arbeiten? Gibt es Streitereien?"

Was ist das für eine Frage? Was werde ich wohl antworten, wenn ich möchte, dass die Liste Erfolg hat?

„Nein, es gibt keinerlei Streitereien mit Herrn Dr. Martin. Herr Martin ist ein toller Teamspieler, von dem ich noch sehr viel lernen kann. Er ist auf seinem Gebiet ein echter Profi. Wir alle profitieren von seinem Wissen und seiner Erfahrung."

„Hm, aha."

Ich glaube, er ist nicht besonders überzeugt von dem, was ich sage, aber er muss die Kröte schlucken.

„Frau Baumgartner, gesetzt den Fall, Sie schaffen den Einzug ins Parlament, wird Herr Dr. Martin in Brüssel bleiben oder legt er sein Mandat nieder und kommt nach Österreich?"

Ausgezeichnete Frage – auf die die gesamte Gruppe noch keine Antwort erhalten hat.

„Kein Kommentar."

Danach lässt mich der Journalist in Ruhe und ich verdufte schleunigst auf mein Zimmer, um mich alleine über die Journalisten zu ärgern.

Später treffen wir uns alle im Restaurant. Wir sind ausgelassen und fröhlich. Alles gut gegangen und keine Fehler gemacht. Vielleicht haben wir alle ein wenig schüchtern gewirkt, aber ich denke, das ist verzeihlich und wird sich im Laufe der Zeit auch ändern.

Wir sind ausgehungert wie ein Rudel Wölfe und bestellen. Nur der Rudelführer fehlt. Das ist bis jetzt niemandem aufgefallen, hätte es aber müssen, wir waren ja fröhlich. Niemand

Der korrupte Mensch

von uns fragt nach ihm und zum Kellner sagen wir „die Rechnung bitte auf Dr. Hans-Peter Martin".

Nicole Baumgartner hat sich nach der EU-Wahl 2009 von Hans-Peter Martin endgültig getrennt – enttäuscht und zornig. Noch heute überkommt sie das Grauen, wenn sie an die Zeit zurückdenkt.

Der langjährige Mitstreiter Robert M. Sabitzer berichtet über die Zeit mit Hans-Peter Martin Folgendes: „Als Geschäftsführer von Mattel Österreich [Mattel ist der weltweit größte Spielwarenkonzern] war ich auf dem Weg zu einem Meeting in die Konzernzentrale nach Los Angeles. Ich war für die Verleihung des Mattel ROI- und OP-Awards nominiert, der damals höchsten Auszeichnung für einen Mattel-Manager, und sah dem Meeting mit entsprechender Freude entgegen. Auf dem Flug las ich das Buch ‚Die Globalisierungsfalle' von Hans-Peter Martin und Harald Schumann. Und dieses Buch hatte es wahrlich in sich. Ich war vom Inhalt total gefesselt.

Mir wurde bewusst, dass ich bisher eine Art Tunnelblick gehabt hatte, der mir nur erlaubt hatte zu sehen, was ‚in meiner Welt' der Geschäftsführer, Einkäufer und erfolgreichen Manager passiert und nicht, dass außerhalb dieser ‚meiner Welt' eine andere, größere und nicht so schöne und wohlbehütete Welt vorhanden ist. Damit war das Buch für eine Art Metamorphose bei mir vom unpolitischen zum politisch interessierten Menschen verantwortlich, und ich wollte etwas zu einer politischen Veränderung beitragen.

Als der Autor der ‚Globalisierungsfalle', Dr. Hans Peter Martin, dann einige Jahre später politisch aufgetreten ist, habe ich Kontakt mit ihm aufgenommen und angeboten, ihn als ehrenamtlicher Helfer bei einer allfälligen Kandidatur zu unterstützen. Was einige Zeit später auch geschah.

Gemeinsam mit einer Handvoll anderer freiwilliger Helfer haben wir zuerst die Unterstützungserklärungen gesammelt, danach unsere sogenannten ‚Bürgergespräche' geführt und Flugblätter verteilt. Hans-Peter Martin hat mich dann auch – zu meiner Überraschung – auf Platz 10 auf der Bundesliste gereiht. Andere Kandidaten, die als Spitzenkandidaten angetreten waren und sich den Unmut von Hans-Peter Martin zugezogen hatten, wurden – wie ich später erfuhr – weit nach hinten gereiht.

Wie soll ich HPM beschreiben? Ein körperlich nicht besonders großer, selbstbewusster Mann mit einer spürbaren Aura und Ausstrahlung – immer mit gestrecktem, aufrechtem Gang und forschen Schrittes. Mit einer manchmal entwaffnenden Freundlichkeit, die sich aber schlagartig in Unfreundlichkeit und Ablehnung, ja sogar Jähzorn und offene Aggressivität verwandeln konnte.

Befremdlich und erstaunlich gefunden habe ich auch, dass ich nur wenige Menschen in seiner Umgebung wahrnehmen konnte, zu denen er ein Vertrauensverhältnis hatte und mit denen er Gespräche geführt und einen Informationsaustausch betrieben hat. Der ganze Wahlkampf wurde von Hans-Peter Martin persönlich in allen Belangen ‚gemanagt‘ – in fast allen Fällen ausschließlich, unserer Meinung nach, improvisiert anstatt organisiert.

Ich kann mich an kein einziges Meeting und keine Besprechung erinnern, in denen wir über unser Programm, unsere politischen Absichten oder Vorhaben etc. miteinander gesprochen haben.

Interessiert haben HPM nur die Auftritte, bei denen TV-Kameras dabei waren. Hier ist Dr. Martin zur Höchstform aufgelaufen. Diese Auftritte wurden nach einem strengen Ritual zelebriert. Zu diesem Ritual gehörte: immer mit etwas Verspätung auftreten, absolutes Redeverbot – niemand außer HPM durfte etwas sagen, zwei Kandidaten (am besten immer eine Frau dabei) mussten HPM von beiden Seiten ‚decken‘ – also eng an ihm, seinen Schritten folgend, mitgehen. Schweigend. Das gemeinsame und enge Gehen wurde auch öfters geprobt. HPM war immer darauf bedacht, den Kameras ‚gute Bilder‘ zu liefern. Also sobald Kameras aufgetaucht sind, mussten wir in stetiger Bewegung sein – eine zwar anstrengende, aber für mich vernünftige Strategie. ‚Move, move, move‘ hat er uns dann immer ins Ohr gezischt.

Während des Wahlkampfes kamen einige Kandidaten abhanden, andere fielen nach kleinen Fehlern in Ungnade. Obwohl sie verdammt wurden, nur weil sie irgendwo einer Wortspende nicht ausweichen konnten oder sie eine oftmals kurzfristig angekündigte Aktion nicht so umsetzen konnten, wie sich das HPM vorgestellt hatte, fand ich das damals nicht so schlimm – denn Hans-Peter Martin war für mich der Medienprofi und ich dachte, dass die Leute wohl selbst schuld daran wären.

Das finanzielle Engagement von Hans Peter Martin schien gering. Er investierte in neun Roll-Ups. Das waren unser ‚Plakate‘, die wir immer bei uns hatten. Ebenso investierte er in den Druck unserer Programme, zwei Transparente und in zwei Anzeigen knapp vor der Wahl. Er selbst agierte sehr sparsam, fuhr einen alten VW Passat, der ihm auch als Ruheraum, Umkleidekabine und Kleiderschrank diente.

Eines Tages – es war schon gegen Ende des Wahlkampfes – hat er mich eingeladen, die Schlusskundgebung vorzubereiten und die dafür notwendigen Utensilien mit ihm aus dem Büro zu holen.

Im Büro bemerkte Hans-Peter Martin, dass das etwa vier Meter lange Transparent nicht ordentlich zusammengelegt war, sondern auf einem Haufen auf dem Boden lag. Das hat bei ihm eine Reaktion ausgelöst, von der ich zwar schon von anderen Wahlkämpfern gehört hatte, die ich selbst aber noch nie erlebt hatte.

Als er das Plakat auf dem Boden liegen sah, traten ihm fast die Augen aus den Höhlen, und er begann mit schriller, unglaublich lauter Stimme zu brüllen. Es war ein Brüllen, wie ich es noch nie zuvor im Leben von einem Menschen gehört hatte. Er schrie etwa Folgendes: ‚WER HAT DAS GETAN?‘, ‚WER IST DAFÜR VERANTWORTLICH?‘ Mit beiden Händen griff er sich in den Schritt und brüllte: ‚DIE HABEN MICH EH SCHON BEI DEN EIERN – UND JETZT WERDE ICH VON DEN EIGENEN LEUTEN AUCH NOCH SABOTIERT!‘ Die Kollegin und ich sahen uns verlegen und verwundert an. Ich versuchte, ihn zu beruhigen: ‚Ich verstehe schon, dass dich das aufregt, ist ja wirklich nicht in Ordnung, dass das Transparent so schlampig hingelegt wurde. Reg dich aber deswegen bitte nicht auf.' Mehr habe ich nicht gebraucht. Sofort richtete sich sein Zorn gegen mich. ‚WAS HEISST HIER, REG DICH NICHT AUF!', brüllte er mich an. ‚WER BIST DU, DASS DU MIR SAGEN KANNST, ICH SOLL MICH NICHT AUFRE-GEN!' Und dann überschlug sich seine Stimme, und ich konnte nichts mehr verstehen. Seine Frau, die wohl wusste, wie man damit umgeht, brüllte ihn ebenfalls an: ‚HANS PETER – SO-FORT, KOMM RAUS HIER', und zog ihn in den Vorraum, wo sie weiter auf ihn einschrie. Das wirkte. Nach wenigen Minuten kam er ganz ruhig zurück, entschuldigte sich und tat, als wäre nichts gewesen.

Ich führte diesen Auftritt auf Nervosität und Anspannung vor der Wahl und die schlechter werdenden Umfrageergebnisse zurück. Erst drei Jahre später, als ich während des Wahlkampfes für die EU-Wahl 2009 einige weitere verzichtbare Auftritte von Hans-Peter Martin mitbekommen hatte, wurde mir klar, dass dieser Auftritt nichts mit Nervosität zu tun haben konnte – da scheint mit Hans-Peter Martin etwas anderes zu passieren. Neben seinen Wutausbrüchen ist mir nur aufgefallen, dass er sich nie mit den Menschen, die ihn umgeben haben, beschäftigt hat, dass es keinerlei private Gespräche gab, keine Besprechungen. Ich hatte den Eindruck, dass der einzige Mensch, der ihn wirklich interessiert, er selbst (und vielleicht noch seine Frau) ist und die Menschen um ihn nur dazu da sind, damit er seine Vorstellungen leben kann. Mit den Leuten, die ihn im Wahlkampf unterstützt und teilweise auch bewundert haben, wollte er nach dem Wahlkampf nichts mehr zu tun haben – außer er hat die Leute für irgendeinen Zweck gebraucht, z.B. für Posten. Dann mussten sie sofort parat stehen.

Die im Jahr 2010 aufgetauchten Vorwürfe für die missbräuchliche Verwendung der Wahlkampfkostenrückerstattung war dann keine Überraschung mehr für mich. Es wurde damit nur das bestätigt, was viele Menschen schon seit Jahren vermutet hatten."

Der korrupte Mensch

Ein tiefer Blick in die Menschheitsgeschichte zeigt sehr deutlich: Menschliche Schwächen erweisen sich oft als eine große
Bürde für Partnerschaften, Familien, Teams, Unternehmen und
Staaten. Insbesondere die menschlichen Schwächen der Leit-
hammel, also der Chefs und Führer, wirken sich nicht selten
verheerend auf die Mitmenschen, Mitglieder, Mitarbeiter und
Bürger aus. Die Problematik dabei: Der ‚normale‘ Mensch wird
in der Regel nicht der große Chef oder Führer. Nicht dass er
die notwendigen Fähigkeiten nicht hätte – im Gegenteil. Er hat
nicht den unbändigen Antrieb, der dazu nötig ist, um an die
Spitze einer Hierarchie zu gelangen (von gewissen Ausnahmen
abgesehen). Ein überstarker Antrieb resultiert fast immer aus
der Kompensation einer persönlichen Schwäche. Etwas überspitzt könnte man schlussfolgern: Je größer gewisse Schwächen
(gepaart mit bestimmten Kompetenzen), desto schwieriger und
mächtiger, je schwieriger und mächtiger, desto größer die potenziellen Schäden.

Hans-Peter Martin ist gewissermaßen ein Musterbeispiel
für einen Chef und Führer. Er ist Chef einer politischen Partei (wenn auch einer sehr kleinen) und zuweilen Führer einer
Wahlbewegung. Er besitzt unbestritten überdurchschnittliche
Kompetenzen. Und er hat menschliche Schwächen, die es zu
kompensieren gilt (ob er will oder nicht).

Ich war 2006 selbst im Nationalratswahlteam von Hans-
Peter Martin. Weil auch ich seinen Einsatz geschätzt habe und
seine Aufklärungs- und Reformarbeit unterstützen wollte.
Dabei konnte (musste) ich seinen Organisations- und Führungsstil hautnah miterleben. Ehrgeiz, Perfektionismus, Zwanghaf-
tigkeit, Besserwisserei, Bevormundung, Verfolgungsängste,
Unterdrückung, Verunsicherung, Verunglimpfung, Misstrau-
en, Missverständnisse, Dilettantismus und Konflikte standen
im krassen Widerspruch zu Reform- und Teamgeist, Engagement, Professionalität, Kollegialität, Freundschaft und Arbeits-
einsatz. Die unterschwelligen und offenen Querelen, die Kom-
munikationsprobleme, die Enttäuschungen, die Spannungen
und der Stress führten zunehmend zu Fehlern, Fehlentwicklungen und Erosion. All die Schwierigkeiten und Missgriffe sind

letztlich im Wahlergebnis der Liste „Demokratie, Kontrolle, Gerechtigkeit" mehr als deutlich zum Ausdruck gekommen.

Nicht nur mit mir hat er zuweilen folgendes Spielchen gespielt: Man musste zwei Schritte hinter ihm gehen. Plötzlich schlug er im Gehen einen Hacken (wie ein Hase). Man rannte zwangsläufig in ihn hinein. Diesen Vorfall benutzte er anschließend, um den „Täter" minutenlang zu verunglimpfen und zu belehren.

Das Kennenlern-Gespräch war bereits sehr erstaunlich und selbst für einen altgedienten Psychologen und Psychotherapeuten wie mich ein ungewohnt skurriles Kommunikationserlebnis. Er grüßte nicht, er fragte nicht, er hörte nicht zu, er redete in einem fort. Ich hatte von Anfang an das Gefühl, dass er sich in Gegenwart eines „Psychoworkers" nicht recht wohlfühlte.

Anschließend kommunizierten wir aber per E-Mail und Telefon durchaus konstruktiv. Mein übermitteltes politisches Programm beurteilte er sehr freundlich: „So etwas von einem politischen Neuling ist für so manche Profis fast beschämend." Für meine Unterschriftensammlung in Graz fand er auch sehr lobende Worte: „Sie haben für uns die Steiermark gerettet."

Das Medientraining im Salzburger Land war von einem Klima der Spannung und Angst geprägt. Despotische Belehrungen und lustvoll-verächtliche Verunglimpfungen wechselten einander ab. Ich hatte Glück: Es gab Lob vom Trainer und anschließend sogar vom Chef. Danach sagte er im Auto auf der Fahrt nach Graz zu mir: „Sie sind jetzt der neue Shooting-Star." Im Lichte dieser positiven Stimmung machte er den Vorschlag, ich solle Spitzenkandidat oder Nr. 2 in Niederösterreich bzw. Spitzenkandidat in Salzburg werden. Alle drei Varianten waren okay für mich. Zudem erklärte er mir, warum er mich nicht auf die ersten vier bis fünf Plätze der Bundesliste setzen könne. Was ich auch verstand.

Diese Harmonie hielt aber nicht sehr lange an. Im Auto auf der Fahrt von Graz ins Burgenland sagte er inmitten eines sehr sachlichen Gesprächs über die Wahlvorbereitungen plötzlich weniger zu mir als über mich: „... so ein abgehalfterter Psychologe ...". Ich war überrascht (weil es doch gerade einmal so

Der korrupte Mensch

einträchtig war), aber nicht wirklich verwundert (weil das Verhalten gut in mein Diagnosebild von Dr. Martin und Mr. HPM passte). Jedenfalls überging ich die Bemerkung nobel, was rückblickend vielleicht ein Fehler war.

Dafür kam es gleich am nächsten Tag in Wien zu einem schweren Konflikt. Wegen des allgemeinen und eines speziellen Kommunikationschaos in seinem Büro sagte ich sehr deutlich meine Meinung und deutete an, meine Mitwirkung zu beenden. Wie er auch immer darüber dachte, er bat mich für ein klärendes Gespräch zu sich und entschuldigte sich für die Vorfälle. Ich war erstaunt ob seiner spontanen Wandlungsfähigkeit und nahm das Friedensangebot letztlich an. Fast noch erstaunlicher war, dass es in den darauffolgenden Tagen fast so etwas wie freundschaftliche Telefonate zwischen uns gab. Ich war gewissermaßen zum Seelsorger und Berater für gewisse Personalfragen aufgestiegen.

Dann kam der 30. August. Pressekonferenz in Salzburg. Ein Horrorereignis der ganz besonderen Art. Arbeits- und Zeitdruck, Stress, Husch-Pfusch, zwängliches Üben, nächtliche Konzeptausarbeitung, Schlaflosigkeit, Angst und Schrecken.

Meiner Bitte, nicht um 5.30 Uhr in der Früh aufstehen und das Wahlprogramm kopieren zu müssen, kam Dr. Martin (mit grimmigem Blick) nach. Es war bereits nach 2 Uhr nachts. Diese Bitte war vielleicht, rückblickend betrachtet, eine ungehörige Ungehorsamkeit in den Augen des Chefs.

Die Pressekonferenz verlief, wie fast alles während dieser Wahlvorbereitung, äußerst ambivalent. Ein souveräner Hans-Peter Martin, der es bravourös verstand, sofort die Themen- und Redevorherrschaft zu übernehmen und uns Kandidaten, wenn nötig, aus der rhetorischen Patsche zu helfen. Mich bezeichnete er vor laufenden Kameras als „stilles Juwel, das ohne politische Erfahrungen ein umfassendes Konzept vorgelegt hat", was mich natürlich freute. Auch die meisten übrigen Teilnehmer präsentierte er als engagierte und hochgeschätzte Kandidaten. Andererseits verbiss er sich gegen Ende der Veranstaltung in ein kleinliches Gezänke mit einem Journalisten. Zudem machte der ausgefuchste Medienprofi Martin auch hier wieder den fatalen Fehler, nicht zu sagen, ob er im Falle eines erfolgreichen Wahlergebnisses Nationalratsabgeordneter werden oder als EU-Abgeordneter in Brüssel bleiben würde. Diese Frage stand schon seit geraumer Zeit unheilvoll im Medienraum. Jedenfalls waren wir alle heilfroh, als die Pressekonferenz vorüber war. Bei der anschließenden Besprechung verteilte er in gewohnt kritischer Manier die Noten für unsere Leistungen. Zu meiner Wortmeldung sagte er: „Das war internationales Niveau." Ich freute mich wieder. Ein letztes Mal.

Das war nämlich das Letzte, was er zu mir sagte. Der Chef brach den Kontakt mit mir, dem Spitzenkandidaten eines Bundeslandes, ab. Kommuniziert wurde nur mehr über Teamkollegen. Ich machte dennoch brav meine Wahlveranstaltungen in Salzburg (ein Stand in der Altstadt) und Wien (eine Podiumsdiskussion mit dem Rektor und einigen Politikern an der Sigmund-Freud-Privat-Universität).

Selbst die Unterschrift für die Kandidatur musste ich auf der Straße vor dem Haus leisten. Er wollte mich anscheinend nicht im Büro haben. Warum, war mir damals nicht klar. Er verweigerte ja jeden direkten Kontakt. Ganz klar ist mir sein damaliges Verhalten bis heute nicht. Psychopathologisch kann ich es mir zwar erklären, aber ein paar Worte der Aufklärung wären aufhellender und vor allem menschlicher gewesen.

Dann kam das erwartete E-Mail mit der eingefügten Bundesliste. Mein Name stand an der 16. Stelle.

Dass etwas ganz und gar nicht passte, wusste ich ja schon. Trotzdem war ich überrascht und wütend. Ich versuchte den Listenchef anzurufen, schickte ihm E-Mails und SMS. Keine Antwort. Totale Funkstille. Ich hörte und sah von ihm persönlich nichts mehr. Ein bemühter Teamkollege versuchte, zu schlichten und zu retten, was zu retten war. Es war nichts mehr zu retten. Ich zog mich zurück. Von so manchem Kandidaten hörte ich noch, was der ehemalige Chef über mich sagte. Es war nichts Gutes. Er ließ mir dann irgendwann ausrichten: So etwas geschieht nur in Wien. In Vorarlberg könnte ihm so etwas (wie mit mir) nicht passieren.

Der korrupte Mensch

Wie das System „HPM" (nicht) funktioniert

So wie mir erging es letztlich fast allen seinen Mitstreitern. Kuriose Vorkommnisse, unschöne bis hässliche Konflikte und Trennung in Bitterkeit.

Hans-Peter Martin forderte überall und immerzu mit anklagender und quälender Vehemenz Professionalität von den Mitwirkenden ein, ohne diese selbst auch nur annähernd vorleben und leben zu können. Er machte sich Menschen zu Knechten, verachtete aber Knechte. Wenn sich jemand der Knechtschaft verweigerte, bekam dieser den vollen Zorn des Machthabers zu spüren.

Die Psychoanalytikerin Jessica Benjamin sagt: „Je mehr der andere versklavt wird, desto weniger wird er als menschliches Subjekt erfahren, und desto mehr Distanz oder Gewalt muss das Selbst gegen ihn einsetzen." Diese Strategie habe aber keinen Erfolg. Anerkennung fehle auch weiterhin, ja mehr denn je. Der Mächtige gerate mit dieser narzisstischen Mangelerfahrung in „narzisstische Wut". Und was tut er? Das Falsche: Er reagiere mit einer weiteren Steigerung seiner Macht.

Abgesehen von den finanziellen Ungereimtheiten kann im Falle Hans-Peter Martin zumindest von einer „psychosozialen Korruption" gesprochen werden: Machtmissbrauch, um Mitmenschen zur Generierung von persönlichen Vorteilen (Lustgewinn oder Unlustverminderung) zu dominieren, zu unterdrücken, zu schikanieren und in Mitleidenschaft zu ziehen. Dafür gibt es (leider) zahlreiche Beweise in Form von betroffenen Mitmenschen. Es soll sogar eine Selbsthilfegruppe der HPM-Geschädigten gegeben haben.

Da fragt man sich als Außenstehender, aber wohl noch viel mehr als ehemaliges Opfer, warum sich Menschen einem Hans-Peter Martin anschließen und sich Wochen, Monate, ja sogar Jahre quälen lassen. Ist es der Reformgeist, der einen bewegt, bei einer derartigen Bürgerinitiative mitzumachen? Ist es die Unzufriedenheit mit der herrschenden Politik, die den unermüdlichen Einsatz für eine Veränderung erklärt? Ist es das Verlangen, in der großen Politik mitzuspielen und eine gewisse Rolle zu spielen? Ist es der Drang nach einem Mandat im Nationalrat oder im EU-Parlament? Will man unbedingt seinen Namen in der Zeitung lesen oder gar sein Gesicht am Bildschirm sehen? All diese Erklärungen mögen auf den einen oder anderen Mitwirkenden mehr oder weniger zutreffen. Doch eine hinreichende Begründung, warum sich durchaus gescheite und erfolgreiche Menschen einem Hans-Peter Martin unterwerfen und von diesem malträtieren lassen, liefern sie nicht. Da muss schon etwas Tieferes am Werk sein, um eine derartige Beziehung zu erklären. Ein starkes Harmoniebedürfnis kann eine Meinungsäußerung lange Zeit unterdrücken. Die Sorge, Sympathien zu verlieren und abgelehnt zu werden, führt ebenfalls häufig dazu, den Mund zu halten. Auch die Angst, eine Funktion zu verlieren oder gar aus dem Team geworfen zu werden, lässt Kritik oft schon im Keim ersticken.

In nicht wenigen Fällen mag eine Selbstwertstörungs-Kompensation, und zwar auf beiden Seiten, vorliegen. Der Führer (der Aktiv-Narzisst) verschafft sich durch seine Machtausübung die benötigte Dosis an Kontrolle, Zuwendung, Anerkennung und Wichtigkeit von den Mitwirkenden (den Passiv-Narzissten), die wiederum, aufgrund der Identifizierung mit dem Führer, an dessen Bedeutung, Macht und Erfolgen emotional teilhaben und so ihren Selbstwert steigern. Der Führer generiert neben der psychischen Befriedigung meistens auch einen faktischen Nutzen wie berufliche oder materielle Vorteile. Die passiv-narzisstischen Mitwirkenden, deren Selbstgefühl durch die (fragwürdige) Strahlkraft des Führers mitunter in lichte Höhen steigt, haben neben diesem zweifelhaften Hocherlebnis oft nichts als Verluste. Der Parasit benutzt und schädigt den Wirt. Die Energie dieser aktiv-passiv-narzisstischen Symbiose von sehr unterschiedlichen Persönlichkeitstypen hält eine Beziehung zwar einerseits fest zusammen, lässt sie aber andererseits bei Überschreiten eines gewissen Konfliktpegels jäh explodieren. Solche Explosionen hat es in Martins Beziehungen, wie man hört, zuhauf gegeben. Manchmal waren es viele kleine Erschütterungen, die das Zusammenleben belastet und sukzessive unmöglich gemacht haben, zuweilen waren es finale Detonationen, die jeglichen persönlichen Kontakt schlagartig beendeten.

Der korrupte Mensch

Neben dieser zwiespältigen Symbiose tragen aber sicherlich auch weitere markante Eigenschaften des EU-Politikers dazu bei, dass sich eine Kooperation mit ihm als äußerst schwierig erweisen kann (muss). So manche seiner Verhaltensweisen deuten auf eine zwanghafte Störung hin. Als Teammitglied der Liste „Martin" fielen mir, und auch mehreren meiner Kollegen, seine perfektionistische Art und ausgeprägte Gewissenhaftigkeit, seine ständigen Kontrollen, seine Halsstarrigkeit sowie seine übertriebene Vorsicht auf. Auch zeigten sich deutliche paranoide Tendenzen. Seine merkwürdigen Verfolgungsängste, seine starke Empfindlichkeit gegenüber vermeintlicher Kritik und Zurückweisung, seine nachtragende Art, sein ausgeprägtes Misstrauen, seine Neigung, neutrale oder freundliche Handlungen anderer als feindlich oder verächtlich zu missdeuten, sein streitsüchtiges und beharrliches Bestehen auf eigenen Meinungen und Rechten sowie seine Neigung zu einem übersteigerten Selbstwertgefühl und einer übertriebenen Selbstbezogenheit offenbaren immer wieder diesen paranoiden Zug. Bei derartigen Eigenschaften sind Konflikte mit den Mitmenschen fast unausweichlich. Auch ist daran zu denken, dass diese Persönlichkeitsmerkmale im direkten oder indirekten Zusammenhang mit den finanziellen Ungereimtheiten und Korruptionsvorwürfen stehen.

Bei den EU-Wahlen 2009 habe ich dem EU-Politiker Martin, trotz der widersprüchlichen und teils schlimmen Erlebnisse mit ihm, wieder meine Stimme gegeben. Zum einen aufgrund der Hoffnung, dass er weiter mit verbissener Lästigkeit die kleineren und größeren Schweinereien so mancher EU-Schmarotzer aufdecken würde, zum anderen aus Mangel an wählbaren Alternativen. Heute würde er meine Stimme nicht mehr bekommen. Auch wenn die im Raum stehenden Anschuldigungen gegen ihn restlos zu seinen Gunsten aufgeklärt werden sollten. Ob das österreichische und europäische Rechtssystem überhaupt in der Lage dazu ist, wird sich weisen.

Der Mensch und Politiker Hans-Peter Martin verkörpert eine relativ weit verbreitete Tragik: Ein großes Potenzial wird durch psychische Probleme, die ihm seine engsten Mitmenschen eingebrockt haben, beeinträchtigt. Die Beeinträchtigung kann so weit gehen, dass Beziehungen, Familie, Beruf oder Gesundheit nicht nur darunter leiden, sondern daran zerbrechen.

Alles in allem kann man zum Schluss kommen, dass diese sehr antriebsstarke, begabte und fähige Persönlichkeit wohl in seiner angestammten Branche hätte bleiben sollen. In der Politik hat er eine gewisse Karriere gemacht, das ist unbestritten. Doch ist er letztlich (wie es derzeit aussieht) gescheitert. Genau jene Eigenschaften, die ihm den Aufstieg ermöglicht hatten, haben ihn auch zu Fall gebracht. In der Welt der Medien, wo er bemerkenswerte Erfolge erzielen konnte, wäre er wohl besser aufgehoben gewesen. Als Journalist und Autor kann man sich Eigenschaften leisten, die man sich in der Politik auf Dauer dann doch nicht leisten kann.

Hans-Peter Martin war so, wie er war. Er konnte nicht anders (sonst hätte er es anders gemacht). Er meinte es (wohl) nicht böse.

Vielleicht kommt er in Anbetracht der Ereignisse noch während des Falls zum Nachdenken sowie zu richtigen Erkenntnissen und entsprechenden Handlungen. Es sei ihm vergönnt, dass ihm das vor dem ganz harten Aufschlag gelingt.

Eine gewisse Anpassungsfähigkeit hat er ja schon des Öfteren gezeigt. Die Entschuldigung nach dem schweren Konflikt in seinem Büro war ein einigermaßen bemerkenswertes Beispiel dafür. Ob auch eine Einsicht in persönliches Fehlverhalten oder nur die Absicht, einen lästigen Streit aus der Welt zu schaffen, dahinter steckte, sei dahingestellt. Auch der Umstand, dass er im Zuge der Unkosten-Abrechnung einige Zeit nach der Wahl mit mir wieder per E-Mail verkehrte, zeugt von einer gewissen Flexibilität. So schrieb er: „Lieber Karl, mit Verwunderung habe ich Stil und Inhalt Deiner Zeilen zur Kenntnis genommen, da es so im Widerspruch zu sonstigen Schreiben von Dir (freilich an andere) und zu Deinem konkreten Verhalten steht ... Nur im Osten Österreichs habe ich bislang so etwas erlebt ... Mit besten Grüßen, Hans-Peter." In der Folge ging es sogar schon freundlich: „Werter Karl, danke für die schnelle Antwort. Werde mich bemühen, Überweisung noch vor dem Ab-

Der korrupte Mensch

reisen morgen aus Brüssel heraus zu erledigen. Beste Grüße, Hans-Peter." Oder: „Werter Karl, ... Bitte um Verständnis, dass die Erledigung dann noch etwas dauern kann. Bin jetzt zum Glück wieder beruflich viel in interessanten Gegenden unterwegs, in den nächsten Tagen in Italien und Straßburg, dann ab Ende kommender Woche in Beijing und Shanghai. Mit besten Grüßen, Hans-Peter." Zugegeben, mein erstes E-Mail an Hans-Peter Martin mit der Bitte um Rückerstattung der Wahlkampf-Unkosten war auch sehr freundlich. Was er anscheinend gar nicht leiden kann, sind Widerspruch, Forderungen, Kritik oder gar Drohungen. Wer als Kind sehr viel schlechte Behandlung erfahren hat, reagiert als Erwachsener auf (vermeintlich) schlechte Behandlung häufig überaus empfindlich.

Wie Hans-Peter Martin auf all die kritischen Anmerkungen und Feststellungen reagiert und wie dies einzuordnen ist, können Sie im Kapitel „Wie Politiker häufig mit Negativ-Kritik umgehen" lesen.

Wenn destruktive Energie in eine Machtposition kommt

Korruptes Verhalten ist das Resultat bestimmter Persönlichkeitsmerkmale, der gegebenen Umstände und Ereignisse sowie der aktuellen seelisch-körperlichen Verfassung.

Bestimmte Eigenschaften bewirken bei Vorliegen gewisser Umweltbedingungen und Situationen einen bestimmten Werdegang und bestimmte Ergebnisse.

Zufälle sowie unvorhersehbare Ereignisse und damit in Zusammenhang stehende Entwicklungen spielen dabei oft eine entscheidende Rolle.

Die Chaosforschung, ein Teilgebiet der Mathematik und Physik, beschäftigt sich mit dynamischen Systemen, deren Dynamik unter bestimmten Bedingungen empfindlich von den Anfangsbedingungen abhängt, sodass ihr Verhalten nicht langfristig vorhersagbar ist. Chaotische dynamische Systeme sind nichtlinear. Dynamische nichtlineare Systeme sind solche, die Speicherelemente und somit ein „Gedächtnis" besitzen. Dadurch wird die Systemantwort nicht nur vom augenblicklichen Wert des Systemreizes bestimmt. Sie hängt auch von der Vorgeschichte, der Quantität und der Qualität der vorangehenden Erregung, ab.

Beispiele dafür sind Wetterentwicklungen, Wirtschaftskreisläufe, Verkehrsstaus oder neuronale Netze wie die Struktur und Informationsarchitektur unseres Nervensystems.

Als „Schmetterlingseffekt" bezeichnet man in diesem Zusammenhang das Phänomen, dass in komplexen, nichtlinearen dynamischen Systemen eine große Empfindlichkeit hinsichtlich kleiner Abweichungen von den Anfangsbedingungen besteht. Geringfügig veränderte Anfangsbedingungen können langfristig zu einer völlig anderen Entwicklung führen. Die zugrunde liegende Fragestellung lautet: Kann der Flügelschlag eines Schmetterlings in Brasilien einen Tornado in Texas auslösen?

Im Unterschied zum Begriff Schmetterlingseffekt, der für vollständige und unvorhersehbare Veränderungen ganzer Systeme durch kleine Änderungen der Ausgangsbedingungen verwendet wird, bezeichnet der „Schneeballeffekt" kleine Ausgangsereignisse, die sich über eine Kettenreaktion selbst verstärken. Der Begriff stammt vom rollenden und dabei anwachsenden Schneeball, der im Gebirge zu einer Lawine werden kann.

So kann ein unbedachtes Wort zu einem Missverständnis führen, das einen Konflikt auslöst und in eine Prügelei ausartet. Eine Abwehrbewegung des einen Kontrahenten lässt den anderen derart unglücklich zu Boden stürzen, dass dieser mit dem Kopf gegen einen Randstein knallt. Die Verletzung ist so schwer, dass der Gefallene noch am Unfallort stirbt. Die von Augenzeugen gerufene Polizei nimmt den vermeintlichen Täter fest. Es kommt zu einer Gerichtsverhandlung. Der Angeklagte wird freigesprochen. Der Freigesprochene verliert aufgrund der Vorkommnisse und der damit verbundenen Publizität (ungerechterweise) seinen Job. Der angeschlagene Arbeitslose wird von Frau und Kindern verlassen. Der Verlassene stürzt in eine schwere seelische Krise. Die Krise mündet schließlich in einen Selbstmordversuch.

Führt der Schneeballeffekt mit fortdauernder Zeit zu immer größerer Intensität, so handelt es sich beim „Dominoeffekt" um eine Abfolge von ähnlichen Ereignissen. Jedes einzelne Ereignis geht auf ein Anfangsereignis zurück und ist zugleich Ursache des folgenden Ereignisses.

Der Begriff Dominoeffekt wird unter anderem auch für soziale oder politische Prozesse verwendet, die aus einer Folge sich bedingender Ereignisse bestehen. Die sogenannte Dominotheorie postulierte, dass der kommunistische Umsturz in einem Land aufgrund der „populistischen Kraft der Ideologie" binnen kurzer Zeit den Kommunismus in benachbarten Ländern nach sich ziehen würde. Im Sicherheitsmanagement bezeichnet der Dominoeffekt den Umstand, dass Fehler weitere Fehler sowie Vorfälle weitere Vorfälle zur Folge haben.

Ob Eigenschaften, Umstände oder Wechselwirkungen, ob Schmetterlingseffekte, Schneeballeffekte oder Dominoeffekte, wir Menschen sind in unserer Entwicklung, unserem Denken und Tun unzähligen Faktoren ausgesetzt. Faktoren, die wir beeinflussen können, Faktoren, die wir zum Teil beeinflussen können, und Faktoren, die wir ganz und gar nicht beeinflussen können.

Keine bösen Absichten, aber böse Folgen

Zuweilen wirken sich unsere negativen Steuerprogramme nicht nur unangenehm, beziehungs-, leistungs- oder gesundheitsschädlich, sondern auch gefährlich für die Mitmenschen aus.

Die Neigung zu egozentrischen Allmachtsgefühlen, rücksichtslosem Egoismus, narzisstischer Selbstsucht, ausbeuterischer Gewinnmaximierung, unkontrollierter Aggressivität, korruptem Verhalten, kriminellem Tun, unheilvollen Überzeugungen, konfliktträchtigen Dogmen, feindseligen Ideologien oder zu abartigem sexuellen Verhalten kann Seele, Leib und

Leben anderer sowie das geordnete Zusammenleben und den Frieden gefährden.

Unglücklicherweise sind die schädlichen Auswirkungen destruktiver Programme oftmals weder für die Betroffenen selbst noch für die leidtragenden Mitmenschen als solche (so einfach) zu erkennen. Vor allem psychisch gestörte Führungspersönlichkeiten in der Wirtschaft und Politik können auf der Basis eines mächtigen Amtes und unter dem Deckmantel dieses Amtes eine Menge Schaden anrichten. Beispiele dafür gibt es genug. Und Korruption spielt in der einen oder anderen Form fast immer eine wesentliche Rolle.

Zumindest zwei starke Kräfte sind dabei im Spiel. Einerseits besitzen die Nutznießer des Status quo gewöhnlich wenig bis kein Änderungsbewusstsein und -bedürfnis. Andererseits weisen nicht wenige Inhaber einträglicher und einflussreicher Positionen (fast) unheilbare Persönlichkeitsstörungen auf.

Derartige Neigungen basieren auf ererbten und/oder eingelernten Programmen. Wird die Neigung zur Tat, so steckt auch hier wohl keine vorsätzliche Bösartigkeit dahinter, sondern die gewaltige (destruktive) Energie der Steuermechanismen. Auch wenn kein bewusster bösartiger Vorsatz gegeben ist, muss sich die Gesellschaft vor den bösen Auswirkungen derartiger Verhaltensweisen schützen – zum einen durch aufmerksames Beobachten, Analysieren, Informieren, Aufklären oder Beraten, zum anderen durch klare Regeln, umsichtige Kontrolle und entsprechende Konsequenzen.

Einfacher, kostengünstiger und ungefährlicher ist immer die Vorbeugung. Die Therapie ist oft sehr aufwendig und schmerzhaft, manchmal gar nicht mehr möglich. Das Entstehen und den Ausbruch einer Krankheit (das Wählen und Mächtig-werden-Lassen einer gestörten Persönlichkeit) zu verhindern, wäre angebracht, ist aber für die Mehrheit der Menschen wohl nicht möglich.

Genauso wie manche von uns aufgrund des individuellen Steuerprogramms, der Umstände und seelisch-körperlichen Verfassung (trotz besseren Wissens) un- und übermäßig rauchen, trinken oder essen, genauso wählen manche von uns (auch trotz besseren Wissens) Ungeeignete oder Gestörte zu ihren Führern.

Die große Mehrheit jedoch wählt Ungeeignete oder Gestörte auf der Grundlage von Gleichgültigkeit, Unaufmerksamkeit oder Unwissenheit – häufig gepaart mit Eigeninteresse und Hoffnung, Unzufriedenheit und Frust oder Unsicherheit und Angst.

Der Fisch beginnt am Kopf zu stinken

Ist die Politik schlecht, ist die Verwaltung schlecht.

Meinungsvielfalt kann gepaart mit Interessensvielfalt zuweilen dazu führen, dass Wasser nicht farblos, sondern rot, schwarz, grün, orange, blau oder gar braun ist. Jeder hat recht, je nach Perspektive, Ziel- und Standpunkt.

Die Eunuchen und die Parteipolitiker: Sie glauben zu wissen, wie es geht, sie können es aber nicht.

Interessenskonflikte, Egoismen, Freunderlwirtschaft, Postenschacher, Fehlbesetzungen, Seilschaften, Netzwerke, Privilegienrittertum, Verschwendung, Parteienfilz, Konkurrenzdenken, Streitereien, Machtkämpfe, Inkompetenz, Fehlentscheidungen, Intransparenz, Kontrollmankos, Korruption, Manipulation, Willkürherrschaft, Unterdrückung, Ausbeutung, Gefangenschaft, Folter, Totschlag oder Mord – das sind Dinge, die die Menschheit (insbesondere deren politisches Tun) seit jeher begleiten.

Die Machthaber sind anfällig dafür, die Möglichkeiten des Amtes (in jeder Hinsicht) auszuschöpfen. Die politischen Systeme sind oft so strukturiert, dass das mehr oder weniger leicht und oft ohne jegliche Konsequenzen für die „Täter" machbar ist.

Die Fähigkeit, an die Macht zu kommen (sei es durch Wahlen, Rebellion oder Putsch), steht nicht selten im krassen Gegensatz zur Fähigkeit, ein Land im Sinne der Bürger gut zu verwalten, zu regieren. Mit Machtstreben, Populismus oder Rücksichtslosigkeit sind zwar hohe Ämter zu erklimmen, doch für eine gute Amtsführung sind fachliche Kompetenzen, moralische Werthaltung und Engagement für die Allgemeinheit wesentliche Eigenschaften.

Hinzu kommen schwerfällige, unbewegliche Organisationsstrukturen.

Verschärft wird die Lage oft noch durch die enge Verknüpfung von Legislative und Exekutive. Abgeordnete und Regierungsmitglieder sind von einer Partei abhängig, werden von einer Partei bestimmt.

Selbst ehrenwerte Politiker, die kompetent und engagiert sind, die für eine gute Sache kämpfen, haben in diesem Klima oft keine wirkliche Chance, Gutes zu tun. Das System lässt es nicht zu. Verkrustete Strukturen, lähmende Prozesse, veraltete Ideologien, erbitterte Konkurrenzkämpfe, das Beharren der Funktionäre auf ihre Machtpositionen und Privilegien oder der Profilierungsdrang populistischer Karrieristen lassen konstruktive Politikeinsteiger oft sehr bald resignieren. Sie verlassen entweder angewidert Partei und Politik oder passen sich sukzessive an und werden damit selbst ein Teil der beinahe uneinnehmbaren Festung.

In autoritären Systemen sind Machtausübung, Willkürherrschaft, Unterdrückung, Ausbeutung oder Korruption naturgemäß besonders ausgeprägt.

Aber auch die westlichen Demokratien sind anscheinend nicht in der Lage, die gestellten Aufgaben zu meistern. Missstände, Schieflagen, Fehlentwicklungen, Konflikte, Krisen und Unzufriedenheit des Volkes gehören mehr oder weniger zur politischen Normalität.

Obwohl es niemand böse meint. Wir Menschen sind so, wir können (oft) nicht anders.

Was tun? Muss das so sein? Gibt es Alternativen?

Alternativen gibt es, sogar recht gute und Erfolg versprechende. Aber die Realisierung ist (fast) unmöglich. Die Nutznießer des Status quo, in der Regel die Führer, Bestimmer und Reichen (sowie das profitierende Umfeld), haben kein Interesse an einer Veränderung. Sie wehren sich (natürlich) mit allen Mitteln.

Der korrupte Mensch

Allerdings gibt es auch (fast) keine ernsthaften Initiativen der einfachen Organisationsmitglieder, der Bürger, eine grundlegende strukturelle Änderung in Gang zu setzen. Kriterien wie Desinteresse, Unaufmerksamkeit, Unwissenheit, Verdrossenheit, Verdrängung, Unkoordiniertheit, Egoismus, Unfähigkeit, Ängstlichkeit oder Resignation spielen dabei eine mehr oder weniger bedeutende Rolle.

Zudem mag ein sonderbarer narzisstischer Wechselwirkungs-Mechanismus das Seine dazu beizutragen: Die Führer (aktive Narzissten) verschaffen sich durch Machtausübung die benötigte Dosis an Kontrolle, Interesse, Anerkennung und Zuwendung von den einfachen Bürgern (passive Narzissten), die wiederum, aufgrund der Identifizierung mit den Führern, an deren Macht, Bedeutung und Erfolgen emotional teilhaben. Diese Symbiose des Zusammenlebens von sehr unterschiedlichen Persönlichkeitstypen festigt das System einer Organisation (ob Beziehung, Familie, Team, Unternehmen, Partei oder Staat) oft beträchtlich. Die politischen Führer ziehen daraus, neben der psychischen Befriedigung, meistens auch faktischen Nutzen (hohes Einkommen, Nebeneinkünfte, diverse Privilegien). Die passiv-narzisstischen Bürger, deren innere Minderwertigkeit sich durch die Erfolge und Strahlkraft der Führer zeitweise in ein übersteigertes Selbstwertgefühl wandelt, haben neben diesem fragwürdigen Hochgefühl gewöhnlich nichts als Verluste. Im Rahmen dieses Parasitismus stellen also die Politiker die Parasiten und das Volk den Wirt dar. Die Parasiten benutzen und schädigen den Wirt, bringen ihn aber gewöhnlich nicht (ganz) um – nach dem Motto: Man soll die Kuh, die man melkt, nicht schlachten. Doch die Kühe im Land werden immer unwilliger und unzufriedener – wie auch Umfragen deutlich zeigen.

Das herrschende System der Parteien-Politik kann allem Anschein nach die Herausforderungen und Problemstellungen der heutigen komplexen Welt nicht bewältigen. Neben dem Phänomen der Zuwanderung, der Vermischung von Nationalitäten und Kulturen sowie zahlreichen anderen brennenden Problemen haben sich die Gesetzgeber und Regierenden auch jahrelang viel zu wenig um das Phänomen der Korruption in Politik und Verwaltung gekümmert. Frustration, Kritik, Protest und Widerstand breiten sich nun zunehmend aus.

Wie Politiker mit Negativ-Kritik umgehen

Wir Menschen haben negative Kritik nicht besonders gerne. Ist ja auch (irgendwie) verständlich. Dass wir unsachliche, ungerechte oder gar beleidigende Kritik nicht leiden können, ist okay. Dass wir aber auch sachliche und gerechtfertigte Negativ-Kritik nicht mögen, führt nicht selten zu Diskussionen und Konflikten. In Beziehungen, Familien, Gruppen, Teams und Unternehmen gehören Kritik, Gegenkritik, Zurückweisung und Kontroversen (mehr oder weniger) zum Alltag.

Eine besondere Spezies im Umgang mit Kritik stellen Politiker dar. Insbesondere bei Kritik in Zusammenhang mit Korruption. Die permanente mediale Beobachtung, der inter- und intraparteiliche Konkurrenzkampf sowie der eingelernte Anti-Kritik-Reflex führen zu einem bemerkenswerten Umgang mit kritischen Bemerkungen. Gewöhnlich kann ein fünfstufiges Reaktionsmuster beobachtet werden.

1. Ignoranz: Solange es geht, wird sachliche und berechtigte Negativ-Kritik ignoriert. Es erfolgt kaum eine Reaktion.
2. Ätzende und lächerlich machende Bemerkungen: Wenn die Negativ-Kritik eine gewisse qualitative, quantitative oder insbesondere eine gewisse öffentliche Schwelle überschreitet, werden erste Antworten laut. Es handelt sich dabei meist um spöttische Anmerkungen und abqualifizierende Beurteilungen zur Person (und weniger zur Sache).
3. Verunglimpfung, Vorwürfe, Unterstellungen: Wenn die Kritik als persönliche Bedrohung empfunden wird, werden schwerere Geschütze aufgefahren. Die Kritiker werden persön-

lich angegriffen, abqualifiziert und verunglimpft. Man geht zum Gegenangriff über und stellt Vorwürfe in den Raum.

4. Drohungen: Lassen sich die Kritiker davon nicht einschüchtern, werden sie bedroht. Das beginnt subtil mit Andeutungen von gewissen Nachteilen und endet mit der Androhung einer Klage.

5. Umsetzung der Drohungen: Die angedeuteten Nachteile werden, so weit wie möglich, sukzessive realisiert. Da Politiker in der Regel viele „gute" Kontakte, ein umfangreiches Netzwerk und die mit dem jeweiligen Amt verbundene Macht haben, können sie schon für so manche Unannehmlichkeiten für die unliebsamen Kritiker sorgen. Rechtliche Schritte werden selten unternommen. Vor allem dann nicht, wenn die Kritik gerechtfertigt ist.

Die meisten Politiker tun all das nicht, weil sie so gemein und böse sind, sondern weil sie sich aus Selbstschutz an die eigentümlichen Spielregeln der Politik halten müssen. Das System ist morbide geworden. Morbide Systeme neigen noch viel mehr zu Korruption als halbwegs gesunde. Aber selbst gesunde Systeme tragen den Bazillus der Korruption bereits in sich. Daher gilt es, bei der Auswahl und Wahl der Politiker besonders wählerisch zu sein und in der Folge selbst die geeignetsten und anständigsten Amtsinhaber aufmerksam zu beobachten und zu prüfen.

Welche Menschen sind „gute" Politiker?

Abgeordnete und Regierungsmitglieder haben einen sehr fordernden und verantwortungsvollen Job. Aussagen, Verhaltensweisen und Entscheidungen können schwerwiegende und nachhaltige Folgen für ein ganzes Land (und darüber hinaus) haben – im Positiven wie im Negativen. Daher sollten auch nur

Personen, die bestimmte Anforderungen erfüllen, derartige Funktionen innehaben.

Anforderungsprofile für Politiker

Abgeordnete werden vom Volk gewählt. Die Wählerinnen und Wähler haben somit zu analysieren und zu beurteilen, welche kandidierenden Listen und welche Kandidaten für die Gesetzgebung geeignet sind. Ob sie das auch können, ist fraglich. Im derzeitigen System hängt die Zusammensetzung der Regierung vom Wahlergebnis nur bedingt ab. Durch Verhandlungen können sich verschiedenste Koalitionsmöglichkeiten ergeben. Auf die personellen Besetzungen der einzelnen Ressorts hat der Wähler so gut wie keinen Einfluss. Oft bestimmt einzig und allein der Parteichef einer Regierungspartei, wer welchen Regierungsjob bekommt. Es bleibt also häufig der Laune des Chefs (und des Einflusses der Einflüsterer) überlassen, welche Personen die verantwortungsvollsten Jobs im Land erhalten. Wirklich objektive Kriterien spielen bei dieser Art der Personalauswahl allem Anschein nach keine (große) Rolle. Obwohl gerade die Leitung eines Ministeriums Eigenschaften und Fähigkeiten erfordert, die nur relativ wenige Bürger besitzen.

Welche Kompetenzen und Eigenschaften braucht ein Abgeordneter?

Ein professioneller Parlamentarismus braucht professionelle Parlamentarier, also unabhängige, kompetente, engagierte und anständige Fulltime-Mandatare.

Ein Anforderungsprofil für Nationalratsabgeordnete könnte folgendermaßen aussehen:

- Berufs- und Lebenserfahrung – Jobs, Projekte, Veröffentlichungen, Engagements …
- Solide Ausbildung – Grundfachkenntnisse, Generalwissen
- Basis-Englisch-Kenntnisse
- Wissen über Politik, Recht, Wirtschaft, Infrastruktur, Bildung, EU, internationale Zusammenhänge, Medien …
- Projekt- und Organisationskompetenz

Der korrupte Mensch

- Sozial- und Kommunikationskompetenz wie Teamfähigkeit oder Verhandlungsführung
- Interkulturelle Kompetenz und Akzeptanz
- Interesse und Offenheit
- Motivation und Engagement
- Verantwortungsbewusstsein und Konstruktivität
- Sachlichkeit und Problemlöse-Orientiertheit im Gegensatz zu Ideologie und Problem-Orientiertheit
- Lern-, Weiterbildungs- und Weiterentwicklungsbereitschaft
- Einsatzbereitschaft: Mandat als Fulltime-Job, d.h., die volle Energie und Zeit für die Amtsausübung aufwenden. Dafür soll es auch eine angemessene Entlohnung und Absicherung geben.
- Unabhängigkeit und Unvereinbarkeit, keine aktive Zugehörigkeit zu Interessengruppen, Institutionen oder Firmen
- kognitive, emotionale, analytische und praktische Intelligenz, ethische Grundhaltung, moralisches Verhalten
- Menschliche Werte als Fundament für politisches Entscheiden und Handeln: Anständigkeit, Regel- und Gesetzestreue, Wertschätzung, Toleranz, Höflichkeit, Unabhängigkeit, Eigenverantwortung, Gerechtigkeit, Nachhaltigkeit, Sinn für das Gemeinwohl, Loyalität, Konstruktivität, Professionalität, Engagement für die Bürger und das Land
- Stressresistenz und Regenerationsfähigkeit
- geistig-seelische Gesundheit und Stabilität

Da der Job eines Regierungsmitglieds oder gar des Regierungschefs noch deutlich anspruchsvoller ist als der eines Parlamentariers, sind zusätzlich zu den Abgeordneten-Kompetenzen folgende Fähigkeiten notwendig:
- langjährige berufliche und soziale Erfahrung
- politische Erfahrung
- internationale Erfahrung
- hohe Fachkompetenz
- hohe Management- und Führungskompetenz
- hohe Sozial- und Kommunikationskompetenz

Karl Kriechbaum

- sehr gute Fremdsprachenkenntnisse, vor allem fließendes Englisch
- ausgeprägte geistig-seelische Gesundheit und Stabilität: guter Selbstwert, geringe narzisstische Tendenzen, Belastbarkeit, Stressresistenz, Regenerationsfähigkeit, Entscheidungsfähigkeit, Durchsetzungsvermögen, Kompromissfähigkeit, Networking, strategisches und visionäres Denken

Parteivorsitzende und Listenchefs sowie hohe und einflussreiche politische Funktionäre sollten zumindest ähnliche Kompetenzen und Eigenschaften besitzen wie Abgeordnete.

Es ist aber eine traurige Tatsache, dass selbst viele Politiker der westlichen Demokratien ein derartiges Anforderungsprofil nicht einmal annähernd erfüllen. Es gibt Regierungschefs, deren Englisch mehr stockend als fließend ist. So manche Fachminister haben von ihrem Fach wenig bis keine Ahnung. Von Unabhängigkeit kann fast bei keinem Parlamentarier oder Regierungsmitglied die Rede sein. Zahlreiche Spitzenpolitiker denken zuerst an sich, dann an die Partei, dann an die Gewerkschaft, Kammer oder Firma und ganz zum Schluss an die Bürger und das Land. Und genauso sieht es auch in den meisten Ländern aus: Konflikte, Fehlentscheidungen, Missstände, Korruption, Budgetdefizite und Schuldenberge. Es kann aber noch schlimmer kommen: Wenn hochgradige Narzissten an die Hebeln der Macht gelangen (was gar nicht selten der Fall ist), dann sind Missstände und Schuldenberge noch das geringere Übel. Dann können Machtmissbrauch, Unterdrückung, Ausbeutung, maßlose Korruption, Kriminalität oder gar Gewaltandrohung und Gewaltanwendung ein Volk jahrelang im Würgegriff halten.

Wie sind all die Fehlentscheidungen, Missstände, Schuldenberge oder Korruptionsexzesse zu verhindern? Wie kann ein Land zu geeigneten Politikern und zu einer bürgergerechten, professionellen Politik kommen?

Der korrupte Mensch

Geeignete Politiker und professionelle Politik

Es gibt in fast jedem Land, ob Demokratie oder Diktatur, ob offen oder verborgen, Thinktanks, Reformbewegungen, Einzel- und Bürgerinitiativen, die eine Veränderung der Politik zum Besseren anstreben und fordern. Viele dieser Überlegungen sind unbrauchbar, unausgegoren, egoistisch oder schlichtweg unrealistisch. Manche der Konzepte sind problematisch oder gar gefährlich. Nur wenige Konzepte sind ausgereift, umsetzbar und vor allem auch nutzbringend für das Land.

Für eine nachhaltige Qualitätsverbesserung der politischen Arbeit bedarf es eines Imperativs des kategorischen Konstruktivismus. Weniger im Sinne des Kant'schen kategorischen Imperativs, bei dem der gute Wille einer Handlung das Maß aller Dinge ist. Vielmehr im Sinne des hypothetischen Imperativs, bei dem der Zweck, die Mittel und die Folgewirkungen von Entscheidungen und Handlungen im Fokus der Beurteilung stehen. Zudem ist es notwendig, dass dieser Imperativ nicht nur ein „Sollen", sondern auch ein „Müssen" inkludiert. Ein Müssen in Bezug auf konstruktive (sinnvolle, angemessene, notwendige oder günstige, vorteilhafte, positive) Konsequenzen einer politischen Entscheidung und Handlung. Für alle Beteiligten muss der größtmögliche Vorteil bzw. der kleinstmögliche Schaden herauskommen.

Aus politikpsychologischer Sicht müssten damit vor allen fünf Bedingungen erfüllt werden:

1. Menschliche Werte wie Anständigkeit, Unabhängigkeit, Sinn für das Gemeinwohl oder Verantwortung stellen eine verpflichtende Grundlage für politisches Entscheiden und Handeln dar.

2. Die Kandidatur für ein Abgeordnetenmandat sowie die Bewerbung für ein Regierungsamt stehen faktisch allen Staatsbürgern offen, und nicht nur Mitgliedern politischer Netzwerke.

3. Es können (fast) nur geeignete Persönlichkeiten in staatspolitisch wichtige Ämter gelangen.

4. Entscheidungen werden ausschließlich auf der Basis von staatspolitischen Notwendigkeiten, Bürgerbedürfnissen und Expertisen getroffen.

5. Die politischen Prozesse sind absolut transparent und werden permanent von einer völlig unabhängigen Institution evaluiert, kontrolliert und sanktioniert.

Ein auf diesen Bedingungen basierendes politisches Reformkonzept könnte folgendermaßen aussehen:

Wesentliche menschliche Werte werden als verpflichtende politische Werte klar formuliert, festgeschrieben und bekanntgegeben.

Direkte Demokratie pur: Es besteht ein offener Zugang für alle Bürger zu allen staatspolitischen Ämtern, um möglichst viele Menschen politisch aktiv werden zu lassen und um bei der Politikerauswahl aus einem großen Reservoir an Interessierten und Engagierten schöpfen zu können. Und, last but not least, um die ungesunde Allmacht des Parteiensystems zu vermindern.

Es erfolgt eine faire und objektive Auswahl der geeigneten Bewerber, um kompetente, menschlich geeignete, engagierte, unabhängige und anständige Politiker wählen zu können.

Eine verpflichtende Weiterbildung und -entwicklung stellt sicher, dass die höchsten Repräsentanten des Landes auf dem neuesten Stand sind – fachlich wie menschlich.

Eine wirksame Qualitätssicherung garantiert, dass Probleme, Regelverstöße, Fehler und Fehlentwicklungen rasch erkannt und beseitigt werden können. Denn Macht neigt zu Machtmissbrauch, und Handeln birgt Fehler in sich.

Es erfolgt eine faktische Trennung von Parlament und Regierung, wie es für ein funktionierendes Zusammenspiel der Staatsgewalten im Sinne der Bürger notwendig ist.

Abgeordnete agieren als unabhängige, kompetente, engagierte und anständige Fulltime-Worker anstatt als willfährige Handlanger der Parteizentralen oder lobbyierende Nebenbeschäftigte.

Regierungsmitglieder müssen sich als hochprofessionelle, unabhängige und anständige Staatsmanager erweisen, und dürfen nicht als wenig kompetente, abhängige und überforderte Ressortchefs Fehler um Fehler machen.

Optimale Organisationsstrukturen und Prozesse sind zu schaffen und aufrechtzuerhalten, wie es in erfolgreichen Unternehmen und Institutionen seit vielen Jahren üblich ist.

Es müssen konstruktive Entscheidungen auf der Basis von Bürgerbedürfnissen und Expertisen erfolgen und nicht auf der Grundlage von Gutdünken und Interessenlage der Politiker.

Auch in die Politik hat eine Arbeitsweise Einzug zu halten, die eine volle Konzentration auf die staatspolitischen Aufgaben und Ziele ermöglicht. Parteiarbeit, Bierzeltreden, Maibaumaufstellen oder Ausstellungseröffnungen sollten andere machen, aber nicht hochrangige Staatspolitiker. Überlastung und Stress führen unweigerlich zu Leistungsbeeinträchtigungen. Eine Verminderung der geistigen Fitness, der Konzentration, Merkfähigkeit, Kreativität, Kommunikationsfähigkeit, Problemlösefähigkeit oder der Stabilität führt zu suboptimalen Ergebnissen, zu Fehlern und Fehlentwicklungen.

Reformkonzepte, die den offenen Zugang der Staatsbürger zu politischen Ämtern beschränken, die nicht ein Mindestmaß an Qualifikation der Amtsträger sicherstellen und die keine wirksame Qualitätssicherung verbürgen, sind wohl, aus psychologischer Sicht, zum Scheitern verurteilt. Die Geschichte zeigt es sehr anschaulich: Aus Initiativen mit viel Reformeifer und Engagement werden über kurz oder lang etablierte Parteien, die sehr schnell zu systemkonformen Vereinigungen verkommen. Und systemkonforme Vereinigungen wirken im besten Falle systemerhaltend, im schlechteren Falle sorgen sie, wie die bestehenden Altparteien, für Machterhalt, Machtmissbrauch und nicht selten für Korruption und Erosion.

Wie Erfahrungen zeigen, bedarf es aber noch sehr großer Aufklärungs- und Überzeugungsarbeit, bis sich die Wähler für ein derartig pragmatisches Wahlprogramm gewinnen lassen. Es ist halt nicht so „sexy" wie ein populistisches Programm mit platten Schlagworten, emotionalisierenden Parolen, oberflächlichen Erklärungen und verlockenden Versprechungen.

Karl Kriechbaum

Zugegeben, populistische Inhalte und Darbietungen sind leichter zu verkaufen. Doch gehen sie am Wesentlichen vorbei. Man muss schon den Menschen in seiner Vielfalt und Komplexität verstehen, um menschengerechte Konzepte entwickeln zu können. Wir Menschen funktionieren nämlich sehr viel anders, als sich das so manche Politiker, Politikwissenschafter und Politikberater träumen lassen. Um etwa das sehr verbreitete politische Übel der Korruption in den Griff kriegen zu können, bedarf es mehr als moralischer Appelle und Tadel oder strenger Regeln, Gesetze und Sanktionen. Es bedarf eines grundlegenden Paradigmenwechsels in der Erziehung, Bildung und Arbeit. Weg von krankmachender Leistungs- und Produktivitätsmaximierung, weg von zermürbendem Konkurrenzdenken und zerstörenden Revierkämpfen, weg von den kapitalvernichtenden und fehleranfälligen Verwaltungsmolochen, weg von der ressourcenfressenden Wachstumsbesessenheit und hin zu einer Berücksichtigung und Beachtung der menschlichen Bedürfnisse und Werte.

Die Verwirklichung derart umfassender Ziele kann nur eine Kraft leisten: die große Politik. Sie kann die Gesetze entsprechend optimieren und die Umsetzung vorantreiben. Ob die große Politik dazu fähig und willens ist, hängt nicht zuletzt von uns, den Bürgern und Wählern, ab.

Freier Wille, eine Illusion?

Sind wir Menschen überhaupt dazu in der Lage, Altbekanntes und Gewohntes, selbst wenn es hinderlich oder destruktiv ist, zu erkennen, abzustellen und durch Neues zu ersetzen? Können wir uns verändern, selbst wenn es höchst notwendig und wünschenswert wäre?

Können wir Menschen frei entscheiden, ob wir uns in dieser oder jener Situation anständig und korrekt oder habgierig und regelwidrig verhalten?

Unsere Steuerprogramme sind nicht nur sehr einflussreich, sondern oft auch sehr hartnäckig. Je negativer die persönlichen

Programme sind und je größer die subjektive oder objektive Belastung aufgrund bestimmter Umstände ist, desto destruktiver sind die Folgereaktionen.

Wir Menschen sind durch unsere Anlagen und vor allem durch die Erziehung und andere wesentliche Erfahrungen weitgehend determiniert. Unsere inneren Programme steuern unser Denken, Fühlen und Tun. Sie bestimmen unser Weltbild, unsere Bedürfnisse, unsere Wünsche, unsere Ziele und unser Wirken. Absolut freier Wille und völlig unabhängiges Entscheiden sind damit nur bedingt möglich. Unser Wille und unsere Entscheidungen basieren ebenso auf unseren psychoneuronalen Programmen wie alle übrigen kognitiv-emotionalen Prozesse und Produkte – und haben somit gewisse Grenzen.

Ob wir hilfsbereit sind oder nicht, ob wir gut zuhören, ob wir Zivilcourage besitzen, ob wir über uns und die Welt nachdenken, ob wir lösungs- und zielorientiert sind, ob wir problemorientiert sind, ob wir hadern und jammern, ob wir analysieren und anpacken, ob wir sexuell aktiv sind, ob wir aggressiv sind, ob wir dominant sind, ob wir ängstlich sind, ob wir depressiv sind, ob wir strebsam sind, ob wir Dinge in Frage stellen, ob wir rasch logische Schlüsse ziehen, ob wir gut rechtschreiben, ob wir eine Fremdsprache fließend sprechen, ob wir gut Ski fahren, ob wir bei der Vermögensanlage ein hohes Risiko eingehen, ob wir schnell Auto fahren, ob wir viel Alkohol trinken, ob wir übermäßig naschen, ob wir gerne Blutwurst essen, ob wir Fisch mögen, ob wir karriereorientiert sind, ob wir ein beschauliches Leben schätzen oder nicht, ob wir uns korrupt verhalten oder nicht, hängt von unseren persönlichen Programmen, unserem aktuellen Zustand und den gegebenen Umständen ab.

Bestimmte Programme werden bei bestimmten seelisch-körperlichen Zuständen von bestimmten Umweltreizen und Umständen mehr oder weniger stark aktiviert oder gehemmt.

In guter Verfassung und im entspannten Zustand können wir auf einen relativ großen Teil unserer Potenziale zugreifen. Wir sind kreativ, einfallsreich und flexibel.

Auf einem hohen Aktivierungsniveau, wenn wir erregt, angespannt, gestresst sind, laufen vorwiegend die gut eingelernten Muster ab. Unsere Kreativität und unser Aktionsrepertoire sind eingeschränkt.

In Extremsituationen, etwa bei Todesangst, sind unsere individuellen Möglichkeiten äußerst gering. Es laufen vornehmlich die angeborenen Muster ab. Wir kämpfen, flüchten oder resignieren, ähnlich wie die Tiere.

Was uns von den Tieren grundlegend unterscheidet, sind Eigenschaften wie Selbstreflexion, Selbsterkenntnis oder Selbstkontrolle. Diese Möglichkeiten besitzen nur wir Menschen.

Diesen wertvollen Besitz aktiv und regelmäßig zu nutzen, bedeutet ein Mehr an umwelt- und zustandsunabhängigen Entscheidungen und ein Mehr an Willensfreiheit.

Dazu ist ein gewisser Zeit- und Energieaufwand vonnöten. Relative Entspanntheit, aufmerksames Wahrnehmen, eingehendes Nachdenken, vorbehaltloses In-Frage-Stellen, weitreichendes Umbewerten und schrittweises Entwickeln von neuen Einstellungen bedürfen einer innigen Beschäftigung mit sich und den Gegebenheiten. Bei vielen Menschen geht das nicht ohne Anstoß oder Druck von außen. Eine professionelle Unterstützung ist in komplexen und resistenten Fällen nicht nur hilfreich, sondern häufig notwendig.

Moderne psychologische Trainings und Therapien ermöglichen es, auf der Grundlage von Einsicht und entsprechenden Schlussfolgerungen das gegebene Individual-Programm zu kontrollieren, zu modifizieren und zu erweitern. Mit dem Ziel, unerwünschte, destruktive Reaktionen unter Kontrolle bringen und über ein breiteres Spektrum an erwünschten, konstruktiven Eigenschaften und Fähigkeiten verfügen zu können.

Einerseits steuern die psychoneuronalen Programme unsere Kognitionen, Emotionen, Stressreaktionen, Ausdrucks- und Verhaltensweisen. Andererseits führen bewusst-rationales Nachdenken, Erkennen, Schlussfolgern und Kontrollieren zu neuronalen Aktivitäten und Prozessen, die wiederum, bei entsprechender Intensität und Regelmäßigkeit, Strukturänderungen im Nervensystem und damit Programmveränderungen bewirken können.

Auch für unsere korrupten Neigungen und Verhaltensweisen gilt: Nachdenken über die eigene Person, Erkennen von individuell und kollektiv Konstruktivem und Destruktivem, Ziehen von entsprechenden Schlussfolgerungen sowie Kontrolle
von Unerwünschtem können eine Veränderung zum Positiven
bewirken. Doch gilt in diesem Fall besonders: Ohne kräftigen
Anstoß und nachhaltigen Druck von außen wird eine Veränderung bei vielen Menschen nicht zu erzielen sein. Aufklärung
und Unterstützung seitens der Politik sind notwendig. Doch nur
eine sehr professionelle Politik, die weitgehend korruptionsfrei
ist, wird die nötige Glaubwürdigkeit und Autorität besitzen,
um eine entsprechende Aufklärungs- und Unterstützungsarbeit
leisten zu können.

Genauso wenig wie ein prügelnder Vater seinen Sohn zu Ag-
gressionsfreiheit und Stabilität erziehen kann, genauso wenig
wird eine korrupte Staatsführung ihre Bürger zu Anstand und
Ehrlichkeit verpflichten können.

Das Ende der Korruption oder wer überwacht die Wächter?

Internationale Vorbilder – ist der Kampf zu gewinnen?

Bereits im Jahr 1998 veranstaltete die Interpolzentrale in Lyon ein Seminar zum Thema Korruptionsbekämpfung und Prävention von Korruption. Damals stellten Hongkong und New York ihre beeindruckenden Erfahrungen vor. Diese Darstellungen haben auch heute noch Gültigkeit und Vorbildwirkung.

Die ICAC – Bekämpfung der Korruption in Hongkong

Im Februar 1974 wurde die „Independent Commission Against Corruption" (ICAC) in Hongkong gegründet. Bertrand de Speville, der frühere Commissioner der ICAC, berichtete bei der „Seventh International Anti-Corruption Conference Plenary Session 1996" in Peking unter dem Vortragstitel „Strategic Control of Corruption: A quiet Revolution over two Decades", dass der Kampf gegen die Korruption in Hongkong als erfolgreich angesehen werden kann. Die öffentliche Verwaltung wurde gesäubert. Im Jahr 1974 betrafen mehr als 80% der Korruptionsmeldungen die öffentliche Verwaltung, 45% davon die Polizei. Im Jahr 1995 gab es 3.600 Korruptionsfälle, aber nur mehr 50% betrafen die öffentliche Verwaltung und nur mehr 18% die Polizei.

Eine Meinungsumfrage im Jahr 1977 bei sechs Millionen Einwohnern Hongkongs ergab, dass 38% der Befragten angaben, dass die Korruption in der öffentlichen Verwaltung weit verbreitet ist. Bei einer neuerlichen Umfrage im Jahr 1994 waren nur mehr 7,8% in dieser Richtung überzeugt. Der zweite wesentliche Erfolg betraf die Änderung der Einstellung der Bevölkerung zur Korruption. Die Meinungsumfrage des Jahres 1994 ergab, dass nur mehr 2,9% der Bevölkerung Korruption toleriert hätten. Etwa 63% der Befragten erklärten, dass sie Korruptionsvorfälle auf jeden Fall anzeigen würden. Im Jahr 1974 waren das lediglich 30% gewesen, und diese hätten nur anonym eine Anzeige erstattet. Im privatwirtschaftlichen Bereich haben im Jahr 1977 an die 46% der Unternehmer „Bestechungsgelder" und „Kickbacks" als „normale Geschäftsgebarung" angesehen. Auch diese Einstellung hatte sich nachhaltig geändert. Im Jahr 1994 gaben 78% der befragten Unternehmer an, dass solche Praktiken von Angestellten an die Unternehmer gemeldet werden sollten.

Wichtigster Beitrag des Erfolges war der ernste Wille der Regierung, beginnend beim Gouverneur von Hongkong, der der Korruption unbedingt Einhalt gebieten wollte. Die Regierung stand von Anfang an voll hinter der „Independent Commission Against Corruption" (ICAC), trennte die Kommission von der Polizei und der öffentlichen Verwaltung, hielt sie von jeglichem politischen Einfluss frei und stattete diese mit allen notwendigen Mitteln zur Erfüllung ihrer Aufgabe aus. Ein zweiter wichtiger Faktor war die Auswahl der Mitarbeiterinnen und Mitarbeiter der ICAC. Es wurden eine strenge Auswahl, Background-Checks und ein eiserner Disziplinarkodex eingeführt sowie auf eine gute Bezahlung Wert gelegt. Der dritte Faktor war die Auswahl einer sorgfältig gewählten langfristigen Strategie, mittels derer die ethische Grundhaltung der Bevölkerung wesentlich verändert und sensibilisiert werden konnte. Die Einrichtung eines Departments, welches sich mit Prävention, Öffentlichkeitsarbeit und Erziehung beschäftigte, war ebenfalls eine wichtige Neuerung.

Die langfristige Strategie war auf drei Fronten ausgerichtet: Durchführung von Ermittlungen, Vorbeugung und Erziehung. Dazu wurden drei Departments errichtet: die operationelle Einheit zur Durchführung der Ermittlungen, die Einheit für Vorbeugung und das Department für öffentliche Beziehungen. Aufgabe dieser Einheiten ist es, die Einstellung der öffentlichen Verwaltung und der Privatwirtschaft so zu beeinflussen, dass Korruption als widerrechtlich angesehen wird. Die Verwirklichung dieses Zieles in den Jahren zwischen 1974 und 1994 gelang deshalb, weil die Öffentlichkeit Vertrauen in die Arbeit der ICAC gewann und die Leistungen honorierte. Im Jahr 1974 hatten nur 33% der Bevölkerung Vertrauen in die Aktivitäten der ICAC. Im Jahr 1994 waren es schon 71%. Das hat auch das Verhalten der Menschen in Hongkong in der Art und Weise verändert, dass Korruptionsfälle nunmehr zu zwei Dritteln nicht mehr anonym berichtet werden. Bertrand de Speville hält die Unabhängigkeit der ICAC für wichtig, schloss aber seinen Vortrag mit der Frage: „Quis custodiet ipsos custodes?" – „Wer wacht über die Wächter?"

Ein System der Gewaltenteilung, der Kontrolle und der Transparenz ist unerlässlich, um Missbrauch und Gewalt auszuschließen. Korruption wird nie restlos ausgerottet werden können, aber man kann dieses Phänomen kräftig eindämmen. Der ernste Wille der Regierung, die Vermeidung politischen Einflusses, die strenge Auswahl qualifizierter Mitarbeiter, die Wahl einer langfristigen Strategie von Maßnahmen der Repression und Prävention, flexible kurzfristige Taktiken und die Schaffung von Vertrauen bei der Bevölkerung durch Sensibilisierung und Transparenz sind die wichtigsten Faktoren des Erfolges im Kampf gegen die Korruption.

NYPD – Bekämpfung der Korruption im
New York Police Department

Das New York Police Department gehört heute zu den anerkanntesten und erfolgreichsten Polizeieinrichtungen der Welt. Das war nicht immer so, da das New York Police Department zu den korruptesten Polizeieinrichtungen zählte. Bürgermeister Rudolph W. Giuliani erteilte im Jänner 1994 dem Polizeichef William J. Bratton vom New York Police Department den Auftrag, die Polizei zu reorganisieren und vor allem die Korruption zu bekämpfen. In der Folge wurde die New Yorker Polizei von korrupten Polizisten gesäubert. Das Statement von Commissioner William J. Bratton lautete:

„The chronic failure of the Department's more than century-old history of corruption was its refusal or inability to enlist the vast majority of its members in the drive to root out the problem. We're going to change that." („Der chronische Fehler des Departments bei der jahrhunderte alten Geschichte der Korruption war die Tatsache der Unfähigkeit der Mehrheit, die Mitarbeiter auszuschalten, die dafür verantwortlich waren. Wir werden das ändern.")

Es wurde ein Büro für interne Angelegenheiten eingerichtet, welches direkt dem Bürgermeister von New York unterstellt und aus dem Polizeiverband des New York Police Departments herausgenommen wurde. Es wurde damit begonnen, dass die Polizeisubkultur studiert wurde. Nach dem Mollen Commission Report (Dezember 1993) wurden folgende Mängel als Subkultur der Polizei identifiziert:

- Code of Silence: das Gesetz des Schweigens. Jede Organisation läuft Gefahr, dass sich die Mitglieder untereinander decken.
- The „Us versus Them"-Mentality: die falsche Mentalität des „Wir" gegen die „Anderen".
- The Erosion of Values and Pride: die Auflösung der Werte und des Stolzes auf eine ordentliche Polizei.
- Police Cynicism: der polizeiliche Zynismus. Mit der Zeit sieht man alles als schlecht an, warum soll man dann noch gut handeln.
- Moral Character and Fitness of Recruits: der moralische Charakter und die Fitness der Mannschaft.
- Influence of Police Unions: der Einfluss der Polizeigewerkschaft (oft nur auf Mauern und Abstreiten ausgerichtet, statt auf Offenheit und Transparenz).

Der Bürgermeister von New York stellte fest, dass die Mehrheit der Polizisten des New York Police Departments ehrlich ist und ihr Bestes für die Stadt New York gibt. Korruptes Verhalten gehört rasch und konsequent eliminiert. Das New York Police Department sollte die Frontlinie im Kampf gegen die Korruption sein. Aus den Ermittlungen in den USA oder in England ergibt sich, dass eine relativ kleine Zahl von Polizeibeamten (etwa 10%) mehr als 90% der Beschwerde- und Korruptionsfälle verursachen. Dieser Erfahrungswert hat dazu geführt, dass sogenannte Indikatoren für Korruption erarbeitet wurden. Besonders das New-York-Modell (Police Commissioner Bratton 1995) lässt erkennen, auf welche Art und Weise man Korruption in der Polizei erfolgreich eindämmen kann: Wichtig sind dabei vor allem die Auswahl der Polizisten und Polizistinnen, die Hintergrundinformation, die Durchführung eines Interviews, die Ausbildung/Fortbildung, die Einbindung, die Autorität der Führung, die Kontrolle, die Disziplin, die Ermittlung in Korruptionsfällen, das Festlegen von Verantwortung, die Einbindung der Öffentlichkeit, die Kooperation von Polizei und Community.

Die Eindämmung der Korruption im New York Police Department brachte das Vertrauen der Bevölkerung in die Polizei wieder zurück. Es reduzierte auch die Kriminalität ganz wesentlich. Beispielsweise konnte die Anzahl der Tötungsdelikte in fünf Jahren um 70% verringert werden. Ein Vergleich der Zahl der Tötungsdelikte im Jahr 2000, die sich in New York und in Wien ereignet haben, ergab, dass 640 Tötungsdelikte in New York, 28 Tötungsdelikte in Wien angefallen sind. Doch durch den starken Rückgang der Tötungsfälle in New York ist auch diese Stadt für Touristen wieder attraktiv.

Die Bekämpfung der Korruption im Bundeskriminalamt Wiesbaden

Das Bundeskriminalamt Wiesbaden hat sich des Themas der Korruption im Jahr 1995 angenommen. Es wurde von Werner Vahlenkamp, Ina Knauß und Ernst-Heinrich Ahlf in der BKA-Forschungsreihe der Band 33 mit dem Titel „Korruption – ein

Das Ende der Korruption oder wer überwacht die Wächter?

unscharfes Phänomen als Gegenstand zielgerichteter Prävention" vom Bundeskriminalamt Wiesbaden veröffentlicht.

Der ehemalige Präsident des Bundeskriminalamtes, Hans-
Ludwig Zachert, schrieb in seinem Vorwort: „Die Korruption
ist ein dominantes Thema in der aktuellen gesellschaftlichen
und kriminalpolitischen Diskussion. Korruptionsskandale mit
gravierenden materiellen und immateriellen Schäden prägen
die Schlagzeilen der Medien und veranlassen die Verantwortlichen in Politik, Wirtschaft und öffentlicher Verwaltung zum
unverzüglichen Handeln. Die Phänomene und Täterprofile der
Korruption sind ebenso vielfältig wie die korruptionssensiblen
staatlichen Aufgabenfelder. Bisher haben sich auch auf internationaler Ebene alle Versuche, eine universell einsetzbare Gegen-
strategie zu entwickeln, als aussichtslos herausgestellt."

Die im Rahmen dieses Forschungsprojekts erarbeitete An-
ti-Korruptions-Konzeption, die auch im Folgenden vorgestellt
wird, ist vor diesem Hintergrund als Empfehlung erfahrener
Praktiker für die Praxis zu verstehen.

Wie kann Korruption verhindert werden?

Der politische Wille und die Umsetzung
Um Korruption ernsthaft bekämpfen zu können, bedarf es des
aufrichtigen politischen Willens der Regierung, der nicht Lip-
penbekenntniss sein darf, sondern sich in Handlungen zeigen
muss.

Bertrand de Speville, der ehemalige Commissioner der „Independent Commission Against Corruption in Hong Kong"
berichtete in seinem Vortrag in Baden im Jahr 1998, den er anlässlich des Workshops zur Korruptionsbekämpfung während
der österreichischen Präsidentschaft in der Europäischen Gemeinschaft hielt, dass er beim Beginn des Aufbaus der Anti-
korruptionseinheit vollste Unterstützung des Gouverneurs ge-

noss, die besten Mitarbeiter für die unabhängige Kommission auswählen konnte, umfassende materielle Ausstattung erhielt und die Regierung konsequent hinter der „Independent Commission Against Corruption" stand. Nur so war es möglich, in Hongkong die Korruption einzudämmen.

Gemäß dem Leitsatz „Prävention durch Repression" werden einige grundsätzliche Forderungen der polizeilichen Praxis zur Verbesserung der Rahmenbedingungen für die repressive Korruptionsbekämpfung gestellt. Für die Ermittler der Polizei und Justiz bedeutet Korruptionsbekämpfung nicht nur gezielte, fallorientierte Strafverfolgung, sondern auch systematisches Aufbrechen latent vorhandener Korruptionsstrukturen. Das Bundeskriminalamt Wiesbaden gab dazu verschiedene Empfehlungen ab, die sich im Wesentlichen auf die folgenden organisatorischen, personellen und taktischen Punkte konzentrieren.

Wichtig ist es, die Zuständigkeiten zusammenzuführen. Die Bereiche Wirtschaftskriminalität und organisierte Kriminalität müssen im polizeilichen und juristischen Bereich unter einer gemeinsamen Federführung laufen. Die polizeiliche Basis muss ermutigt werden, Korruptionsfälle zu melden, daher wäre sinnvoll:
- Einrichtung einer Meldestelle
- Schulungs- und Trainingseinrichtungen schaffen
- Professionelle Antikorruptionseinheiten einrichten
- Kooperation von Polizei, Finanz und Justiz
- Erstellung von Indikatoren
- Einheitliche Regelung der Ausschreibungen
- Schaffung von Verhaltenscodes

Es ist notwendig, die Anzeige- und Aussagebereitschaft von Beteiligten zu erhöhen. Dies kann zum Beispiel durch entsprechende Gesetzesvorschriften geschehen, die strafrechtliche Vergünstigungen für jene Beteiligten vorsehen, die bereit sind auszusagen.

Sie müssen darin bestärkt werden, selbstkritisch zu agieren, ihre eigene Korruptionsresistenz zu hinterfragen und zu große Nähe zu Dienstleistern oder Anbietern bereits im Keim zu ersticken. Dienstliche und private Interessen sind strikt zu trennen. Oft ist es sicher nicht leicht, hier Abgrenzungen vorzunehmen, doch je stärker dies thematisiert und damit ins Bewusstsein gerufen wird, desto einfacher ist es, verbindliche Richtlinien einzuhalten.

Wir alle sind „part of the game"!

Jeder von uns hat die Möglichkeit, bei sich selbst anzusetzen, die Augen offenzuhalten und sich klar gegen Korruption auszusprechen.

Die Sensibilisierung der Bevölkerung, die Transparenz und die Erziehung sowie Schulung sind Eckpfeiler der Prävention. Damit die Bevölkerung den verfolgenden Behörden überhaupt Mitteilungen über korruptes Verhalten macht, müssen vertrauensbildende Maßnahmen gesetzt werden. Hat die Bevölkerung kein Vertrauen zu den Verfolgungsorganen, kann auch die Korruption nicht erfolgreich bekämpft werden.

Folgende Maßnahmen werden international als präventiv eingeschätzt:
- Transparenz der Vorgänge für die Öffentlichkeit
- Sensibilisierung der Öffentlichkeit
- Einbindung der Öffentlichkeit
- Kooperation mit den Medien (Aufklärung von Korruptionsfällen muss publiziert werden)
- Erziehung und Schulung (Akzeptanz der Normen, Vertiefung des Problem- und Unrechtsbewusstseins)
- Kooperation von Behörden und Community (Schaffung der notwendigen Akzeptanz von Gegenmaßnahmen)
- Festlegung ethischer Grundsätze (Code of Conduct)
- Schaffung von Leitbildern
- Vorbildfunktion von Führungskräften
- Kritische Reflexion des eigenen dienstlichen und privaten Verhaltens
- Ernennung von Korruptionsbeauftragten
- Indikatorenliste von Risikofaktoren

- Einrichtung effizienter Überwachungssysteme
- Strenge Selektion (Hintergrundinformation, Interview)
- Festlegung von Verantwortlichkeiten
- Objektivierung der Vergabevorgänge (Zugänglichkeit von Dokumenten)
- Gegenseitige Information über bedenkliche Angebote (z.B. norwegische Ölindustrie, „Schwarze Listen", Rückgabe von illegalen Vermögenswerten)

„Korruptionschecks" – wer ist unbestechlich?

Um Korruption in den eigenen Reihen zu verhindern und einzudämmen, bedarf es mehrerer Schritte. Das Wichtigste ist die sorgfältige Selektion der Mitarbeiterinnen und Mitarbeiter. Je sensibler der Bereich ist, in dem jemand tätig ist, umso sorgfältiger sollte die Auswahl getroffen werden. Dazu gehört die Überprüfung der finanziellen und der persönlichen Verhältnisse. Wenn sich Betroffene in Krisenfällen bewähren, wenn sie sich in arrangierten Proben sicher behaupten, kann eine gewisse Stabilität zur Bewältigung schwerer Belastungen vorausgesetzt werden. Mit der Selektion von Mitarbeitern und Mitarbeiterinnen sollte es aber nicht belassen bleiben. Grundsätzlich sollte auch nach der Selektion eine gewisse Betreuung und Kontrolle nicht unterbleiben.

Mitarbeiterinnen und Mitarbeiter, die in der privaten Sicherheitsbranche beschäftigt werden wollen, haben sich der Gewerbeordnung entsprechend einer Verlässlichkeitsprüfung zu unterziehen. Diese Grundlage ist natürlich für zukünftige Kolleginnen und Kollegen ebenfalls Anstellungsvoraussetzung. Die Hintergrundchecks (Background-Checks) werden umso wichtiger, je sensibler der Bereich ist, in dem jemand tätig sein soll. Die Offenlegung der finanziellen und persönlichen Verhältnisse, der Neigungen und Schwächen, wird Bedingung zur Anstellung in stark herausfordernden Positionen sein. Diese Hintergrundchecks sind aber nicht ausreichend, wenn sie nur vor Beginn einer sensiblen Tätigkeit vorgenommen werden.

Auch die weitere Überprüfung in regelmäßigen Abständen wird notwendig sein, da sich Persönlichkeitsprofile im Laufe der Jahre ändern.

Der Mitarbeiter bzw. die Mitarbeiterin sollte zur Meldung finanzieller Transaktionen bei einem Betrag von mindestens 7.000 Euro veranlasst werden. Diese Mitteilungspflicht mag vielleicht von dem einen oder anderen abgelehnt werden, aber sie gehört zur Standardinformation. Oft ändern sich die finanziellen Verhältnisse der Mitarbeiter wesentlich, die Kollegen in der Gruppe wissen Bescheid, aber niemand hinterfragt, was die Ursache ist, wenn jemand „plötzlich" reich ist oder umgekehrt in finanzielle Schwierigkeiten gerät. Immer wieder stellt sich heraus, dass die Überprüfung der finanziellen Verhältnisse Grundlage für die Aufdeckung von Korruption gewesen wäre. Die folgend geschilderten Fälle zeigen, dass die Möglichkeit, bedenkliche Fälle zu melden, hilfreich ist. Mittlerweile gibt es Einrichtungen, an die anonym oder unter Zusicherung des persönlichen Schutzes vor Racheakten solche Informationen an die entsprechenden Vorgesetzten oder Kontrollorgane gemeldet werden können.

Jahrzehntelang waren zum Beispiel die bedenklichen Vorgänge im Verkehrsamt nicht unter Kontrolle zu bringen. Immer wieder haben die dort tätigen Beamtinnen und Beamten Geld angenommen und sich so ein beachtliches Nebeneinkommen geschaffen. Erst relativ kurz vor der Auflassung der Zulassung bei der Polizei wurden technische Überwachungsmaßnahmen gesetzt, die Nachweise der Korruption erbrachten.

Auch das FBI ist nicht gegen Korruption gewappnet: Einer der letzten aufgedeckten Doppelagenten des Federal Bureau of Investigation, der in Washington in der Zentrale arbeitete, hatte das Geld, das er als Spion für die Russen bekommen hatte, für die Ausbildung seiner Kinder in teuren englischen Privatschulen benötigt. Niemand hatte die finanziellen Verhältnisse, in denen dieser Mann bzw. die Familie lebte, nachgeprüft. Da der FBI-Agent gegenüber seinen Mitarbeitern sehr zurückgezogen agierte, wussten seine Kollegen nicht viel über die Lebensumstände. Die Vorgesetzten hatten den Mann nicht überprüft, da er schon lange und in einer hohen Position beim FBI tätig gewesen war.

Auch die Causa Hohenbichler ist symptomatisch: Der ehemalige Leiter der Staatspolizei in Wien war jahrzehntelang für seinen exquisiten Lebensstil bekannt. Niemand hinterfragte, wie sich dieser Mann seinen hohen Lebensstil leisten konnte. Er gab regelmäßig monatlich mehr Geld aus, als das durchschnittliche Einkommen eines Hofrates erlaubte, trotzdem wurde dieser Lebenswandel nie geprüft. Erst Hinweise aus dem Ausland ließen einen Verdacht aufkommen. (Er verstarb, bevor es zu einem Gerichtsverfahren kommen konnte.)

International hat sich die Einrichtung anonymer Meldestellen für Whistleblower bewährt. Bei der Jahrestagung von OLAF (Europäische Antibetrugs- und Antikorruptionsbehörde) wurde 2011 über die Einrichtung des „FNS – Fraud Notification System" bei OLAF für anonyme Korruptions- und Betrugsmeldungen referiert. Das FNS ermöglicht es Whistleblowern, also Informanten, die anonym bleiben wollen, sich an OLAF zu wenden, ohne dass ihre Identität aufgedeckt wird, und trotzdem die Möglichkeit einer fortgesetzten Kommunikation via E-Mail bestehen bleibt. Dieser verbesserte Schutz für Whistleblower wurde deshalb eingerichtet, da festgestellt werden musste, dass immer wieder „etwas schief gelaufen ist", da Whistleblower, Zeugen und Hinweisgeber über Korruptions- oder Betrugsfälle, in einem Gerichtsverfahren erscheinen mussten und dann oft aufgedeckt wurden. Whistleblower sind daher der Gefahr ausgesetzt, dass sie einen vielfachen Druck erleben und als „Nestbeschmutzer", „Verräter", „Kameradenschweine", „illoyal", „undankbar" und als „profilierungssüchtig" abqualifiziert werden. Nicht nur die Firmenleitung, auch die Mitarbeiter zeigen für Whistleblower meist wenig Verständnis. Die Europäische Gemeinschaft führt verschiedene Projekte in ihren Mitgliedstaaten durch, um den Schutz des Informanten zu professionalisieren. Auch das Europäische Parlament stellt Überlegungen zum Schutz der Mitarbeiter der EU an, um den Amtsverlust, den Verlust des Arbeitsplatzes und der Pensionsansprüche befriedigend zu regeln, so Mitarbeiter der EU als

Informanten agieren. Ein Mitarbeiter von Eurojust, der höchsten europäischen Verfolgungseinrichtung, berichtete, dass von etwa 1.000 Rechtsfällen, die pro Jahr anfallen, etwa zwei Prozent Korruptionsfälle betreffen. Immerhin basieren 63,5% der anfallenden neuen Fälle von OLAF auf relevanten Informationen, also auch Mitteilungen von Whistleblowern.

Bei wichtigen Positionen sollten grundsätzlich Aufnahmegespräche vorgenommen werden. Natürlich lernt man einen Menschen am besten bei der Arbeit kennen, aber das Aufnahmegespräch stellt einen wichtigen Einstieg dar.

Im Bundeskriminalamt Wiesbaden wurden Listen von Indikatoren entwickelt. Wie schon bemerkt wurde, sind diese „Checklisten" mit Vorsicht anzuwenden. Neue Mitarbeiter sollten aber mittels dieser Checklisten überprüft werden. Diese Indikatoren sind nicht nur bei Neuaufnahmen nützlich, sondern in jedem Fall bei der Überprüfung von Mitarbeiterinnen und Mitarbeitern zu verwenden. Indikatoren stellen Behelfe zur Eruierung von Anhaltspunkten dar und müssen erst im Einzelfall verifiziert werden.

Im Ablauf der Begegnung von Informant, Informantenführer und Mitteilung an den Gruppenführer bzw. den leitenden Kriminalbeamten ist die Rolle des Gruppenführers eine ganz wesentliche. Es bildet sich ein sogenanntes „Vertrauensdreieck" zwischen Informantenführer, Gruppenführer und leitendem Beamten. In diesem „Vertrauensdreieck" muss jegliche Information gewährleistet sein, damit der Wissenstand bei allen drei Beteiligten gleich ist und die strategischen Entscheidungen gemeinsam getroffen werden können. Darüber hinaus sollte aber ein „guter Gruppenführer" eine starke Fürsorgekomponente für seine Mitarbeiter entwickeln. In früheren Jahren war es selbstverständlich, dass innerhalb eines Teams (z.B. Mordgruppe, Einbruchsgruppe) auch privat ein Zusammenhalt gegeben war. Man ging gemeinsam auf ein Bier, zum Heurigen, lud die Ehefrauen oder die Lebenspartnerinnen der Gruppenmitglieder – meist waren ja nur Männer Kriminalbeamte – zu gemeinsamen Freizeitaktivitäten ein und hatte so nicht nur eine dienstliche Bindung aufgebaut. Diese alten Strukturen sind im Laufe der Jahre weggefallen. Heute kommt es seltener vor, dass neben den dienstlichen Kontakten auch private Kontakte in einer Gruppe existieren. Ein Gruppenführer sollte sorgfältig solche Mechanismen der Sozialisation pflegen, was einerseits die Gruppenharmonie stärkt, andererseits mehr über die Sorgen und Probleme seiner Mitarbeiter erkennen lässt. Diese gelebte Fürsorgepflicht kann Korruptionsfälle verhindern helfen. Grenzen sind immer zu ziehen, denn eine zu starke innere Bindung kann natürlich genau das Gegenteil bewirken – nämlich das Entstehen eines „Code of Silence".

Der Spruch „Vertrauen ist gut, Kontrolle ist besser" trifft voll auf die Exekutive zu. Zur Kontrolle sind die Gruppenführer, leitenden Kriminalbeamten und Dienststellenleiter verpflichtet. Was für die Polizei überlegt wurde, kann für alle anderen Organisationen genauso gelten.

Beim Bundeskriminalamt für Wiesbaden wurde die Stelle eines Korruptionsbeauftragten eingerichtet. Diese Einrichtung wäre auch in Österreich sinnvoll. Sensibilisierung, Schulung, Erziehung, Befassung mit Korruptionsfällen sind Aufgaben des Korruptionsbeauftragten. Darüber hinaus wäre die Institution des Korruptionsbeauftragten auch mit der Rolle eines Ansprechpartners für „Ausstiegswillige" zu befassen. Sollte jemand, der in einen Korruptionsvorfall involviert ist, aussteigen wollen, sollte der Korruptionsbeauftragte rechtliche Möglichkeiten zur Verfügung haben, die eine flexible Ausstiegshilfe gewährleisten können.

Schlussendlich ist auch der Faktor Zeit eine ausschlaggebende Komponente: Disziplinarverfahren dauern oft sehr lange. Zum Beispiel wurde der Drogenskandal, der sich im Sicherheitsbüro am 9. Mai 1996 ereignete, erst nach etwa zehn Jahren rechtskräftig abgeschlossen. Um die Korruptionsanfälligkeit eindämmen zu können, müssen daher das Dienst- und Disziplinarrecht verschärft werden.

Die Polizei als Spiegel der Gesellschaft?

In vielen Fällen sind Voraussetzungen nicht gegeben, um die Korruption einzudämmen, oder der behördenbezogene Ansatz ist nicht optimal verwirklicht. Es mangelt oft an Führung, Einführung vertrauensbildender Maßnahmen, Steigerung der Motivation der Mitarbeiterinnen und Mitarbeiter, Sicherstellung optimaler Transparenz. Informationspolitik und Öffentlichkeitsarbeit liegen im Argen. Auch der funktionsbezogene Ansatz der Korruptionsbekämpfung hinkt. Personalauswahl nach strengen Maßstäben in Bezug auf die fachliche und charakterliche Eignung, Einsatz von ausgewähltem Führungspersonal, das fachlich kompetent agiert, besondere ständig wiederholte Sensibilisierung der Mitarbeiter, Setzen von Aus- und Fortbildungsmaßnahmen, intensive Ausübung der Fürsorgepflicht, Intensivierung der Kontrolle, klare Definition und gegebenenfalls Einschränkung der Entscheidungs- bzw. Ermessensspielräume, Personalrotation bei Tätigkeiten mit schnell erlernbaren Fachkenntnissen, Aufgabensplitting und erhöhte Wachsamkeit bei wiederholt auftretenden Korruptionsindikatoren sind derzeit im Innenressort nicht verwirklicht. Hier besteht Handlungsbedarf.

OLAF ist die höchste Europäische Institution zur Bekämpfung von Betrugs- und Korruptionsdelikten. Seit mehreren Jahren findet an der Europäischen Rechtsakademie im Februar die Jahrestagung zu einem Betrugs- oder Korruptionsthema statt. Nur um die Dimensionen einzuschätzen, seien einige Zahlen genannt: Die Europäische Gemeinschaft investiert in Förderungen jährlich etwa 120 Milliarden Euro. Es wird vermutet, dass etwa ein Drittel der geförderten Projekte unter betrügerischen Bedingungen eingereicht werden. Von diesen etwa 40 Milliarden Euro, die auf diese Art und Weise aus dem Fördertopf finanziert werden, können durch die Ermittlungen von OLAF etwa 40 bis 70 Millionen als Betrug nachgewiesen werden.

In Europa war das Polizeiwesen jahrhundertelang von einer rechtlichen Sicht der Tätigkeit geprägt. Erst die angloamerikanische Literatur und lebensnahe Erfahrungen haben diese Perspektive wesentlich erweitert. Mitte der Siebzigerjahre entstand in den USA ein eigener Wissenschaftszweig, das „Policing", das sich mit dem Polizeiwesen in verschiedener, breiterer Sicht auseinandersetzte. Policing beschäftigt sich mit dem Thema „Was erwarten sich die Menschen von der Polizei in modernen Demokratien?" In demokratischen Gesellschaften sollen Polizeieinrichtungen ein Spiegelbild der Gesellschaft darstellen. Dieses Credo der amerikanischen Literatur zum Thema Policing stellt die Grundlage für gut funktionierende Polizeieinrichtungen dar. Polizisten finden zum Beispiel in San Francisco ausführliche Literatur, wie sie mit der asiatischen Bevölkerung in den Vereinigten Staaten umgehen sollen. Dicke Lehrbücher tragen zum kulturellen Verständnis dieser Bevölkerungsschichten bei.

Was kann die Lehre vom „Weltethos" dazu beitragen, polizeiliches Handeln zu verändern und zu verbessern? Im Vorwort seines Buches „Wozu Weltethos?" erklärt Hans Küng: „Die Notwendigkeit eines Weltethos, eines globalen Ethos, drängt sich in unserer immer mehr zusammenwachsenden Welt geradezu auf, zunächst von der Politik her. Sowohl innerhalb einer pluralistischen Gesellschaft als auch zwischen den Nationen ist ein elementarer ethischer Konsens erforderlich, um den Frieden zu wahren und ein Auseinanderbrechen zu verhindern." Damit werden Kernthemen polizeilichen Handelns angesprochen. Einerseits trifft diese Aussage die Makroebene der politischen Entscheidungen im Sicherheitsbereich, andererseits ist polizeiliches Handeln immer mehr auf internationale Kooperation in Zeiten höchst mobiler, transnationaler krimineller und terroristisch tätiger Gruppierungen angewiesen.

Die grenzüberschreitende Zusammenarbeit ist eine unausweichliche Forderung unserer Zeit, um den Frieden aufrechtzuerhalten. Um Terroristen und organisierte Kriminelle effizient in die Schranken zu weisen, bedarf es eines ethischen Grundkonsenses in einem globalen Verständnis. Hinterfragt man, woher Polizisten und Polizistinnen ihre ethischen Kenntnisse beziehen, so stellt man fest, dass diese auf sehr unterschiedlichen Quellen beruhen. Deutsche Studien belegen, dass etwa drei Viertel der befragten Polizisten ihre ethischen Kenntnisse in Ethikkursen der Polizeiakademien oder aus sonstigem Schulungsmaterial erhalten haben. Es wird teilweise auf die Herkunft und den Grad der Sozialisation von Polizisten ankommen, wie stark die ethischen Grundlagen ausgeprägt sind. Dabei kommt sicher die Erkenntnis zum Tragen, dass Polizei immer nur in dem Maße gut ist, wie sie die Gesellschaft repräsentiert. Die Probleme, die sich aus der Konfrontation der Polizei mit ethnischen Minderheiten ergeben, resultieren häufig daraus, dass die Polizei nicht entsprechende ethnische und ethisch geschulte Repräsentanten in ihren Reihen aufweist. Die Folge sind oft Vorwürfe von Rassismus und Polizeigewalt gegen Minderheiten. Die interdisziplinäre Betrachtung des Polizeiwesens, mit der sich ja traditionell vorwiegend die Disziplinen Staatsrecht, Strafrecht, Kriminologie, Soziologie und Psychologie befassen, sollte unter dem Aspekt von Philosophie und angewandter Ethik neue Impulse setzen. Es stellt sich die Frage: Was lernen wir in der Theorie und vor allem in der Praxis unter dem Blickwinkel des Weltethos für das polizeiliche Handeln? Menschliches Zusammenleben kann nur dann reibungslos funktionieren, wenn die Regeln der Fairness Geltung haben. Dies wird nur möglich sein, wenn die Menschen eine innere moralische und sittliche Grundhaltung leben, die sich nach bestimmten Normen und Maßstäben richtet und der das Gewissen als „Kompass" dient. Philosophisch betrachtet sollte jeder Mensch und folglich jeder Polizist nach der Handlungsmaxime Kants agieren. Polizeiliche Tugenden wie Gerechtigkeit, Tapferkeit, Wahrheitsliebe und Unbestechlichkeit sollten den Polizisten über das normale Maß der Menschen hervorheben.

Es wurde schon immer in Polizeikreisen diskutiert, ob Polizisten „bessere Menschen" sein sollten. Realistisch betrachtet wird das selten der Fall sein können – als Vision und Leitbild polizeilichen Handelns sollte diese Maxime aber angestrebt werden.

Ein erster Schritt: transparente Parteienfinanzierung

Der Europarat fällte ein vernichtendes Urteil über Österreichs Gesetze zu Bestechung und Parteienfinanzierung. Kernpunkt der Kritik: „Es fehlen Mittel, die Korruption von Politikern zu verhindern." Obwohl derzeit wieder zwei ehemalige Minister im Visier von Ermittlungen des Parlaments und der Justiz stehen, will Österreich, vor allem die österreichischen Politik, nicht wirklich etwas gegen ihren Stand unternehmen. In dem bereits zitierten Kurierartikel vom 17. Mai 2012 wird festgestellt, dass Parteifunktionäre nichts zu befürchten haben. Nach dem Gesetzesentwurf ist neu, dass falsche oder unvollständige Angaben der Parteien bei Spenden oder Unternehmensbeteiligungen mit Strafen bis 20.000 Euro geahndet werden. Das Problem: Adressat ist immer die Partei und nicht, wie noch im Entwurf des Kanzleramts vorgesehen, die handelnde Person, sprich der Funktionär oder Abgeordnete. Feststellung des ehemaligen Rechnungshofpräsidenten Fiedlers: „Wenn man Individuen dazu bringen will, Gesetze einzuhalten, dann muss man sie auch zur Verantwortung ziehen können."

Die Parteienfinanzierung scheint in Deutschland transparenter gelöst zu sein als in Österreich. Art. 21 Abs. 1 des Grundgesetzes besagt, dass grundsätzlich alle Parteien bei den Wahlen die gleichen Chancen erhalten müssen. Um diesem Grundsatz gerecht zu werden, gibt es in Deutschland ein ausgeklügeltes System der Parteienfinanzierung. Quellen der Parteienfinanzierung sind: Mitgliedsbeiträge, private Spenden, Handelseinkünfte, staatliche Subventionen.

Die Regelungen nach dem Parteispendengesetz verlangen, dass bar ausbezahlte Spenden 1.000 Euro nicht übersteigen dürfen, Spenden über 10.000 Euro müssen im Rechenschaftsbericht unter Angabe der Spenderdaten veröffentlicht werden, Spenden über 50.000 Euro müssen dem Bundespräsidenten gemeldet werden.

Der Art. 21 1 Satz 4 GG verlangt von den Parteien: „Sie müssen über die Herkunft und Verwendung ihrer Mittel sowie über ihr Vermögen öffentlich Rechenschaft geben". Diese Darlegung wird von Wirtschaftsprüfern untersucht und jährlich als öffentlich einsehbare Drucksache dem Bundestag vorgelegt. Seit dem Juli 2002 ist es ein strafrechtliches Vergehen, wenn die Rechenschaftslegung nicht mit den Tatsachen übereinstimmt. Das scheint mir ehrlicher, transparenter und effizienter zu sein.

Bei meinen Vorträgen, die ich derzeit zum Thema „Ist Prävention von Korruption eine Führungsaufgabe?" halte, komme ich immer mehr zur Überzeugung, dass vor allem die jungen Menschen Anlass zur Hoffnung wecken, dass wir Korruption eindämmen können. Die Älteren, die offensichtlich Sklaven ihrer Systeme oder ihrer persönlichen Gier geworden sind, scheinen schwer Begeisterung für ethisch sauberere Ansätze aufbringen zu können. Zu dieser Überzeugung muss man leider auch gelangen, wenn man die Handlungen unserer derzeitigen Regierungen kritisch betrachtet. Ein wirklich ernster politischer Wille, mehr Sauberkeit in das Land zu bringen, ist nicht erkennbar.

Im Juni 2012, beim letzten Zusammentreffen der wichtigsten österreichischen Vertreter von Transparency International Österreich, meinten Frau Professor Eva Geiblinger und Hubert Sickinger, in Österreich klingende Namen, dass nunmehr Bewegung in die österreichische Einstellung gegenüber dem Thema Korruption seitens der Politik gekommen ist und man in Zukunft auf eine Schärfung der Gesetzgebung, ernsten politischen Willen und mehr Transparenz hoffen darf.

Wir brauchen eine neue Kultur

Wie man an den vorangegangen Beispielen (Hongkong, New York) sieht, ist durch das Fitmachen von Verwaltung und Polizei tatsächlich eine Verbesserung in puncto Korruption zu erzielen. Leider bringt dies aber für die ganz großen Probleme und Bedrohungen keine automatische Wendung zum Guten. Im Gegenteil. Paradoxerweise ermöglicht gerade die Law-&-Order-Politik mit ihren strengen Hierarchien und dementsprechenden

Führern Korruption in ganz großem Stile. „Macht korrumpiert, absolute Macht korrumpiert absolut." Die vergangenen Seiten zeigen wohl sehr eindrucksvoll, dass diese Analyse des im 19. Jahrhundert lebenden Historikers und Journalisten John Dalberg-Acton ihre Berechtigung hat.

Damit ist es also nicht getan, nach strengen Führern zu rufen, die die Sicherheit gewährleisten sollen. Das Gegenkonzept zu diesem Ruf ist das Arbeiten an einer Kultur – zuvorderst einer politischen Kultur – die eine Sicherheitskultur, Unternehmenskultur, Gesellschaftskultur und damit Gerechtigkeitskultur mit einschließt. So ist auch die Frage geklärt, wer als Einziger über die Wächter wachen kann: Das sind wir alle gemeinsam, durch unsere Anstrengung, uns an dem politischen Prozess zu beteiligen und als erwachsene Menschen Verantwortung für diese Welt zu übernehmen. Dazu gibt es keine Alternative.

Von der Umsetzung dessen sind wir allerdings sehr weit entfernt. Und gerade jetzt erleben wir ein ganz großes Dilemma, wie ja beim Umgang mit Malversationen im Bankenbereich, der, was seine zerstörerische Kraft und die unvorstellbaren Schadenssummen betrifft, zu einer der Hauptbedrohungen unserer westlichen Gesellschaften zählt, eindrücklich festgestellt werden kann. Geändert hat sich seit dem Beginn der Krise nämlich reichlich wenig. Das beweist zum Beispiel der Prozess gegen den oben erwähnten Trader Jerome Kerviel. Der 33-Jährige wurde von einem Pariser Gericht als Einzeltäter zu fünf Jahren Haft und der Rückzahlung (!) der fünf Milliarden Euro verurteilt, die er als Angestellter der Bank Société Général verspekuliert hatte. 2012 wiederholte sich nun dieselbe Geschichte bei J.P.Morgan. Ein Londoner Trader hatte sich verzockt und der Bank bis zu neun Milliarden Verlust beschert. So wie Kerviel wird nun auch er als Einzeltäter gehandhabt. Das große System dahinter soll unbeleuchtet bleiben. Das nichts am System geändert werden soll, beweist auch das Nicht-Weiterverfolgen und Ad-acta-Legen der schwerwiegenden Vorwürfe gegen Goldman & Sachs, seine Kunden betrogen zu haben. Die zuständigen Behörden können darin keinen tragfähigen juristischen Tatbestand sehen, heißt es. Ein großer „Sieg" für uns, meinte am Tag dieser Verkündigung das Management des Investmentriesen. Leider bedeuten solche Siege eine wirkliche Niederlage für die Zivilgesellschaft.

Wie wäre es also damit, liebe Staatengemeinschaften und „Volksvertreter", wenn ihr endlich damit beginnen würdet, eure Gegner zu erkennen? Und damit, Forderungen an jene zu stellen, die die Verursacher und Nutznießer dieses Fiaskos sind. Zum Beispiel indem diese Form der Spekulationen zumindest eingedämmt würde: durch die Abschaffung der Leerverkäufe, die Einführung von längst überfälligen Finanztransaktionssteuern, die Trennung von Investmentbanken und sogenannten normalen Banken oder Sparkassen. Zweitere können dann gerne als systemrelevant gerettet werden. Erstere werden ganz der Markttheorie entsprechend sich selber überlassen. Dies geht natürlich nur, wenn Transparenz hergestellt, schrittweise Steuerparadiese ausgetrocknet, die Rolle der Rating-Agenturen neu definiert wird und so weiter und so fort. Auch wenn mittlerweile der Wahnsinn so weit fortgeschritten ist, dass Großbritannien zu einem hohen Prozentsatz von seinem sogenannten Finanzplatz lebt. Und auch wenn Pensionsfonds und Versicherungen mit gigantischen Summen investiert sind. Nur Mut – besser heute als morgen. Bereinigungen sind dringend notwendig. Da dies alles, trotz höchster Not, nicht oder nur äußerst schleppend passiert, ist die Unterstellung, dass es sich bei allen involvierten Organisationen um ein und dieselbe Mafia handelt, nicht von der Hand zu weisen.

Was dagegen steht

Dass solch Appelle zwar legitim sind, aber letztlich wenig bewirken, ist leider auch gewiss. So bedarf es einer viel tieferen Auseinandersetzung. Es gilt, die oben ausführlich beschriebenen menschlichen Faktoren und die psychischen Vorausetzungen immer mitzuberücksichtigen. Nachfolgend deswegen eine

Liste der menschlichen Probleme, die einem Lösen dieses Dilemmas entgegenstehen.

1. Das Problem des Konformismus: Wie oben schon ausführlich dargestellt, hoffen viele Menschen angesichts von Bedrohung, dass, wenn sie nur „brav" und angepasst genug agieren, ihnen dann die solcherart immer mächtiger werdenden Bosse milde gestimmt sein werden. Zivilcourage und Whistleblowing sehen sie eher als weitere Bedrohung ihrer Existenz denn als Instrument der Veränderung. Der Grund dafür entspringt der Charakterstruktur des Menschen, dessen Basis Angst ist.

2. Das Problem, nach großen Führern Ausschau zu halten: Der größer werdende Wunsch nach autoritären Führern, die „endlich aufräumen" mit all den Machenschaften, zeigt sich in einer 2011 veröffentlichten EU-weiten Untersuchung der Universität Bielefeld. So befürworten rund ein Drittel der Deutschen, mehr als 40% der Briten und Franzosen und mehr als 60% der Portugiesen und Polen ein autoritäres Regime. Es ist zu befürchten, dass diese Zahl mit dem Verschärfen der derzeitigen Krise weiter sprunghaft steigt. Dieses Resultat zeigt die Hilflosigkeit, aber auch die Hoffnung der Menschen, dass eine strenge Vaterfigur sie vor dem Ausgeliefertsein an das System befreien könnte. Was allerdings passiert, wenn solche „Träume" wahr werden, kann ausladend in Geschichtsbüchern nachgelesen werden.

3. Das Problem zu glauben, sich ins Private zurückziehen zu können: Die Mehrzahl der Menschen will in Zeiten wie diesen nichts mit Politik, diesem „schmutzigen Geschäft", zu tun haben, geschweige denn sich selbst politisch engagieren. Der Rückzug ins Private, das sogenannte Cocooning, und die Selbstverwirklichung, also das Verfolgen von ausschließlich individuellen Zielen, erleben gerade in Zeiten wie diesen eine (leider nicht im positiven Sinne) beeindruckende Renaissance.

4. Das Problem zu glauben, dass mit immer weiterer Verschärfung der gesetzlichen Regelungen Korruption auszumerzen wäre: Der Rechtsphilosoph Wolfgang Böckenförde

erklärt dazu: „Der säkularisierte Staat lebt von Bedingungen, deren Einhaltung er selbst nicht garantieren kann. Das strategische Einhalten von Gesetzen ohne ethische Motivation erodiert die demokratische Struktur". Mit anderen Worten: Eine funktionierende Zivilgesellschaft kann nicht ohne die Einhaltung von ethischen Grundregeln existieren. Damit beschreibt Böckenförde eine der Hauptproblematiken von korruptem Verhalten. Auch wenn die Machenschaften eines Karl-Heinz Grasser und seiner Freunde, eines Christian Wulff usw. allesamt legal sein sollten – allein damit, weil sie darauf bedacht waren, die Gesetze so weit als nur irgendwie möglich auszureizen, tragen sie letztlich zur Zerstörung der Gesellschaft bei. Das vor allem auch deswegen, weil es unumgänglich ist, gerade in der Rolle eines Volksvertreters als Vorbild zu wirken. Als Beispiel kann dazu auch noch das Verhalten des Dritten Nationalratspräsidenten und FPÖ-Mandatars Martin Graf dienen. Gegen ihn wird zurzeit (Stand: September 2012) wegen Verdachts auf schweren Betrug ermittelt, weil er sich auf Kosten einer 90-jährigen Dame bereichert haben soll und die Reaktion seiner Fraktion darauf ist, dass das „alles nur politisch motivierte Schmutzkübelaktionen seien". Ein noch dazu führendes Mitglied eines Parlamentes dürfte nie auch nur in die Nähe eines solchen Verdachts kommen. Somit sind die Beteuerungen von Verdächtigen und Angeklagten aller Art „sie hätten ja keine Gesetze übertreten" von einer anderen Perspektive aus zu sehen. Auch das Sprichwort „Wer glaubt, Sicherheit ausschließlich durch den Verlust von Freiheit erkaufen zu können, verliert letztlich beides" ist in diesem Kontext bedenkenswert. Gesetzesregelungen alleine, so wichtig diese für ein Funktionieren einer Gesellschaft auch sind, können somit nie der Korruption Einhalt gebieten. Einerseits, weil sie dazu verdammt sind, immer „hinten nach zu sein" und anderseits, weil bei „immer mehr von demselben", d.h. ständigem Ausweiten von Gesetzen und der Kontrolle derselben, ein Überwachungsstaat installiert.

5. Das Problem, an die Sätze des menschenverachtenden Neo-
liberalismus zu glauben: Eine seiner Hauptvertreterinnen
war interessanterweise eine Frau, die der Politik Großbri-
tanniens über Jahre ihren Stempel aufgedrückt hat. Die
konservative Margaret Thatcher. Die Hauptprämisse der
„Eisernen Lady", die mittlerweile schon viele Jahre durch
Alzheimer geistig umnachtet in einem Heim lebt, lautet(e):
„There is nothing like society" (Es gibt keine Gesellschaft –
es gibt nur Einzelinteressen). Solche „Einstellungen" spiegeln sich auch in den Lieblingsphrasen von Großbetrügern
wie Jeff Skillings wieder. Der ehemalige ENRON-Boss und
jetzige Sträfling führte für seine Machenschaften gerne die
„selection of the fittest" (Selektion der Tüchtigsten) ins Treffen. Kritische Stimmen meinen dazu, dass es richtigerweise
eigentlich „selection of the richest" (Selektion der Reichsten) oder mehr noch „selection of the illest" (Selektion der
[emotional] Kränksten) heißen müsste. Jedenfalls ist die Ba-
sisaussage dieser Ideologie immer die gleiche: Es ist leider
nicht genug da, allen eine würdevolles Leben auf dem Planeten zu ermöglichen. Die Starken (Reichen, Privilegierten)
haben somit das Recht oder sogar eine aus der „Natur" heraus gebotene Verpflichtung, die Schwachen (Armen, Unterprivilegierten) sich selbst zu überlassen. Dies schließt auch
mit ein zu glauben, sich dadurch eine Zukunft sichern zu
können, jetzt noch so viel wie möglich „zur Seite zu schaffen", um im Falle des Falles einen „Vorteil" zu haben. Ebenso schließt dies mit ein zu glauben, jetzt einen umso hedo-
nistischeren Lebensstil pflegen zu müssen und zu versuchen,
den Luxus zu genießen, „so lange es noch geht".
6. Das Problem zu glauben, dass das Aufstellen und Predigen
von ethischen Codes, religiösen Vorschriften (10 Gebote)
etc. genügen würde: Dies hat auch deswegen wenig Sinn,
weil die Unterschiedlichkeit in der Auslegung darüber, was
denn das bedeutet, nicht größer sein könnte. So beschreibt
die berühmte Gelehrte und Humanistin Hannah Arendt
über „Die Banalität des Bösen", dass der Schlächter Adolf
Eichmann sich bei seinem Prozess für seine Vorgehensweise

für wohl eines der korruptesten Machtsysteme, dem Dritten Reich, gerade mit dem Kant'schen Imperativ gerechtfertigt hat. Dieser besagt allerdings genau das Gegenteil von dem, wie ihn Eichmann offensichtlich verstand. So meinte dieser vor Gericht, dass er doch nur die Gesetze befolgt hätte. Allerdings sagt Kant: Nicht das Befolgen von (vor allem mörderischen, aus der tiefsten Korruption entstandenen) Gesetzen, sondern das Folgen von humanistischen, ethisch wertvollen Verhaltensweisen, aus denen man jederzeit ein Gesetz ableiten könnte, sollte unser Handeln bestimmen.

Womit wir wieder beim Kern der Sache wären. Das Predigen setzt immer die emotionale Gesundheit voraus. Das betrifft beide, sowohl den „Lehrer" als auch seine „Schüler". Von der kann aber, wie unser Buch zeigt, nicht ausgegangen werden. Im Gegenteil – unser System fördert nachgerade psychische Störungen. Es kann somit von einem tief narzisstisch Gekränkten nicht verlangt werden, dass er Anstand und Werten folgt, dass er Verantwortung übernimmt. Das ist in seinem persönlichen Lebensskript keine Kategorie. Er kann ein Image aufbauen, das heißt, so tun, wie wenn ihm das wichtig wäre. In dem Moment allerdings, in dem er seine Interessen bedroht sieht, fährt automatisch sein psychoneuronales Programm hoch, und er beginnt quasi um sein Leben zu kämpfen, auch wenn die reale Situation jetzt eine ganz andere ist als damals als Kind, wo er diese tiefe Kränkung erlebt hat.

So beschreibt der Begründer der bioenergetischen Analyse Alexander Lowen in seinem Buch „Narzissmus. Die Verleugnung des wahren Selbst" wie das falsche Selbst entsteht. Er zeichnet ein eindrückliches Bild darüber, wie Menschen in ihrer Kindheit das Grauen erlebt haben. Ihr alles beherrschendes Bedürfnis ist der brennende Wunsch nach Liebe und Wärme. Weil ihnen aber das (Ur-)Vertrauen genommen wurde, können sie ihre Persönlichkeit und Beziehungen zu anderen Menschen nicht entwickeln und sind so ein Leben lang (oder bis zu ihrer Erlösung) gezwungen, die früh vermisste Liebe in hoffnungslos übersteigerter Weise immer wieder zu suchen. Sie fühlen sich verlassen, gekränkt und einsam und ziehen sich in eine innere Welt der Größenfantasien zurück. Sie versuchen, mit eigenen Mitteln und dem Grundsatz „Ich brauche niemanden" herzustellen, was ihnen von den Eltern oder Elternfiguren nicht gegeben oder zugestanden wurde – eine Pseudo-Autonomie entsteht.

Es geht dabei auch nicht um Schuldzuweisungen, sondern um das Verstehen des Zusammenhanges zwischen dem (mangelnden) Selbstwertgefühl der Sorgenden (aus welchem Grund auch immer – meist sind auch sie in einer defizitären Umgebung aufgewachsen) und der Unmöglichkeit des Kindes, in diesem Umfeld gesund selbstständig und erwachsen werden zu können. Nichts ist für ein Kind förderlicher als eine Mutter, die sich selbst lieben kann. Das kleine Kind kann sich seine Existenzberechtigung nicht selber geben, es ist abhängig von der positiven Spiegelung durch die Eltern. Der deutsche Psychotherapeut und Autor Heinz-Peter Röhr schreibt unter der Überschrift „Der Raub der Gefühle", dass diese Kinder ihre normalen und berechtigten Gefühle wie Neid, Eifersucht, Verlassenheit, Angst und Zorn unterdrücken müssen, da die Mutter bzw. andere Erziehungspersonen (die ja selbst bedürftig sind) diese nicht ertragen können. Ein Mensch (Kind), der eine narzisstische Persönlichkeit oder eine Persönlichkeitsstörung entwickelt, zieht sich zurück bzw. muss sich in diesen Panzer zurückziehen, um den Schmerz abzukapseln, weil das Fühlen der mangelnden Liebe und Angenommenheit (so wie es ist) sonst unerträglich wäre.

Daraus entsteht das Dilemma des narzisstisch Gekränkten und in der Tiefe Selbstwertgestörten. Er möchte der totale Hero sein, er möchte das Unmögliche möglich machen. Sein unbändiger Wunsch und der daraus entstehende Elan, Großes zu schaffen, ist oft beeindruckend. So ist es auch zu verstehen, warum die Masse genau auf jene Menschen ihre Wünsche und Hoffnung überträgt, Verantwortung zu übernehmen, die genau dafür aufgrund ihrer Anti-Sozialität am wenigsten geeignet sind. Gerade weil in der Tiefe sein Selbstwert vernichtend gering ist, „muss" der narzisstisch Gekränkte durch Erniedrigung und Unterwerfung dauernd darauf achten, Oberwasser zu behalten. Dies stellt das Gegenteil eines guten Führers dar, der, aus der Tiefe seines Selbstwerts schöpfend, bereit ist, für ein größeres Ganzes dienlich zu sein und sich dafür zur Verfügung stellt.

Werkzeuge und Modelle zu erkennen, warum Größenwahnsinnige immer wieder an die Macht gelangen, würde also die Psychologie und die Psychotherapie zur Genüge bieten. So die oben angeführten Übertragungsmodelle der Transaktionsanalyse oder die Theorien des großen Denkers und Psychoanalytikers Wilhelm Reich. Letztere beschreiben sehr eindrücklich die Projektionen des „kleinen Mannes" auf vermeintlich „große Männer". Laut Reich sind beide getrieben von ihren Selbstwertproblemen und Lebensängsten. Der große „kleine Mann" hat aber diese Gefühle narzisstisch abgespalten (das heißt, er fühlt sie nicht), was ihn (leider) nicht fähiger, sondern nur weitaus gefährlicher macht. Er ist unfähig, Beziehungen auf Augenhöhe zu führen und besessen von dem Gedanken nach Macht, Ruhm und Reichtum.

In seinem Buch „Die Rede an den kleinen Mann" beschreibt Reich den kleinen Mann damit, dass dieser nicht dumm, sondern feig ist. Diese Feigheit entsteht daraus, weil er eben seine Ängste so stark spürt. Da er diese nicht überwinden kann bzw. nicht glaubt, sie überwinden zu können, hofiert er seine Schlächter und Ausbeuter. Er identifiziert sich mit ihnen, in der (fatalen) Annahme, auch einmal in die Position des großen Mannes gelangen zu können oder zumindest ein bisschen von dessen Ruhm oder Reichtum abzubekommen. All das ist oben mit der Beschreibung des Passiv-Narzissten gemeint. Letztlich kann aber die Berufung auf die eigenen Ängste nicht der Weisheit letzter Schluss sein. Auch wenn das die Menschen nicht so gerne hören. Es kann behauptet werden, dass es die Verantwortungslosigkeit der breiten Masse ist, von der in letzter Konsequenz auch Korruption lebt.

Der Kreis zu unserem kapitalistischen Lebensentwurf schließt sich dadurch, dass, wie oben in dem kapitalistischen Zyklus beschrieben, eine immer reicher werdende kleine Schicht zu unumschränkter Macht mit dementsprechenden Insignien aufsteigt. Ein Eldorado nachgerade für Narzissten und Passiv-Narzissten aller Spielarten. Man kann hier von drei Kategorien sprechen: Erste werden schon von Kindheit an durch Geburt in einem feudalen Ambiente sozialisiert und sind so sozusagen zum Größenselbst „gezwungen". Zweite sind die breite Masse, die Passiv-Narzissten, die durch Klatsch, Tratsch und dem Erhaschen von Blicken auf die großen Häupter ihre Wünsche und Träume, etwas Großes zu sein, zumindest projizieren können. Diese Dualität würde an sich eine gewisse, wenn auch feudalherrschaftliche und dadurch zutiefst ungerechte, Ordnung herstellen. Dritte perpetuieren allerdings dieses System geradezu, weil sie nicht mit dem goldenen Löffel im Mund geboren, aber mit einem (kranken?!) Antrieb ausgestattet sind, genau da dazuzugehören. Und eine sogenannte klassenlose Leistungsgesellschaft gibt ja auch vor, dass das (für jeden) möglich wäre (wenn er nur wirklich wollte). Sie sind somit die, die mit der gehörigsten narzisstischen (korrupten) Energie ausgestattet sind, bereit, alles zu tun, um sich ihren ganz persönlichen amerikanischen Traum wahr werden zu lassen. Allerdings, so wie sich der narzisstische Mensch letztlich durch sein Größenselbst und sein Nie-satt-Werden zerstört, zerstört aus demselben Grund der Kapitalismus letztlich die Gesellschaft als Ganzes. Oben ist von Ochlokratie, der Zerfallsform von Demokratie, die Rede. Somit ist auch der Kreis zwischen Kapitalismus in seiner Reinform und dem Narzissmus als persönliche psychische Disposition oder Störung geschlossen.

Als Essenz kann somit das Aufzeigen von Zusammenhängen zwischen allgemein verbreiteten Glaubenssätzen, psychischen und gruppendynamischen Phänomenen und der daraus folgenden Wirtschaftsrealität gesehen werden. Der darin vorherrschende Mythos, dass der Mensch halt so ist, gierig, machtbesessen und rücksichtslos, und man dagegen nichts machen kann, wird uns allerdings nicht nur nicht die anstehenden Probleme lösen lassen, sondern uns weitere, mit hoher Wahrscheinlichkeit sehr schmerzhafte, bescheren. Es wäre somit gut, an seiner Umkehrung zu arbeiten. Auch wenn im Buch oben viel von Determinismus, d.h. der Bestimmtheit des Menschen

durch seine psychischen Programme, die Rede ist, soll dies
nicht dazu verleiten, die Eigenverantwortung über unser Tun
unserer „Natur" zu überlassen.

Im Gegenteil. Wir sind dazu aufgerufen, uns mit uns selbst
zu beschäftigen, um den Schritt zur Überwindung unserer
immer wiederkehrenden selbstzerstörerischen, irrationalen
Kräfte voranzutreiben. Außerdem ist es weltweit gesehen eine
Minderheit, die völlig selbstentfremdet und größenwahnsinnig
auf Kosten der anderen ihre Allmachtsfantasien und weit überzogenen Ansprüche verwirklichen möchte. Die Mehrheit der
Menschen wäre, vorausgesetzt, das System würde dies glaub-
haft fördern, durchaus damit einverstanden, über mehr Fairness zu verhandeln und diese auch zu etablieren. Dieser Sichtweise folgt sinngemäß auch ein Zitat von Albert Einstein, in
dem er meint: „Das Problem in der Welt ist nicht das ‚Böse',
sondern die Masse, die es zulässt."

Es geht auch anders

Die Hoffnung liegt auf der Weiterentwicklung der Gesellschaft
im humanistischen Sinne. Diese Hoffnung ist primär aufgebaut
auf Hierarchieabflachung, der Stärkung eines breiten Verant-
wortungsbewusstseins und einer Führungsmacht, die, losge-
löst vom Ego der Person, an eine Rolle mit dementsprechender
Beurteilung von Fähigkeiten und Verantwortungen gebunden
ist. Dass Hierarchieabflachung und das Ausmerzen von Korruption einen kausalen Zusammenhang haben, beweisen ja
eindrücklich die skandinavischen Länder, die schon seit vielen
Dekaden die Korruptionsrankings im positiven Sinne anführen
und bekannt dafür sind, eine möglichst abgeflachte Hierarchie
zu leben. Jedenfalls, jemand, der mit Vorwürfen wie Martin
Graf (siehe oben) konfrontiert ist, würde nie und nimmer auf
seinem Sessel als führendes Mitglied eines Parlaments sitzen
bleiben. Das wäre undenkbar.

Dementsprechend wären Psychologen und Psychotherapeuten, wesentlich mehr als sie das zur Zeit tun, gefordert, öffent-

lich Stellung zu nehmen und die Gesellschaft darin zu unterstützen, psychologische Hintergründe und Zusammenhänge zu
erkennen. Dadurch würde breitflächig eine Machtkompetenz
installiert werden, die positive demokratiepolitische Auswirkungen hätte. Dies sollte auch dazu führen, dass es für mächtige Organisationen nicht mehr so leicht wie bisher möglich
ist, auf schamlose antisoziale (narzisstische) Weise Gewinne
zu individualisieren und Verluste zu sozialisieren und so weiter zur sozialen Destabilisierung der Gesellschaft beizutragen.
Als Basis dafür könnte zum Beispiel das System der Transaktionsanalyse genommen werden. Dieses Modell zielt darauf ab,
die Transaktionen, d.h. das Verhalten der Menschen basierend
auf den jeweiligen Gedanken und Emotionen, zu analysieren.
Dabei werden die sogenannten Ich-Zustände betrachtet, aus
denen heraus die Menschen in Beziehung treten. Analog dem
Modell werden diese Ich-Zustände in Erwachsenen-, Kinder-
und Elternteilebenen unterschieden.

Wie oben schon ausgeführt, sagt die Transaktionsanalyse, dass funktionierende Beziehungen zwischen Erwachsenen grundsätzlich auf der Erwachsenen-Ich-Ebene stattfinden sollten. Und zwar unabhängig davon, ob man sich nun in
der Vorgesetzten- oder der Untergebenenrolle befindet. Dies
spricht weder gegen die Notwendigkeit von Hierarchien noch
sagt es, dass die Eltern-Ich- oder die Kind-Ich-Ebene negativ
sei. Im Gegenteil. Hierarchien werden als wichtig anerkannt,
und ein gewisses Maß an „Beelterung" (Kontrolle) gegenüber
den Untergebenen macht einen guten Vorgesetzten aus. So ist
auch umgekehrt ein gewisses Maß an „kindlichem" Vertrau-
en der Geführten an die Chefs gut für eine funktionierende
Arbeitsbeziehung.

Aber beides sollte im jeweiligen Erwachsenen-Ich integriert
sein. Mit Integration ist gemeint, dass die inhärenten Gedanken und Gefühle (auch die negativen) bewusst sind und es für
beide Seiten gilt, Raum für die gemeinsame Definition der verschiedenen Rollen und der „anfallenden" Differenzen zu schaffen. Das heißt, es muss Platz für Reflexion (Feedback) sein, um
die oben beschriebenen (unbewussten) Übertragungen zu mini-

mieren. Dies setzt allerdings voraus, dass Führung durch Kompetenz und nicht durch persönliches Ego bestimmt ist. Ist dies der Fall, wird Führungsverhalten zu etwas grundsätzlich Gebendem, das Gefälle ist so weit als möglich abgeflacht – es kann von synergetischer Hierarchie gesprochen werden.

Steile Hierarchie ist durch eine Vielzahl von (unbewussten) Übertragungen und dem Fehlen des Raumes für Reflexion bestimmt. Vorgesetzte üben (grenzenlose) Macht und Kontrolle über „ihre" Untergebenen aus. Letztere sind dann gezwungen, sich konform zu verhalten oder aber gegen den „Führer" und sein System zu rebellieren. Die Konsequenzen für Wistleblower sind in strengen Hierarchien allerdings horrend. Heinz-Peter Röhr sagt dazu: „Man hat nicht nur den Chef als Gegner sondern sein ganzes Anhänger-System." Auf Grundlage der oben beschriebenen Übertragungen und der damit einhergehenden Gruppendynamik folgen Konformisten unreflektiert dem Willen „ihrer" Vorgesetzten und kämpfen damit nicht gegen ein mögliches Problem, sondern gegen die, die das Problem aufzeigen.

Je steiler die Hierarchie, desto mehr sind Wistleblower praktisch chancenlos. Meist ist es für sie grundsätzlich schwierig, in einem solchen System Platz zu finden bzw. eine Karriere zu starten, weil es die konformistischen Anhänger sind, die nach oben gehievt werden. Haben Wistleblower bereits eine höhere Position erreicht, können innere und/oder äußere Konflikte so stark werden, dass sie sich doch anpassen (z.B. durch innere Kündigung), aus eigenen Stücken das Feld räumen oder aber entlassen werden. Und das ist das eigentliche Drama für Organisationen. Sie verlieren mit jedem für ihre innere Balance so wichtigen non-konformistischen Mitarbeiter Schritt für Schritt ihre Fähigkeit, ihre eigenen Handlungen zu reflektieren. Beispiele dafür gibt es ja leider, wie oben beschrieben, zurzeit zuhauf.

Man könnte gar so weit gehen, die Wistlerblower-Problematik metaphorisch bis hin zu der Geschichte Christi auszudehnen. Wenn jemand, der reinen Herzens, d.h. nicht aus Gründen von eigenen Vorteilen, Korruption aufdeckt und sichtbar macht, dann hält er dem System einen Spiegel über dessen niedrige Machenschaften vor. Das wird von korrupten Systemen aber meist damit beantwortet, dass dieser Mensch geopfert, d.h. im schlimmsten Fall vernichtet, im Normalfall einfach rausgeschmissen wird. So ist es ein Paradoxon, dass vor allem die sogenannten Wertekonservativen, die sich oft auf christliche Werte berufen, weiter auf eine Politik drängen, die, zumindest außerhalb der von ihr hochgehaltenen (Klein-)Familie, Gegnerschaft zum höchsten Prinzip erklärt. (So ist zum Beispiel auch nicht anzunehmen, dass, wenn Christus wieder auf die Erde kommen würde, er es zu seinem höchsten Ziel machen würde, sich ein Aktienpaket einer Firma zu sichern, deren Wert gerade durch feindliche Übernahmen im Steigen begriffen ist.) Mit gegnerschaftsorientiertem Verhalten erhält (konserviert) man somit nicht nur nicht die Gesellschaft, im Gegenteil, man zerstört sie.

Dass Menschen von Natur aus kooperieren wollen, beweisen zum Beispiel auch zahlreiche Forschungen aus der Spieltheorie, wo Menschen in einer Vielzahl von verschiedenen Übungen dazu angehalten werden, eine gemeinsame Aufgabenstellung bestmöglich zu lösen. Die Ergebnisse besagen, dass die besten Lösungen dadurch entstehen, wenn Menschen grundsätzlich bereit sind, zu kooperieren. Allerdings, wenn der jeweilige Partner dies nicht erwidert, d.h. sich nicht kooperativ verhält, ist es wichtig, die Fähigkeit zu haben, die „Strategie" zu verändern und Gleiches mit Gleichem zu beantworten. Diese Form von Nicht-Kooperation sollte allerdings nur so lange aufrechterhalten werden, bis über eine Auseinandersetzung bzw. Verhandlung ein Ende des Konflikts hergestellt werden kann. Wesentlich ist somit auch das Nicht-nachtragend-Sein, um das Zusammenspiel weiter fortsetzen zu können.

Der Selbstwert ist allerdings der Dreh- und Angelpunkt von Kooperation. Die jetzt so oft bemühte Wertediskussion muss somit eine über den Selbstwert der Menschen sein. Korruptes Verhalten korrumpiert ja in der Tiefe das Vertrauen der Menschen zu sich selber und zueinander. Der Punkt, an dem wir in der Geschichte angelangt sind, stellt sehr massive Fragen. Falls diese „Krise" wirklich zum Schlimmsten führen sollte, also zu Ausnahmezuständen, in der ärgsten Ausprägung zu kriegsartigen Zuständen, dann wird es schwierig und vor allem gefährlich, aufzustehen und etwas dagegen tun. Die naive Annahme der Kriegs-Nachfolgegenerationen, sie hätten „da" nicht mitgemacht, ist eine der größten Illusionen. Es handelt sich, wenn es so weit ist, wenn wirklich kriegsartige Zustände herrschen, auch um einen sozialen und vor allem emotionalen Ausnahmezustand, in dem Menschen beginnen, wild um sich herumzuschlagen, und korruptes Verhalten quasi normal wird. Wenn das erst eingetreten ist, ist es allerdings zu spät, sich mit psychologischen Phänomenen auseinanderzusetzen. Dies ist erst dann wieder von Belang, wenn das Wüten vorbei ist und hoffentlich noch genug Ressourcen vorhanden sind, eine solche (weitere) Tragödie aufzuarbeiten.

Wir müssen also wesentlich pro-aktiver werden. Und uns mit grundsätzlichen Fragen beschäftigen. Zum Beispiel was gute Führerschaft ist und wie Menschen, die eine natürliche und der Allgemeinheit dienliche Autorität besitzen, in Führungsrollen gelangen könnten. Aber auch umgekehrt: Wie über flache Hierarchien und neue Formen von Entscheidungsfindungsprozessen die breite Masse der Menschen eine kraftvolle, lebendige und demokratische Zivilgesellschaft speisen kann, die diesen Namen auch wirklich verdient. Was letztlich auch ein neues Bildungssystem fordert, in dem das frei Denkende und emotional Gesunde in unseren Kindern gefördert wird. Als Basis dafür muss eine neue politische Kultur Einzug halten. Denn die zurzeit herrschende Parteipolitik ist eher das Problem, als dass von ihr angemessene Lösungen zu erwarten wären. Als neues Motto könnte gelten: „Persönliches Wachstum statt weiteres Wirtschaftswachstum" und „Kraft statt Macht".

Praktische Ansätze gibt es viele. So zum Beispiel die eines New Deal in den entwickelten Ländern mit intensiven Investitionen in einen Energiewandel und der Überlassung von weiterem Wirtschaftswachstum an die Entwicklungsländer. Auch wenn das Loslassen von dem Mythos des ewigen allgemeinen ökonomischen Wachstums als Utopie klingen mag. Konsolidierungs-

Ideen sind unumgänglich, wenn wir nicht dazu verdammt sein wollen, all das zu zerstören, was unsere Vorgenerationen aufgebaut haben. Auch angesichts der historischen Dimensionen der Weltbevölkerungszahl, des Potenzials von Kriegsgerätschaft und der ökologischen Herausforderungen, vor der wir stehen, ist dies eine Krise, die wir uns gar nicht leisten können. So gilt es nämlich noch auf eines hinzuschauen: Alles oben Beschriebene ist ja nur unsere Perspektive. Die der immer noch Reichen und Satten. Obwohl es sich auch in unseren Breiten durch Arbeitslosigkeit, Verarmung, Depression, Süchte, Gewalt, Kriminalität, Amokläufe ... immer mehr zuspitzt: In der dritten und vierten Welt kämpfen durch diese Umverteilungsspiele ganze Bevölkerungsschichten ums blanke Überleben. Weil die Spekulanten nun ja gerne mit Nahrungsmitteln spekulieren.

Wahrscheinlich ist es so, dass wir als westliche Welt wirtschaftlichen Wohlstand an die „ärmeren" Länder umverteilen müssen. Das Maß dafür dürfen aber nicht die Herrschenden und ihre totalitären Ansprüche sein, die ihre Macht und ihren Reichtum auf dem gegenseitigen Ausspielen der Länder dieser Erde weiter steigern, sondern die ökologischen Grenzen, die als praktisches Maß unser aller Möglichkeiten begrenzen. Darin würde auch die Chance auf ein sinnvolles zukunftsorientiertes und globales Miteinander bestehen. Nämlich damit zu beginnen, nach Mitteln und Wegen zu suchen, die vorhandenen Ressourcen und die vorhandene und rasant fortschreitende Technik so einzusetzen, dass es zu unser aller Vorteil ist.

Was allerdings impliziert, dass Menschen ein humanistisches Gefühl in sich tragen. Es scheint so, dass viele Entscheidungsträger an der Spitze von wichtigen Organisationen deswegen in dieser Funktion sind, weil sie die Abgespaltenheit einer narzisstischen Persönlichkeit besitzen. So würden sie paradoxerweise dann Gefahr laufen, diese Funktion, die ja wie oben beschrieben letztlich gesellschaftlich gewollt wird, nicht mehr ausfüllen zu können, wenn, im Sinne eines therapeutisch gesehen notwendigen Gesundungsprozesses, diese Abgespaltenheit zusammenbrechen würde. Es erscheint also als wichtige gesellschaftliche Aufgabe, diese Form der Krankheit, diesen sozialen und emotionalen Analphabetismus erkennen, benennen und überwinden zu lernen.

Wenn also oft die Rede davon ist, dass der Mensch halt so ist – gierig und nur auf sich selbst bezogen –, dass er möglichst nichts geben, sondern viel nehmen und haben möchte, und wenn umgekehrt, meist von sehr humanistisch geprägten Kreisen behauptet wird, dass der Mensch unbedingt geben möchte – um dazuzugehören –, ist abschließend festzuhalten, dass es „den Menschen" nicht gibt. Es gibt beides – Menschen, die nichts geben aber auch solche, die nichts nehmen oder annehmen können. Es ist wie auf einem Kontinuum. Auf beiden Enden sammeln sich Extreme, die nicht gesund sind. Die bekannte Psychotherapeutin Rotraud Perner sagt dazu, dass es bei der Masse der Menschen eigentlich einen Mangel an Narzissmus (im Sinne von Selbstliebe und gesundem Selbstwert) und der natürlichen Forderung auf ein Recht auf ein würdevolles Leben gibt. Es ist somit die Balance zwischen Geben und Nehmen, die als gesund bezeichnet werden kann. Was genau darin als wertvolles Gegenstück zum Nehmen gesehen wird, liegt natürlich im Auge des Betrachters, d.h., es obliegt einer individuellen Betrachtungs- und Bewertungsweise. Was für den einen als wertvoll erscheint, muss dies nicht zwangsläufig für einen anderen gelten. Es geht damit auch nicht darum, Menschen „gleichzumachen" – auf dieselben Werte einzustimmen und nur die als gültig zu betrachten. Wer hätte auch das Recht dazu, dies zu tun? Dies schließt somit die so oft bemühte Debatte ein, dass doch nicht alle gleich viel zu dieser Gesellschaft beitragen und somit auch nicht gleich viel Geld verdienen sollten. Es gibt interessante Umfragen dazu, wo ein ziemlich genaues Bild darüber abgegeben wird, was Menschen bezüglich einer Einkommensdifferenz als fair empfinden. Dies beträgt ungefähr das Verhältnis 1:10.

Die Frage muss also in Zukunft nicht lauten wie viel Gewinn jemand gemacht hat, sondern wodurch dieser Gewinn gemacht wurde. Wenn es durch Innovation und Schaffung von Mehrwert vonstatten gegangen ist, ist es wichtig, dies anzuerkennen und sich vor dem Gefühl der Missgunst und des Neides zu hüten. Wenn es allerdings nur perfide Umverteilungsspiele waren (Spekulation auf alles und jedes, Ausspielen und Irreführung von Marktteilnehmern, Ausnützen von Insiderinformationen etc.) sollten die angemessenen Gefühle von Missgunst bis hin zur Verachtung nicht nur nicht unterdrückt werden, sondern derjenige sollte dies auch angemessen zu spüren bekommen. Klar ist das nicht so leicht zu differenzieren, und es liegt letztendlich weiterhin im Auge des Betrachters, wie verschiedene Geschäftsmodelle zu klassifizieren sind, nur eines ist jedenfalls sicher: Das eigenhändige Einbringen von faulen Krediten, die Bewerbung und den Verkauf dieser bei gleichzeitiger und nachheriger Spekulation auf das Scheitern bzw. das Platzen dieser madigen Produkte gehören sicher nicht dazu. Und genau das hat die Finanzwirtschaft im großen Stile gemacht.

Die Kernaussage der Arbeit lautet also: Die angeführten „Figuren" und Skandale können als beispielhaft für viele Machtsysteme angesehen werden, in denen Machtanspruch und tatsächliche Machtpositionen ihrer Führungskräfte aus persönlichen Defiziten gespeist werden und es keinerlei bzw. viel zu wenig Bewusstheit über die Zusammenhänge von psychischen Dispositionen und hierarchischen Realitäten gibt. Sie waren und sind wie Suchtkranke, die immer mehr von dem Stoff (Geld, Macht) brauchten bzw. brauchen – rücksichtslos und zerstörerisch und nicht aufzuhalten, schon gar nicht von der eigenen Vernunft, die diesbezüglich schon lange oder wahrscheinlich im humanistischen Sinne noch nie ein Thema war, angetrieben von der unbändigen narzisstischen Kraft, die immer mehr möchte – Macht, Einfluss, Image, Prestige, Ansehen und vor allen Geld.

Wenn da kein Regulativ von außen kommt, zerstören sie letztlich alles – auch sich selber. Das ist das Kranke daran. Letztendlich bringt sie dieser Größenwahn auch selbst nirgendwo hin und schon gar nicht zur Erlösung von dem tiefen inneren Schmerz der Entfremdung und der Angst. Verletzte Menschen versuchen somit aufgrund ihrer Verletzungen, Macht zu lukrieren, in einem (aussichtlosen) Versuch, ihren persönlichen Schmerz damit besiegen zu wollen, und verursachen dadurch

Leid für viele andere. Der Grund für korruptes Verhalten ist also ein Verlust des (Ur)-Vertrauens, die korrumpierten Gefühle von Menschen und die daraus folgenden korrumpierten Beziehungen zu anderen Menschen. Ein Circulus vitiosus, ein wie so oft oben beschriebener Teufelskreis, weil es bedeutet, dass korruptes Verhalten wiederum Gefühle und Beziehungen korrumpiert und damit eine der wichtigsten gesellschaftlichen Qualität – Vertrauen. Der (einzige) Ausweg ist eine allgemeine Übereinkunft darüber, dass die Heilung von individuellen und kollektiven Gefühlen und Beziehungen für unser aller Wohl einen wichtigen gesellschaftlichen Stellenwert bekommen sollte. Was eine therapeutische und erzieherische Aufgabe ist.

Beispiel Siemens AG

Das Auffliegen des Siemens-Skandals 2006 eröffnete einen Blick auf ein weltweites korruptes Netzwerk. Eine eingeweihte Gruppe von Siemens-Managern soll in einer Art Parallelstruktur über Jahre hinweg Millionenbeträge an Schmiergeldern, intern „NA" (für „Nützliche Aufwendungen") genannt, bei Projektvergaben aus schwarzen Kassen bezahlt haben. Insgesamt, so stellte sich später heraus, ging es um einen Betrag in der Höhe von 1,3 Milliarden Euro. In einer generalstabsmäßig geplanten Aktion durchsuchten im November 2006 Polizeibeamte Siemens-Büros sowie Privatwohnungen in München, Erlangen und Wien. Der Siemens-Skandal ist somit einer der größten Korruptions-/Schmiergeldskandale der deutschen Wirtschaftsgeschichte. Der zu dieser Zeit tätige Vorstandsvorsitzende Klaus Kleinfeld und der Aufsichtsratsvorsitzende Heinrich von Pierer mussten das Unternehmen verlassen. Die Gesamtkosten der Strafen, Beraterkosten und Steuernachzahlungen belaufen sich auf rund drei Milliarden Euro.

Walter Sölle, der von der Siemens AG bestellte Compliance Manager, führte in Wien an einer Veranstaltung zu Compliance Management eindrücklich aus, dass es mit diesem mit drei Milliarden Euro bezifferten Schaden auch nicht abgetan sei. Er meinte, dass der Schaden insgesamt gar nicht beziffert werden könnte, weil er ja den Reputationsverlust mit einschließen muss. Jedenfalls hat Siemens laut Sölle damit begonnen, massiv gegenzusteuern. So gelten nun als Prämissen eine Null-Toleranz-Politik, was Schmiergeld betrifft, und dass Geschäfte nicht mehr unter allen Umständen gemacht werden müssen. Diesbezügliche Schulungen, die auch den praktischen Umgang mit solcherart (leider in dem internationalen Umfeld, in dem sich Siemens bewegt, üblichen) Forderungen von potenziellen Auftraggebern zeigen, sind damit eingeschlossen. Auch große organisatorische Veränderungen wie die Zentralisierung der Geldflüsse würden dazu beitragen, dass die gesamten Gebarungen des Konzerns nun wesentlich transparenter und somit korruptionsunanfälliger seien, meinte Sölle.

Dass all diese Veränderungen nicht zum Nachteil von Siemens sind, zeigt, dass 2011 das geschäftsstärkste Jahr in der Geschichte des Unternehmens war und weitere große Expansionsschritte vor allem in Richtung Russland geplant sind. So soll Siemens gerade in diesem „korruptionssensiblen" Markt im nächsten Jahr (2013) um 100% wachsen. Dabei müssen rund 3.500 neue lokale Mitarbeiter geschult werden, die allesamt diese Null-Toleranz-Politik zu vertreten haben. Siemens ist somit ein hoffnungsvolles Beispiel dafür geworden, dass es selbst in Umfeldern, in denen Korruption „normal" ist, möglich ist, geschäftlich zu reüssieren. Ob dies nun wirklich auf längere Sicht, auch mit der nun allgemeinen Eintrübung der allgemeinen Wirtschaftslage, aufrechtzuerhalten sein wird, gilt es abzuwarten. Grundsätzlich ist es leider auch für so einen riesigen Player wie Siemens schwierig, sich, wenn sozusagen alle falsch spielen, zu erlauben, sich an die Spielregeln zu halten. Jedenfalls, Grund zur Hoffnung entsteht aus den Veränderungen des Siemens-Skandals allemal. Und das nicht nur für den Konzern selbst.

Qualitätssicherung für Organisationen
(Compliance-Management)

Compliance sollte nicht nur Schlagwort sein. Letztlich ist nachhaltiges, verantwortungsvolles Handeln auch für das Schreiben von schwarzen Zahlen ein wesentliches Kriterium. Dabei geht es auch, aber nicht nur um Korruption. Der Bereich Hochrisikomanagement, von dem für ihre Qualitätssicherungsmaßnahmen auch andere Organisationen viel lernen können, bringt dazu eine weitere Perspektive zur Diskussion. Eine so interaktiv komplexe und schnell gekoppelte Wirtschafts- und Finanzrealität (mit ihren Dominoeffekten) überfordert den Menschen letztlich mit dem, was er paradoxerweise selbst in die Welt gesetzt hat: Dass in einem solch technisch ausgereizten und globalisierten System dann niemand für das systemische Risiko zuständig ist, ist, wie ein Lastauto durch einen Rennwagen zu ersetzen, nicht aber den daraus entstehenden weit höheren Wartungsaufwand zu berücksichtigen und sich dann zu wundern, wenn das „Werkl" stehen bleibt und nirgends ein geeigneter Mechaniker aufzutreiben ist. Somit sind wir Menschen, neben allen positiven Errungenschaften der neueren Zeit, auch Opfer dieses eigenen Fortschritts.

Somit würde es auch, wenn diese Form der globalisierten Wirtschafts- und Finanzwelt weiter Bestand haben soll, die Notwendigkeit entsprechender Sicherheitskulturen nach sich ziehen. Sicherheitskulturen sind unter anderem dadurch definiert, dass sie niemals nach Maximierung, sondern immer nach Optimierung streben. So müsste als erster und wichtigster Schritt die gesamte Finanzwelt als Hochrisikoindustrie klassifiziert und dementsprechend neue Risikobewertungs- und Management-Instrumente angewendet werden, die den „Faktor Mensch" in den Mittelpunkt stellen. Zum Beispiel gälte es dabei, mit diesem unglaublich weit verbreiteten Unsinn aufzuräumen, dass man diese Form des (systemischem) Risikos alleine mit Versicherungsmathematik und der Installation von immer mehr technischen Features und tausenden Stresstests beherrschen könnte. Auch Ratingagenturen müssten in dieser Weise neu definiert und ausgerichtet werden.

Dies schließt auch mit ein, dass nicht nur das reaktive Mittel der Bestrafung für die Abwendung von Schadensfällen gemeint sein kann. So sehr es auch menschlich verständlich ist, danach zu rufen all diese Finanz- und Wirtschaftsganoven einzusperren, würde es doch nur bedeuten, Symptome, aber nicht die Ursachen zu bekämpfen. Dieser Finanzwahnsinn ist ja meist nicht einmal illegal. Das System ermöglicht und fördert ihn geradezu. Obendrein wird es für die Gesellschaft immer schwieriger, bis hin zu unmöglich, die Ressourcen dafür bereitzustellen, die heute definierten Malversationen aufzudecken und anzuklagen. Damit schließt sich allerdings wieder der Kreis zum Ersten: Wer einem mechanistischen Weltbild anhängt und den Menschen und seine psychischen Antriebe nicht versteht, wird es schwer haben, neue (Sicherheits-) Kulturen zu implementieren.

Ein Qualitätssicherungs-System für Kollektive muss ein umfassendes Steuerungs- und Koordinationskonzept zur Unterstützung der Mitglieder und der Führung einer Organisation bei der Erfassung, Analyse, Bewältigung und Vermeidung von Problemen und Fehlern, bei der Optimierung sowie bei der Befriedigung von individuellen und kollektiven Bedürfnissen sein. In Zusammenhang mit Korruption muss es im Rahmen des Compliance-Managements vor allem um Prävention gehen. Regelverstöße und Vorteilsnahme sollen weitgehend verhindert oder frühzeitig aufgedeckt werden.

Qualitätssicherung beschäftigt sich mit der Erhebung, Kategorisierung, Gewichtung und Auswertung von relevanten Daten. Die Ergebnisanalyse und die Interpretation dienen zur Entwicklung von Bewältigungsmaßnahmen. Kontrolle von außen, durch die Behörden, und Kontrolle von oben, durch die Geschäftsführung, sind gebräuchliche und wichtige Instrumente. Sie haben aber ihre Grenzen. Qualitätssicherung von innen, durch die Mitglieder einer Organisation, ermöglicht, relevante Informationen zu erhalten, die für die Problemlösung und Optimierung unbedingt erforderlich sind. Wesentliche Voraussetzungen dafür sind Vertraulichkeit im Umgang mit den Daten und Vertrauen in die für die Qualitätssicherung Verantwortlichen. Dies alles folgt der Annahme, dass das Wissen über die Umstände, die die Sicherheit einer Organisation bedrohen (wie z. B. eben Korruption), in der Organisation selbst liegen. Das höchste Ziel ist somit, an Rahmenbedingungen zu arbeiten, um die relevanten Daten dafür sichtbar zu machen. Eine wesentliche Möglichkeit dafür stellt die Installation von sogenannten Reporting-Systemen dar.

So kann z.b. eine Online-Erhebung unter den Mitgliedern einer Organisation die Problemstellungen, Anliegen, Vorschläge, Vorfälle und Fehler – anonym, halbanonym oder offen – erfassen. Bei der Auswertung erfolgen eine Kategorisierung der Problemstellungen und Anliegen sowie eine Gewichtung nach Häufigkeit und Intensität. Die Ergebnisse werden den vereinbarten Stellen übermittelt – wenn erwünscht, mit einem individuellen Bewältigungs- und Optimierungs-Konzept. Bei interaktiven Anwendungsmodellen werden in einer Ergebnisbesprechung die Auswertungsresultate gemeinsam analysiert, interpretiert und bewertet. Auf der Basis neuer Erkenntnisse und entsprechender Schlussfolgerungen werden die Ziele definiert, anschließend geeignete Strategien und Maßnahmen erarbeitet.

Die Wirkungen und Fortschritte werden, auf Wunsch mit Unterstützung eines Qualitätssicherungsbeauftragten, registriert und evaluiert, sinnvolle und notwendige Anpassungen und Korrekturen durchgeführt. Bei entsprechender Anwendung werden die angestrebten Ziele wie Verbesserung der Organisationskultur, Gesundheit, Leistungsfähigkeit und Produktivität oder die Korruptionseindämmung sukzessive verwirklicht. Damit die Erfolge bestehen bleiben und künftige Probleme und Fehlentwicklungen wie etwa Korruption rasch erkannt und behandelt werden können, ist ein Qualitätssicherungsmanagement sinnvoll. Die Mitwirkenden können Probleme, Anliegen und Fehlerquellen jederzeit per Online-Erhebungssystem übermitteln. Die Ergebnisse werden regelmäßig mit den Verantwortlichen erörtert und mit den Betroffenen bearbeitet.

Ganz wesentliche Kriterien sind der vertrauliche Umgang mit den Angaben der Teilnehmer und der non-punitive, d. h. der nicht strafende Charakter. Hauptaugenmerk wird somit auf die gemeinsame Bewältigung der Probleme, die Fehlerprävention, die Erreichung von Zielen und die Befriedigung von Bedürfnissen gelegt – und nicht auf die Verurteilung der Verursacher oder gar der Informationslieferanten. Die Basis-Prämisse in der Anwendung von Risiko-Management-Werkzeugen für die Abwendung von Korruption lautet somit: Das Wissen über die korrupten Machenschaften liegt in den Organisationen selbst. Compliance-Management im Sinne einer nachhaltigen Sicherheitskultur soll dieses Wissen sichtbar und verwertbar machen.

Epilog

Das Buch soll dazu dienen, die größeren Zusammenhänge verstehen zu lernen und auch den jeweiligen Kontext zu berücksichtigen. So ist es wichtig zu unterscheiden, ob man von einem kleinen z.b. afghanischen Polizisten, der in mittlerweile jahrzehntelangen Zeiten des Ausstandes und verschiedenster Kriegswirren leben muss, verlangt, auf sein Bakschisch zu verzichten: Dies ist eigentlich unmöglich und unrealistisch. Korruption ist in seinem Umfeld, in dem ganzen nicht funktionierenden Staatssystem, „normal" und sicher nicht durch kleine Korrekturen zu beseitigen. Der jeweiligen Person, die hier die Hand aufhält, um sich im tagtäglichen Kampf ums persönliche nackte Überleben einen Vorteil zu verschaffen, einen moralischen Vorwurf zu machen oder daraus gar eine individuelle psychische Störung abzuleiten, ist weder sinnvoll noch angebracht. Bei solchen Staaten handelt es sich um ein als Ganzes gestörtes Land im Sinne von kollektiver Traumatisierung. Wenngleich auch hier die Hoffnung und die Anstrengung für die Zukunft gelten müssen, alles Menschenmögliche zu unternehmen, um die Menschen zu unterstützen, wieder ein geordnetes und friedliches Staatensystem aufzubauen, verhält es sich mit den im Buch beschriebenen Skandalen, die vorwiegend im deutschsprachigen Raum handeln, doch diametral anders. Hier ist es nicht der Fall, dass diese Länder (also wir) keinen funktionierenden Staatsapparat besitzen würden. Allerdings wird dieser nach und nach erodiert, weil ihm seine Basis dafür, eine halbwegs homogene und solidarische Gesellschaftsstruktur, mehr und mehr abhandenkommt. Dies hat, wie das Buch zeigt, seine Ursachen vor allem darin, dass der auf Ausbeutung ausgerichtete Lebensentwurf in der Form, wie er zurzeit unsere Gesellschaft bestimmt, das Auseinanderklaffen zwischen Arm und Reich vorantreibt, was wiederum Korruption in den verschiedensten Ausprägungen begünstigt.

So ist es wichtig zu verstehen, dass ein (systemischer) Zusammenhang besteht zwischen den Phänomenen, dass auch in unseren Breiten Superreiche mittlerweile imstande sind sich wirklich alles kaufen zu können (inklusive direkter politischer Macht – siehe z.B. Stronach-Partei), dem zurzeit (Mitte September 2012) stattfindenden perfiden Versuch der großen Regierungsparteien den Korruptions-Untersuchungsausschuss „abzudrehen" und dem exorbitanten Ansteigen von Ladendiebstählen und firmeninternen Diebstählen, die am unteren Ende auf das Konto des „Kleinen Mannes" gehen.

Die Herausforderungen der verschiedenen Zugangsweisen, wie man mit all diesen Umständen umgehen könnte, sind auch in diesem Buch abgebildet. So meinte Max Edelbacher in einem „Standard"-Interview (siehe Link dazu im Literaturnachweis), dass der Ex-Innenminister Ernst Strasser für ihn als das „personifizierte Böse" gelte. In diesem Interview wird auch die unterschiedliche Anschauungsweise zwischen einem erfahrenen Polizisten, dessen tagtägliche praktische Aufgabe es war, die Gesellschaft vor Schurken aller Art zu schützen, und einem humanistisch-psychologischen Zugang sichtbar, der behauptet, dass, wenn man das Böse in seinem Kern betrachtet, sieht, was es wirklich ist – nämlich eine tiefe Unfähigkeit, eine Verletzung, für die der Betroffene letztendlich gar nichts kann. In diesem Sinne gibt es „das Böse" gar nicht, und es wären sohin die Umstände, die es, bis hin zu unserem allgemeinen gesellschaftlichen Lebensentwurf, als einen der wesentlichsten Aspekte zu verstehen gelte, um das Phänomen Korruption in seiner Tiefe zu erfassen. Auch wenn der Humanistischen Psychologie an dieser Stelle oft „Weltfremdheit" unterstellt wird, muss doch eines abschließend noch einmal betont werden: Es gilt als absolut sicher, dass eine weitere gesellschaftliche Gegnerschaftsorientierung und das Festhalten an Glaubenssätzen eines menschenverachtenden neoliberalen Kapitalismus uns keine Entspannung auf dem Gebiet der Korruptionsbekämpfung bieten werden. Im Gegenteil. Wenn man dessen Wirtschaftsmaxime – Gewinnmaximierung bei möglichst geringem Aufwand – ernst nimmt, müsste man eigentlich einem Herrn Meischberger (Sie erinnern sich – „wo woar mei Leistung?") von Herzen gratulieren: Er hat Millionen gemacht mit einem

Einsatz, der so marginal war, dass er sich gar nicht mehr daran erinnern kann.

Leider sind mittlerweile Machenschaften dieser Art nicht mehr nur als witziges Randphänomen zu betrachten. Der Spaß ist schon längst verflogen. Die Bedrohungen, die von Korruption in der (Finanz-)Wirtschaft ausgehen, haben, vor allem was das Schadensausmaß anbelangt, Dimensionen erreicht, die unsere Gesellschaften nachhaltig destabilisieren. Somit darf gerade diese Form der Erosion nicht weiter stattfinden. Wir haben viel zu verlieren. Es stehen nicht weniger als unsere Demokratie und eine funktionierende Zivilgesellschaft auf dem Spiel.

Letztlich ist, wie das Buch auch zeigt, das ganze Desaster ein riesiges politisches Versagen, weil die Politik ihre ureigenste Aufgabe, nämlich die Gesellschaft zu steuern und ein Auseinanderdriften der einzelnen Gesellschaftsschichten zu verhindern, nicht oder nur sehr mangelhaft wahrnimmt. Das Zulassen bzw. Ermöglichen von korruptem Verhalten, im Außen wie im Innen, ist der untrügliche Ausdruck dafür. Wenn wir uns nicht mit dem Problem auseinandersetzen, wird es sich mit uns auseinandersetzen. So gilt es, nicht nur die Symptombekämpfung breitenwirkend voranzutreiben, sondern die tieferen Ursachen von Korruption zu verstehen – allen voran den (korrupten) Menschen selbst. Jetzt!

Anhang

Literaturverzeichnis, Druckwerke

Ahlf, Ernst-Heinrich: Ethik im Polizeimanagement, Polizeiethik mit Bezügen zu Total Quality Management (TQM). BKA Forschungsreihe, Bd. 42, Bundeskriminalamt Wiesbaden, 1997.

Amir, M./Einstein S., Police Corruption: Challenges for Developed Countries – Comparative Issues and Commissions of Inquiry. USA, Sam Houston State University, Criminal Justice Center, Huntsville, Texas, 2004.

Arendt, H. (1986). Eichmann in Jerusalem. Ein Bericht von der Banalität des Bösen (Neuauflage). München, Piper.

Bauer, Joachim: Prinzip Menschlichkeit: Warum wir von Natur aus kooperieren. München, Heyne, 2008.

BMF, Büro für Interne Angelegenheiten: Das achte Jahr: BIA/BMF/International, Twinning Light Project Croatia: Strengthening of the Tax Administration in the fight against corruption. Jahresbericht 2011.

Diagnostisches und Statistisches Manual Psychischer Störungen, DMS IV. 1998

Die Presse, Printausgabe, 20. 5. 2011

Domforth, Christine: Aufstieg und Fall der BAWAG: Von der Arbeiterbank zur Tochter eines US-Fonds. Wie die Gewerkschaftsbank in der Karibik verspekuliert wurde. Die Presse, 14. 7. 2007.

Edelbacher, Max/Scholz, Walter: Prävention von Korruption eine Führungs-Aufgabe?, Vortragsunterlage für ARS – Akademie für Recht und Steuern, Donauuniversität Krems und Technische Universität Wien, 2011.

Edelbacher, Maximilian: Organisierte Kriminalität in Europa. Die Bekämpfung der Korruption und der organisierten Kriminalität. Linde Verlag, Wien, 1998.

Engendering Development, Through Gender Equality in Rights, Resources, and Voice. A copublication A World A World Bank Policy Research Report, Oxford University Press, Inc., 2001.

Felsenreich, Christian: Psyche, Macht und Medien. Untersuchung der Wechselwirkung von narzisstischer Persönlichkeitsstruktur, Führungsposition und Medienpräsenz anhand der „Figur" Helmut Elsner. Wissenschaftliche Arbeit an der Sigmund Freud Universität Wien, 2007.

Freud, Anna: The Ego and the Mechanisms of Defense. London, Hogarth Press and Institute of Psycho-Analysis, 1937.

Fritz, Wolfgang: Gedanken zur Ethik in der Finanz- und Zollverwaltung. Schriftenreihe, Wien, 1999.

Fritzl, Martin: Banken-Ausschuss: Atomic-Konkurs: Mafioses Netzwerk? Die Presse, 15. 3. 2007.

Fromm, Erich: Die Seele des Menschen: Ihre Fähigkeit zum Guten und zum Bösen. Stuttgart, dtv, 1979.

Fuchs, Eva/Jerabek, Robert: Korruption und Amtsmissbrauch, Grundlagen, Definitionen und Beispiele zu den §§ 302, 304, 310 und 311 StGB – BIA, Republik Österreich. BM.I, Manz, Wien, 2008.

Giuliani, Rudolph W.: The Honorable Mayor of the City of New York and Bratton William J., Police Commissioner, Police Strategy No. 7: Rooting Out Corruption. Building Organizational Integrity in the New York Police Department. New York, 14. Juni, 1995.

Graber, Renate/ Steiner, Elisabeth: Kärntner Hypo Group verliert ihren Chef. Der Standard, 19. 3. 2009.

Graber, Renate: Tilo Berlin bekam eine Million für Abschied. Der Standard, 9. 5. 2012.

Größenordnung und Belastung. Dresden, 2005

Harris, Thomas A: Ich bin O.K. Du bist O.K.: Wie wir uns selbst besser verstehen und unsere Einstellungen zu anderen verändern können. Eine Einführung in die Transaktionsanalyse. Hamburg, Rowohlt, 1975.

Hengstschläger, Markus: Die Durchschnittsfalle. Ecowin, Salzburg, 2012.

Hoza, Manfred: Wirksamer Schutz gegen Mobbing und Diskriminierung? Soziale Sicherheit, 2010, 558 ff.

Internationale Klassifikation psychischer Störungen, ICD 10.

Jauernig, Paul: Magistratsdirektion der Stadt Wien, Interne Revision und Personalressourcen-Steuerung, Bekämpfen der Korruption. Wien, Oktober 2001.

Jungnikl, Saskia: Der Lobbyist auf der Anklagebank, Der Standard, 10. 8. 2012.

Kappeler, Victor E./Sluder, Richard D./Alpert, Geoffrey P.: Forces of Deviance – Understanding the Dark Side of Policing, Waveland Press, Illinois, USA, 1998.

Klein, Jürgen M.: Ethik gegen Korruption, Korruptionsvorbeugung als besondere Führungsaufgabe. Ein Kursskript für die HWR. Berlin, 2009.

Klockars, Carl B./Kutnjak, Ivkovic/Haberfeld, M. R.:, The Contours of Police Integrity, Sage Publications, Thousand Oaks, London, New Dehli, 2004.

Kreutner, Martin: The Corruption Monster, Ethik und Korruption. Czernin Verlag, Wien, 2006.

Kriechbaum, Karl./Felsenreich, Christian: Politik-Analyse – Politik-Therapie. Kriechbaum-Verlag, Wien 2008

Kriechbaum, Karl: Der Mensch denkt, sein Programm lenkt. Konstruktiv denken – mit zahlreichen Übungen des Konstruktiven Denkens und des optimierten Autogenen Trainings. Kriechbaum-Verlag, Wien, 2003.

Kriechbaum, Karl: Der Mensch mit Eigenschaften – am Beispiel von berühmten und berüchtigten Menschen. Kriechbaum-Verlag, Wien, 2010.

Kriechbaum, Karl: Programm-Kontroll-Therapie. Kriechbaum-Verlag, Wien, 2003.

Lackner, Herbert/Nikbakhsh, Michael/ Schmid, Ulla: Korruptes Kärnten: Das Totalversagen der Justiz. Profil, 30. 7. 2012.

Laczynski, Michael: Ein toter Brite wird Bo Xilai zum Verhängnis. Die Presse, 28. 7. 2012.

Laczynski, Michael: Kommentar: Farm der Tiere auf Chinesisch. Die Presse, 28. 7. 2012.

Lowen, Alexander. Narzissmus. Die Verleugnung des wahren Selbst. Kösel Verlag. 1986.

O. V.: Aufrollen der Causen Elsner gegen Harwanegg im Banken Untersuchungsausschuss 2007. Die Presse, 21. 3. 2007.

O. V.: Die Droge heißt Einfluss und Macht: Interview Reinhard Haller. Der Standard, 23. 12. 2006.

O. V.: Ein Telefonat unter Freunden: Gerichtsprotokoll. Der Standard, 23. 8. 2007.

O. V.: Elsner sponserte Polizei-Tombola. Kronen-Zeitung, Schlagzeile am Titelblatt, 11. 8. 2006.

O. V.: Elsner war autoritärer Führer. Die Presse, 20. 7. 2007.

O. V.: Ex-Bawag-Chef Elsner intervenierte 1998 bei Innenminister Karl Schlögl. Profil, 22. 1. 2007.

O. V.: Schritt vom Mittelalter zur Neuzeit: Interview Ewald Novotny. Der Standard, 28. 12. 2007.

O. V.: Elsner kann auf eine Traumkarriere zurückblicken. Kurier, 11. 5. 2006.

OLAF, Europäische Kommission, Europäisches Amt für Betrugsbekämpfung, Berichte 20 des Europäischen Amtes für Betrugsbekämpfung, Jahre 2007 bis 2011, Brüssel, 2012.

Palme, Liselotte: Wie nach dem Sturz einer Diktatur: Porträt Ewald Nowotny. Profil, 8. 5. 2006.

Pelinka, Anton/Sickinger, Hubert: Korruption in Österreich, Verbreitung, Trends, Perspektiven der Prävention. Studie im Auftrag des BM.I., Wien, 2000.

Perner, Rotraut. Veranstaltung: Warum Frauen morden. 2. 11. 2011. Club Alpha, Wien.

Perry, Frank L.: Ethics in Law Enforcement. Presentation for the FBI Training Center, Washington, 2001.

Perry, Frank L.: Repairing Broken Windows – Preventing Corruption within Ranks. FBI Periodical Perspectives, Februar, 2001.

Pöll, Regina/ Aichinger, Philipp: Strasser – Anklage auf wackeligen Beinen, Die Presse, 10. 8. 2012.

Pöll, Regina: BZÖ unter Druck, doch Orange waschen ihre Hände in Unschuld. Die Presse, 28. 7.2012.

Pörting, Peter: Internal Strategies against Corruption, Guidelines for prevention and combating corruption in police authorities. BK-Wiesbaden, 1997.

Reich, Wilhelm: Die Rede an den kleinen Mann. Fischer Taschenbuch Verlag, 2010.

Röhr, Heinz-Peter: Narzissmus. Das innere Gefängnis. München, dtv, 1999.

Sarre, Rick/Das, Dilip K./Albrecht, H. J.:, Policing Corruption: International Perspectives. Lexington Books, Lanham, Boulder, New York, Toronto, Oxford, 2005.

Schumpeter, Joseph, A.: Theorie der wirtschaftlichen Entwicklung. Berlin, Duncker & Humblot 1911, 5. Auflage 1952).

Selenz, Hans-Joachim: Schwarzbuch VW: wie Manager, Politiker und Gewerkschafter den Konzern ausplündern. Eichborn, Frankfurt am Main, 2005.

SFH-5043 Zusammenstellung aller relevanten Dokumente zum Spannungsfeld: BUWOG – Rechnungshof – Parlamentarischer Untersuchungsausschuss (Stand 26. 7. 2012).

Speville, Bertrand de: Public Awareness Raising and Education on the Dan-
gers of Corruption and Organized Crime. Hong Kong's Public Education
and Support Programme, Octobus Project, Multilateral Seminar, Stras-
bourg, Juni, 1998.

Speville, Bertrand de: Strategic Control of Corruption: A Quiet Revolution
over two Decades. 7th International Anti-Corruption Conference Plenary
Session, Independent Commission against Corruption, Hong Kong, 1997.

Swietly, Ernst A./Okresek, Wilhelm: Der Bankkrach: Der große Absturz der
Bawag. Wien, Steinbauer, 2007.

Szigetvari, András: Als ich das hörte, brauchte ich einen Stuhl: Interview Peer
Steinbrück. Der Standard, 9./10. 10. 2010.

Tom Schimmecks Archiv, 2002

Tranparency International, Global Corruption Report, Special Focus: Politi-
cal Corruption, Pluto Press, London – Sterling, VA, 2004.

Turrini, Peter: Die Privatisierung des Unglücks: Festansprache des Schrift-
stellers und Dramatikers Peter Turrini. Salzburger Festspiele, 21. 8. 2005.

UNODC – United Nations Office on Drugs and Crime, United Nations Con-
vention against Corruption, New York, 2004.

Vahlenkamp Werner/Knauß Ina: Korruption – hinnehmen oder handeln?
Korruption – ein unscharfes Phänomen als Gegenstand zielgerichteter
Prävention. Ergebnisse eines Forschungsprojekts mit einem Beitrag von
Ernst-Heinrich Ahlf. Bundeskriminalamt Wiesbaden, Wiesbaden, 1997.

Watzlawick, Paul/Beavin, Janet H.: Einige formale Aspekte der Kommunikation. In Watzlawick, Paul/Weakland, John, (Hrsg.). Bern, Stuttgart,
Wien, Huber, 1980.

Weißensteiner, Nina: Strasser ist für mich das personifizierte Böse: Interview
mit Max Edelbacher, Christian Felsenreich & Karl Kriechbaum. Der
Standard, 2./3. 6. 2012.

Wirth, Hans J.: Narzissmus und Macht. Zur Psychoanalyse seelischer Störungen in der Politik. Psychosozial-Verlag, 2002.

Wittchen, Hans-Ulrich: Psychische Störungen in Deutschland und der EU.
Pressemitteilung anlässlich des 1. Deutschen Präventionskongresses,
2005.

Zimbardo, Philipp G. et al: Psychologie. Springer Verlag, Berlin, Heidelberg,
1995.

Internetlinks und weitere Quellen

2005.wienerzeitung.at/DesktopDefault.aspx?TabID=3951&Alias=Wzo&co
b=409760&Page16790=1

BAWAG-Website/Newsarchiv, BAWAG klagt Helmut Elsners Penthouse ein,
4. 5. 2006.

de.wikipedia.org/wiki/BUWOG-Aff%C3%A4re
de.wikipedia.org/wiki/Silvio_Berlusconi
de.wikipedia/Bill Clinton
de.wikipedia/Wladimir Putin
dealbook.nytimes.com/2010/07/15/goldman-to-settle-with-s-e-c-for-
    550-million/Goldman: Settles With S.E.C. for $ 550 Million. 15. 7.
    2010. Dealbook. New York Times online, 20. 2. 2011
derstandard.at/1271378159448/Ich-bin-doch-kein-Ritter: Ich bin doch kein
    Ritter: Interview Gottwald Kranebitter. 4. 6. 2010. Graber, R., Der
    Standard online, 19. 7. 2012
derstandard.at/1331779834928: Leute-wie-Grasser-werden-nie-satt. Leute
    wie Grasser werden nie satt: Interview Paulus Hochgatterer. 17. 3. 2012.
    Graber, Renate, Der Standard online. 20. 9. 2012
derstandard.at/1331779839448/Studie-Korruption-kostet-Oesterreich-
    27-Milliarden, 16. 3. 2012
diepresse.com/home/politik/innenpolitik/1277988/Urteil
    Grasser-kein-Schutzpatron-der-Steuersuender
diepresse.com/home/wirtschaft/economist/57948/Prozess_Refco-hat-auch-
    Geld-gewaschen: Prozess: Refco hat auch Geld gewaschen. 18. 1. 2007.
    Die Presse online, 13. 5. 2010
diepresse.com/home/wirtschaft/economist/75941/Chronologie-des-
    BawagSkandals: Chronologie des Bawag-Skandals. 22. 3. 2006. Die
    Presse online, 4. 11. 2008
diepresse.com/home/wirtschaft/economist/334290/Der-Tueroeffner_Mar-
    tin-Schlaff-Der-einzige-Oligarch-Oesterreichs: Der Türöffner: Martin
    Schlaff – Der einzige Oligarch Österreichs. Die Presse online Bildergale-
    rie. 16. 6. 2012
diepresse.com/home/wirtschaft/economist/339839/68-Mio-Abfertigung-
    fuer-Elsner-eindeutig-zu-hoch-Bawag: 6,8 Mio. Abfertigung für Elsner
    eindeutig zu hoch. 29. 10. 2007. Die Presse online, 13. 8. 2012
diepresse.com/home/wirtschaft/international/572018/Jrme-Kerviel_Allein-
    gegen-die-grosse-Bank: Jérôme Kerviel: Allein gegen die große Bank. 8.
    6. 2010. Balmer, R., Die Presse online, 2. 12. 2010
Elsner, Helmut: Studiointerview. 11. Mai 2006. ORF-ZiB 2. Leitung Ingrid
    Turnher.
http:/de.wikipedia.org/wiki/Untersuchungsausschuss
ING DIBA Bank, Sender Ö3 des Österreichischen Rundfunks, Werbespot
    mit Niki Lauda, Dezember 2011
karinkraml.at/2011/04/23/offener-brief-an-hans-peter-martin-von-karin-
    resetarits, 23. 4. 2011
kurier.at/nachrichten/4495323-grasser-gibt-sich-beim-u-ausschuss-er-
    neut-supersauber.php, 8. 5. 2012
kurier.at/wirtschaft/4508885-neuer-u-ausschuss-zur-kaerntner-hypo-
    moeglich.php: Neuer U-Ausschuss zur Kärntner Hypo möglich. 20. 8.
    2012. Kurier online, 24. 8. 2012
Margin Call – Der große Crash. Thriller 2011. Drehbuchautor und Regis-
    seur: J. C. Chandor. Produktion: Before the Door Pictures
news.orf.at/stories/2102584/2102589, 1. 2. 2012
oe1. ORF.at/artikel/303488 – Petra Pichler

oe1.orf.at/ artikel/269234: Verheerende Wirkung auf die Rechtskultur. 10. 2. 2011. Werth, W., Morgenjournal – ORF online, 10. 2. 2011

orf.at/stories/2134841/China: Mordprozess gegen Frau von Bo Xilai beendet. 9. 8. 2012. ORF online, 9. 8. 2012

psychiatrie-heute.net/ psychohygiene/macht.html

shop.spiegel.de – Imke Röhl „Das Prima der Mittelmäßigkeit – Politische Korruption in Deutschland

shop.spiegel.de – Jürgen Roth „Anklage Unerwünscht"

siteresources.worldbank.org/PGLP/Resources/Engendering_Development. pdf, 11. 6. 2012

so-for-humanity.com.at

Sölle, Walter: Compliance Manager Siemens AG: Keynote-Speach. Compliance-Day: Verantwortung-Macht-Gewinn. Wien, 12. 6. 2012

steiermark.orf.at/news/stories/2549270: Wirtschaftskrise: Detektive gefragt wie nie. 17. 9.2012. ORF online, 17. 9. 2012

wirtschaftsblatt.at/home/nachrichten/oesterreich/1283439/In-zwei-Jahren-bin-ich-dann-nur-noch-Kuponschneider?_vl_backlink=/home/index.do: In zwei Jahren bin ich dann nur noch Kuponschneider: Interview Hans Peter Haselsteiner. 27. 8. 2012. Exner, A./Krawarik, I., Wirtschaftsblatt online, 29. 8. 2012

ww.orf.at/#/stories/2139506: Polizisten machen in Athen gegen Gehaltskürzungen mobil. 6. 9. 2012. ORF online, 7. 9. 2012

www.20min.ch/news/zuerich/story/12419299

www.ales.univie.ac.at

www.andreas-unterberger.at/2012/kampf-der-korruption

www.beobachter.ch/dossier/prix-courage/artikel/prix-courage-2010 mutiger-autist-undwhistleblowerinnen-ausgezeichnet/

www.birnbacher.co.at/unsere-kanzlei/unser-team.html: Weil Vertrauen kostbar ist: Motto der Kanzlei Birnbacher. 25. 7. 2012

www.boerse-express.com/cat/pages/864275/newsflow: VKI-Sammelklage wegen Immofinanz/Immocast laut Gericht nicht anfechtbar. 11. 3. 2010. Börse-Express online, 6. 9. 2012

www.br.de/themen/aktuell/inhalt/bayernlb-vorstaende-zivilprozess100. html: Prozess gegen Ex-Manager: BayernLB lehnt Vergleich ab. 4. 7. 2012. Bayerischer Rundfunk Online Portal, 23. 8. 2012

www.bundestagswahl-bw.de/parteifinanzierung.html

www.coe.int/greco

www.eed.de/ueberblick.archiv/one.ueberblick.article/ueberblick. html?entry=page.200602: 4. 2.2006

www.eed.de/ueberblick.archiv/one.ueberblick.article/ueberblick. html?entry=page.200602.041: Der Überblick, Zeitschrift für ökumenische Begegnung und internationale Zusammenarbeit, 02/2006, Seite 41; 11. 6. 2012

www.faz.net/frankfurter-allgemeine-zeitung/wirtschaft/kemmer-muss-mit-verfahren-rechnen-1653140.html: Kemmer muss mit Verfahren rechnen. 6. 6. 2011. Frankfurter Allgemeine Zeitung online, 28. 8. 2012

www.faz.net/s/RubD16E1F55D21144C4AE3F9DDF52B6E1D9/Doc~E5D99
2A453E8C4ECD9B69406EF6DC28F2~ATpl~Ecommon~Scontent.html:
Wall-Street-Legende im Zwielicht. 20. 4. 2010. Kuls, N., Frankfurter
Allgemeine Zeitung online, 25. 12. 2010

www.faz.net/s/RubD16E1F55D21144C4AE3F9DDF52B6E1D9/Doc~E7FBB
8906885F489FBEAE352DAA49D0FA~ATpl~Ecommon~Scontent.html:
Der Milliardenmann. 29. 1. 2011. Braunberger, G., Frankfurter Allgemeine Zeitung online, 25. 2. 2011

www.filminstitut.at/de/the-bruessels-business/

www.focus.de/finanzen/news/trotz-wirtschaftsaufschwung-korruption-
fuegt-deutschland-milliardenschaden-zu_aid_724568.html

www.format.at/articles/1001/952/266074_s5/profiteure-hypo-verkaufs-bay-
ern-wie-deal-berlin: Profiteure des Hypo-Verkaufs an die Bayern: Wie
der Deal von Berlin eingefädelt wurde. 19. 6. 2012. Koch, M./Sankhol-
kar, A., Format Trend online, 2. 8. 2012

www.format.at/articles/1003/952/266074_s3/hypo-affaere-muenchner-
u-ausschuss-promis-schwitzen: Hypo-Affäre: Münchner U-Ausschuss
könnte heimische Promis ins Schwitzen bringen. 21. 1. 2010. Sankholkar, A., Format online, 2. 8. 2012

www.format.at/articles/1014/952/266074/format-exklusiv-der-geheimplan-
umstrukturierung-kaerntner-skandalbank: Hypo Group: Der Geheim-
plan über die Umstrukturierung der Kärntner Skandalbank. 19. 6. 2012.
Sankholkar, A., Format Trend online, 2. 8. 2012

www.format.at/articles/1111/952/291724/neue-gerichtsakten-karl-heinz-
grasser-affaeren-buwog-hypo: Neue Gerichtsakten belasten Karl-Heinz
Grasser in den Affären Buwog und Hypo. Sankholkar, A., Format Trend
online, 12. 8. 2012

www.format.at/articles/1217/525/326209/der-bawag-schattenmann-johann-
zwettler: Der Bawag-Schattenmann: Johann Zwettler packt aus. 27. 4.
2012. Horcicka, F,. Format/Trend online, 12. 8. 2012

www.fred-brande.at

www.fred-brande.at/index.php?id=3

www.fred-brande.at/index.php?id=cetest

www.freitag.de/politik/0739-rating-agenturen: Beim Glasauge des Prophe-
ten. 28. 9. 2007. Anders, K. Der Freitag online, 16. 5. 2010

www.handelsblatt.com/unternehmen/banken/korruptionsprozess-bayernlb-
lobt-gribkowskys-formel-1-deal/5931986.html, 7. 12. 2011

www.isw-linz.at

www.kleinezeitung.at/nachrichten/wirtschaft/hypo/2923565/schlussbericht-
sieht-versagen-aufsicht.story: Hypo Alpe Adria: Schlussbericht sieht Versagen der Aufsicht. 16. 1. 2012. Kleine Zeitung online, 13. 8. 2012

www.kleinreport.ch/news/
filippo-leutenegger-und-daniel-jositsch-bringen-whist

www.kriechbaum.eu/FB-Selbstwert.html

www.krone.at/Nachrichten/
Die_Chronologie_der_Buwog_Affaere-Hintergrund

www.manager-magazin.de/unternehmen/karriere/a-563777.htm: REFCO:
Ex-Chef muss 16 Jahre hinter Gitter. 3. 7. 2008. Manager-Magazin online, 23. 8. 2010

www.morgenpost.de/berlin/article976460/
Berlin-treibt-Korruptionsstatistik-nach
www.news.at/a/erste-bank-staatsgeldrueckzahlung-336668: Staatsgeldrück-
zahlung erst später. 31. 7. 2012. News-online, 3. 8. 2012
www.news.at/articles/0626/12/144294_s1/finanzamt-3-5-millionen-elsner-
geldwerter-vorteil-kauf-penthouse: Finanzamt will 3,5 Millionen von
Elsner. News-online. 26. 6. 2006, 5. 5. 2012
www.news.at/articles/1002/30/261136_s2/hypo-alpe-adria-affaere-format-
tilo-berlins-investorenvertrag: Hypo Alpe Adria-Affäre: FORMAT zeigt
Tilo Berlins geheimen Investorenvertrag. 19. 6. 2012. Sankholkar, A.,
Format online, 13. 8. 2012
www.news.at/articles/1141/13/309169/korruption-system-haider-gericht,
12. 10. 2011
www.news.de/wirtschaft/777157757/
deutschland-groesste-korruptionsfaelle/1/
www.orf.at/#/stories/2139147: Ermittlungen gegen Dritten NR-Präsidenten
Graf. 5. 9. 2012. ORF-online, 5. 9. 2012
www.orf.at/stories/ 2030532/2030538/; Bank Austria: Klage „mit aller Vehemenz" bekämpfen. 13. 12. 2010, ORF online, am 17. 12. 2010
www.orf.at/stories/2046991/EU-Studie: Jeder Dritte wünscht sich „starken
Mann". 11. 3. 2011. ORF online, 11. 3. 2011
www.orf.at/stories/2122876/
www.orf.at/stories/2134973/2134972: „Dreckige Geschäfte" vorgeworfen:
US-Regierung verzichtet auf eine Klage gegen Goldman Sachs. 11. 8.
2012, ORF online, 11. 8. 2012
www.orf.at/stories/2135194: Prozess gegen Bo Xilais Frau: China verhängt
strikte Zensur. 11. 8. 2012. ORF online, 11. 8. 2012
www.orf.at/stories/2138528/2138526: Finanziell schwer angeschlagen: Der
slowenische Staat kann seine Rechnungen möglicherweise nur noch wenige Wochen bezahlen. 31. 8. 2012, ORF online, 1. 9. 2012
www.parlament.gv.at Volltextsuche: U-Korruption, XXIV.GP
www.parlament.gv.at/PAKT/AKT/SCHLTHEM/
THEMA/2012_06_27_Transp...
www.procourage.ch/index2.html
www.procourage.ch/index2.html
www.profil.at/articles/0709/560/166222/bawag-affaere-grassers-watergate-
Bawag-Affäre: Grassers Watergate. 3. 3. 2007. Nikbakhsh, M., profil-
online, 23. 5. 2012
www.profil.at/articles/0901/560/229791/die-schluesselperson-siemens-skan-
dal-wer-54-jaehrige-werbemanager: Die Schlüsselperson im Siemens-
Skandal. 3. 1. 2009. Redl, Josef. Profil online, 9. 8. 2012
www.profil.at/articles/1035/560/276855/exklusiv-haben-gewerkschafter-
bank-bawag-steuern: Haben die Gewerkschafter und ihre ehemalige
Bank Bawag Steuern hinterzogen? 4. 9. 2010. Nikbakhsh, M./Schmid,
U., profil-online, 12. 5. 2012
www.profil.at/articles/1112/560/292462/das-leben-ernst-strasser, 26. 3.
2011)
www.profil.at/articles/1150/579/314570/korruption-hauen, 21. 12. 2011

www.profil.at/articles/1205/560/318296/grasser-die-schwiegermutter: Die böse Schwiegermutter: Wie KHG seine Familie instrumentalisierte, um mutmaßliche Buwog-Schmiergelder zu rechtfertigen. 21. 2. 2012. Nikbakhsh, M. Schmid, U., profil-online, 24. 4. 2012

www.profil.at/articles/1214/560/324050/schlaff-martin-schlaff-verdacht-betrug-untreue: Martin Schlaff: Verdacht auf Betrug und Untreue. 5. 4. 2012. Redl, J./Schmid, U., profil-Online, 16. 6. 2012

www.profil.at/articles/1217/560/326306/hans-peter-martin-neuer-verdacht-hans-peter-martin, 28. 4. 2012

www.profil.at/articles/1225/560/332086/gutachten-bzoe-300–000-euro: Gutachten belastet BZÖ: 300.000 Euro nicht gerechtfertigt. 23. 6. 2012. Bauer, G., profil online, 24. 8. 2012

www.rechnungshof.gv.at/aktuelles/ansicht/detail/peer-review-startet-im-herbst.html

www.schimmeck.de/Texte/wirth.htm, Wien 2008.

www.so-for-humanity.com2000.at/index.php?rubrik=193&modul=content

www.spiegel.de/politik/deutschland/affaere-um-bundespraesidenten-maschmeyer-zahlte-anzeigen-fuer-wulff-buch-a-804748.htm: Maschmeyer zahlte Anzeigen für Wulff-Buch. 19. 12. 2011. Spiegel online, 13. 9. 2012

www.spiegel.de/politik/deutschland/franz-josef-strauss-soll-300-millionen-mark-vererbt-haben-a-841337.html

www.spiegel.de/politik/deutschland/korruptionswaechter-des-europarats-kritisieren-die-bundesregierung-a-825344.html

www.spiegel.de/politik/deutschland/skandal-um-doktorarbeit-guttenberg-haelt-s

www.spiegel.de/wirtschaft/0,1518,218051,00.html: Der aufhaltsame Untergang des Todessterns. 16. 10. 2002. Hillenbrand, T. Spiegel online, 16. 1. 2008

www.stern.de/politik/deutschland/ kritik-am-bundespraesidenten-im-ueberblick

www.stern.de/wirtschaft/news/steuerfalle-anklaegerin-gibt-auf-649402. html

www.stern.de/wirtschaft/news/ steuerfall-zumwinkel-anklaegerin-gibt-auf-64940

www.sueddeutsche.de/bayern/gutachten-deckt-unbekannte-zahlungen-auf-neues-milliardenrisiko-fuer-die-bayernlb-1.1441038: Neues Milliardenrisiko für die BayernLB. 14. 8. 2012. Ott, K., Süddeutsche Zeitung online, 17. 8. 2012

www.sueddeutsche.de/wirtschaft/bayernlb-prozess-freunde-vor-gericht-1.1387575BayernLB-Prozess: Freunde vor Gericht. 19. 6. 2012. Ott, K. Süddeutsche Zeitung online, 20. 7. 2012

www.sueddeutsche.de/wirtschaft/hypo-alpe-adria-gutachten-stuetzt-schadensersatzklage-der-bayernlb-1.1411521: Gutachten stützt Schadensersatzklage der BayernLB. 13. 7. 2012. Ott, K., Süddeutsche Zeitung online, 19. 8. 2012

www.ti-austria.at/ti-allgemein/corruption-perceptions-index.html 1. 12. 2011)

www.transparency.de/Tabellarisches-Ranking.2021.0.html, 1. 12. 2011

www.uni-hildesheim.de/index.php?id=4325&tx_ttnews%5Btt_news%5D=
2301&cHash=58fb10376cfcad30fc1f59e0a41bec6c: Akademische Feier-
stunde: Ehrenpromotion an Carsten Maschmeyer verliehen. 14. 8. 2009.
HP der Universität Hildesheim, 16. 8. 2012

www.ureader.de/msg/162776503/aspx

www.verschwoerungen.info/index.php?title=Astor

www.welt.de/vermischtes/article6424879/Betrug-Korruption-hoch-krimi-
nelle-Vorgaenge.html

www.weltwoche.ch/ausgaben/2009-38/artikel-2009-38-spzialhilfe-ein.
html

www.weltwoche.ch/ausgaben/2009-38-sozialhilfe-ein.html

www.weltwoche.ch/ausgaben/2009-39/artikel-2009-39-sozialhilfe-miss.
html

www.weltwoche.ch/die-weltwoche/dossier/sozialmissbrauch.html

www.wienerzeitung.at/nachrichten/politik/oesterreich/454688_Zusammen-
bruch-nach-Aussage-im-U-Ausschuss.html: Zusammenbruch nach Aussage im U-Ausschuss: Grassers Kabinettschef Traumüller musste psychologisch behandelt werden. 1. 5. 2012. Zaunbauer, W., Wiener Zeitung
online, 28. 8. 2012

www.wienerzeitung.at/nachrichten/wirtschaft/oesterreich/45115_Da-
kommt-keine-Anklage.html: Da kommt keine Anklage: Anwältin von
Ex-Hypo-Investor Tilo Berlin rechnet mit Verfahrenseinstellung in München. 7. 6. 2011. Melichar, S., Wiener Zeitung online. 26. 8. 2012

www.wiwo.de/politik/deutschland/korruption-staatsanwaltschaft-ermittelt-
gegen-wulff/6231710.html, 20. 2. 2012

www.wiwo.de/unternehmen/banken/deutsche-bank-stolpert-anshu-jain-
ueber-den-libor-skandal/6927262.html: Deutsche Bank: Stolpert Anshu
Jain über den Libor-Skandal?. 30. 7. 2012. Bergermann, M./Fehr, M./
Zerfaß, F., Wirtschafts Woche online, 15. 8. 2012

www.wiwo.de/unternehmen/korruption-deutschlands-spektakulaerste-
bauskandale/5563676.html, Harald Schumacher, 17. 2. 2010)

www.wiwo.de/unternehmer-maerkte/bankberaterpacken-aus-ich-habe-sie-
betrogen-264071: Bankberater packen aus: Ich habe sie betrogen. 4. 2.
2008. Bergermann, M., Wirtschaftswoche online, am 14. 10. 2010

www.youtube.com/watch?v=DJxD-ysedbk

www.youtube.com/watch?v=pxYFDeJjgIY: Bundespräsident Thomas Klestil
zur Verabschiedung Helmut Elsners. Video ATV+, 19. 4. 2008

www.youtube.com/watch?v=1QWvQt_iH3U

www.youtube.com/watch?v=DjrgH3qIJoQ

www.zeit.de/wirtschaft/2012-03/deutschland-korruption-schaden, 16. 3.
2012

www.zeit.de/wirtschaft/unternehmen/2010-04/goldman-sachs-wetten:
Goldman Sachs will nicht gegen Kunden gewettet haben. 7. 4. 2010. Die
Zeit online, Reuters, 12. 12. 2010